東方選書

地下からの贈り物

新出土資料が語るいにしえの中国

中国出土資料学会 編

東方書店

はじめに——出土資料って何？

中国出土資料学会　刊行委員会　原　宗子

本書のこの頁を開いてくれてありがとう。あなたは、なぜ本書を手に取ってくれたのだろう。表紙のイラストがカワイイ、とか、最近何かと話題の「中国」という文字が気になった、とか、いや、単に、先生に読めといわれた指定図書だから、かな。が、たとえ仕方なく手にとった本であっても、「新出土資料」という言葉が何となく引っかかって、という人はいないだろうか。

そんな人のために、本書で用いている「出土資料」という言葉が、どういうものを指しているのか、という点だけは、ここで述べておこう。

中国のような長い歴史を有している地域には、昔から、手で書き写したり木版で印刷したりして伝わってきた古典や法律文書・裁判記録、または商業や農業の手引書などの文字資料、さらに骨董品に類する絵画や美術品などがある。前近代では、多くの場合、王朝の書庫や役所・文人の書斎などがそれらの伝承場所だった。そういうもののうち、現在まで何らかの形で伝わっている文字資料については、伝世文献と呼んだりするのに対して、土を掘ったら出てきた、という発見のされ方をしたものを、出土資料と呼んでいる。そのうち、二〇世紀以降のものを、近年特に〈新出土資料〉と呼ぶようになった。

が、では、発掘などによって地下から出てきたもの全てが本書の対象かといえば、それはちょっと違う。遺跡そのものの地面・土壌とか、土器・金属器、あるいは動植物の遺体や人骨などは、使用目的があって製作された後、たまたま埋まったか、誕生し死亡して埋葬すること自体を目的として埋められたものだ。→I-1 そこからも、古代に関する情報は得られるのだが、それらが含む情報を完全に掌握するには、長い歴史と伝統のある考古学の諸理論*を用いたり、近年発達している自然科学の方法**を援用することが、不可欠なのだ。かつてその場所に存在していたものであることは確かだが、そのでき方に必ずしも人為が働かなかった、あるいは予期せずに地中に埋まった、そのようなものは、考古学等の対象であって、資料学の対象とはしづらい、と、考える。

結論的に記せば、〈何らかの情報を伝えよう〉という意図をもって製作されたもの、が、本書の対象になる、と纏めることができるかもしれない。

ただし〈伝える〉といっても、伝える相手が当時生きていた人間だとは限らない。超越的な絶対者（帝とか天とかの文字で表されたりする）とか→I-2、死後の世界を取り仕切っている、と想定されていた役人とか、が含まれる。→I-10 また〈情報〉が文字で記されているとも限らない。図像や工芸品の意匠の形で、何らかの意味を伝えようとしたもの→I-19 →I-23もある。さらに古くは地下でなく、孔子の子孫の家の土壁に塗りこめてあった簡牘《かんとく》が出土したという記録もある。→I-14

しかしながら、文字や図像がない遺跡や遺物であっても、その場所やその物本体への理解が、資料自体を分析するのに不可欠な場合もあり、眼を向けておかないわけにはゆかない。

というのも、次のようなケースがあるからだ。明確な情報を表している新出土資料の中で、最も古いと考えうるもの（ちょっと論理矛盾を含む文章だが、まあ、許していただきたい）といえば、やはり甲骨文だろう。→1-2 甲骨文発見のきっかけは、一八九九年に始まった。北京に住み国子監祭酒《こくしかんさいしゅ》（現代日本風に言えば、国立研究機関あるいは大学の総長、と言った役職）であった王懿栄《おういえい》という年配の人物が病弱で、漢方薬として今も使われる龍骨（実は史前期のナウマン象とか歴史時代以降に地中に埋まった動物の骨とかで、無論「龍の骨」ではない。日本列島に比べ海岸線までの距離の遠い場所が広い中国大陸では、海産物の摂取が容易でなく、カルシウム不足による発病が多い。これを補う薬剤として様々な症状に用いる）を、自ら乳鉢で磨り潰して薬剤にしていた。そこで、「竜骨」の表面に文字らしきものを認めたのだ。その出土地点については彼も調べようとしたが、以後もなかなか判らなかった。何故かといえば、この竜骨を仕入れる薬剤商が入手経路を秘密にしたかったから、という説もある。食客として王の家に逗留していた劉顎（号は鉄雲）という人物も彼を手伝って、出土地点探しをしたが不明なまま、やがて王懿栄は没してしまった。そこで収集した「竜骨」表面から読み取れる文字を図録にしたのは、劉顎だった。王懿栄も劉顎も、前近代に出土して好事家の間で収蔵されていた青銅器や石碑の文字に詳しかったので、その知識を生かして甲骨文自体の形を収集することや読み取ることはでき、拓本集『鉄雲蔵亀』が出版された。けれども、そうして集めた文字の意味の理解が進んだのは、一〇年後、小屯からの甲骨採集が試みられ、一九二八年以降の殷墟の大規模発掘によって、どれほど大規模な宗教活動が営まれていたかが多面的に明らかになってからで、漸く個々の文字の意味も充分に理解しうるようになっていったのだ。

文字資料が出土した場所に関する知識が、資料内容の理解に大きく影響する例だといえよう。

さて甲骨文発見の時期は、新出土資料ラッシュの時期でもあった。甲骨文発見の翌一九〇〇年、敦煌・莫高窟の道士・王円籙《おうえんろく》が、崩れ落ちた壁の中から経典や文献を発見したことが契機となった。一九〇七年以降、イギリスのスタインやフランスのペリオがそれらを持ち去り、さらに清朝政府が残りの資料を保護したものの日本の大谷探検隊（一九一二年）・ロシアのオルデンブルク探検隊（一九一四年）・アメリカのウォーナー探検隊（一九二四年）などが出土した資料を持ち帰った。いわゆる敦煌文書である。→2-1 さらに、一八九九年頃から西北地区で調査をしていたスウェーデンのヘディンは、一九二七年以降、スウェーデン・中国合同の「西北科学考査団」を組織し、甘粛省酒泉郡東北部エチナ川流域の何箇所もの遺跡から、一万枚に上る木簡（居延漢簡）が発掘された。→2-2 これらに、土地支給などに関係する記録を含む漢〜唐代の戸籍の類いも含まれ、社会実態の研究に大きな影響を与えた。

以後、日中戦争や新中国建設前後の混乱、文化大革命などの時期には、武威などからの多少の出土を除けば新発見は稀れだったが、第二のラッシュともいえる大発見続出期が一九七二年に始まった。長沙・馬王堆の漢墓発掘→2-3、山東・銀雀山の漢墓発見→2-4だ。

この二箇所の墓からは、ともに伝世文献の中でもよく知られた古典、馬王堆からの帛書『老子』や銀雀山からの『孫子』などが出土し、鮮やかな漆塗りの棺や〈生けるが如き〉と報道された軑侯《だいこう》夫人の遺体写真などと共に、そのニュースが世界を駆け巡った。他にも馬王堆からは、シンボリックな太陽や月も描かれた華麗な帛画や、北が下部に描かれた地図、天文を利用した占い書→1-10、医学関係の文献→1-17、穀物や衣服など副葬品のリストに相当する〈遣策〉→1-7、馬の見分け方などを書いた本、さらに気功のような体操の動作を描いた導引図→1-18・ゲーム盤→1-25なども出土し、銀雀山からは武器や車のほか、暦→1-5も出土して、当時の生活を復元してゆく上に貴重な、多種類の出土資料が出現したのである。

が、これらを遥かに上回って研究者の注目を浴びたのは、一九七五年に湖北省雲夢県睡虎地から発見された秦墓の竹簡群→1-3 →2-6だった。それまで、『漢書』など伝世文献や唐代の法律の引用残存部分などから類推するしかなかった秦代の法律文書が出土したからだ。法律の条文のみならず、犯罪捜査の実態や裁判の進め方→1-4、さらには文書行政の具体的な実施方法などを窺いうる材料→2-13 →2-17が出現し、政治史・法制史・社会経済史などの分野は活気づいた。この類の資料は、睡虎地に先立って発掘が始まっていた湖北省荊州市鳳凰山からも村落レベルでの文書を含めて出土し→2-5、その後も、張家山→2-10・天水放馬灘→2-11・包山→2-12・尹湾→2-15・里耶→2-18などからも発見されたので、現在、様々な角度→1-6, 8, 9, 16 →2-13から検討が進んでいる。

さらに九〇年代に入ると、改革開放政策の進展に伴って、各地で建設ラッシュが巻き起こり、建築現場からの発見なども相次いだ。→2-7 →2-9 近年では、漢代以後の江南、つまり三国時代の呉の支配領域に相当する場所からも、様々なレベルでの法律・行政文書が出土して→2-17 →2-19、活発な出土資料研究は、魏晋南北朝期を対象とするものに広がっている→1-26、といえよう。また、西安（いにしえの長安）や寧夏の固原、そして西北の居延や敦煌からも、九〇年代以降、新たな資料が発見されている。→2-14 →2-20

では、これらを利用すると、従来の伝世文献だけを素材に中国を考える場合に比べて、どのような違いが生まれるのだろう。

先ずは、無論、従来その存在さえ知られていなかった文献を読むことができる。歴史書の場合、中国では

〈正史〉と呼ばれる王朝製作の史書（普通、ある王朝が滅びた後に成立した新たな王朝の役人が編纂する）があり、先ずはそれを読むことから歴史像の大枠を掴まねばならないが、〈正史〉は、何段階もの史料収集や添削・照合・補筆などを経て、意図的に「不要」と思われる材料は棄てて作り上げるので、その書を編纂している王朝にとって不愉快な記録は残さない傾向がある。出土資料なら、どのレベルの記録であれ、それが書かれた時代のナマの記録なので、筆者の誤記を含め →2-17 、意図的な事実の改変などは少ないといえるし、王朝全体の歴史から見れば些細なことと見做されてしまう個々の人間の営みを映す記録 →1-7 →1-12 →1-24 も多い。また思想や文学の書の場合、伝世文献では、二〇〇〇年近い時間の経過の中で、様々な筆写の誤りを生じたり、「流行らなくなった」解釈などは写されなくなったりする傾向もあるが、出土資料では、その時代に通行していた文献の姿を見ることができる。 →1-11, 12, 13, 14, 15, 16, 21 →2-8 図像資料なら、明代頃の絵図など以外、参照できる材料がなかった衣服や工芸品のデザイン・意匠などが眼前に迫る →1-19 →1-20 →1-23 のは、いうまでもない。

どのような種類の資料が発見されているかについての詳細は、本書各節でのべている。また、このような出土資料の特殊性に鑑み、日本や中国のみならず世界各地で、独自の学会が組織されたり研究機関が作られたりして、出土資料に特化した刊行物も多いが、これについては、巻末の「お薦め文献」を参照されたい。

さて、これらを理解し、特に伝世文献と対比して様々な問題を考えようとする場合、近年の中国における研究を参照することは重要なのだが、その際留意の必要なことが一つある。

先に述べたように、新出土資料の研究が進み、従来、名前が記録されているだけで本文の実体は残っていないと考えられていた文献だとか、後世の偽作ではないかという説が有力だった文献が、現実に出現することはしばしば起こっている。そういう文献―仮に『A書』としよう―が、ある時、例えば漢代の墓から出土したとする。『A書』には、筆者が西周時代のBという人物だ、という伝説があり、さらに従来、実は明代の偽作だという説が有力だったと仮定してみよう。ところが、『A書』は、漢代の墓からでてきた。この事実によって、私たちは何を知ることができるだろう。

間違いなく判ることは、『A書』が、魏晋南北朝期以降に偽作された書物ではなく、漢代には成立していて読まれていた本だ、という事実である。

が、それ以上ではない。筆者はBであるかもしれないし、Bの伝説を尊敬している戦国期の人々が創作した書かもしれない。新出土資料としての『A書』の出現は、Bの実在ないしBが西周時代に生きたという事実を証明することにはならない。

ところが近年、様々な政治思想的学術運動が中国では活発になり、〈常識的〉に考えれば日本では「神話」→I-22の主人公とみなされる人物が実在していた、と主張する説が沢山見られるようになった。一九九二年頃から、そのような論文は発表され始めたが、一九九六年には、考古学分野も含めて夏・殷・周各王朝の年代を確定しようとする国家プロジェクトが発表されたこともあり、より顕著になっていった。こういう傾向の中で発表される出土資料を巡る論文の中には、先に例として述べた『A書』の出土を根拠にしてBの実在を主張するような類いの意見も、時に混じる。無論、そういう論調への批判も何篇も発表されてはいる。

このような、書物・文献の真偽や来歴を巡る議論は、それ自体、中国の〈伝統的〉現象であって、前漢末期にも起こった→I-11 →I-13 →I-14し、唐代にも、北宋期にも、清末にも見られた。二〇世紀に入ると、より活発で科学的な論争も繰り広げられ、現在もある意味でその延長線上にある、という見方もできる。

そして、そのような過去の例にも、実は、折々の政治的要因が根底に在ったのだが、近年の現象は、さらに深刻なようである。

一九九六年、一〇人ほどの日本人研究者や二〇人程度の台湾からの研究者など海外からの参加者を含む集団で、西安を起点に黄土高原を調査する機会を得たことがある。一行が、陝西省黄陵県にある「黄帝陵」と呼ばれる遺跡を訪れた時だ。黄帝陵とは、伝説の帝王黄帝が葬られたのだが、しばらくすると剣と被り物が棺の中に残されているだけで、黄帝は昇天した場所という伝説が残る地である。漢代の文献にも「黄帝が三百年生きたなんてことがあるのか」と尋ねる弟子に、「百年生き、遺霊を人々が百年怖れ、さらにその教えを人々が百年守った、という意味だ」と孔子が解説する逸話が記されていて、戦国頃から記録に登場する黄帝について、漢代には伝説が広まり、神なのか人なのかの議論を生む存在になったようだ。黄帝の子孫は多くの地域を支配したともされ、辛亥革命前後の政治活動家の中にも、黄帝を共通の祖先として諸民族の結合を呼びかける雑誌を発行した人々も居たように、〈中国〉の人々の祖先の一人として尊敬されている。この丘に華北では珍しく、国家によって保護された柏(コノテガシワ)の樹が今日でも沢山生育し、それも公称・樹齢千年以上が三万本だとされる。始皇帝や漢の武帝がここで黄帝を祭ったという記録も残り、孫文・蔣介石・毛沢東も祭祀を行っていて、廟が作られている。

廟の前で日本人の若手大学院生(当時)が、何気なくカメラを建物に向けた。するとその時、少壮の台湾人研究者が、彼を叱りつけた。「ここは我々の祖先の墓だ。君たち日本人は関係ないからといって、カメラを向けるとは何事だ！　失礼ではないか」。そう怒鳴るとクルリと廟の方を向いて、敬虔な態度で地面に額づき恭しく拝礼を始めたのだ。

この出来事が示唆するように、上記の政治思想的学術運動は、台湾のみならず東南アジア各地、さらには欧米にも広がる華僑の人々に、黄帝を自分達の共通の祖先と認識させるような、あるいは現在の中国に居住する様々な民族の人々も皆、古代中国の伝説に残る神様の子孫だ、と主張するような、特色のある歴史認識を、静かに準備する作用も果たしているらしい。

出土資料の出現には、こういう議論に新材料を提供する側面がある。私たちが出土資料を読んで理解してゆくに際しては、その辺りに留意して科学的・実証的な態度を保つ必要がある。

本書も、そう心がけて準備したつもりではあるが、無論、様々な立場から執筆されているので、時に節ごとの不一致がみられるかもしれない。が、そのような見解の不一致をも含むのが、現在の研究状況の反映なのだと理解しつつ、出土資料が生み出す多様な世界像を眺めることは可能ではないかと思う。

本書が、何らかのお役に立てば幸いである。

＊――形状のグルーピングや、埋蔵地層などによる相対的時代比定、文化類型の設定などがある。

＊＊――炭素同位体分析による植物遺体の年代測定、花粉やプラントオパールなどの分析、金属同位体を用いた鉱山・鉱脈の特定、沈殿汚泥・土壌分析による気候や植生の復元、遺伝子分析に基づく諸判定、等々。

目次

第2章　どこから何が出てきたか……219

用語の説明

簡牘の符号・番号

簡牘《かんとく》の符号には、句読の位置や篇・章の区切りを示す墨丁■、同じ文字を続けて読むことを示す重文符号〓などがあります。また、本書中に見える「壱—八一三六」→2-17などは、元になる写真版や釈文の掲載誌で表記されている簡番号です。

素材による区分

簡牘(竹簡/竹牘/木簡/木牘)

帛(書・画)

画像石/画像磚

　紙の発明以前の書写材料として用いられた木片や竹片を簡牘といいます。簡が三〇字程度記すことができるのに対し、牘は簡より幅が広く百字程度記すことができます。竹簡・竹牘は竹製、木簡・木牘は木製の簡・牘です。帛《はく》は白い絹布のことで、高価な書写材料でした。帛に記された文書を帛書といい、帛に描かれた絵画を帛画といいます。画像石は絵画が彫刻された平板な石であり、画像磚《がぞうせん》は型取りして絵画を描いた粘土を低温で焼き上げた磚《レンガ》です。

製作に関連する用語

編綴/編縄/綴合

　複数の簡を配列順に紐で括りつけて冊書の状態にすることを編綴《へんてつ》といい、編綴に用いた紐を編縄《へんじょう》といい、割れたり折れたりして欠けた甲骨資料や木竹簡の断簡をつなぎ合わせて復原する作業を綴合《てつごう》といいます。

木簡…漢代の指名手配書（居延漢簡一五七・二四A）→I-4

木牘…睡虎地一一号墓木牘 →I-12

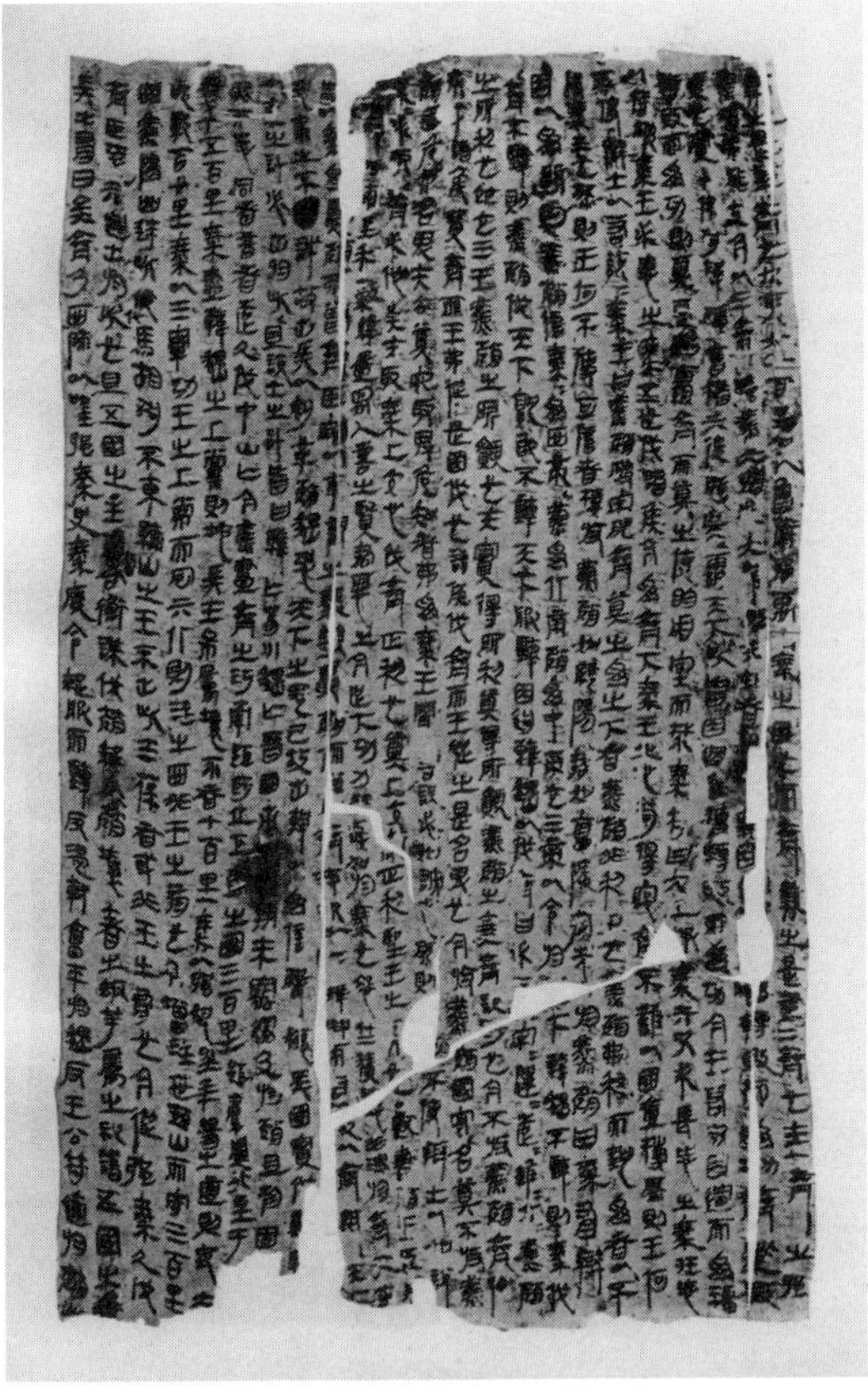

帛…馬王堆帛書「戦国縦横家書」→I-12

現在の収蔵場所による呼称

上博楚簡／岳麓秦簡／清華簡／北大簡

出土資料の中には、盗掘により出土地と出土時期の不明なものが骨董市場等に不正規に流出した例が少なくありません。こうした出土資料のうち、例えば、上海博物館が一九九四年に入手した戦国時代の楚の竹簡は「上博楚簡」、湖南大学岳麓書院が二〇〇七年に入手した秦簡は「岳麓秦簡」、清華大学が二〇〇八年に入手した戦国竹簡は「清華簡」、北京大学が二〇〇九年に入手した前漢時代の竹簡や二〇一〇年に入手した秦簡は「北大簡」などと、それぞれ略されることが多いです。

典籍／佚書／佚文／簡文／抄写

典籍は、本来古い貴重な書籍という意味ですが、今は書籍一般を指します。佚書は、かつて存在したものの現在書名しか伝わらない書籍です。佚文は、現在伝わらない文言・文章のことですが、散佚した書籍・文書の一部が他書に引用されて今日まで伝えられたものを指すこともあります。簡文は、簡牘上の文言・文章のことです。抄写とは、まとまりのある書籍・文書の一部を書きとることをいいます。

（考古）編年

考古学の調査で得られた遺構や遺物の前後関係を決め、時間軸に沿って配列すること。具体的な年代が分かる遺構や遺物を基準として、形態の比較や出土状況などを参考に検討が行われます。

王朝・政権等の呼称

例えば秦は、春秋時代の秦国、戦国時代の秦国、華北・華中を統一した秦帝国、と、政権の形が変わっています。時代の呼称としてこういう政体名を使う場合、それを反映して〈統一秦〉などと表記する場合があります。

画像磚（上）とその拓本（下）

編綴…康居王使者冊 →2-14

本書では、参照すべき章節を示すのに、例えば第一章第一節は→1-1、第二章第一五節は→2-15のように略記しています。

第1章

出土資料でわかること

1 地下の文書館を掘る

小澤正人

中国は豊富な古典を持つ国であり、世界中を見回しても二〇〇〇年以上前の書物が現在まで多数伝わっている国は多くは無い。このような古典に加え、近年、考古学的な発掘になどにより、地下から文書が出土する事例が増加している。このような出土資料は、それが地下に埋まった、あるいは埋められた時の姿をそのまま残すものであり、後世の改編を受けていない貴重な資料となる。いわば中国には地下に文書館があり、近年それが発掘により次々に姿を現しているのである。ここではこの地下の文書館の姿を紹介してみたい。

◈大型墓からの出土例——包山二号墓

出土文献資料にはいくつかの種類があるが、近年出土例が増えているのは木簡・竹簡などに書かれたもので、その大部分は墓葬から出土している。そこで地下の文書館の例として戦国時代の包山二号墓を取り上げる。→2-12 この墓葬は楚国の上級貴族のものと考えられ、同時代の墓葬としては大型のものに属す。

包山二号墓は湖北省荊門《けいもん》市に位置し、一九八六年に鉄道建設に伴い発掘調査が行われた。戦国時代、この地域は楚国の領域であり、その都の紀南城は包山二号墓から南へわずか一六キロメートルである。ここでは戦国時代の墓葬四基が確認されているが、二号墓はそのなかで最大の規模を持っている。

二号墓は地上に直径五四メートル、高さ四・八メートルの円形の墳丘をもち、その直下に墓坑が掘られている〈図1〉。墓坑の地上での大きさは長さ三四・一メートル、幅三一・九メートルで、墓底までの深さは一二・五メートルある。この深さは四階建てビルの高さに相当する。墓坑は漏斗状で、壁面は階段状になって

図1…包山二号墓

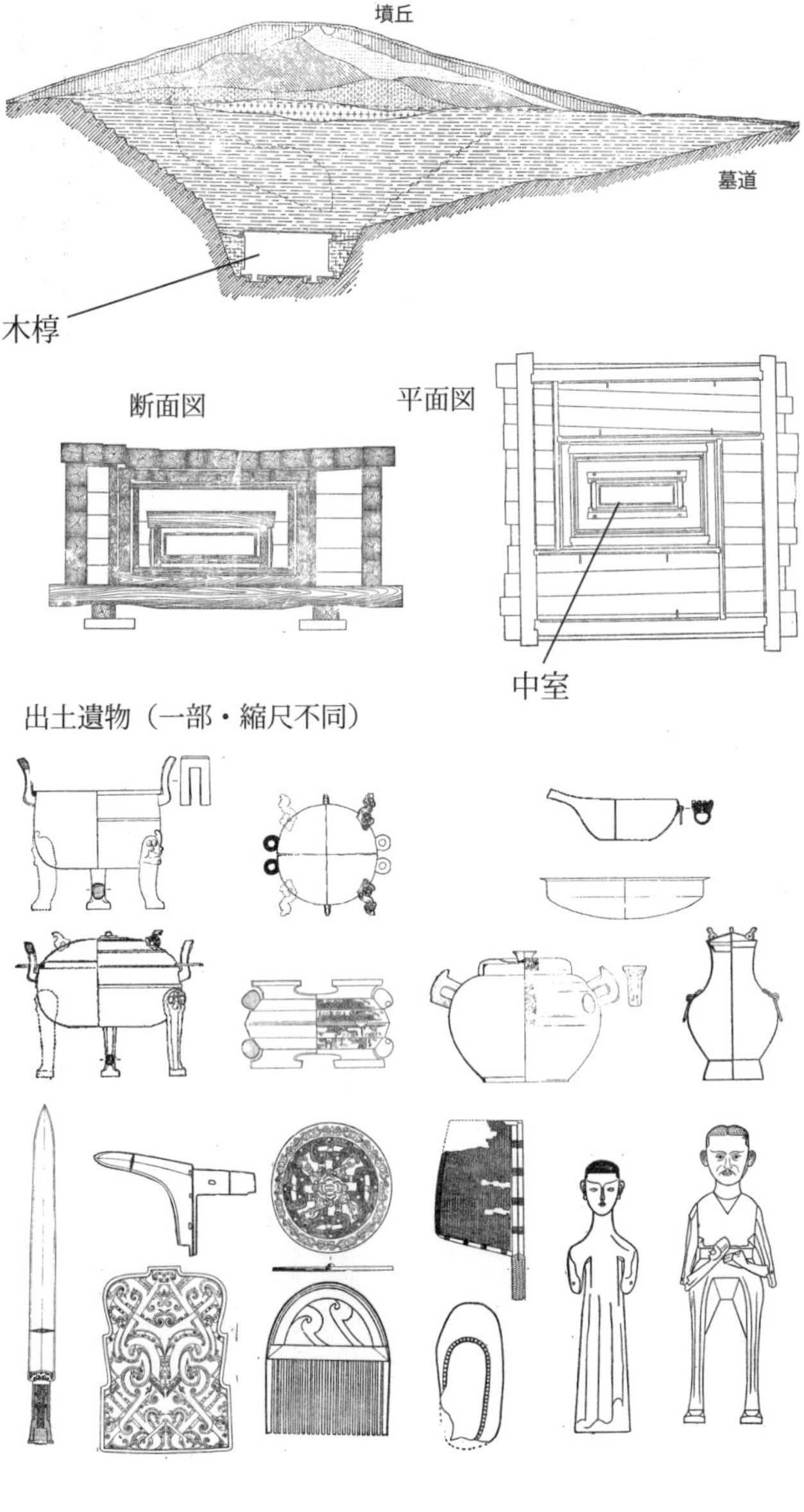

おり、東側に墓道が設けられている。墓坑は墓底から五メートル前後で角度が急になり、墓室を形成する。墓室は底部で長さ七・八メートル、幅六・九メートルの大きさがある。墓室の中央には木で作られた大型の箱が置かれ、中に木製の棺(木棺)と副葬品が入れられていた。この箱は「椁室《かくしつ》」と呼ばれ、木製のものは「木《もく》椁《かく》」と称される。包山二号墓の木椁は一辺約六・三メートルの正方形で、高さは三・一メートルある。木椁の面積は三九・七平方メートルで、マンションの１ＤＫの部屋に相当する。木椁の周囲には粘土が詰められており、密閉された状態になっていた。木椁内部は中央の中室を囲むように東・西・南・北の四つの部屋が配置されている。中室には三重の木棺が置かれており、その中には死者と若干の副葬品が入れられていた。死者は骨のみが残っており、鑑定の結果、身長一七〇・五センチ、死亡推定年齢は三五〜四〇歳とされた。

副葬品は主に周囲の部屋に置かれており、その点数は中室出土のものをあわせて、一九三五点にのぼる。この点数には後述する木簡・竹簡は含まれていない。副葬品には儀礼や祭祀に使われた青銅器の飲食器(これを「礼器」と呼ぶ)とそれを模倣した陶器、日常使われた漆器製の飲食器、武器、車馬具、靴や櫛などの日常雑器、玉製の装飾品など多種多様なものがあった。竹簡は四四八枚が各部屋から分かれて出土している。

包山二号墓では漆器や木器、さらに衣料品など有機物の保存が非常に良好であった。一般の墓葬ではこれら有機物は腐食してしまいほとんど残っていない。しかし包山二号墓では有機物の中でも保存が難しい布製の靴や着物などが原形を保って出土しており、非常に希な例である。木簡・竹簡が出土したのもこのように有機物の保存がよかったことと軌を一にしている。

包山二号墓は大型の墓葬で副葬品も大量であったが、出土資料はこのような大型墓からのみ発見されるわ

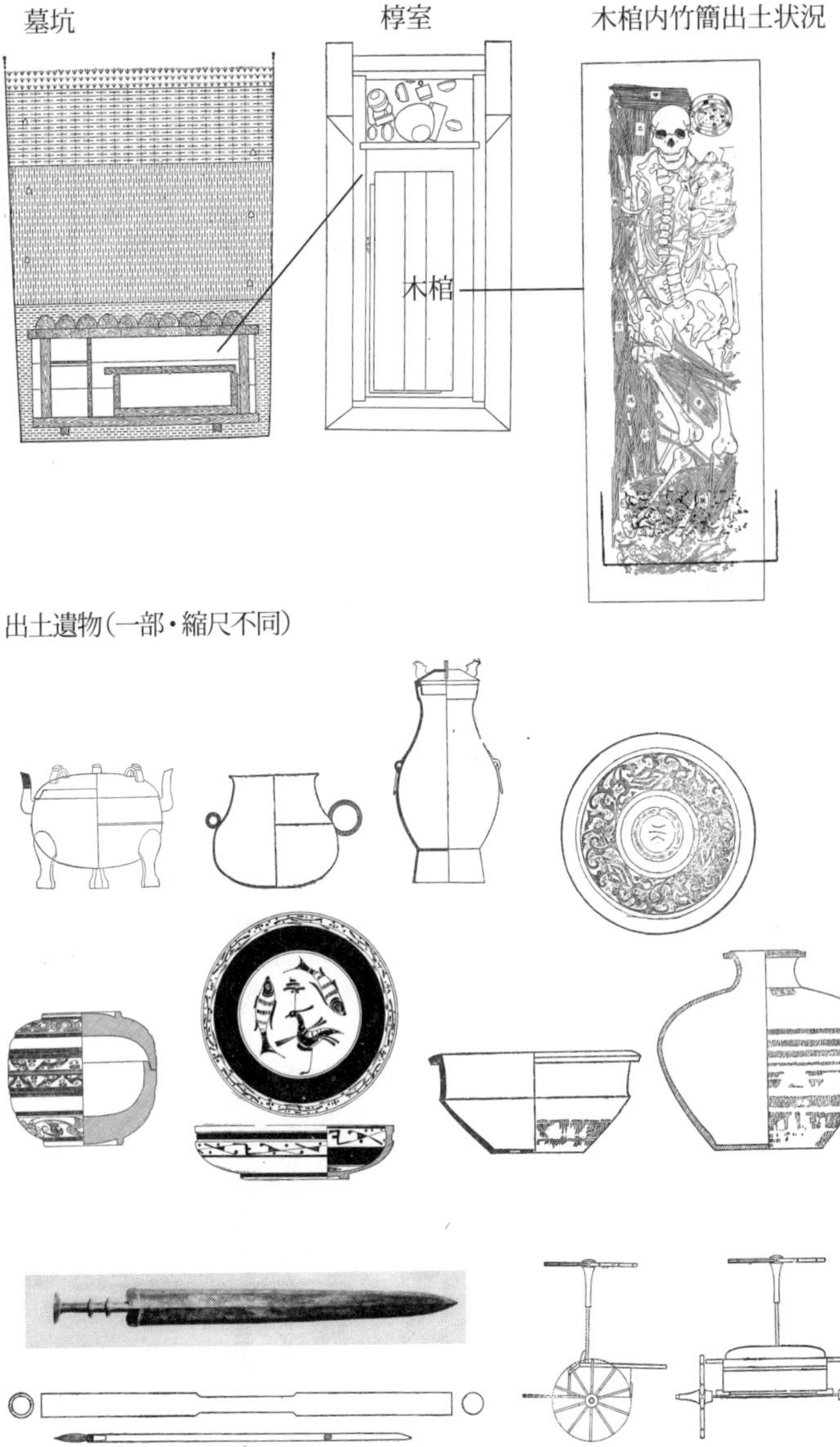
墓坑
椁室
木棺内竹簡出土状況
木棺
出土遺物(一部・縮尺不同)

図2…睡虎地一一号秦墓

けではなく、小型の墓葬からも出土している。次に小型墓からの出土例として、秦代の睡虎地《すいこち》一一号墓 →2-6 を取り上げてみたい。

◈小型墓からの出土例——睡虎地一一号墓

睡虎地一一号墓の墓坑は長方形で、墓口での大きさは長さ四・一メートル、幅二・九メートルを測る〈図2〉。墓道はなく、墓坑壁面も垂直で、深さは五・一メートルある。墓底は墓坑よりもやや小さく、長さ三・八メートル、幅二・七メートルで、中央に木槨が置かれている。木槨は長さ三・五メートル、幅一・七メートル、高さ一・二メートルを測り、面積は約六平方メートルである。これは先の包山二号墓に比べると、面積で約六分の一、高さで約二分の一にすぎない。戦国時代から統一秦にかけての墓葬はこのような規模が一般的であり、包山二号墓がいかに大きかったかがわかる。

木槨の内部は一メートルのところで仕切られており、木棺を置く棺室と副葬品を置く頭箱《とうそう》に分かれる。仕切り板には両開きの扉がつけられており、棺室と頭箱は通じている。ただし扉は幅・高さともに五七センチしかなく、また副葬品や木棺は木槨上部から入れたと考えられることから、実際には使われず、象徴的につけられたと考えられる。棺室に置かれた木棺は長さ二・〇メートル、幅〇・八メートル、高さ〇・七メートルで、死者は骨格のみが残っており、鑑定の結果四〇~四五歳の男性とされた。

睡虎地一一号墓から出土した副葬品は繊維物や竹簡を除き七九点となっている。出土品には青銅礼器、青銅器や陶器の調理具や貯蔵具、漆器の食器、銅剣、筆などの文房具、冠や扇などの日用雑器、馬車の木製模型、すごろくと同じ種類のゲームである六博、瑪瑙《めのう》や鹿角製の腕輪形装飾品などがあり、さらには竹製の籠から稲・アワ・桃・ナツメなどの食品も出土した。このように睡虎地一一号墓も、包山二号墓同様に遺物の保存状態が非常に良好で、有機物が多数出土した墓葬なのである。

出土した竹簡は一一五〇枚余りを数える。包山二号墓では他の副葬品と同じ場所から出土したが、睡虎地一一号墓では木棺内にまとまって置かれていた。包山二号墓で棺内に置かれていたのが、身の回りの物に限られていたことからすると、この竹簡も死者が生前身近に置いていた物なのであろう。

ここまで見て来た例は竹簡や木簡に書かれた文献が墓葬の副葬品として埋葬され、それが発掘された例である。これらの文献は被葬者が生前に用いた物であり、おそらくは近親者によって死者のために大切に副葬されたと考えられる。

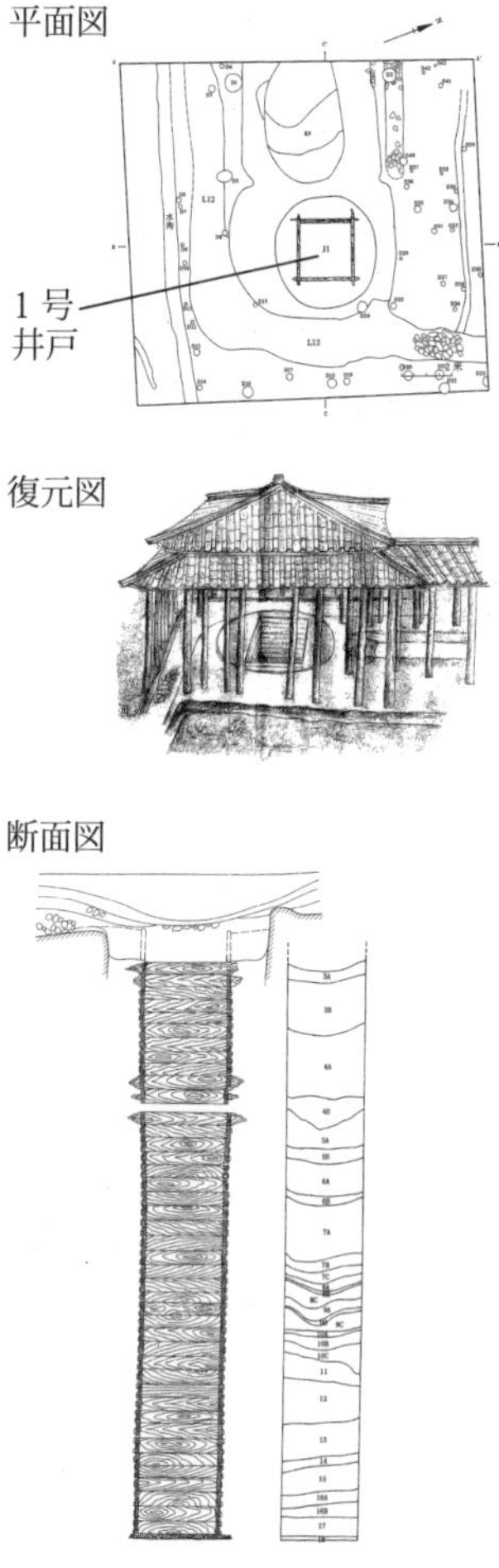

図3…里耶遺跡一号井戸

ただし全ての出土文献がこのように大切にされたものではない。なかには廃棄された遺構から出土した例もある。次にこのような例として湖南省里耶《りや》古城一号井戸を取り上げてみたい。→2-18

◈廃棄された遺構からの出土例——里耶古城一号井戸

里耶古城は湖南省西部龍山県で発見された戦国時代中期から前漢時代にかけての都市の遺跡である。この都市は東側で酉水《ゆうすい》に面し、北・西・南面は城壁で囲まれており、さらに城壁の外側には濠が巡っていた。都市全体の規模は不明だが、計測ができた南北方向での長さは二一〇・四メートルであった。内部では戦国時代から秦代にかけての遺構の上に、漢代の遺構が作られており、二つの時期の間に里耶古城では大きな変化があったと考えられている。竹簡・木簡を出土した一号井戸は戦国時代から秦代にかけての遺構である。

一号井戸は直径四・〇メートルで、地表面には一辺二・一メートルの井戸枠が作られていた。深さは一四・二七メートルある。井戸は戦国時代から秦代に使われ、秦末には廃棄されている。井戸は完全に埋まっており、発掘調査では全部で一七の層位に分けられた。このうち最も下の一七層は井戸が使われていた戦国時代から秦代にかけての堆積、その上の五～一六層は秦末に廃棄された時の堆積、最上部の一～四層は前漢時代の堆積とされている。竹簡・木簡は五層より下の層から発見され、出土点数は三万六〇〇〇点余りとされる。年代の記述があるものは秦始皇帝(秦王政の時期も含めて)二五年(前二二二)から秦二世皇帝二年(前二一〇)に及んでいる。出土文献のほとんどは公文書で、その内容は軍事、記録、伝達文書など多様なものが含まれている。これらの文書は井戸が廃棄された時に、一緒に捨てられたと考えられている。

以上見てきたように、文献が出土する遺構には墓葬から廃棄された井戸まで多様なものがある。従って、これからも発掘によって発見されるあらゆる遺構から文字資料が出土する可能性があると言える。同時に文字資料を記録した素材が有機物であった場合、特に木簡・竹簡のような植物類であった場合、大部分は地下で朽ちてしまうのであり、出土することはまさに「奇跡」に近い。もどかしいことには、私たちにはそのような奇跡的な遺構、すなわち地下の文書館がどこにあるかがわからないのである。

近年中国では経済発展に伴い開発が盛んになっている。中国の法律では大規模な開発をする場合、関連する部門が協議して、開発地域に遺跡があれば発掘調査を行うことが定められている。近年次々と発見される出土資料の多くは、このような発掘調査の成果である。地下の文書館が開かれるのは、魔法や最先端技術による探査によるのではなく、多くの担当者が地道に発掘と記録をおこなった結果なのである。日本で出土資料を利用して研究を行っている我々は、一つの報告の背景にいる無数の調査担当者の存在を忘れるべきではなく、同時にどこに文書館があるのかわからない以上、出来る限りの遺跡が保護されることを願わずにはいられないのである。

おざわ・まさひと…生年＝一九六三年／**出身校**＝早稲田大学大学院文学研究科／**現職**＝成城大学文芸学部教授／**主要著書・論文**＝（1）「東周時代青銅礼器の地域性とその背景」『中国考古学』第五号、二〇〇五年　（2）『中国の考古学』（共著）同成社、二〇〇〇年

1-2 殷周時代の文字資料――甲骨文・金文

角道亮介

以下、殷代と周代の文字について概述する。甲骨文と金文はいわゆる経典《けいてん》が出現する以前の文字であり、その内容はいずれも祭祀に関わるものである。これらの出土文字資料は発掘調査の成果と不可分の関係にあり、考古学的な理解を深める必要がある。甲骨文は亀甲獣骨文字の略称であり、亀甲・獣骨に青銅製の三角刀をもってどのように文字を刻したか、現代の篆刻芸術にいたるまでの伝統に鑑みつつ研鑽をつむ必要もある。また金文とは青銅器銘文のことであり、一般には殷代の少数例から西周・春秋時代までの青銅器銘文を指すことが多い。これも青銅器をどのように製作し、どのように銘文を鋳込む（まるで刻したように鋳造する）かを理解しつつ、青銅器工房の工人がどのように文字に関わったかを理解する必要がある。以上、本文に略述するにも紙幅が不足するので、本書末尾に掲げた松丸道雄の論考をまずは参照されたい。

◈甲骨文の発見と殷墟の発掘

甲骨文は殷代（紀元前一六世紀～前一一世紀頃）後期に出現した漢字の最古の姿であり、また甲骨卜辞《ぼくじ》とも呼ばれる。殷代以前の社会に文字に類する記号が全く存在していなかったわけではないが、それらはいずれも単独で記され文章を成しておらず、文字と認めることは難しい。山東省鄒平《すうへい》県の丁公《ていこう》遺跡からは一一の記号が記された新石器時代後期の土器片が出土しており、これは最古期の文字である可能性があるものの、現在の漢字との直接的な関連性は不明である。

一八九九年、清朝で国子監祭酒《こくしかんさいしゅ》(教育庁の長官)であった王懿栄《おういえい》は薬局から購入した「龍骨」に文字が刻まれていることを発見し、食客の劉鶚《りゅうがく》(号は鉄雲《てつうん》)と共にその収集に当たった、という甲骨文の発見にまつわるエピソードはよく知られているが、実際には不明瞭な点も多く、同時期に天津でも王襄《おうじょう》や孟定生《もうていせい》らが甲骨文を収集し始めていたことが伝えられている。いずれにせよ、甲骨文研究の嚆矢となったのは、王懿栄の死後、劉鶚によって出版された甲骨文の拓本集『鉄雲蔵亀』であった。その後、孫詒譲《そんいじょう》や羅振玉《らしんぎょく》、王国維《おうこくい》、林泰輔《はやしたいすけ》、J.M.Menzies(明義士《めいぎし》)らの研究によって、甲骨文が殷の王室の手によって行われた祭祀・軍事・農事などに関わる占い(卜占《ぼくせん》)の内容とその結果を記した遺物であることが判明した。

甲骨文の存在が明らかになったとき、その具体的な出土地点はまだ知られていなかった。一九一〇年、羅振玉によってこれらの遺物が安陽県小屯村《しょうとんそん》(現在の河南省安陽市小屯村)から出土したものであることが確認されると、『史記』などに見られる記述から、当地は殷墟、すなわち殷王朝後期の都と考えられるようになる。殷墟遺跡の発掘は一九二八年に開始され、数次にわたる発掘の結果、大量の甲骨片の出土と共に大規模な祭祀遺構や王墓などの存在が明らかになった。その後も殷墟の発掘は断続的に行われ、今日にいたるまでに小《しょう》屯南地《とんなんち》・花園荘東地《かえんそうとうち》などの地点から多くの有字甲骨が出土している。

甲骨文の初期の解読における大発見は、文中にみえる王の名が『史記』殷本紀などに記された殷王の世系と大まかに一致したという点であった。この問題は羅振玉や王国維によって早くから指摘されており、現在では『史記』の系譜に多少の訂正を加える形で殷王の世系が復元されている(系図1)。このように、甲骨文はそこに記載された卜占の内容も含めて、殷代史を検討するうえでの最も重要な手掛かりである。

◈甲骨の形態と卜占の方法

甲骨を用いた卜占は、亀甲や獣骨の裏面を加熱することで表面に生じるひび割れ(卜兆《ぼくちょう》)を観察し、そこから吉凶を読み解く形で行われる。主な素材として利用されたのは亀の腹甲と牛の肩甲骨で、卜占に先立って形が整えられ、多くは裏面に鑽《さん》や鑿《さく》と呼ばれる窪みが彫り込まれた。鑽は円形の窪み、鑿は楕円形や長方形の窪みで、これらは卜兆を表れやすくするための工夫であったと考えられている〈図1〉。

鑽鑿などの加工が済んだ甲骨は実際の卜占に用いられた。鑽の部分に熱した炭あるいは木の棒などをあてることで表面に卜兆が現れ、王はそこから絶対的な存在である上帝《じょうてい》(帝《てい》)の意を読み解き、判断を下す。すべての過程が終了したのち、卜兆の部分を避けて卜占が行われた日付や卜占の内容、時にはその後の経過などが甲骨の表面に刻字された。甲骨文は亀甲や獣骨という硬い素材に刻み込まれた文字であるために基本的には直線的な字体を呈しており、それゆえほぼ同時期の文字である金文との間で書体上の大きな相違が生じている。甲骨上に実際に文字を刻んだ書契者は、卜占行為に関わったとされる貞人《ていじん》とは別の専門的技能者であり、一部の限られた人々のみが刻字に従事したものと考えられている。

◈甲骨文の内容と時期区分

甲骨文の多くは、「【日付】卜。【人名】貞、……」(【日付】の日に卜《ぼく》した。【人名】が……について貞《うらな》った)という書式が採られ、日付は干支で表される。「……」以下は軍事行為の成否や作物の実りなど、具体的な占いの内容が記された。【人名】の部分にはこの問いかけを行った人物の名が入り、彼らは「貞人」と総称される。これまでの研究によって一〇〇名以上の貞人の存在が明らかになっているが、董作賓《とうさくひん》はこの貞人に注目し、貞人のグループ分けに基づいて甲骨文を五期に区分し、それぞれの時期と殷王の在世期間との対応関係を比較検討した。董作賓による五期区分は甲骨文の年代決定の先駆けであり、多少の訂正・修正を経て、今日では第一期を武丁《ぶてい》期、第二期を祖己《そき》・祖庚《そこう》・祖甲《そこう》期、第三期を廩辛《りんしん》・康丁《こうてい》期、第四期を武乙《ぶいつ》・文武丁《ぶんぶてい》期、第五期を帝乙《ていいつ》・帝辛《ていしん》期、とすることが多い。歴史書の記載によれば般庚《ばんこう》（盤庚）以降の都とされる殷墟であるが、般庚・小辛《しょうしん》・小乙《しょういつ》の時期に相当する甲骨文は確認されていない。

甲骨卜辞は基本的に縦書きされ、改行の向きは一定ではない。卜辞には対貞《たいてい》と呼ばれる、同一の事象について一方を肯定文で、他方を否定文で占う形式を持つ例が少なくない。例えば、亀甲の右側に「壬申の日に卜した。某が貞《と》う、次の癸酉の日に帝は雨を降らせるか、と」と記し、左側に「壬申の日に卜した。某が貞

系図1…甲骨文によって復元された殷王世系（数字は殷王朝成立後の即位順を示す）

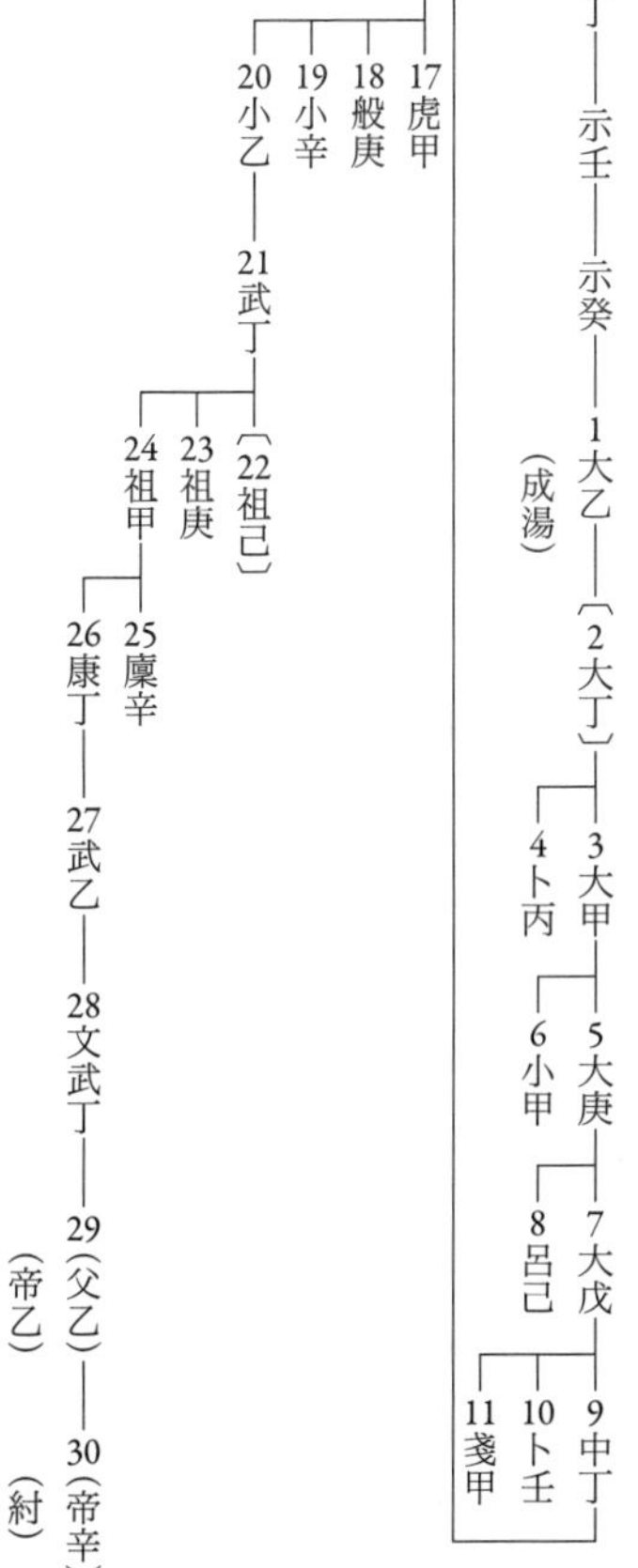

う、次の癸酉の日に帝は雨を降らせないか、と」と記すがごとくである。この場合、甲骨の中央部を挟んで左右対称に両者を配置し、右側の文は左から右へ改行し左側の文は右から左へ改行する例が多く、意識的に卜辞の配置を整えようとした意図がうかがえる。

◈西周甲骨

以上は主に殷墟から出土した甲骨文の性格であるが、これとは別に、ほぼ同時期の周人の手による甲骨文の存在も明らかになっている。西周甲骨と呼ばれる甲骨がそれで、一九七七年、陝西省岐山《きざん》県鳳雛《ほうすう》村の大型建築遺構から二九〇点ほどの有字甲骨が出土した。→2-9 鳳雛村遺跡は周の中心地のひとつとされる周原《しゅうげん》遺跡群の中に位置しており、そのため当地出土の甲骨は周原甲骨とも称される。二〇〇八年には同じく岐山県の周公廟《しゅうこうびょう》遺跡で六八〇点あまりの有字卜甲が出土した。

西周甲骨は多くが小さな破片として出土しており、文の全体的な構成を検討することが難しい。個々の文字は殷墟甲骨文に比べ小さく、その配置もやや不規則であり、甲骨の調整や鑽鑿の形状の面でも殷墟甲骨との相違点が存在する。

西周甲骨文には文王・武王といった周王の名がみえる。また、殷代末期に相当する時期の西周甲骨には殷王への祭祀が行われたことを記す例があり、当時の殷王朝と周人の関係を示す貴重な資料となっている。

◈金文が語る歴史

中国古代の青銅器には武器や装身具など様々な種類が存在するが、金文は圧倒的に容器・楽器に記される。青銅製の容器や楽器は主に祭祀に用いられ、彝器《いき》あるいは礼器《れいき》とも呼ばれる。殷周時代の金文の多くが彝器上にみえるという事実は、金文が本来的に祭祀と密接にかかわるものであったことを物語っている。

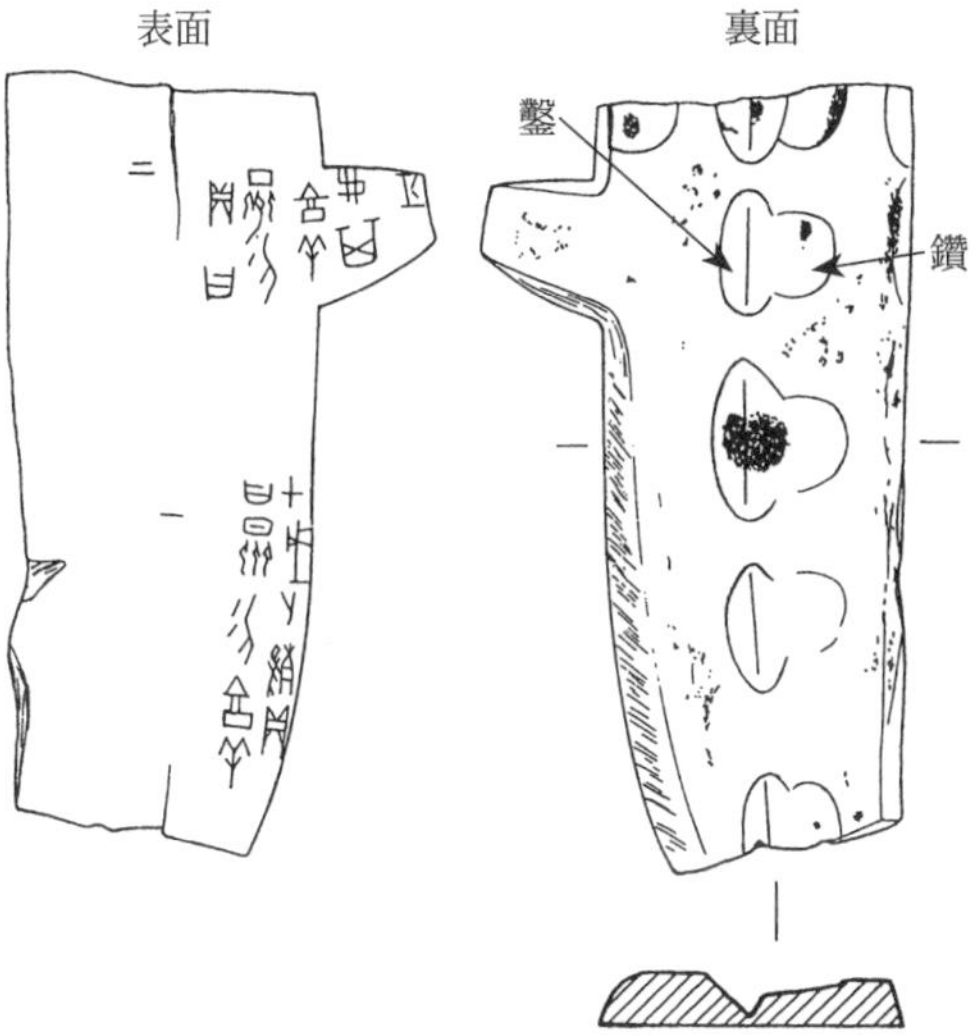

図1…甲骨卜辞と鑽・鑿
（中国社会科学院考古研究所編著『安陽殷墟花園荘東地商代墓葬』科学出版社、二〇〇七年、図24より）

図2…何尊銘文
（中国社会科学院考古研究所編『殷周金文集成　修訂増補本』中華書局、二〇〇七年、No. 6014）

中国史上最古の青銅彝器は二里頭《にりとう》文化（紀元前一九世紀〜前一六世紀頃）のころ出現したが、いずれの器も金文を持たない。殷代前期に当たる二里岡《にりこう》期の青銅器にも金文はみられず、金文が出現するのは甲骨文と同じく殷墟期以降である。最も古い時期の例としては殷墟小屯五号墓出土の青銅器があり、複数の器に「婦好《ふこう》」と読める金文が鋳込まれていた。当墓の被葬者とされる「婦好」は第一期甲骨文にみえる「帚好」を指し、殷王武丁の后であったと考えられている。しかしながらすべての青銅彝器が金文を持つわけではなく、青銅彝器全体の点数からみれば金文を持つ器はごくわずかであり、この傾向は続く西周・春秋時代でも同様である。

殷代後期に出現した金文は西周時代（紀元前一一世紀〜前八世紀）を通じて徐々に長文化した。一九六三年に陝西省宝鶏市賈村《かそん》で出土した何尊《かそん》は西周時代前期の遺物であり、一二二字を持つ。その一文に「……文王《ぶんおう》は大命を受けた。武王《ぶおう》は大邑商《だいゆうしょう》（殷の首都）に克《か》った後、……」とあり、これは周王朝が成立して間もなく書かれた、殷周革命に関わる貴重な同時代史料である〈図２〉。また二〇〇三年に陝西省眉県楊家村《ようかそん》で出土した逨盤《こつばん》の銘文には文王から厲王《れいおう》までの一一代の周王の名が記されており、これらが『史記』周本紀にみえる王名および即位の順序とほぼ一致した点で重要な発見であった。西周時代では金文がほとんど唯一の文字資料であり、その資料的価値は非常に高い。それゆえ、青銅器とその銘文は古くから数多くの贋作が作られてきた。金文を扱う際、特に出土資料でない伝世資料については十分な注意が必要である。

◈青銅器と金文の製作技術

金文は青銅器の内面に鋳込まれた（一部に刻された例も存在する）文字であり、その理解のためには青銅器自体の製作技術を把握する必要がある。中国古代の青銅器は基本的に鋳造によるものであり、立体的な器物の鋳造には外型《そとがた》（外笵《がいはん》）と内型《うちがた》（内笵《ないはん》）という二種類の鋳型が利用される。殷周時代には粘土で器の原型（模《も》）を作り、そこから土製の鋳型を製作する陶模《とうも》方《ほう》という技術が用いられた。製作の工程は、①粘土で原型を作る②原型に粘土を貼りつけて外型を作り、これをいくつかに分割して原型から取り外す③原型を削り一回り小さくし、外型と合わせた時に隙間ができるようにする。これが内型となる④内型に分割した外型を合わせる。このとき両者の隙間が保持されるようにスペーサーと呼ばれる青銅の小片を挟み込む⑤外型と内型との隙間に熱して液体状にした青銅を流し込む⑥青銅が冷えて固まったのち外型と内型を破壊し、青銅器を取り出す、という手順を踏む。特に⑥の段階で青銅器の完成品を取り出す際に必然的に鋳型は壊されてしまうため、当時の鋳型の正確な形を知ることはほとんど不可能である。発掘資料の中には鋳型の出土報告例も少なくないが、いずれも断片的な資料に過ぎず、当時の青銅器の複雑な造形と精緻な紋様はどのようにして鋳造しえたのか、今日でも不明な点が多い。同様に、金文をいかに鋳込んだのか、という点もなお重要な問題である。青銅器の製作工程において金文が関わるのは内型製作の部分で、金文は主に器の内壁（あるいは内底）に凹字の形で作られるため、内型には左右を反転させた文字を凸状に隆起させておく必要がある。青銅器の内壁は多くが屈曲しており、金文が均等に配置されるように文字部の粘土を隆起させる（あるいは削り残す）ことは至難のわざであるが、この問題に関して松丸道雄は刻字した皮革を用いることで内型への文字の転写が可能となることを指摘している。

　このように、青銅彝器およびその銘文の製作にはきわめて専門的な技術が必要であり、青銅の素材となる鉱物の獲得も含めて、その背景には王室による独占的な生産体制の存在を想定せざるを得ない。少数の例外を除いて、殷周青銅器が型式の上でも時期ごとに規格性を有することも、基本的には特定の工房で製作され続けたことの傍証である。したがって、青銅器に記された金文もまた、本来的には王室側による意図が込められたものであった。

◈金文の分類と変遷

金文は大きく二種類に分かれる。ひとつは厳密な意味での文字ではなく、何らかのマークである図象銘(図象記号・族記号などとも呼ばれる)で、一部に文字を構成要素として含む例もあるが、基本的には文から独立した単独の記号として理解すべきものである。氏族集団の象徴と説明されることも多いが、実際には何を示すものであったのかはわからない。出現期の金文はいずれも図象銘で、殷墟期から西周前期にかけて多くみられ、西周中期以降は減少した。また、後述する成文銘の出現以降はその文末に図象銘を加える形も多く確認されている。図象銘には「父丁」「祖乙」「母戊」などの祖先名が伴う例があり、青銅彝器が祖先祭祀のための器であったことがうかがえる。

もう一つの金文は成文銘で、複数の文字によって文が成されるものであり、殷代末期に出現し西周期以降に盛行した。西周期の金文のうち短銘のものには「【人名】作【祖先名】【器名】」(某が祖先某のための器を作った)と記す例が多数あり、西周の青銅彝器も基本的には祖先祭祀のための器物であったことがわかる。一方で西周期以降には長銘を有する器も増加した。西周前期の長銘金文には、王の命令を受けた人物(王の臣や諸侯)がそれを実行し、王による賞賜があり、それを記念して祖先祭祀の器物を作った、という内容を持つ例が出現し、さらに西周中期から後期には冊命《さくめい》(策命)金文と呼ばれる定型化した金文が増加した。冊命金文は基本的に、①王の在位年・月・月相・干支などの日付②王による臣の叙任③王による臣への賞賜④それを記念して祖先祭祀のための器を作ったこと⑤将来にわたって当該の器を使うべきこと、という各要素によって構成される。このように殷末の成文銘の流れをくんで成立した西周金文では、王と臣との関係、王からの恩寵がより強調される。青銅彝器とその銘文の多くが王室側によって作られたこととあわせて考えれば、西周の金文には君臣間の秩序を強化するための役割が付与されていたとみるべきであり、そのようにみることで青銅彝器の生産が王室に掌握されていたことがより一層の意味を持ってくる。西周期にあっては文字と青銅器生産の独占は王室の政治的正当性を維持するための重要な手段であったと考えられる。

西周後期の王朝の弱体化は金文中にも現れる。西周後期に諸侯国から出土した青銅器中には「王の某年」という記載が省かれ、「自ら(青銅器を)作った」ことを述べる金文が増加しており、そこでは王の影響力は排除され、臣(諸侯)の力が誇示されてゆく。これは、遅くとも西周後期までには青銅彝器生産の独占は崩れ、諸侯国での在地生産が大々的に始まったことを意味している。春秋時代の列国金文に地方色がより強くみられるようになるのはこの延長上にあり、刻銘の増加や文字への金象嵌《ぞうがん》、鳥書《ちょうしょ》と呼ばれる装飾的な字体が出現するのもこの時期の特徴である。その中で、伝統的な西周金文は秦によって継承された。西周金文にみられた祖先祭祀や王室儀礼との強い関係性、およびそれに付随した政治的な役割は春秋期には消失したが、その文字は秦系文字として残り、やがて小篆へと変化していったと考えられる。→1-15

かくどう・りょうすけ…生年＝一九八二年／**出身校**＝東京大学大学院人文社会系研究科／**現職**＝駒澤大学文学部講師／**主要著書・論文**＝(1)『西周王朝とその青銅器』六一書房、二〇一四年　(2)「西周時代の青銅明器」飯島武次編『中華文明の考古学』同成社、二〇一四年

1-3 ベールを開いた「法治」

石岡浩

中国における「法治主義」とは、一般に韓非子《かんぴし》（?〜前二三三）などの法家の説いた政治思想がその代表とされる。それは「法律を厳格に適用」することで人民を統治し、厳格に法を運用する行政機構を整備して、君主の権力の強化と中央集権を進めることからなる。議会において法に基づく手続きを経て、政治が決定されることを必ずしも意味しない。

本節のタイトルから、すべて法律に基づいた決定や判断を行なう政治があたかも秦《しん》王朝に実現し、中央政府の統治原理となっていたかのように見えてしまうが、周知のごとく、この時代にそのような法治国家が一つとして存在したわけはなく、どの国も君主の独裁政治の域を出るものではなかった。ただ中国古代史研究の学界においては、行政の現場において「法律を厳格に適用」した「地方行政」の体制や運用の様態を意味する用語として、「法治」の語を使用することもあるので、本節も秦の地方行政文書の示す法律運用の様相を「法治」のすがたとしてお話する。

周王朝（前一〇五〇頃〜前二五六）の権力が失墜して配下の諸侯国が独自に政治を行ない、強国が弱国を滅ぼして領土を拡大した東周時代（前七七〇〜前二五六）では、その前半の春秋時代（前七七〇〜前四〇三）に約二〇〇以上の諸侯国が存在したが、後半の戦国時代（前四〇三（一説に前四五三）〜前二二一）には、七つの強国、いわゆる戦国《せんごく》七雄《しちゆう》（韓《かん》・魏《ぎ》・趙《ちょう》・斉《せい》・燕《えん》・楚《そ》・秦《しん》）といくつかの小国に収斂した。この七雄のなかで、徹底した「法治」を行なって富国強兵化に成功し、他の六国を滅ぼして戦国時代を終焉に導き、中国初の全国統一王朝を創設したのが秦の始皇帝(秦王の嬴政《えいせい》、前二五九〜前二一〇、在位前二四七〜前二一〇)である。

秦では、始皇帝より以前、まず秦の孝公《こうこう》(在位前三六一〜前三三八)の時代の宰相であった商鞅《しょうおう》(前三九〇〜前三三八)が「変法」を行ない、詳細な行政規定とそれに違反したさいの厳しい罰則を採用した。この「変法」は、軍功の褒美として一般庶民に特権を伴う爵位を与え、軍事行動に参加する意識を高めたところにその特徴がある。しかし行政・軍事に協力しない者には容赦なく肉刑《にくけい》(身体毀損刑)と労役刑が加えられ、奴婢身分に落とされることもあった。そして戦国時代後半期の最強国と化した秦は隣国の領地をつぎつぎに併呑し、占領地に秦本国に準じた法律を施行して「郡・県」を主体とする行政組織を設置したのである。

ところが占領地のもとの六国の遺民は、陰に日向に秦の煩瑣な行政を嫌がって反抗する。また戦争と占領政策、さらには辺境の巴《は》・蜀《しょく》(現四川省)の開発を進める秦では、刑徒の労働力を最大限に利用する必要があり、刑徒には無期の労働義務を科していた。当然、そこに反抗勢力を取り締まる立法や刑徒管理の立法が蓄積されたはずである。

このように秦では、領土の拡大に伴って新たな行政法が蓄積され、秦の法治に協力する者、反抗する者の対立がさらなる立法を促した。当時、他の諸侯国では行政の多くが地方領主の自由裁量に任され、立法・行政よりも小領主・豪族たちの利益調整が政治の主体となっていた。ところが秦は占領地の拡大に伴って詳細な「法治」を実現し、地方領主の権限を押さえ込んだからこそ、旧六国の遺民の反発も甚だしかった。それを儒家が吹聴して後世の批判・汚名の呼び水となったのである。

それでは「法律を厳格に適用」する秦の「法治」の実態はいかなるものであったのかというと、ごく最近まではその概要が断片的に引用された文献史料しかなく、法典や法運用の具体的な実例は残存していなかった。しかも法家と対立する儒家の著作物には、秦を〝虎狼〟の国と決めつけ、身体を傷付ける残酷な刑罰――肉刑を駆使して人民を威嚇し、国民皆兵制を引いて従軍を無理強いし、煩瑣で酷薄な法で人民を縛り上げたという非難のみが書き残されている。秦はその「法治」の本当の実態が不明瞭なまま、中国史上最悪の法治国家の汚名を着せられていたのである。

ところが一九七四年、湖北省雲夢《うんぼう》県の睡虎地《すいこち》で発掘された秦の時代の墓のうち、一一号墓から一一五〇枚余りの竹簡が出土した。→1-1 →2-6 被葬者である「喜」という名の男性は前二六二年生まれで秦の始皇帝より三歳年上のいわば同世代人である。しかも驚いたことにこの竹簡は、前二四〇年頃、戦国時代末期の秦の南郡(長江中流域)で「喜」が県の令史《れいし》(書記役の下級官)や軍職に就いた時の行政文書を主とし、法の運用の記録と若干の律を記していた。この睡虎地秦墓竹簡の発見は、まさに失われていた秦の「法治」のベールを剥ぎ、その実態を白日の下に晒し出したのである。その内容を列挙してみよう。

①編年記…被葬者の履歴
②語書…南郡の郡守が管轄する県に下した命令書
③秦律十八種…一八種の法規定
④效律《こうりつ》…穀物倉庫の在庫管理規定
⑤秦律雑抄…さまざまな法規定の抄録
⑥法律答問…特定用語の概念の規定や法に規定のない事項の判断などを述べる問答形式の文例集
⑦封診式《ふうしんしき》…証拠文書作成の文例集

⑧為吏之道《いりのみち》（吏為るの道）…官吏の心得を述べた文書
⑨日書《にちしょ》…占いに使用する文書

たとえば占領地における法の運用を反映する法規定が、⑥の法律答問（一三九条・一五八簡）に見られる。

甲は身長が六尺（約一三八センチ）未満の「小」である。一頭の馬を放牧していた。ところが馬が人に驚かされて逃走し、他家の穀物一石（一九・四リットル）を食べてしまった。〔質問〕彼は罪に問われるのか、問われないのか？〔回答〕罪も穀物の賠償も問われない。

睡虎地秦簡では「小」が未成人を「大」が成人を意味する。戦国時代の秦では、六国との戦争のさなかに役所が戸籍を焼失したり、占領地の遺民が秦に戸籍登録するのを拒否したりして、年齢制による成人の管理は困難であった。そこで秦は身長六尺を境界として成人を認定する身長制を採用し、納税・従軍などの義務を課したのである。この条文は、未成人に対して刑事責任を減免する規定が存在したことも推測させる。

また⑦の封診式の「経死」（七三〜八三簡）と題された文書は、県の下級役人が首吊り死体の検屍結果を報告した調書であるが、そこにつぎのような「検屍報告書作成要領」とでもいうような文書が残されている。

調査にはまず必ず綿密にその痕跡を調べ、自ら死体のある場所に赴くこと。綱の結び目を確認し、もし結び目と輪に首を通す余裕があるようなら、舌が出ているか、頭や足先が地面からどれくらい離れているか、糞尿をたれているかを調べること。綱をほどいたとき、口鼻から息が漏れ出したかを調べること。綱による首の鬱血の状態を調べること。また綱の輪から首を外せるかどうかを調べ、首を外すことができたら、その衣装を調べ、身体・頭髪の中、会陰部を徹底的に調べること。舌が出ず、口鼻から息が漏れ出ず、首部に鬱血の跡がなく、綱の輪から首を外すことができなければ、自発的な首吊り自殺とは認定し難い。自殺者には動機があるはずなので、同居者の調書をとり、その理由を調べよ。

一つの事件に対して、現場の状況や関係者の証言、証拠物や医者・識者の意見など、綿密詳細な調書がいくつも取られ、すべてが証拠書類となる。作成要領にしたがわない調書を提出した下級役人は罪に問われる。このように面倒で煩瑣な文書行政が、すでに秦の地方の末端において行なわれていたのである。

睡虎地秦簡は県の下級官吏が地方行政の末端で使用する範囲の法の抜粋と見なされ、秦の法典そのものではない。その睡虎地秦簡の出土から一〇年後の一九八四年に、湖北省江陵《こうりょう》県張家山《ちょうかざん》(現荊州《けいしゅう》市荊州)で発掘された前漢時代(前二〇二〜八)の墓群のいくつかから竹簡群が出土した。→2-10 張家山漢墓竹簡と呼称される竹簡群であるが、それらは睡虎地秦簡のような行政事務の必要から抜粋された雑多な書類群ではなく、何らかの目的を持った法の抜粋集を含む書物類であったらしい。というのは、二四七号墓から出土した竹簡のうち五二六枚に二七種の「律《りつ》」と一種の「令《れい》」という法規定があり、そこに「二年律令《にねんりつれい》」と表題されていたからである。

この「二年」は、前漢第二代皇帝の恵帝《けいてい》(前一九五〜前一八八)が崩御したのち、その母の呂后《りょこう》(?〜前一八〇)が政治を代行していた時期の二年目、すなわち呂后二年(前一八六)と想定されるので、これらは秦法に前漢初年の改定が加えられた漢法に当たる。しかし前漢創設後わずか一六年なので、その基本は秦法に等しいと見てよい。その篇目を列挙してみよう。

賊律・盗律・具律・告律・捕律・亡律・収律・襍律・銭律・置吏律・均輸律・傳食律・田律・関市律・行書律・復律・賜律・戸律・效律・傅律・置後律・爵律・興律・徭律・金布律・秩律・史律・津関令(関市律は推定)

睡虎地秦簡よりも広範囲に渡る「二年律令」の法規定から、当時の行政・身分・家族・財政・官制・税役・相続などにかかわる「法治」の実態が解明されつつあるが、注目すべきは、睡虎地秦簡と併せることで秦の刑罰制度の大要が明らかになった点である。

秦の刑罰制度は、後世の儒家から酷薄な「法治」の象徴と忌避され、とくに足斬り刑(刖《げつ》刑・斬趾《ざんし》刑)の残酷さが槍玉に挙げられていた。しかしその実態は、死刑・労役《ろうえき》刑・罰金刑からなる主刑に各種の肉刑や親族の縁《えん》坐《ざ》を控えめに付加するものであったことが解明され、必ずしも残酷一点張りとは言い切れない要素も見出されたのである。

まず死刑には、重い方から腰斬《ようざん》刑、磔《たく》刑、梟首《きょうしゅ》刑、棄市《きし》刑がある。腰斬は腰部切断、磔ははりつけ、梟首はさらし首、棄市は市場での死体の放置を意味する。一見、残酷な処刑方法と死体に加える措置で軽重付けているように見えるが、張家山漢簡を見ると、腰斬は犯罪者の父母・妻子・同母兄弟を縁坐して死刑とし、磔は犯罪者の妻子を縁坐して労役刑徒とし、梟首と棄市は犯罪者本人が処刑され、梟首にのみ死体の首をさらす処置が伴っていたことがわかる。「腰斬」「磔」はいわば符号に過ぎない。むしろ処罰に家族まで巻き込むことが、占領地の遺民たちへの大きな威嚇となっていたのである。

ついで労役刑には、重い方から城旦《じょうたん》と舂《しょう》(城旦舂と連称、舂は女性に科す)、隷臣《れいしん》と隷妾《れいしょう》(隷臣妾と連称、隷妾は女性に科す)、司寇《しこう》、候《こう》がある。爵位所有者が城旦舂に当たる罪を犯した場合は、より軽い労働に従事させる鬼《き》薪《しん》と白粲《はくさん》（鬼薪白粲と連称）に代替された。

これらの労役刑は刑期の定めがなく、労働の場所や環境、縁坐の及ぶ範囲など、刑徒が受ける負荷によって刑が軽重づけられている。注目すべきは、男性に科す城旦・隷臣の間で、刑の重さに大きな格差が設定されていることである。

城旦は、赤い囚人服を着せられて監視を受けながら土木労働に従事する労役刑である。主に軍の管轄下で重い土木労働や国境地帯の危険度の高い労働に就く。辺境開発・防備の労働力として率先して派遣されていた。それに対して隷臣は、行政機関の管轄下で官の雑務に従事する労役刑である。個々の職場に常住し食料を支給され、監視もされず比較的軽い労働に就く。いわば一般社会の雑役担当役といえる。

このような労働待遇上の格差に加えて、城旦に科す「収（収帑《しゅうど》）」が生みだす格差がある。「収」とは、城旦の受刑者の財産を役所に没収し、妻子を奴隷に落とす付加措置である。このため城旦には刑徒身分から解放される方法がほとんどない。ところが隷臣には「収」が行なわれず、妻子と財産が無事に村落に保全される。このため隷臣には、軍功と引き替えに刑徒身分から解放される方法が各種設定されていた。この格差は、城旦に多大な苦渋を与え、逆に隷臣には身分回復という希望を与える。処罰が隷臣に留まる犯罪であれば、努力次第で妻子の待つ郷里に戻ることができる。占領地の刑徒に秦に協力する意欲を起こさせたであろう。

さらなる格差は、城旦には一生消えない肉刑を付加するが、隷臣には肉刑を付加しないことである。一般に城旦に肉刑を付加して軽い方からつぎのように刑名が列挙される。

「完《かん》城旦」肉刑を施さない
「黥《げい》城旦」顔面に入れ墨を施す

「黥劓《げいぎ》城旦」黥に加えて鼻部も切る
「斬左趾《ざんさし》黥劓城旦」黥劓に加えて左足部も切る
「斬右趾《ざんうし》黥劓城旦」斬左趾黥劓に加えて右足部も切って両足部を失う

ただし女性に科す舂には完舂と黥舂があるだけで、劓と斬左趾・斬右趾は科せられない。女性の刑徒には、舂と隷妾の労役においても重労働を免除される傾向がある。後世の儒家は、隷臣に肉刑を科さないことや女性に対する保護策などは無視して、わざと書き残さなかったのである。

また隷臣が服役中に罪を重ねても、刑を城旦に加重せず、一定期間(三年・六年)だけ労働内容のみを城旦と同じにする措置も見られる。「繫《けい》城旦舂三歳《さんさい》」「繫城旦舂六歳」と記されるこの処罰は、隷臣から城旦への格上げを回避し、将来に身分回復の希望のある隷臣身分に留めて、城旦の数の増加を押さえるものであった。

このように秦は、一見残酷な刑罰を設置していたが、それが無闇に適用されないような策も施していた。労働待遇や身分回復の有無で等級付けられた刑罰規定を使って国民を威嚇しつつ、その労働力を最大限に利用し、かつ秦に協力的な国民を育成するような「法治」を目指していたのである。周知のごとく、それは失敗に終わったのであるが。

いしおか・ひろし…**生年**＝一九六三年／**出身校**＝早稲田大学／**主要著書・論文**＝(1)石岡浩・川村康・七野敏光・中村正人『史料からみる中国法史』法律文化社、二〇一二年 (2)「秦漢代の徒隷と司寇——官署に隷属する有職刑徒」史学雑誌一二一編一号、二〇一二年

1 4

大昔の犯罪捜査と裁判を覗く

水間大輔

我々日本人が「大昔の犯罪捜査と裁判」と聞いて真っ先に連想するのは、おそらく時代劇の『銭形平次』や『大岡越前』、『遠山の金さん』などで描かれている、江戸時代の犯罪捜査や裁判の様子であろう。もっとも、最近ではいずれもテレビで放送されなくなってしまい、若い人たちにはピンとこないかもしれないが。

一方、中国の「大昔の犯罪捜査と裁判」というと、我々日本人にはそれほど馴染みがあるわけではない。昔の中国の犯罪捜査・裁判を割と身近に知る機会としては、古典小説『水滸伝《すいこでん》』がある。同書では宋江や林《りん》冲《ちゅう》など、主人公たちが罪に問われて指名手配されたり、取調べを受けたり、刑罰を受けたりする場面が数多く描かれている。『水滸伝』自体は北宋末期が舞台となっているが、最終的には明代に小説としてまとめられたものであるため、明代の制度・社会状況の影響を受けており、むしろ明代の犯罪捜査・裁判の様子を知るうえで重要な史料となっている。とはいうものの、『水滸伝』は少なくとも我が国では『三国演義』ほど読まれているわけではなく、本書を手にとるほど中国史に強く関心を持たれている(?)読者でさえ、あるいは未読の方もおられるかもしれない。

ましてや、中国古代の漢代以前における犯罪捜査・裁判となると、さらにいっそう馴染みがなくなる。それというのも、当時の犯罪捜査・裁判に関する史料がこれまで極めて少なかったからである。

ところが近年、睡虎地《すいこち》秦簡・張家山《ちょうかざん》漢簡・岳麓《がくろく》書院蔵秦簡など、秦・漢の簡牘が出土したことにより、当時の犯罪捜査・裁判の様子がかなりの部分まで明らかになった（各簡牘の内容については、次章を参照されたい）。本節では秦・漢における犯罪捜査と裁判の様子を簡単に紹介したい。

まず、秦・漢では中央・地方にさまざまな行政機関が設けられていたが、これらのうち犯罪の捜査と裁判を担当するのは、中央では主に「廷尉府《ていいふ》」、地方では「郡」と「県」であった。県は郡の下に複数置かれ、県内の政務全般を司り、郡はこれら複数の県を統轄していた。ここでは県における犯罪捜査と裁判の様子を見てみよう。

県は犯罪事件発生の通報を受けると、必要に応じてさまざまな捜査活動を行った。例えば、睡虎地秦簡「封診式《ふうしんしき》」（裁判に関する文書の文例集）の「賊死」条では、ある家屋の中で身元不明の他殺死体が発見されたという通報を受け、「令史」（県の下級官吏の一つ）が死体発見現場へ派遣され、現場と遺体などを調査している。「賊死」条にはその調査結果が詳しく記されており、それをまとめると以下の通りになる。

・遺体が発見された家屋は、某亭（治安維持のため、一定の距離ごとに設けられた施設）から一〇〇歩、丙の「田舎《でんしゃ》」（農地の中に建てられた小屋）から二〇〇歩離れたところにある。
・遺体は成人男子で、色白、身長は七尺一寸（約一六四センチ）、髪の長さは二尺（約四六センチ）。
・腹部に灸《きゅう》による治療の痕が二か所ある。
・遺体は頭を南にして、あおむけに倒れていた。
・刃物による傷が額の左側に一か所、背に二か所ある。傷はみな縦に走っており、長さはいずれも四寸（約九センチ）、幅は一寸（約二センチ）。傷口は血でべっとりとし、陥没しており、斧類による傷のごとくである。

・こめかみとまぶたの下から出血しており、血が頭・背・地面まで流れている。

・以上の他は、身体に損傷はない。

・麻布の襌帬《たんくん》（ひとえの下裳）と襦《じゅ》（短めの上衣）を着ている。襦の背中側が刃物で二か所切られており、背中の傷の位置と一致する。襦の背中側は血で汚れていた。

・遺体から西へ六歩離れたところと、一〇歩離れたところにそれぞれ靴が片方ずつ落ちていた。靴は秦国式の、漆塗りの麻靴であった。これらを遺体に履かせたところ、ちょうど足に合う大きさであった。

・地面は固く、犯人の足跡は見つからなかった。

今日の法律用語でいう「検証」・「検視」に相当する捜査活動が行われていたことがわかる。今日でも身元不明の変死体が発見された場合、手術の痕も身元を特定するうえで重要な手がかりとなるが、「賊死」条で遺体の腹部に灸の治療痕があることを特筆しているのも、これと同じ理由によるものであろう。

捜査の過程などで発見した証拠品はこれを調査したり、聞き込みのときに見せてまわったりすることもあった。張家山漢簡「奏讞書《そうげつしょ》」案例二二にもそのような例が見える。本件は戦国時代末期の秦国で発生した事件であり、ある女性が何者かに刃物で背中を刺され、一二〇〇銭を奪われたというものである。本件の捜査を担当した「獄史」（県の下級官吏の一つ。司法を職務とする）は、被害者の背中に刺さっていた刃物、および犯行現場付近に落ちていた割符《わりふ》を調べている。中でも割符については犯行現場近くの市場の商人に見せ、一般に絹を扱う商人が用いる割符であることを突き止めている。もっとも、本件の犯人は捜査の目を市場の商人へ向けさせるため、わざとこの割符を犯行現場へ落したと後に供述している。

被疑者が逃亡中の場合には「追捕《ついぶ》」が行われた。吏や卒が被疑者の足取りを追うとともに、指名手配書が近隣あるいは全国へ配布された。例えば、居延《きょえん》漢簡→2-2には当時の指名手配書が見える。

名は実、字《あざな》は子功。歳は五六。色黒で、ひげが長い。逃亡中の建昭二年（前三七）八月二〇日、長安県（現在の西安市）当利里の范義の家に泊まっている。二日後の二二日、それまで乗っていた馬車を売却し、赤い牡馬が牽《ひ》く白い蜀《しょく》（現在の四川省）製の車に乗り換えている。この車には漆塗りの幌《ほろ》が張られている。

（一五七・二四A）

他にも被疑者の性別・身分・出身地・服装・所持品・容疑などが記されている手配書もある。今日でも被疑者が車で逃走した場合、車種やナンバーなどが各地の警察に通知され、各地で検問が行われるが、右の指名手配書に馬車の特徴が記されているのも同じ理由によるものと思われる。

被疑者を逮捕すると、獄史などが訊問を行った。睡虎地秦簡「封診式」の「訊獄」条によると、訊問の際にはたとえ被疑者がうそをついていることが途中でわかっても、まずは一度最後まで全部しゃべらせ、その後で矛盾点を指摘し、問い詰めていくのがよいやり方とされていた。ちょうどその実例ともいうべきものが張家山漢簡「奏讞書」案例二二に見える。先述の通り、本件はある女性が何者かに刃物で背中を刺され、一二〇〇銭を奪われたという事件であるが、獄史の挙闟（人名）が捜査を行った結果、被疑者として孔という者が浮かび上がってきた。それは「孔が身に着けている帯には刀を提《さ》げるところが付いているが、今は何も提げていない」という証言があったからである。さらに、僕という者が孔から刀の鞞《さや》をもらったと証言し、本件の凶器である刃物をこの鞞にさしたところ、ピッタリとはまった。孔は当初、刀を腰に提げたことはなく、またその鞞を僕に与えたことはないと供述していたので、挙闖は孔を問い詰めた。それに対して孔は、「確かに鞞を僕にあげました。前に聞かれたときはそのことを忘れていて、『あげたことはない』と言ってしまいました」

と答え、鞞を僕へ与えたことを認めた。孔の妻・娘も、

「孔はもともと刀を腰に提げていましたが、今は提げていません。どこに刀があるのかは知りません」

と証言した。挙闖が刀について孔に尋ねたところ、孔は、

「刀を誰かのところで買いました。これを腰に提げて市場へ行ったところ、何者かが刀を抜きとってしまいました。だから鞞を僕にあげたのです。前に刀を腰に提げたことはないと言ったのはうそでした」

と答えた。挙闖は供述を翻《ひるがえ》した孔に対し、

「カラの鞞を僕にあげたのに、なぜあげていないとうそをついたんだ？　もともと刀と鞞を腰に提げていたのに、なぜ提げたことはないと言った？」

と問い詰めた。孔は弁解し切れず、結局容疑を認めた。孔が徐々に追い詰められ、白状するまでに至る様子が見てとれる。

睡虎地秦簡「封診式」の「治獄」条および「訊獄」条によると、被疑者が何度も供述を改めたり、供述に矛盾があったり、犯行を認めなければ、拷問を行うことが認められていた。ただし、拷問を行うことは好ましいことではないとも認識されていた。現に、次に紹介する張家山漢簡「奏讞書」案例一七では、被疑者に対し

て拷問を行った結果、冤罪を生み出してしまった。

案例一七は戦国時代末期の秦国で発生した事件であり、毛という者が汧《けん》県（現在の陝西《せんせい》省隴《ろう》県東南）で牛を一頭盗み、雍《よう》県（現在の陝西省鳳翔県西南）で売却したというものである。本件の取調べを担当した雍県の吏たちは、毛に共犯者がいるのではないかと疑ったが、毛がこれを否認するので、拷問にかけた。毛は拷問に耐え切れず、講という者を共犯者としてでっち上げた。講は当初これを否認したが、やはり拷問に耐え切れず、毛の言う通り、牛を盗もうとして毛と共謀したことを認めた。講も有罪の判決を受け、「黥城旦《げいじょうたん》」という刑罰に処された。

黥城旦は当時の刑罰制度上、死刑よりも一等軽いだけの刑罰であり、極めて重い刑罰として位置づけられていた。→1-3「黥」とは顔にいれずみを施す刑罰、「城旦」とは城旦という身分に降格させる刑罰で、城壁の建設などさまざまな強制労働に使役された。黥城旦には刑期が設けられておらず、恩赦などによって赦免されない限り、一生服役しなければならなかった。さらに、当時の刑罰制度では「完城旦」以上にあたる罪を犯した場合、その妻子・財産を没収すると定められていた。黥城旦は完城旦よりも一等重い刑罰であり、講

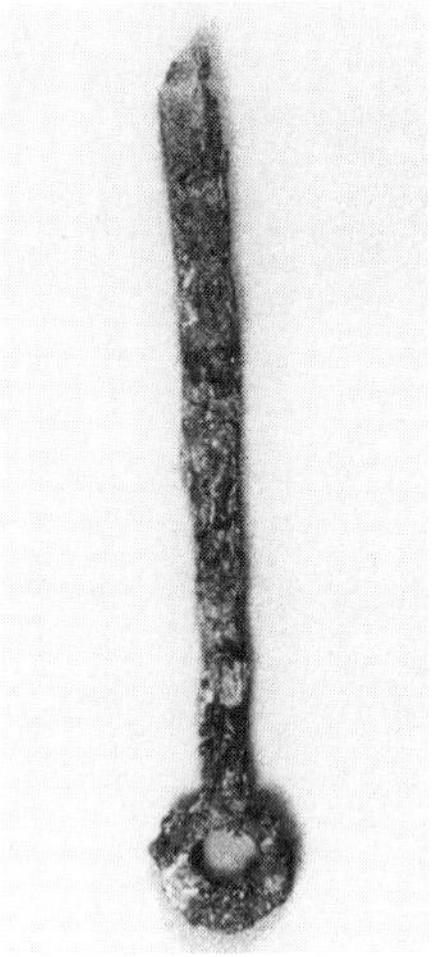

図1…漢代の環首刀（寧夏固原出土）
（固原博物館「寧夏固原城西漢墓」『考古学報』二〇〇四年第二期）

も妻子・財産を没収され、財産は売り飛ばされ、妻子も奴隷として売り飛ばされている。

講は再審を請求し、冤罪を主張した。秦における再審の制度はかならずしも定かでないが、前漢初期の張家山漢簡「二年律令」によると、既に有罪の判決を受けた者は、その判決に対して不服がある場合、判決後一年間は県へ再審を請求することが認められていた。県は再審請求の内容を記録して郡へ報告し、郡は「都吏」と呼ばれる吏を派遣して再審を行わせた。おそらく秦でもほぼ同じ制度が行われていたと考えられる。もっとも、講も雍県で判決を受けた後、汧県へ移送されて服役し、汧県へ再審を請求したごとくである。汧県は中央直属の県であるから、郡ではなく廷尉府が直接再審を行っている。

再審の結果、講の主張が認められ、冤罪であることが明らかとなった。しかし、これで講は晴れて自由の身だ、とは簡単にはいかなかった。再審終了後、講には「隠官」という身分が与えられている。黥などの「肉刑」(身体に対して回復不可能な損傷を与える刑罰)を受けた者は、たとえ赦免されても完全な自由人に復帰することは認められず、隠官という身分が与えられた。隠官の実体については未詳であるが、字面からすると、一般社会から「隠れて」生活する者のごとくである。肉刑を受けた者はその特異な外貌のため、当時の人々からは忌み嫌われ、通常の社会生活を送ることは困難であった。それゆえ、国家も彼らを隠官として一般社会から隔離したのであろう。要するに、講は無罪とされたとはいえ、恩赦などによって刑罰を赦免されたのと同じ扱いしか受けられなかったことになる。ちなみに、没収・売却された講の財産は国家が賠償し、妻子は国家が買い戻し、講へ返還している。

以上、秦・漢における犯罪捜査と裁判について簡単に紹介したが、いかなる感想を抱かれたであろうか。

おそらく、現在と異なる点もあるものの、共通している点も多いという感想を持たれたことであろう。つまり、中国では既に二〇〇〇年以上も前から、現在とも共通するような犯罪捜査や裁判が行われていたといえよう。秦・漢の簡牘、中でも張家山漢簡「奏讞書」や岳麓書院蔵秦簡「為獄等状四種」には他にも興味深いさまざまな事件が見えるので、興味を持たれた読者は是非御一読を。

みずま・だいすけ…生年＝一九七三年／**出身校**＝早稲田大学／**現職**＝中央学院大学法学部准教授／**主要著書・論文**＝(1)『秦漢刑法研究』知泉書館、二〇〇七年 (2)『国家形態・思想・制度——先秦秦漢法律史的若干問題研究』共著、厦門大学出版社、二〇一四年

5 王様と暦

1

平勢隆郎

◈はじめに

暦は、一年の季節をはかり、農業に役立てるものとして始まった。季節を決めるのは太陽の高さである。冬は低く、夏は高い。だから、季節を知るだけなら、太陽だけを観測すればよい。ところが、人々の注意を引いたのは月であった。月は一ヶ月で満ち欠け(盈ち虧け)する。だから、人々は、月を基準にものを考えようとした。しかし、あいにく月の満ち欠けは、太陽の高低による一年に都合よく合わせてはくれなかった。

現在は、天文観測が精緻となり、太陽の動きも時々刻々わかるし、月の動きも時々刻々わかる。それをもとに、いまの状態はこうなっていると説明することができる。本来別次元の月の満ち欠けから太陽の高低による一年を議論しようとは思わない(月の満ち欠け一二回を一年として、年の始まりが季節をどんどんずらせていく暦もある。この場合太陽の高低を無視する)。太古の昔も、同じく太陽の高低で一年をはかり、それとは別に月の満ち欠けを論じていた。両者の関係も無文字の時代の人々はおおざっぱにしか論じることができなかった。農業にとって重要なのは、太陽の高低であった。

ところが、『史記』に残された記録の有り様からすると、春秋時代に漢字が天下規模で普及し、戦国時代にはそれを基礎に官僚制度が形を整える。戦国時代になって、記録がため込まれると、それを基礎にして、長期にわたって太陽と月と地球の関係がどうなっているかを整理し始めた。太古の昔から注意を引いてきた月を使って、一年が説明できないかと苦心するようになった。その結果、彼らがこうだと自信をもつようなものができあがってきた。

太古と現在の間に、この自信をもってから後の時代がある。おおざっぱに言えば、人間が、勝手に自信をもってこうだときめつけた法則で、月の満ち欠けを上手に説明して、一年、さらには未来を予言的に説明す

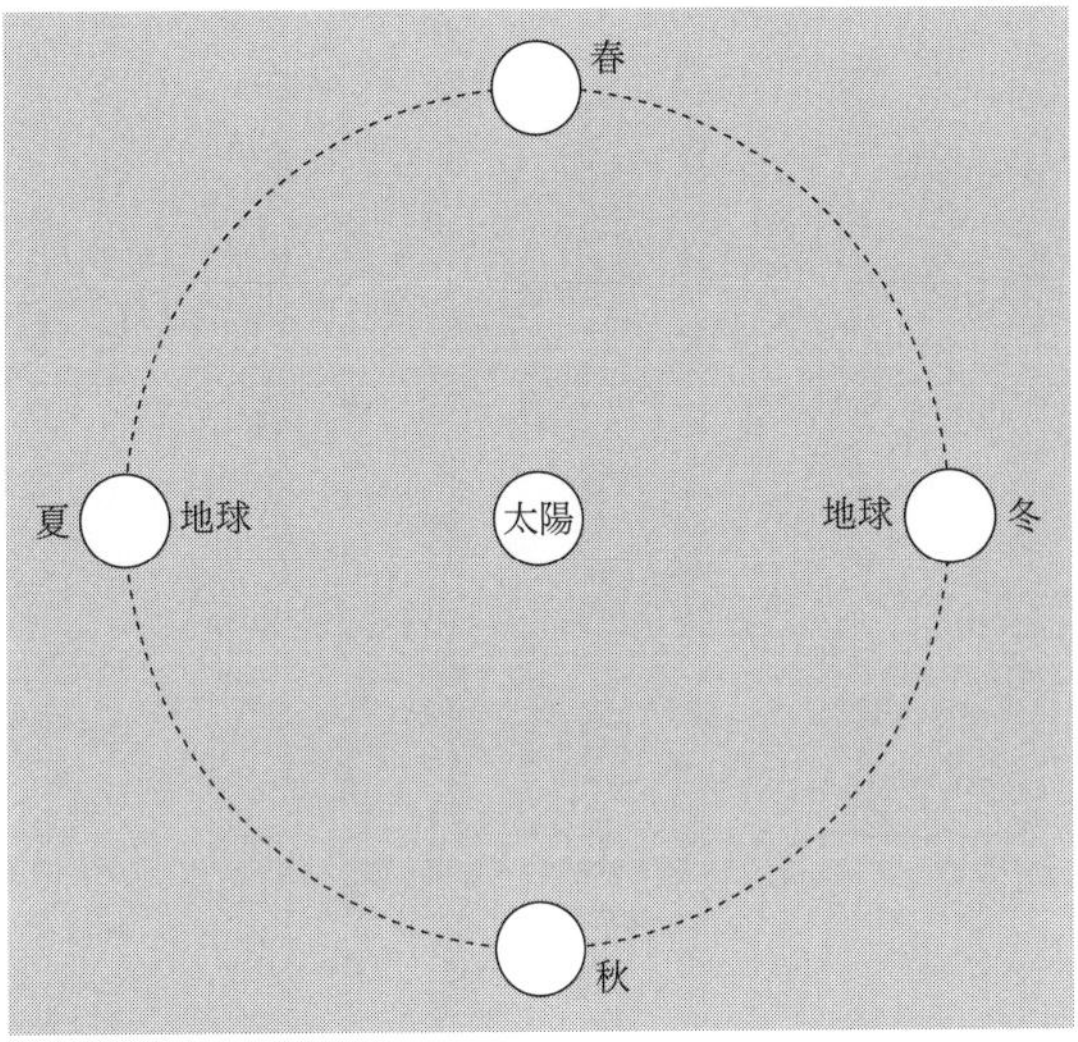

図1…上側が北
地球は太陽を左回りに公転
地軸は北が冬では太陽の反対側、
夏では太陽の側に傾いている

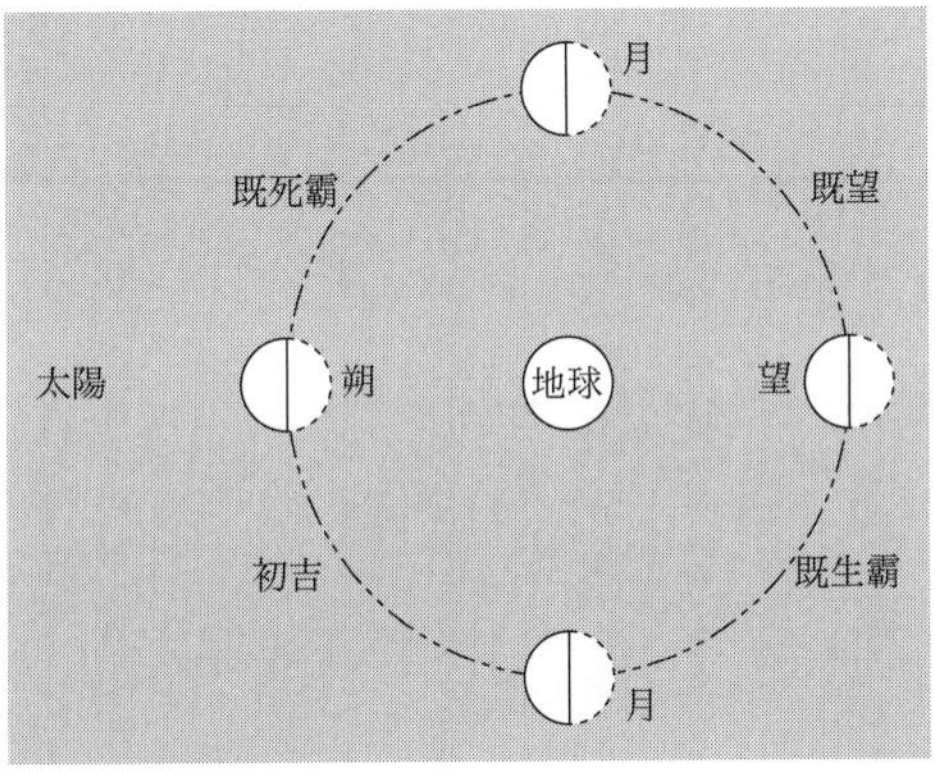

図2…上側が北
月は地球を左回りに公転
月は太陽の側だけが見える。
76年で約940回満ち欠け

る暦の時代が出現した。上手に説明しただけだから、時が流れるとボロが出て、実際の天体の動きと、それを写したはずの暦とがずれてくることになる。そのずれを補正して、次第に精緻なものができあがってくる。

◈新石器時代から戦国前期まで

新石器時代は、文字がないため記録を残さず、太陽の高低を観測して農業に利用した時代と、甲骨文や金文(釈読不能の文字もあるが滅びた)が使われるにいたって、不充分ではあるが月の満ち欠けをうまく説明に組み入れようとした時代とに分けられる。

青銅器時代については、陶寺遺跡から、天文観測遺構が発見されている(中国社会科学院考古研究所山西隊他「山西襄汾県陶寺城址祭祀区大型建築基址二〇〇三年発掘簡報」『考古』二〇〇四年七号)。太陽の高低(どこから太陽が昇るか)を判断し、季節を知る。

殷代については、甲骨文に、癸の日、一〇日ごとに行われた祖先祭祀の記録があり、王の在位年・月・日干支・祭祀対象が記されている。これらが一部でも欠けると判断が曖昧になるので、我々の検討では、完備したものを基準にする。その基準を使って、一部欠けた記事まで網羅配列することができる。第五期刻字甲骨のみが検討可能で、他は材料が少なすぎる。第五期は帝乙・帝辛時期であり、帝乙は前一〇六五～一〇四四年在位、帝辛は前一〇四四～一〇二三在位と判断できる(材料網羅の上での他の検討結果は存在しない)。第一期には、月食記事もあるが、これも以上を前提として適宜配列できる。

西周時代については、周王から諸侯に与えられた青銅器銘文に、王の在位年・月・月相《げっそう》・日干支を記したものが多数存在する。月相は、〈図2〉に示したように四分説をもって解釈する(他の解釈では、網羅配列不能。網羅配列したかに見えるものもあるが、説明不能の事例が出現、また、戦国以後なぜに月相が消滅し十二節や二十四節気が出現するかが説明不能)。

春秋時代には、各国に漢字が伝播し、西周と同様の記事を残す。『春秋』その他の暦日記事と比較して、一部を議論することができる。

◈戦国時代中期以後

前四世紀半ば以後、それまでに蓄積された記録を集積し、長年にわたる月と太陽との関係を、勝手な自信をもって説明し始める。どういう具合に勝手だったかについて、これまで新城新藏と平勢のみが一覧を作って説明している(他にも一部の材料を扱って作られた一覧はあるが、材料の網羅性と説得性に乏しい)。

そもそも、計算を基礎とする暦が始まると、その計算の不備が累積され、やがて起こるはずのない天文記録が多数記録されるようになる。日食は、朔に起こるものだが、漢代には、晦《かい》(三〇日あるいは二九日)、先晦一日(晦日の前日)の日食が多数記録されるにいたる。このずれを逆に利用して、戦国時代の暦算の起点や計算定数を求める。

新城の説明は、後漢時代の暦と同じものが戦国時代に始まったと想定、戦国時代の年代矛盾が解消されていないこともあって、説明不能の事例への対処に苦慮した。暦法計算が始まってすぐに改暦を想定するような、無理な説明となった。

平勢は、戦国時代に新しい暦が始まってから、前漢武帝の改暦まで、改暦なく使われたという前提での説明に成功した。常識的には、一ヶ月は約二九・五日で三〇日に満たないので、まず二九日(小月)を一ヶ月とし、翌月を三〇日（大月）とする。この大月・小月の一覧をみていて、始まりを三〇日にしたらいいのではないかと思いついた（やや詳しく述べると、新城と同じ七六年周期の大月小月配列を途中で切って、そこを新たな起点とするものなので、議論の基礎は新城と同じ。七六年間に二八回置かれる閏月も、どう置かれるかがわかる）。この想定で配列しなおすと、上記の新城のような無理をおかす必要もなく、すべての材料を配列することができ、しかも新出のものを含め、出土資料の暦日をもれなく説明できることがわかった。

戦国時代には、正統論が花開く。暦は正統たる王が民に示すもので、正統の証であった。現実問題として、戦国時代は、新石器時代以来の文化地域ごとに、正統を標榜する王権が打ち立てられた。それぞれ、漢字文化の正統たる継承者を自任したので、過去の記録から夏王朝、殷王朝、周王朝の交代を知ると、その王朝交代を歴史的法則によるとし、自らの王朝は周の正統性を継承するという「形」を模索した。この「形」は漢王朝も同じである。南越など漢代の越諸国も同じである。

正統の証であった暦は、必然的に各国独自のものとなった。『孟子』の論法をもって言えば、自己の証が本物であり、他は偽物である。基本的法則は同じ（太陽の高低も十二節や二十四節気を用いて厳密化。月を四分しておおまかな季節調整は消滅）なので、微細な差違をあげつらった。

新たに構想された暦は、冬至月（冬至が含まれる月）を一一月にするか、冬至月翌々月を正月にするかを論じた夏正（夏王朝の暦）、冬至月を一二月とするか、冬至月翌月を正月とするかを論じた殷正（殷王朝の暦）、冬至月を正月として論じた周正（周王朝の暦）である。計算の起点も三種出現したので、同じ夏正でも、国ごとに異なるものができた。

正統の証は、暦以外にもう一つあった。王の在位年である。この王の在位年を特別にするため、王の最初の元年を前君主死去の翌年にする踰年《ゆねん》称元法を始めた(周はもともと前君主死去後すみやかに元年とする立年称元法。楚も呉越も同じ)。その王の在位年以外に、封君が独自の在位年をもっていた(立年称元法)。彼らは在位年こそ独自なのだが、暦は王の暦に従った。以後、暦が神聖視されるのは、この正統観に関わるからである。在位年の神聖視については、以後も努力が重ねられ、漢の武帝のときに皇帝の年号(特別な名称をもつ在位年)ができる。

武帝までは、秦以来の暦を襲用していた。ところが武帝のとき、新しい暦を制定する。すでに述べたように、暦と天文現象があわなくなっていた。これを苦慮していた武帝の朝廷では、木星紀年に関して特別な冬至が議論できることがわかってきた。殷代以来、一日一日は、十干十二支を組み合わせた六十干支で表現されてきた。この六十干支の筆頭である甲子の日が冬至となり、しかもそれが、その月(冬至を含む冬至月)の朔日になる。この偶然に朝廷はとりつかれることになる。そして説明に無理を重ねることになる。

◈おわりに

戦国時代の新しい暦が出現するまでは、暦は太陽の高低を観測して農業に役立てるものであった。新しい暦は、王の正統性の証となった。

以上の説明にあたっては、文脈がたどりにくくならないよう、解説をおさえた部分もないではない。最後に、少し説明を加えておくことにしたい。

冒頭の〈図2〉は、月の満ち欠けの様子を理解するためのものである。朔はついたち(一日)であり、地球からは月(太陽光が当たらない)が見えない。月が左回りに移動すると地球からは半月(上弦)に見える。さらに左回りに月が移動すると満月(望)となり、さらに移動するとまた半月(下弦)となる。この朔、上弦、望、下弦は、決まった月の形を説明する。これを研究史上、「定点」という用語で議論した。これらの定点の間は、しだいにふくらみ、しだいにしぼむ様々な形の月が議論できる。このさまざまな形の月の相貌を〈図2〉のように四つに区分して、初吉・既生霸・既望・既死霸と呼んだ。これを月相という。

月相は定点だという説もだされているが、すでに述べたように、暦日記事を網羅(否まったくと言っていいほど)配列できていない。また、月相が議論された西周時期は、朔・望・朏《ひ》(三日月)以外の定点が話題にされず、上弦・下弦の語あるいはそれに相当する用語は見えない。

本論の標題「王様」は、皇帝とどんな関係にあるか。始皇帝統一までの天下には、複数の王がいた。その王の統治域は、新石器時代以来の文化地域に拡がる。さかのぼって春秋時代には、それぞれに周王や覇者の独自の軍事勢力圏が拡がり、同じような関係は、殷代、いわゆる夏代、さらにそれ以前に遡ることができる。その文化地域で新しい暦が始まり、正統が議論された。それを皇帝が継承して、さらに二〇〇〇年継承された。統治域が異なると、議論も異なってくる。例えば、一見似て見える封建論も、『孟子』(新石器時代以来の文化地域の軍事勢力圏を述べる)と『礼記《らいき》』(天下という軍事勢力圏を述べる)は、説明の基礎数値が違っている。しかし、暦と称元法(後に元号)という観点から正統を語るという意味では、皇帝と戦国時代の王とは、変わりがない。

最後に、甲骨文・金文だけでなく、竹簡など出土遺物に見える暦日を具体的に検討するために、暦の一覧を参照したいという方は、巻末のお薦め文献中の拙著や拙稿「戦国中期から漢武帝にいたるまでの暦」を御覧いただくとよい。近年出土の里耶秦簡も、この拙著・拙稿を使って検討できる。無論、自分自身で暦日材料を網羅配列して、新しい一覧を作る努力は当然必要である(一部の材料だけを使った議論は問題提起にとどまる)。武帝以後は、市場に出まわる一覧が活用できる。

本論に言及したように、戦国時代以来の暦日記録は、代々の勝手な思い込みが反映されている。だから、現代の天文学を用いて過去に遡った天文現象どおりにはなっていない。これに対し、皮肉なことに、勝手な思い込みが始まるまでは、その時々の天文現象が無意識に記録されたりしている。我々が検討対象とする戦国時代成立の説話には、戦国時代の思い込みが春秋時代に遡って反映されたりする。『左伝』に示された木星の位置は、春秋時代のものではなく、戦国時代のものである(これも新城新藏)。これを漢代のものだとする見解(飯島忠夫)と論争があったが、膨大な紀年矛盾の解消によって、戦国時代のものであることがわかっている。天文学の発展過程を勘案しつつ、出土資料に向き合う必要がある。陶寺の太陽観測施設(後代の観象台の先祖→2-9)も、後代の発展した天文学でなく、より原始的な観察の目を考慮したい。

ひらせ・たかお…**生年**＝一九五四年／**出身校**＝東京大学文学部卒、同大学院人文科学研究科修士課程修了、博士(文学)／**現職**＝東京大学東洋文化研究所教授／**主要著書・論文**＝(1)『春秋晋国侯馬盟書自体通覧』東京大学東洋文化研究所附属東洋学文献センター叢刊別集一五、一九八八年　(2)『左伝の史料批判的研究』東京大学東洋文化研究所・汲古書院、一九九八年

1-6 「家族」のあり方

小寺 敦

家族(family)とは現代日本人にとって非常に身近で、いわば空気のようなものであろう。しかしこれを定義するとなると存外難しい。例えば見田宗介他編『社会学事典』(弘文堂、一九九四年)には、その定義を「配偶関係や血縁関係によって結ばれた親族関係を基礎にして成立する小集団。社会は家族を媒介にしてその存続のエネルギーを引き出し、個人は家族を媒介にして社会に結びつけられる。このように家族は、人類社会の存続を可能にさせる社会的装置として、普遍的に存在する基礎集団である。……」としている。つまり「家族」を成り立たせるのに大事なのは、親戚であること(親族関係)・再生産(子孫をつくること)・社会(社会と関わりをもつ)とされている。

我が国に生まれた時からずっと暮らしていると、家族が人類普遍・未来永劫の原理原則のように思えてくるかもしれないが、家族の普遍性に異議を唱える議論は根強くある。いま眼前にある家族を当たり前のように思うのは、文化的な要因が大きい。それに我が国の家族も、注意して見れば一様ではないし変化もしている。最近は男女一対およびその子供からなる核(基本)家族が多く、また一人暮らしもどんどん増えている。いずれも小規模の家族である。だが、少し以前までは祖父母・両親・子からなる、三世代同居の比較的規模の大きな複合家族が一般的だと思われていた。また、お隣の中国(少数民族を含めると複雑になるので、話を漢族にしぼる)では、宗族《そうぞく》という父系大家族集団の存在がよく知られるが、今の都市部では核家族や一人暮らしが増え、日本と似た状況になりつつある。「家族」は永遠不変ではないのである。

かつての日本の家族は、かつての中国とはかなり異なるし、中国の家族も地域によって違いがある。だが家族の理想的なあり方は、中国の思想的影響をしばしば非常に強く受けてきた。

古い時代に家族がどうあったかについては、よく分からないところが多い。新石器時代仰韶《ぎょうしょう》文化期にあたる前四〇〇〇年代頃の半坡《はんぱ》遺跡などからは、数人程度が居住したと推測される住居からなっていたり、その中に大型住居を含んでいたりする集落跡が見つかっている。核家族に近い血縁組織の存在が推測されるが、それ以上のことは、文字資料がないので不明である。

殷代から後の時代になると、家族のことを記録した文献が残っている。これは筆写を繰り返しながら、今日まで伝わってきたものである。ただし、記録の対象となっている時代とそれが最初に記録された時代との間には、場合によっては千年をこえる、かなり大きな時間の開きがある。古い時代の家族について、こういう文献から論じようとする場合には、このことに十分注意する必要がある。

殷代については、殷末の出土資料である甲骨文から、殷王の系譜が復元されている。→1-2 それは筆写によって今日まで伝わった文献である『史記』の殷王系譜とほぼ同じであり、研究者に衝撃を与えたのであったが、その実態も『史記』のいうところと同じかは議論がある。それはこの系譜に見える父子兄弟関係が実際のものなのかということであり、彼らが本当の血縁関係にはない、擬制的親族関係にあったと主張する研究者もいる。実際には複数の王族があり、そこから順次王を送り出し、同世代なら兄弟、異世代なら親子関係として表現されたというのである。

ところでこうした系譜が何に使われたかといえば、祖先祭祀（祖先をおまつりすること）である。祖先祭祀は親族関係を反映し統制する。これは家族の基礎であり、甲骨を用いた祖先祭祀は廃れていったものの、祖先祭祀の基本的なあり方は次の周代にも受け継がれていく。

殷の次の周代で、それを特色づける血縁組織としてよくとりあげられるのは「周代宗法《そうほう》制」である。これは西周時代の家族、というよりは、もっと大きな血縁組織としての氏族に関する制度とされるものである。殷代以前にも氏族組織はあったはずだし、春秋時代にもその種のものは存在したのだが、西周時代の氏族制度がクローズアップされるのは、この制度が戦国時代以降に理想化されたことによる。実際に「周代宗法制」が社会的に意味をもったのは後の時代である。

この「周代宗法制」とは、だいたいのところ、父系血縁組織と長子相続制を柱とする血縁集団に関する慣習法のことである。簡単にいえば、同じ氏族に所属しているかどうかの目印は男子メンバーであり、後継ぎは長男を原則とするということである。戦前日本の家《いえ》制度がイメージされるかもしれないが、その内容は異なる。

宗法制には大宗《たいそう》・小宗《しょうそう》というものがある。王位・諸侯位にある者が大宗となり、それらを末代まで長子相続していく。王の弟なら諸侯に、諸侯の弟なら大夫《たいふ》になって小宗を立て、それを五代目まで長子相続していく。これらは、西周金文（青銅器に鋳込まれた西周時代の銘文）などの出土資料についての研究から、周代の累層化された氏族組織をある程度まで反映していることが分かっているが、実際にこの制度が周代に存在していたことを保証するわけではない。

周代の人名には姓《せい》がついていることがある。これは現代の姓氏の姓や日本古代のカバネとは異なるものである。姓はいわば氏族のシンボルであり、男性名には表示されず、女性名にのみつき、女性の出身氏族を明示する。周は姫《き》姓、斉は姜《きょう》姓、殷の子孫である宋は子《し》姓というように、邑《ゆう》制国家(城郭で囲まれた区域を中心とする邑を基礎単位とする国家。中国古代の地域的特質を考慮してこのように呼ばれるが、より一般化して都市国家といわれることもある)の君主やその下の大夫にはそれぞれ姓があった。周の王室から分かれた諸侯の魯・晋・鄭などは姫姓であり、周王朝の支配を支える役割が期待された。また同姓不婚のタブーがあり、姓を同じくする者同士は婚姻してはならないとする慣習があったが、しばしば破られたし、タブー自体も社会の変化にあわせて、その禁止範囲が緩やかになっていった。

姓のほかに氏《し》(これも日本古代のウジや現代の氏とは異なる)もある。氏は姓から枝分かれした氏族を互いに区別する。これは女性名だけではなく男性名にもつく。戦国時代に姜姓の君主にとってかわって斉の君主となる斉の陳(田)氏、晋を分割して戦国時代に王となる晋の韓・魏・趙氏、魯の三桓《さんかん》と呼ばれる仲孫(または孟)・叔孫・季孫(または季)氏などがよく知られた氏である。春秋時代以降、氏の重要性が姓をこえて大きくなった。そして戦国時代になると姓は実体としての意味を失い、姓・氏は混同されて、いずれも氏の意味で用いられるようになった。

分かりやすい例をあげると、『論語』で有名な孔子(孔丘)の氏は「孔」である。文献によっては、この孔氏の先祖は殷の子孫である宋の君主であり、その子孫が孔氏を名乗ったと書かれている。これがもし事実なら、その姓は宋の公室と同じ「子」である。

氏は、封邑《ほうゆう》(領有する城郭都市)名、官職名、字《あざな》(実名以外の呼び名。元服の時、名を尊んで字がつけられた)などからつくとされる。例えば、晋の六卿《りくけい》(晋の六つの有力な族、韓・魏・趙・范《はん》〔士〕・知《ち》〔荀《じゅん》〕・中行〔荀〕)の魏氏は封邑名、同じく中行《ちゅうこう》氏は官職名、鄭の国参(子産の子)は字である。君主の子は公子●、その子は公孫●、更にその子は祖父の字を氏とする慣習もある。例えば、鄭の七穆《しちぼく》(穆公の子孫である有力な七つの族)の一族である、春秋時代の名政治家として名高い子産についてみてみると、穆公の子が公子発(字は子国)、その子が公孫僑《きょう》(子産)、更にその子は公子発の字である国を氏として国参と名乗る。

姓・氏は男系で子孫に継承される。姓は代が下っても変化しないが、氏はいくらでも変わることができるし、同一個人が複数の氏をもつこともある。例えば晋の六卿の一つとされる范氏である。文献では始祖が「士」の氏をもっている。代が下ると「范」の氏ももつようになる。晋に春秋五覇で有名な文公より少し後に活躍した士会という人がいたが、彼は随《ずい》会・范武子などとも書かれている。この多様性は彼の封邑が複数存在することによると考えられる。士会の世継ぎは「士」・「范」の氏で書かれていくが、士会の子の一人は「鮎《てい》」氏を称している。知氏と中行氏は、荀氏から枝分かれした兄弟とされ、知・中行以外に荀を氏として称されることが多い。また山西省から出土した侯馬盟書《こうばめいしょ》という、晋の内紛に関連して趙氏の人々が行った一種の玉石製盟約文書には、関係する多くの氏が現れるが、その枝分かれがよく示されている。余談だが、『春秋左氏伝』文公十三年に、士会の一族で秦にとどまった者が劉氏だと書かれている。漢の帝室の氏は劉であり、この部分が後世に書き換えられたものではないか議論されてきた。こういう記事があることからも、氏が変化することが分かるだろう。

なお、西周の武王を姫発というように、この頃の男性名が姓+名で書かれることがあるが、この呼び方は同時代にはなく、姓・氏が混同されるようになった後の書き方である。姓は、文姜(称号+姓)、伯姫(兄弟の順序+姓)、斉姜(出身国+姓)、孔姫(出身氏+姓)などというように女性名にのみつく。

ただ、これら姓氏に関する決まりがどれほど広く制度化されていたかには疑問があり、かなり幅のある緩やかな慣習と考えるのが妥当であろう。この種のことを固い制度として考えようとしたのは、戦国秦漢以降のことである。

ところで「枝分かれ」という言葉に注意してほしい。姓・氏は「枝分かれ」を整理し、秩序だてるためのラベルのようなものなのである。ラベルを見れば、ある人物が血縁上、社会のどの位置にあるかがだいたい分かる。ラベルは張り替えがきく。このラベルを人から立派に見えるようにしたいのは、特に「成り上がり者」にはよくあることである。分かりやすい例として、日本の江戸時代の大名など武士階級を思い出してみよう。彼らの多くは戦国時代以降に社会的上昇を果たしたが、できるだけ先祖を「立派な」血筋にしようとして、自らを名門の出とする系図が盛んに作られた。中国の春秋から戦国にかけての時代も下克上が盛んであり、成り上がった王や有力者が自分を「立派な」血統に見せようとした可能性は大いにある。中国の古い文献はおおむねこの時代以降に成立したものである。だから、姓氏に関しては、文献から事実関係を確定するのが難しい。

これまでの説明から、新石器時代・殷・周の家族の間には、大きな違いがあるとの印象をもたれるかもしれないが、実際はそうではない。考古発掘の成果からは、新石器時代から春秋時代の半ばごろまで、家族の基本的な構造には、さほど大きな変化がなかったと考えられている。大雑把にいえば、統治者階層の家族の実体をどう種類分けし、どう呼ぶかの違いでしかなかったともいえる。

ところが春秋時代の半ば以降になると、社会が大きく変化してくる。一般には鉄器と牛耕の導入が原因とされる。農業生産が上昇し、統治者階層でなくとも農作業に頼らずに生活できる人々が現れる。彼らは城郭都市に流れ込んで商工業を担ったり、遊侠《ゆうきょう》と呼ばれる遊民となったりした。国家はこれを軍事力(大半は歩兵)

として動員したり、また城郭都市の人々を強制的によその都市へ移住させるなどして統制しようとした。こうした過程で、旧来の族的秩序が崩れていった。そうした中で戦国時代になると、商鞅《しょうおう》の変法として知られるような、家族秩序の再編成が行われるようになる。商鞅の第一次変法（前三五九年）の分異令《ぶんいれい》では、民でありかつ青年男性二人以上が同居する場合、その賦が二倍とされた。分異令は第二次変法（前三五〇年）で、家屋内での父子兄弟同居が禁止されるなどして強化された。これは簡単にいえば、成年男子一人を核とする単婚小家族の促進である。戦国王権やそれに引き続く秦漢帝国は、軍事・徴税を核とする基本単位として家族を管理・統制していこうとした。もちろん政策の意図と結果が同じとは限らない。漢代の主流の家族規模は単婚小家族か、あるいはより大きいものか議論されてきたが決着していない。しかし睡虎地《すいこち》秦簡 →2-6 や張家山《ちょうかざん》漢簡 →2-10 など、秦漢時代の出土資料には、広範な血族集団の結合や母方の重視を示す事例が現れる。これらは父系原理と単婚小家族だけでは説明できない。そうした動きは、六朝《りくちょう》期社会上層の族的結合を経てやがて宋代以降の宗族へとつながると推測されるが、いずれにせよ簡単な話ではないのである。

　そして国家による家族の管理・統制を思想的に支えたのが、特に戦国時代以降の儒家系思想である。それは西周初期を理想社会としたが、家族についても儒家系思想家たちが西周の制度と考えたものを理念型とした。この理念型では、春秋時代半ばまでとは全く異なるものとなってしまった、戦国秦漢時代以降の家族にあてはまるよう、古い氏族社会的な部分は骨抜きにされた。周代の家族（と戦国秦漢時代以降に考えられたもの）は、こうして漢代以降の家族形態に適合するよう思想的によみがえり、今日に至るまで日本を含む東部ユーラシア地域に多大な影響を与え続けているのである。

こてら・あつし…**生年**＝一九六九年／**出身校**＝東京大学大学院人文社会系研究科／**現職**＝東京大学東洋文化研究所准教授／**主要著書・論文**＝（1）『先秦家族関係史料の新研究』東京大学東洋文化研究所紀要別冊、汲古書院、二〇〇八年　（2）「先秦時代「譲」考―君位継承理念の形成過程―」『歴史学研究』八七一、二〇一〇年

1 7 何を食べていたのか

村上陽子

中華料理といえば、まずは餃子・麻婆豆腐・唐揚げ(香炸鶏塊)・回鍋肉・青椒肉絲などを思い浮かべるだろう。今では日本人の食卓にもよく上がる料理である。それでは、本節が対象とする約二〇〇〇年前の秦~前漢・後漢時代、かの地の人々は何を食べていたのだろう?

実は、現代の中華料理からイメージされる、強い火力で油を使って炒める・揚げるといった調理方法は、この時代にはみられない。後漢時代(二五年~二二〇年)の字書『説文解字《せつもんかいじ》』にも「炒」字はなく、「揚」字は「飛び上がる意味(飛挙也)」と説明されているだけだ。火を使う調理の意味を持つ文字に「熬」や「煎」があるものの、これは『説文解字』に「煎は熬である。」『方言』の熬・聚・煎・僬・鞏は、火で乾かすことである」とあり、食材を火で乾かすのであって、現代のように油を使って炒めるのではない。だから冒頭に挙げた中華料理の中では、水餃子位しかできない。といっても、この時代は、皮を作るための小麦がまだ多く利用されていないと考えられるので、水餃子さえ食べていたのか怪しい。

それでは、本節が扱うこの時代の人々は何を食べていたのだろうか?

◈文献史料から

まず伝世の文献史料から、この時代の調理法と食材をみてみよう。

穀物は蒸すのが主流であった。それゆえ「饙《ふん》(蒸した飯)」「餾《りゅう》(蒸気を行き渡らせて充分に蒸した飯)」のように、蒸し方で文字を使い分けている。そのほか粘りを強くした「糝《さん》」、飯を干した「糒《ひ》」、汁かけ飯「飧《そん》」、穀物を煎った「糗《きゅう》」など、様々な調理法を示した文字が史料に残っている。

これらは、前漢の『爾雅《じが》』や後漢の『釈名《しゃくみょう》』等の字典類にみえる文字であるが、『儀礼《ぎらい》』や『礼記《らいき》』といった儒教の礼を扱う史料にも、食に関わる規程が多く含まれており、食事の作法のほか、料理の組み合わせや調理法にも細やかな取り決めが書かれているため、当時の身分の高い人の食生活を再現する際に欠かせられない。例えば『礼記』内則《だいそく》には、「牛肉には米の飯が合い、羊肉には黍《もちきび》が合い、豚肉には稷《きび》が合い、犬肉には粱《もちあわ》が合い、雁には麦が合い、魚には苽《まこも》の飯が合う」とある。また「春には酸味を多くし、夏には苦味を、秋には辛味を、冬には鹹味《しおみ》を多くするのがよい」とあり、季節ごとに調味方法を変えるといった配慮までなされている。

このほか農書類も食材を知る手掛かりとなる。この時代に書かれたものには『氾勝《はんしょう》之書』(前漢)と崔寔《さいしょく》『四民月令』(後漢)があり、例えば『氾勝之書』には黍・稲・稗・豆等の栽培方法が、『四民月令』には、この他に胡麻・瓜・生薑《しょうが》・芋《さといも》・葱等が栽培されていたことが記されている。

以上のような文献史料から当時何を食べていたのかをまとめると、およそ次のようになる。

食材は、穀物は稷・黍・粟・稲・麦等、肉類は牛・豚・羊・兎・犬等のほか鳥類・魚類、その他各種野菜である。調味料に塩・醯《す》・醢《しおから》などもあった。

調理法の主流は、焼く・蒸す・茹でる・乾燥させる・スープ・粥にする・漬け込む・発酵させる等である。生食(「鮮」)もしていた。揚げる・炒めるといった調理法が見られないのは、油が貴重であるうえに、鉄製調理器具が普及していないことに原因がある。

このように様々なものを食べる一方で、ミルクを飲むのはあまり馴染まなかったようだ。例えば、劉細君（前漢武帝の従孫にあたる）が政略結婚のため漢王室の公主として烏孫国へ嫁いだおりに残した「悲愁歌」には、

わたしの家（劉家）は、わたしを天のかなたに嫁がそうと、はるか遠い異国である烏孫王の許へ身を預けた。家はドーム状のテントで、壁はフェルト（毛氈）でできており、食事は肉で、飲み物はミルク（略）だ。……できることならば、黄鵠《おおとり》に姿をかえて故郷に戻りたい。

と、望まない結婚のうえに、肉を主食としミルクを飲むというあまりに違う風俗に馴染めない心痛がよく表れている（『漢書』西域伝下、烏孫国）。

以上のように文献史料からも、この時代何を食べていたのかを知ることができる。しかし『史記』や『漢書』などの正史には具体的な食事の様子があまり書かれておらず、またこの時代は、個人の日記や旅行記、各地の情報を掲載した地方志等があまりない。そのため日常食を考察するのは困難であり、分かるのは儀礼上の食事、または身分の高い人々の食事が大部分となってしまう。

◈出土資料から

それでは、伝世の文献史料ではなく、出土した資料から読み取れる当時の食べ物は何だろう。

ここでは出土資料として「簡牘《かんとく》」と「画像石、画像磚《がぞうせん》、壁画」（以後、合わせて「画像石」とする）とを用いたい。

［①食材と調理法を知る］

まず簡牘から食材と調理法をみていこう。

墓から出土した簡牘に「遣策《けんさく》」（副葬品リスト）がある。例えば馬王堆《ばおうたい》漢墓（湖南省長沙市）から出土した遣策には、「牛載一笥（牛の切身が竹行李一梱《こり》）」、「鹿肉芋白羹一鼎（鹿肉とサトイモのコメ入りスープが鼎一はい）」といった記載があり、行李につけられた荷札には「牛炙笥（牛の炙り肉をいれた竹行李）」や「鹿脯笥（鹿の干肉をいれた竹行李）」とある。これらから牛・鹿・サトイモなどの食材と、切身にする・炙る・スープにする・干すといった調理法を知ることができる。その他の遣策には鶏・豚・犬・魚などの食材や、茹でる調理法（「濯」）も見られる。また、この墓からは稲・粟・大豆・梅・梨などの遺物も出土しており、これらからも食材が分かる。

また湖北省雲夢《うんぼう》県睡虎地《すいこち》秦墓出土の竹簡には「法律答問」という法律に関する問答集がある。そこにも、

豆・麦を支給しなければいけないのに、支給せず、（他の）穀物を出して豆や麦の替わりに支給した。豆・麦の価格が安く、（他の）穀物の価格が高かった。何の罪になるか？　罰金一甲が科される。

とあって、役人が穀物を支給していた様子がわかる。また湖北省江陵張家山《ちょうかざん》二四七号漢墓から出土した「算数書」と呼ばれる数学の問題集にも、粟、麦、豆、塩などの食材が出てくる。

調理法を記した竹簡もある。湖南省沅陵《げんりょう》県で発見された虎渓山《こけいざん》一号漢墓から出土した竹簡は、発掘者により「美食方」と名付けられた。いまのところ最古の調理法が分かる資料である。ただ残念なことに多くの竹簡が朽ちているという。判読できる一例を挙げると、

巾をかぶせて、それを蒸し水蒸気をあげさせたら、取り出して巾上におき、手で（固まりをばらして）湯気をとれば飯二斗ができる。（M1N・69―己8）

とあり、穀物を蒸す工程が具体的に書かれている。

以上のように文献史料・出土資料ともに様々な食材と調理法が書かれている。両者が異なっているのは、文献史料は伝世の過程で、情報が改変されている可能性があるのに対して、出土資料は当時の情報がダイレクトにわかることである。例えば、文献史料である『斉民要術《せいみんようじゅつ》』は北魏末頃に書かれた農書だが、伝世の過程で後の唐代に「雑説」の部分が付け加えられたことが明らかになった。それに伴い「雑説」だけに書かれていた蕎麦の栽培技術は、実は北魏でなく唐代のものであったことも判明した。いっぽう出土資料に、筆記時より後代の未知の食材が記されていることはありえない。情報の信頼性から言っても、出土資料の重要性は高いのである。

［②地域性を知る］

出土地が判明している出土資料を使う利点は、地域性を知ることができる点である。特にこの時代は、伝世の文献史料から各地域の特色を知り難く、なおさら出土資料から読み取った情報は重要だといえる。

例えば〈図1〉である。これは各地から出土した画像石に描かれた井戸の一覧である。画像石に描かれる井戸は、①②のテコの原理を利用して水を汲む桔槔《けっこう》（きっこう）式井戸（はねつるべ）と、③〜⑤の滑車を使う轆轤《ろくろ》式井戸とがみられる。桔槔式井戸は、山東省出土の画像石にみられるので、この地域独自の井戸の形だと推測できる。また桔槔式井戸の方が、轆轤式井戸より井戸の穴の深さが浅く、掘削技術は低くて済む。

図1…井戸

①山東省嘉祥県

②山東省済南市

③山東省嘉祥県

④江蘇省徐州市銅山県

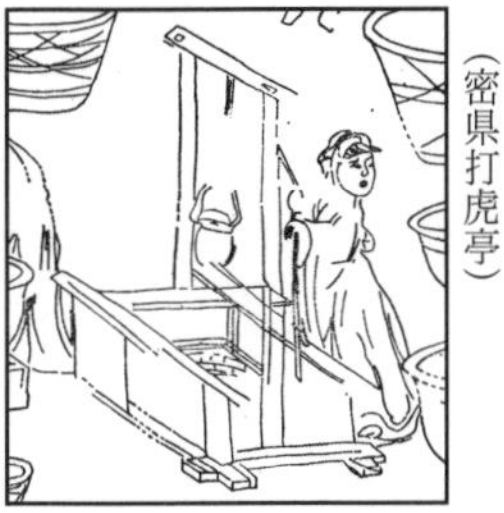

⑤河南省鄭州新密市（密県打虎亭）

図2…蒸し器（竈・甑）

①山東省嘉祥県

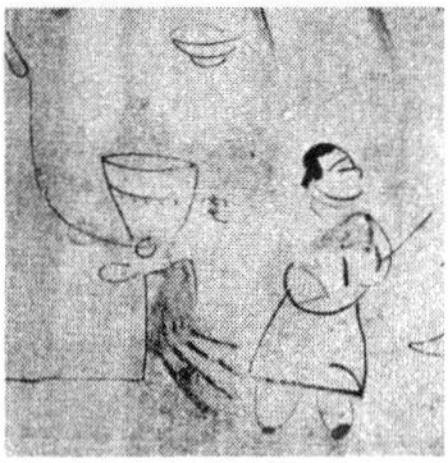

②内蒙古和林格爾（「竈」字あり）

③河南省鄭州新密市（密県打虎亭）

④四川省彭県

画像石の出典

・嘉祥県武氏祠文管所「山東嘉祥栄山発見漢画像石」（『文物』一九七九年第九期）
・内蒙古自治区博物館文物工作隊編『和林格爾漢墓壁画』（文物出版社、一九七八年）
・河南文物研究所『密県打虎亭漢墓』（文物出版社、一九九三年）
・山東省博物館・山東省文物考古研究所編『山東漢画像石選集』（斉魯書社、一九八二年）
・中国農業博物館編、夏亨廉・林正同主編『漢代農業画像磚石』（中国農業出版社、一九九六年）

轆轤式井戸でも、轆轤（滑車）の高さから見て、⑤河南省のものに比べて、③山東省嘉祥県と④江蘇省は浅い井戸だと推測できる。さらに井戸の形の違いから、河川や湖・地下水脈との関わりについて考察することも可能だろう。

その他、①②の桔槹式井戸には、はね棒に犬を吊り下げ、ナイフを持って解体しようとしている人も描かれている。このような井戸に犬を吊り下げて屠殺する方法は、桔槹式井戸にしか見られないモチーフであり、こうした行為の背景にも地域性を窺える。

次に、蒸し器をみてみよう〈図2〉。蒸し器は竈と甑《こしき》のセットからなる。甑の構造は、くびれた中央部内側が、すのこ状に穴の開いたもので区切られており、ここに布等を敷いて穀物を置く。甑の下部は水を溜められるようになっていて、竈にかけて湯を沸かし、その蒸気で穀物が蒸される仕組みである。〈図2〉①～④には山東省・内蒙古・河南省・四川省出土の画像石に描かれた蒸し器を挙げた。四省を合わせると実に広範囲であるにも関わらず、どこも同様な甑と竈のセットを用いていることが分かる。先に文献史料から、穀物は蒸す調理法が主流だと分かると述べたが、出土資料からも同様の結論が導かれる。

以上のように、井戸には地域性が見られ、蒸し器には地域性がみられないといったことが分かるのも、資料の出土した場所が明確なためである。

［③調理法と調理道具、動作を合わせて知る］

まな板と庖丁を使って食材を刻む、と言っても、それが実際どのような動作であったかは、この時代の文献史料からは分からない。

しかし画像資料を見るとはっきり分かる。〈図3〉は山東省諸城市涼台画像石墓に残された庖厨図《ほうちゅう》である。

一・五二×〇・七六メートルの大型の庖厨図であり、四〇人以上の人々と多くの調理場面が描かれている。およその調理動作の説明は図に付したので、画面上部について詳細にみてみよう。調理順から想定する

図3…庖厨図：山東省諸城市涼台画像石墓（摸写）
諸城県博物館、任日新「山東諸城漢墓画像石」（『文物』一九八一年第十期）より引図

(A)肉架
(B)まな板で食材を刻む。離れている一人は魚をさばいている
(C)串焼。その下では、串に食材を刺している
(D)台（案）に皿を並べている
(E)轆轤式井戸
(F)犬
(G)羊の屠殺の様子。首を切って屠殺する
(H)牛の屠殺の様子。槌で額を割って屠殺する
(I)豚の屠殺の様子。額を叩いて屠殺してから、血抜きをする。
(J)竈・甑のセット（穀物の調理）
(K)薪を作っている
(L)犬（繋がれている）

と、まず最上段の肉架にスッポン・小魚・兎・肉塊などが掛けられており、そこから肉を切り取ろうとしている人がいる(A)。切り取られた肉は、まな板の前に座って作業をする三人のところに運ばれ(B)、彼らが切り分けた肉を、さらに右へ運ぶのだろう。そこには串に肉を刺している人がおり、その上には串刺しにした肉を焼いている人が描かれている(C)。つまりこの上段部分には、保存した肉を切り分けてから焼くまでの一連の調理動作が描かれているのである。

そのほか屠殺の方法が、牛(H)・羊(G)・豚(I)とで異なることがよく分かり、かつ三種すべてが描かれていることから、最上クラスの宴会であることも分かる。調理人の多さもこのことを裏付けている。一方、様々な調理法が描かれているが、冒頭に述べたように炒める・揚げるといった調理動作はみられない。また穀物を碾《ひ》いて粉にする回転式臼《ロータリーカーン》は複数の出土例がある一方で、庖厨図に描かれているのは管見の限り一例とわずかである。漢代は本格的な粉食の開始時期と考えられているが、その始まりと普及とを示唆する資料だといえる。

これまで例示してきたことで分かるように、文献史料からは読み取れない情報を知る手段としても、出土資料の価値は高いのである。

以上、秦代~前漢・後漢時代に「何を食べていたのか」を、本書の目的である「文献史料からではみられない事柄を、出土資料を用いて明らかにすること」に注目して述べてきた。

本節が対象としている時代は、史料の制約が多い時代である。それゆえ、出土資料・文献史料の両方を用いて情報を補い合うことで、当時の様子を浮かび上がらせることができる。今後も文献史料を改めて読み直し、増え続けている出土資料を駆使していけば、さらに「何を食べていたのか」を解明できるようになると期待される。

〈**補記**〉

食に関係する史資料は、各大学だけでなく、食を専門に扱う図書館にもある。以下に挙げた他にも多数あるので、ぜひ足を運んでみてほしい。

・味の素食の文化センター（東京都港区）……一般に広く公開している図書館。史資料の豊富さだけでなく、企画展示・セミナーなども開催しており、日本での食研究の一大拠点となっている。食文化誌『Ｖｅｓｔａ』を発行している。

・キッコーマン国際食文化研究センター（千葉県野田市）……一般に公開している図書館を併設。企画展示・公開講座も催している。機関誌『ＦＯＯＤ ＣＵＬＴＵＲＥ』を発行。

・ケンショク「食」資料室（健康食品株式会社、大阪市天王寺区）……移転作業中のため、公開中止中だが（二〇一三年一〇月現在）、一〇万冊を超える資料を所蔵している。

むらかみ・ようこ…**生年**＝一九六九年／**出身校**＝…愛媛大学法文学部（学部）、京都府立大学大学院文学研究科アジア史専攻（修士課程）、上智大学大学院文学研究科史学専攻（博士課程）／**主要著書・論文**＝（1）木村茂光編『雑穀Ⅱ 粉食文化論の可能性』第三章「中国古代の粉食―雑穀としての小麦―」青木書店、二〇〇六年 （2）「漢代画像石にみえる食生活史」『中国出土資料研究』第九号、二〇〇五年

1
8

自然環境の変化を辿る

原 宗子

「異常気象」という言葉を度々耳にします。「異常」に対しては、「正常」な気象があるはずですが、では、どんな気象を私たちは「正常」だと思うのでしょう。これは、かなり曖昧です。時々テレビなどで「生まれて以来八〇年も住んでいるが、こんな洪水はなかった」とか語られるのお年寄りを眼にしますね。そう、私たちの気象に関する感覚の基準は「自分が生まれてからの時間の中で」という範囲内であることが多いのです。

地球上各地の年毎の気象は有史以来様々に変動し、〈環境〉の基礎条件である気候が、何時どこでどんなだったか確定することは容易ではありません。気象だけでなく、土壌・陸水の在り方と利用法・空気汚染・植生・動物の生態・海洋の実態・疾病・人間の活動がもたらした環境の変動など環境を考える要素の記録は、伝世文献の中に、それを目的として記されることは稀です。そこで一般に環境史の考察には、別の目的で記された文章の背後に環境変化を読み込む技術が必要になります。が、だからこそ資料の出土地点や成立時期について、かなり詳しく推定しうる出土資料は、環境史を考える重要な材料となります。資料それ自体を含めて一次的情報を提供してくれる場合があるからです。幾つかを例に紹介してみましょう。

◈気候変動の流れ

先ずは、考古学や植物学、土壌学などを利用して中国の大まかな気候変動の様子を見ておきましょう。

歴史的時代、つまり文字が残るようになって以降、確認できる最古の資料は殷王朝のものですが、当時の華北は現在比年平均二〜三度高温だったようです。甲骨文字に「象」という字〈図1〉があるのもその証拠、耳が大きく鼻の長い象の姿を、この文字はよく表していますね。著名な殷墟からも象の遺骨は多数発掘され、今日では熱帯にしか棲まない種類の水牛の骨も出土します。当時は黄河流域に森林も広がっていました。殷王朝では、飲酒が重要な政治的儀式の一部で、酒の実物や材料も発掘されているので果実酒が作られたことは確かです。王の占いに欠かせない鹿などが沢山棲んでいた様子は、甲骨文字で記された殷王の狩猟の記録からも窺えます。殷王朝以前、新石器時代の洛陽・鄭州付近では、川の曲がり角などを利用して稲作も行われたことが土壌内の花粉分析などから立証されていますが、その後も高温期には黄河流域でも稲が作られました。年平均気温が高ければ、樹林には蒸散量が多く枯葉も分解されやすい広葉樹が増加し、湿度も高く微生物の活動も活発になり土壌への養分補給が進みやすく、穀物生産の効率も上がったといえます。

ところが殷王朝末期から寒冷化が始まって狩猟の獲物は減少し、計画的に生産できる穀物の重要性が増しました。殷を倒した周では穀物生産を政策の中心に置いたようです。もっとも戦国時代からまた温暖化し、前漢代の華北はまだ温かでしたが、後漢から三国時代に入ると歴代の中で最も顕著な寒冷期になり、南北朝期の終り頃再び温かくなるまで、河川や湿地が凍てついても、その上を馬で疾駆できる技術を持つ遊牧民が戦勝者となりやすい環境になりました。再度温暖化した隋唐期までこの傾向は続きます。唐末にまた寒冷期を迎え、五代・宋の時代は牧畜民の勢力が再び伸張します。もう一度温暖になったのは明代初期でした。

気候変動が、人間にとって最も外在的な環境要素だとすれば、身近だった環境要素の一つは樹木ではないでしょうか。以下、樹木のあり方を窺いうる資料を中心に述べましょう。

◈出土資料の書写材料

気候変化や樹木の存在は、出土資料にどう表わされているでしょう。実は出土資料それ自体が、以上のような気温変化に対応して出現したともいえるのです。

温暖だった殷代、タイマイなど今日南洋に生息する亀が渤海湾にも泳ぎ、熱帯に生息する水牛の骨も手軽に入手できました。殷代の基本史料である甲骨文は、その甲羅や肩甲骨を材料として占いの文字を記録したものです。が、寒くなって、入手しづらくなった甲・骨を利用しての占いは、政治の主役でなくなり、今日見られる周代の記録は、為政者らの命で製作される青銅器に残る→1-2ものです。

やがて、文字記録の必要性、または文字を使う人や職掌の増加からか、春秋時代には、盟約の文も例えば圭と呼ばれる綺麗な石柱に朱で記されました(侯馬盟書)。さらに戦国時代に書かれた伝世文献には、「之を竹帛に書す」という成語が沢山登場します。本書で紹介している竹簡・木簡・帛書などが出現したのです。

このうち木簡は、その樹種が確定できれば、どの場所がどんな植生であったかを推定しうる材料ですが、発見の古い木簡については、詳細な分析結果が報告されていません。それでも多くはマツ類であったようで、戦前の研究では、敦煌や居延など今日砂漠の中にある遺跡出土の木簡の素材は、遠く黄河中流域から運ばれたのでは、という見解も提示されました。が、近年では、明代までエチナ川流域の南方、祁連《きれん》山脈等にエゾマツやビャクシン、ニレ等が豊富に生育していたと判り、シルクロードの遺跡から出土する木簡の材料は付近の山々から切り出された、と推定しうるようになりました。一九〜二〇世紀の常識で、古代の環境を推定しては危険だ、という証拠です。他の出土資料の素材も、基本的にはそれほど遠隔地に原材料を求めたものではなかったようです。逆に、竹のように一定の高温が必要な植物を用いた竹簡が出土すれば、その地域はその時点で比較的温暖だったかもしれません。ただ、韓国や日本の出土資料は、最近平壌から発見された『論語』の竹簡などを除き殆ど木簡ですから、樹木が豊富なら竹を選ぶ必要がなかった、とも考えられます。樹木のうちでもマツ類は、概ねまっすぐで堅く木質部に油分があり書写材料に適していますが、睡虎地→2-6出土の「司空律」には公文書に使う簡牘について、「柳など柔かい木を代用してもよい」、さらに木簡を綴り合せる〈糸〉にするものとして「役所の近くの山に豊富なら荻のような草や蒲《がま》、藺《い》などを用いてもよい」とあり、簡牘素材については、古くから合理的に判断されたようです。長江流域から出土した里耶秦簡→2-18には、何故か〈単簡〉、つまり綴り合せた跡の無い簡が多いようですが、綴るための材料の豊富さに関係するかもしれません。

一般にマツ類のような大木を切るのは、石斧では大変な作業です。青銅器の精錬にも大量の燃料は必要ですが、殷周期には周辺の豊富な森林から石斧で伐採した木で足りていました。温暖化した戦国時代、日常の燃料需要は減少したはずですが、鉄器製造自体、青銅器製作の約一・五倍の高温が必要です。王侯が儀式に使った青銅器と異なり、兵士や農民が使う武器や農具の需要・生産量は莫大です。鉄斧で次々に切られて森林は減少してゆきます。森を切り開いた土地は、草原だった土地に比べて土壌中の養分も多く穀物はよく実りました。それを食べて飢饉は減り人口が増加、燃料はさらに必要になります。切り倒された樹木でも即座に燃料とはならなかったのが、今日、私たちが眼にしている木簡なのです。

◈ 樹木のあり方と見方

では、出土資料に、こういう樹木は、どう記されているでしょう。

放馬灘→2-11から出土した木牘に描かれた地図〈図2〉には、多くの樹木名が見え、川の流域毎に生育している樹木の利用手引きのようです。この地図には、漆や水銀の採集場所、車や椀など木器の製作場所と思われる地名などもありますから、道具を作る材料としての樹木を利用する役人の立場から、自然林を記載していたといえましょう。

これに対して、銀雀山→2-4からは「守法守令等十三篇」と呼ばれる政治思想文献（戦国末から漢代初期のもの）が出土し、その中の「王法」篇かと推定されている部分に、地域の土地利用の理想形を述べて「一県の中の土地は、半分が耕作されていれば民を養いうる。（残りの）半分は、山林渓谷、つまり蒲や葦が生え魚や亀の取れる場所、薪を採る場所で……」とあります。こういう考え方、つまり地域の半分程度が耕作地なら食料は充分、残りは自然の森林草原水辺として民生のために残そうという環境観は、伝世文献に拠って従来考えられてきた戦国期の華北の描写、例えば『史記』蘇秦列伝や『戦国策』に残る魏の「国土が穀物生産地で埋め尽くされ、農作業用の仮小屋も一杯あって、家畜が草を食べる余地さえない」という状況や、今日の黄河中流域で現に存在する見渡す限りの耕作地とは異なる光景を想定していることになります。また、張家山→2-10出土の「二年律令」や里耶秦簡などにも見られ、後漢初めに班固らが著した『漢書』に集大成されている、土地を耕地化の可不可によって評価・判別する意識とも異なるようで、現在でも比較的森林が残る山東の環境の特殊事情かもしれません。

ところが、前漢末期の情況を反映する尹湾漢墓出土の「集簿」→2-15には、「春に樹を種えたのは六十五万六千七百九十四畝。前より多きこと四万六千三百廿畝。」という文があるのです。鉄製作の官営工場もあったこの地では燃料需要も多く、山東半島のすぐ南隣でも役人が植林を管理する必要が生まれたようです。やがて北魏になると均田制規定に「全ての成人男子に桑・楡・棗の植樹義務を課す」と定められてゆきます。

◈耕地化と森林

ただし記録を残した人の意識が耕地化に向いていても、森林樹木が存在しなかったとは限りません。長沙走馬楼→2-17出土の「嘉禾吏民田家莂」という三国・呉の文献に、「火種」という用語が沢山出てきます。これは何らかの焼畑的農業を意味するようです。里耶秦簡に見られる「槎《さ》田《でん》」という用語が、何らかの

図1

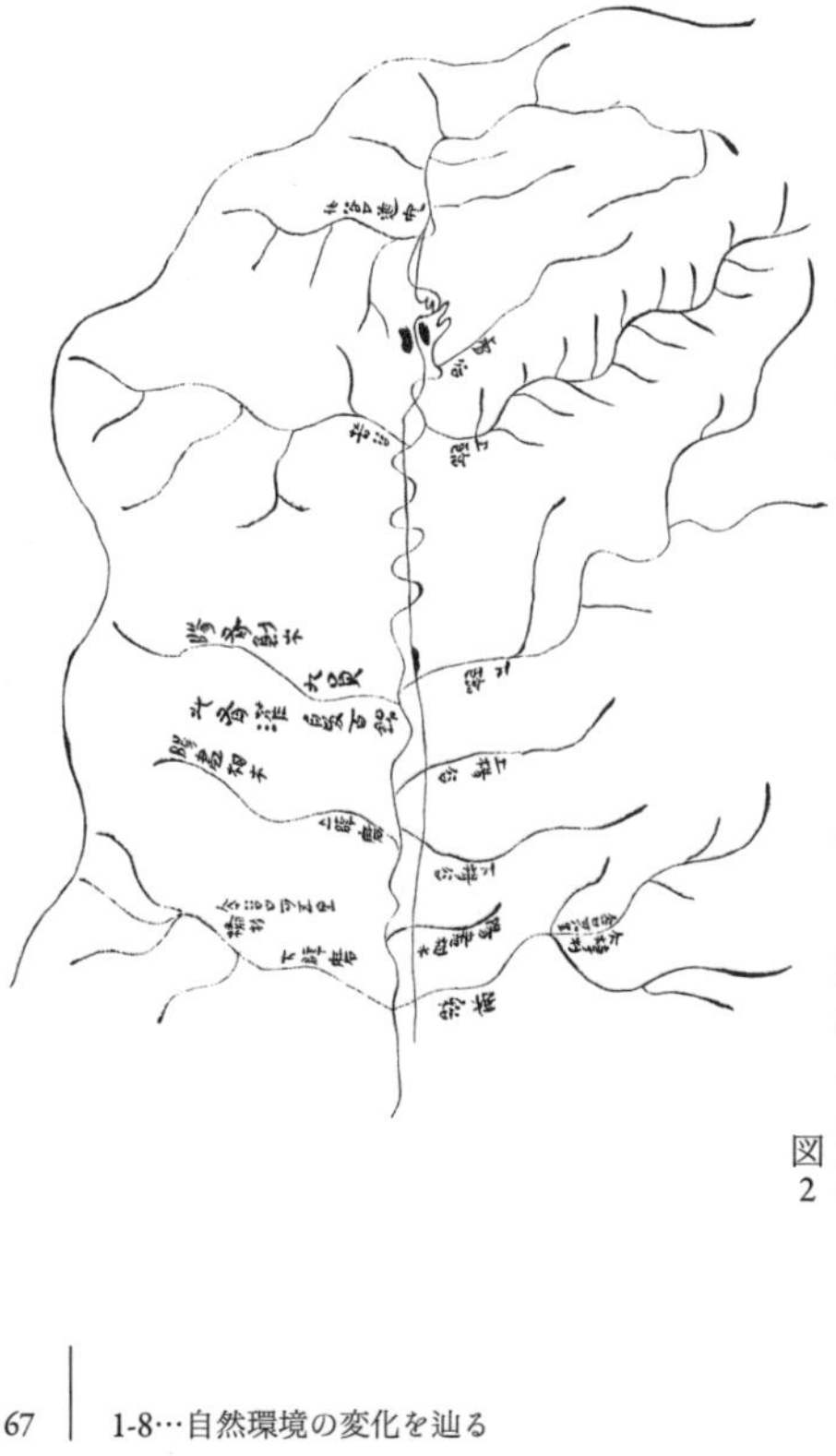
図2

切り替え畑を示すらしいこととも併せ、耕地になった場所が元は樹林だった可能性をさらに研究せねばなりません。

無論、里耶秦簡には、国家管理の漆畑や梅林・橘林の存在を示す断簡も含まれますから、栽培された樹木もありました。なお、同じ里耶秦簡には「貳春郷枝(枳)枸志」という簡牘があります。高さは二丈(約三・六メートル)ほどであまり高くはないものの、根の広がりが一畝、枝の広がりが半畝と目立つ「枳枸」の樹が、貳春《じしゅん》郷から七里のところに三本並んでいて、「(秦王政の)三四年には実らなかった」と記す資料です。こういう記載を「特別な珍しい樹木だから」と解釈する意見もありますが、樹自体はおそらく一般のグミ(またはクコ)で、三本とも例年実をつけるのに、この三四年(紀元前二一三年?)には実らなかったと記録するのが目的かと思われます。樹木への関心はあった、というだけなのか、何か別の意図があったのかは、まだ判りません。

また「龍崗秦簡」→2-13には国の苑囿《えんゆう》に棲む動物の管理規定も見え、走馬楼呉簡には毛皮や羽毛の納入規定も見えますから、森林が存在すれば当然獣も棲んでいたのです。

◈季節変化の捉え方

四季の変化は、人間の心に様々な影響を与えます。深く自然変化と向き合った古代の人々は、その意味を探求しました。伝世文献の『礼記《らいき》』月令や『呂氏春秋』十二紀など、時令(季節ごとに人々のなすべきことを指示する文献一般)的な文章が多く残っています。穀物生産が重要課題となって以降、戦争や土木事業など大勢の民衆を動員する事柄について、「農事を妨げるな」という配慮のもと、季節的に制約する記述が増したのです。

この傾向は出土資料にも見られ、例えば、戦国秦のものとされる四川省出土の青川《せいせん》木牘や、懸泉置→2-14

出土の「月令」などでも、春は動植物の繁茂・繁殖期であるからと狩猟・漁労や大木伐採などは禁じられ、戦争の適期とはされていません。前述した銀雀山から出土している「三十時」などでも同様です。

ところが、同じく銀雀山出土でも「起師（戦争を起す）」と題された簡には、「立派な支配者が戦争を起す時は、必ず春にする。春は用水路が涸れていて道が通じやすい。また諸君（女性の意？）や子供にとって養蚕が重大だから屋外に居るし、家畜も郊外に居る。だから攻める側には有利だ」（一七〇〜一七一簡）という記述があるのです。春に水路の水が涸れる、という認識は、森林の減少以降、温帯モンスーン気候の下、春旱《しゅんかん》（降雨が少なく穀物発芽期に水分不足となること）に悩まされるようになった華北の自然環境を、よく観察したものといえます。また儒家的な農業重視の立場からの、万物が生育する春に戦争や死刑執行は非、とする季節観はありません。何故、人や家畜が屋外に居ると利なのか、略奪のためでしょうか。『孫子兵法』なども出土したこの墓の墓主が戦争の勝敗重視の〈兵家〉的思想の持ち主だったからか、あるいは、山東が出土地点であることに要因があるのか、こういう違いが生まれた原因はまだ解明されていません。

このように出土資料には、各地の環境要素を提示する記載が多いのですが、それを系統的・総合的に整理して古代中国の環境実態を復元する作業は、まだ緒に就いたばかりです。

はら・もとこ…生年＝一九四八年／**出身校**＝慶應義塾大学文学部卒、学習院大学大学院博士課程単位取得／**現職**＝流通経済大学経済学部教授／**主要著書**＝（1）『古代中国の開発と環境—『管子』地員篇研究—』研文出版、一九九四年　（2）『「農本」主義と「黄土」の発生—古代中国の開発と環境2—』研文出版、二〇〇五年

1 9 青銅貨幣は語る

江村 治樹

◈文献史料の貨幣の記述

戦国時代以前、すなわち先秦時期の貨幣に関する文献史料の記述は極めて簡略であり、かつ不正確であり誤謬に満ちている。漢の武帝期の物価安定策について記した『史記』平準書《へいじゅんしょ》の中で司馬遷は、舜や禹《う》の貨幣には黄金や銀、銅などの金属が用いられ、銭や布、刀、亀、貝などの貨幣があったとしている。後漢時代に編纂された中国最古の財政史、貨幣史概論である『漢書』食貨志下篇は王莽の時期まで記述しているが、先秦時期の貨幣についても具体的な記述が見える。周初には斉の太公が四角い穴の空いた円銭(方孔円銭)を発行したとする。また、春秋後期には、周の景王が「大銭」を鋳造し、それには「宝貨」の文字があり、外側の縁と内側の穴には郭《かく》(日本の五円玉などにも見られる周縁のでっぱり)があったとしている。しかし、春秋時代以前に方孔円銭や「宝貨」の文字のある貨幣は現在のところ考古学的に確認されていない。ちなみに、戦国時代には成立していたと考えられる『国語』の周語下篇には景王二一年(前五二四)に「大銭」を鋳造したとあるだけで形態、文字の記述はない。

戦国時代の諸子百家の書には「刀」や「布」の語が散見し、それらは貨幣と見なされている。『管子』は斉桓公の時の管仲の書ではなく、戦国時代に成立した書と考えられるが、「刀布」や「刀幣」の語が見える。また戦国末の書である『墨子』や『荀子』にも「刀」や「刀布」に関する記述が見え、これらが貨幣としての機能を果たしていたことは間違いない。しかし、これらは実用品が貨幣として使用された実物貨幣としての青銅刀や布帛《ふはく》である可能性もあり、貨幣として鋳造された青銅の流通貨幣であるかどうかは文章からは判断できない。要するに、文献史料からは貨幣の形態すらはっきりせず、ましてや何処で誰が発行したのかなど皆目分からない。

◈青銅貨幣の大量出土

文献史料の貨幣の記述は曖昧模糊としているが、これに対してこれまで出土したり伝世してきた青銅貨幣は莫大な数量に上る。一度に数百枚、数千枚、多い時は万を越え、六万枚も出土した例もある。そしてその種類も極めて多様であり、その多様さは世界の貨幣史で類を見ないほどである。なぜ文献史料に記載されていないのか不可思議ですらある。

大量の青銅貨幣は形態上大きく四種類に分類できる。小刀の形をした刀銭、スコップ型の農具のスキ（鏟《さん》）の形をした布銭、宝貝（子安貝）の形をした貝貨、そして円形の円銭である。形態についてはさらに細分することができる。刀銭には先端の尖った尖首刀《せんしゅとう》〈図1〉、背が真っ直ぐで先端が丸い直刀（円首刀）、小型の小直刀、「明」の文字のある明刀（燕刀）、大型の斉大刀〈図2〉などがある。布銭は首部にソケット状の柄の差し込み口の痕跡のある空首布と平らな平首布に分かれる。空首布は肩部《けんぶ》の形によって平肩〈図3〉、尖肩、聳肩《しょうけん》（斜肩）に分類される。平首布はさらに多様である。足部の形によって方足布〈図4〉、尖足布〈図5〉、円足布に分かれ、円足布に三つの穴のある三孔布、首部両側に突起のある鋭角布がある。太鼓橋のように足部がえぐれた橋形方足布には円肩〈図6〉と微尖肩がある。また首部に円孔のある有孔方足布には大型の大布と小型で二つ繋がった連布（小布）がある。円銭は単純で円孔と方孔の二種である。その上同じ形態でも大小があるので種別はもっと増え、少数だが以上の四種類に分類できない貨幣も存在する。

文字についてはよりいっそう多様である。国名、地名、記号、重量などがある。ただし西方のコインのように発行者の肖像を入れることはない。地名については方足布で一六〇種前後、尖足布で四〇種あるとされる。記号と考えられるものには数字、干支のほかに様々なものがあり、吉祥文字と思われるものもある。尖首刀の記号は八〇種を越え、空首布は一八〇種を越えるとする説もある。また地名と重量の組み合わせ、国名や地名と記号の組み合わせなどもある。この上に形態と文字の組み合わせを考えると、その多様性は驚くべきものである。

◈考古資料としての青銅貨幣とその整理

出土あるいは伝世の青銅貨幣はあくまで考古資料としてあつかう必要がある。この点は他の甲骨文、金文、簡牘《かんとく》などの出土文字資料と同様である。考古資料はまず年代が確定できないと歴史の材料として利用できない。そのためには出土材料に基づく編年が必要である。貨幣の形が時代とともにどのように変化していくのかが分かれば、伝世の器物もある程度編年が可能となる。しかし、先秦青銅貨幣のほとんどは、何らかの事情でこっそり埋められた埋蔵銭として出土し、墓の副葬品として出土することはまれである。墓葬から出土すれば、墓の形式や他の副葬品から年代の推定は可能であるが、埋蔵銭ではほとんど手がかりはない。陶器などに入れて埋蔵されておれば、陶器から年代を推定することは可能であるが、その年代もあくまで貨幣の流通時期を示すだけである。場合によっては何百年も前の貨幣が埋蔵される場合もある。貨幣の発行年代を確定するのは極めて困難であり、様々な恣意的、思いつきの説が出され収拾がつかないほどである。しかし、零細な手がかりをもとにあくまで考古学的に年代を確定していく必要がある。一方、出土貨幣は考古資料として研究に有利な部分もある。それは出土地の分かる貨幣が大量に発見されていることであり、統計的におおよその流通範囲や発行地を推定することができる。

貨幣資料は大量出土があり、かつ時とともに増加していくため、その整理には工夫が必要である。以前は、一点一点貨幣の写真あるいはコピーを張り付けた資料カードを作成する必要があった。しかし、現在ではコンピュータを利用してデータ・ベースを作成することができる。マイクロソフト社のカード型データ・

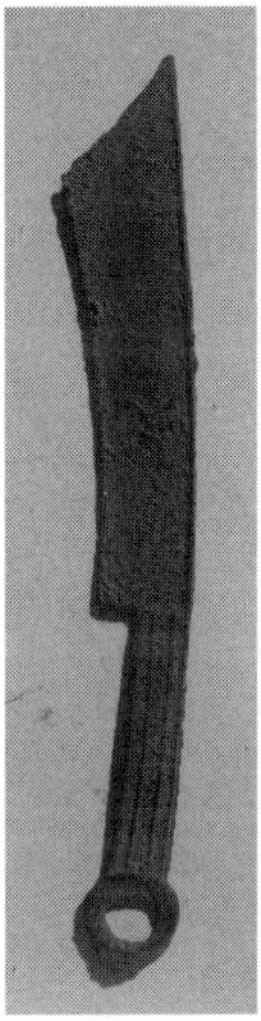
図1…尖首刀「六」

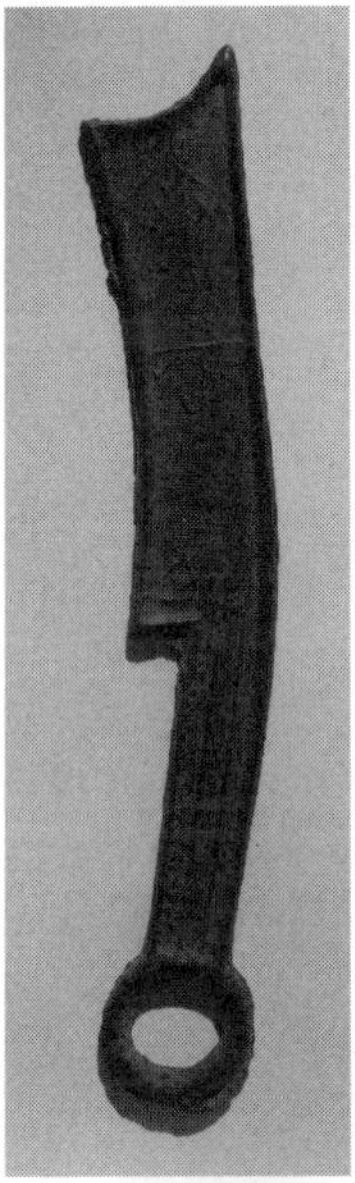
図2…斉大刀「斉大刀」

図3…平肩空首布「卜」

図4…方足布「宅陽」

図5…尖足布「寿陰」

図6…橋形方足布「安邑二釿」

❖「　」内は銘文、縮尺五分の二

ベース・ソフト「ファイルメーカーFileMaker」は画像も取り込むことができ、効率的にカードを作成することが可能である。このソフトを使用して、収集した先秦貨幣資料を整理したところ、重複を含むものではあるが三万点近くのレコード（カード）のデータ・ベースを構築することができた。このデータ・ベースは整列、検索を自在に行うことができ、貨幣の分析に極めて有効であった。

◈先秦青銅貨幣から読み取れること

三万点に及ぶデータからどのようなことが読み取れるか、いくつか重要と思われる問題について見てみよう。

［①最初に出現する青銅貨幣は何か?］

古くは空首布や斉大刀を西周時代まで遡る最古の貨幣とする考えもあったが、現在では考古学的発見によって空首布と尖首刀が最古の貨幣とされている。空首布は、山西省曲沃《きょくよく》県で大型の原始的な平肩空首布が考古学的に春秋中期と認定できる形で発見されたことにより、平肩空首布は春秋後期に流通していたと推定されている。尖首刀も北京市延慶県の山戎《さんじゅう》墓地から出土したことから、春秋後期には存在したことが明らかになった。現在のところ、これらより古い青銅貨幣は発掘によって年代の分かる形では確認されていない。平肩空首布の出土地は周の王畿である洛陽周辺の狭い地域に限定され、多種類の記号が鋳込まれているが国名と思われるものは見当たらない。春秋後期、周王朝は内乱続きで貨幣を発行するほどの経済的力はなかったと考えられる。王畿を中心とする地域は、経済的都市が多数発達する地域であり、これらの貨幣は都市の有力者が発行した可能性が高い。尖首刀の方は山西省や河北省の北部で出土する。この地域は春秋から戦国にかけて戎狄《じゅうてき》など北方牧畜民の居住地である。尖首刀の銘文も多種類存在するが、地名、国名と見なされる文字を有する貨幣が多数を占めるわけではない。尖首刀も北方牧畜民が経済的必要から民間で発行したものと考えられる。しかし、この地域は都市の発達した地域ではなく、彼らが何故このような早い時期に貨幣を発行したか謎である。中原農耕地域と北方遊牧地域との交易の必要や西方からの影響なども考えられるが、今後の検討課題である。なお、最初の青銅貨幣が民間で発行されたことは、民間の経済活動において一般民衆にも受容されやすい工具や農具など実用道具がモデルに選ばれたことからも証することができるであろう。

[②方足布と尖足布は誰が発行したか?]

これらの貨幣は戦国中期以後大量に発行され、すべて発行地の都市名が鋳込まれている。ほとんどの中国の研究者は都市名が鋳込まれていても都市が所属する国家が発行した貨幣と考えているが、日本の研究者は都市の商工業者が発行したとしている。歴史的に見て貨幣は国家が発行するものとは限らない。これらの貨幣の出土地や地名から、その発行地は経済都市の発達した地域とかなりの部分で重なる。また貨幣の重量は五グラム前後で軽量、かつ極めて薄く素材価値と名目価値が一致しない名目貨幣(紙幣と同じ)であり、流通には経済的裏付けが必要である。都市の商工業者など経済的実力者が貨幣を発行したと考えても矛盾はない。また、一つの都市が多種類の形態の貨幣を発行している例や同一地名で文字の形が異なるものもある。さらに、地名の都市とは随分離れた都市で鋳造の鋳型が発見される場合もある。国家が発行した場合このようなことは起こりえないであろう。これらの貨幣の出土地域すなわち流通地域は韓、魏、趙の三晋地域に重なるが、北方の燕の領域でも大量に流通している。燕の明刀銭が趙の北部で流通していることを考え合わせると、北方地域の特殊な経済状況を考える必要がある。

［③特殊な貨幣、橋形方足布と斉大刀の発行目的は？］

これらの貨幣はともに大型で厚手で重量もあり、他の青銅貨幣とは明らかに異なる。斉大刀は四〇グラム前後、大型の橋形方足布は三〇グラムに達するものもある。また銅の成分比も大きく高品質の貨幣である。斉大刀の出土地域は斉の領域内、橋形方足布は魏の領域内でともに国内貨幣である。発行年代に関しては様々な説があるが、考古学的に考えて戦国中期であろう。橋形方足布には長文の銘があるものがあり、黄金との兌換比率が記されていると解されている。外国との交易のために発行されたとする説もあるが、主に国内で出土していることからそうではないであろう。戦国中期は魏が秦の侵略に悩まされる時期であり、最終的に東方に遷都せざるを得なくなる。この貨幣の発行都市の多くは秦の侵略に抵抗する前線に在り、魏が国家として裕福な都市住民から防衛のための軍資金を調達するために発行した可能性がある。斉大刀に関しては一般流通貨幣とするのが普通であるが、背面の「三十」の数字は少額貨幣との換算率を示すものと考えて、大口交易の決算に用いられた小切手の性格を有するとする説もある。この貨幣の発行された時期は斉の威王が対外攻勢に出る時と重なり、軍資金調達が目的であった可能性がある。民間の経済活動の必要から発行された青銅貨幣は、戦国中期になると国家の必要から特化した貨幣が発行されるようになるのである。

［④中国歴代王朝の青銅貨幣はなぜ方孔円銭であったか？］

秦が天下を統一すると、貨幣は秦で発行されていた方孔円銭の半両銭で統一されることになった。その後、歴代王朝の発行した青銅貨幣は、文字は重量から元号（年号）に変化するが基本的に変わることはなかった（ただし清朝では材質は真鍮になる）。この貨幣の形態は周辺の朝鮮、ベトナム、日本にも影響を与えた。戦国時代には上述のように極めて多様な貨幣が発行されているが、円銭以外は形が複雑で携帯に不便であり、何枚かまとめる場合も面倒である。穴空きの円銭ならば紐に通すだけでよい。しかし、方孔円銭が永く国家発行の貨幣として用い続けられたのは機能面だけでなく、貨幣の形態に込められた意味もあったと考えられる。方孔円銭は円孔円銭から発展したものと考えて、貨幣をまとめてヤスリで整形する際に差し込む棒を方形にして回転を止めるため方孔になったとする説がある。現在では円孔円銭と方孔円銭は考古学的に戦国中期のほぼ同じころに出現したと考えられ、方孔円銭は天円地方の観念(天は円形、地は方形とする宇宙観)に基づくものとされている。天円地方の観念は支配者の統治理念とも合致しており、国家発行の貨幣として理想的であったと考えられる。

以上のように出土文字資料、考古資料としての青銅貨幣は文献史料を補うだけでなく、文献史料からうかがうことができない歴史事実を浮かび上がらせてくれる。中国古代では文献史料は基本的に編纂された二次資料であるのに対して、出土文字資料や考古資料は同時代の一次資料として別の性質を持っているからである。歴史研究は両者が補い合いながら進められるべきものである。

えむら・はるき…**生年**=一九四七年/**出身校**=名古屋大学文学研究科/**現職**=龍谷大学特任教授/**主要著書・論文**=(1)『春秋戦国秦漢時代出土文字資料の研究』汲古書院、二〇〇〇年 (2)『戦国秦漢時代の都市と国家——考古学と文献史学からのアプローチ』白帝社、二〇〇五年

1 10 祀りと占いの世界

池澤優

出土資料のような古代の材料には、現在の我々が「宗教」と呼ぶものが大量に含まれるのが常である。ただ、現在の「宗教」という言葉は、神なり超自然的な摂理なり、あるいは死後の存在なりを、個人の信条として「信」じることを意味しており、古代の世界にはそのような意味での「宗教」という言葉はなかったことは、指摘しておかなければならない。神や霊魂については多様な考え方が流布しており、真面目に信じていた人から、軽蔑していた人まで多様であった。「宗教」という語が誤解を招きやすいもう一つの点は、それが神霊に対する敬虔な崇拝というイメージとして捉えられがちだということがある。確かに神を崇め祀り、そのご利益を期待するのは一つの態度だが、何らかの技法、例えば呪文や呪符を用いることで、神霊を操作し、人間に好都合な未来を実現しようとする方向も神霊に対する一つの態度であった。世界じゅうの「宗教」と呼ばれる現象には、実は崇拝と操作という二つの全く異なる心性《メンタリティ》が共存している（もちろん、どちらか一方に偏る宗教もある）。古代中国の場合、大雑把に言うならば、当初は神霊を崇める心性が中心だったのだが、戦国時代の包括的な宇宙理論に基づいて操作する心性へ大きく変化していったと要約できるが、崇拝の心性も消滅したのではなく、強固に残存していった。

最も古い文字資料である殷代の甲骨文は占いの記録であり、その中では神や祖先への祭祀が大きなテーマであった。→1-2 そこでの最高神は「帝」と呼ばれ、その意思を知ることが甲骨の占いの目的であったが、殷王朝の人々は「帝」に対して直接に祈願の祭りを行わなかった。代わりに、例えば病気になった時に、どの神や祖先が祟っているか、占いで明らかにし、その神を祭ることで平癒を祈った。その点では甲骨文が表しているのは、神を崇めるという心性である。一方、甲骨の占いにおいては、火を押し当てた時に一定の割れ目が生じるようにあらかじめ刻みが入れられ、王が吉凶を判定して、それを占具に刻むことは、人間の願望を成就するために神霊を操作するという意識があったことを示している。

西周・春秋時代の金文は、祖先祭祀に用いられる青銅容器に文字を鋳込んだものであり、従ってその内容も祖先祭祀にかかわるが、その中でも長文のものは政治的な性格が強い。周王朝の人々は殷代の最高神を継承して「帝」あるいは「天」と呼んだが、それが有徳の君主に「命」を降して「天子」とし、地上を支配させるのだと考えた。そして、一度降された「命」(天命)は、徳を失って取り消されない限り、家系によって維持されるとしたため、事実上、王朝権力は祖先―子孫関係により正当化された。西周金文はこの構造を利用して、君主が臣下の祖先の忠誠に言及し、それに倣って忠誠を尽くすように臣下にアピールするものであった。祖先は「天」もしくは「帝」の傍にいるとされ、「天」の力にあずかる強力な存在であり、よって子孫が祖先に倣えば、祖先は満足し、そのご利益を期待できる。西周時代の「天」と祖先の信仰は、崇拝の心性が強いものであった。

西周王朝の支配構造は春秋時代に崩壊し、戦国時代になると大変動期を迎えることになる。鉄器の導入や貨幣経済の進展だけでなく、それまで祖先崇拝を支えていた親族構造が解体し、国家は都市国家から領域国家へと変貌して、官僚制に基づく支配が確立していった。社会が流動化する中で、諸子百家といわれる思想家集団が現れ、伝統的な思想に対して批判と変更を行っていった。

社会構造の変化は、当然、宗教にも変容をもたらす。その時代の祖先祭祀を示す出土資料が紀元前四～三世紀の楚の卜筮祭禱簡《ぼくぜいさいとうかん》である。→1-16 楚とは揚子江の中流域を拠点とした、当時最強の国家の一つであるが、毎年定期的に、あるいは災いの際に占いを行って、祟りの有無と原因を確定し、それを解除する儀礼を行う習俗があった。それを記録したのが卜筮祭禱簡であり、湖北省江陵天星観、望山、秦家咀《しんかそ》、荊門包山《けいもんほうざん》→2-12、河南省新蔡葛陵などから出土している。そこでは民間の占い師がチームを組んで占いを行っており、具体的には、クライアント側の申請によって占い師たちが特定の問題を亀甲と筮竹《ぜいちく》を用いて順次占い、問題に対する祭祀を提案する。それは祖先、天神、土地神、悪霊など、広い範囲の神霊を含むものであったが、クライアント側はその中から適当な儀礼——主に祖先と土地神に対するもの——を選択し実行した。祖先は概ね五世代の父系祖先と母親を対象として、跡継ぎがいない傍系の祖先、それに楚王族の古い祖先に及ぶ。土地神は「社」「地主」「后土」(文献においては土地神は一般的に「社」と呼ばれるが、それは太古の「后土」という官職についていた英雄を祭るのだとされることもあり、一般に同じものとされている)のほか、屋敷内の小神である「五祀」(門、戸、室、竈、行)への祭祀が重要であった。

卜筮祭禱簡は、占いという宗教行為が既に職業となっていたことを示唆する点で興味深いのだが、神霊の祟りを主題とし、その判断は宗教者の個人的能力に依拠している点で、神霊を崇める心性に基づくものであった。それに対し、神霊を操作する心性に基づく文献が、卜筮祭禱簡と並行しつつ、やや遅れて戦国中後期から前漢時代に流行した『日書』である。『日書』は日取りの吉凶に関する占いのマニュアルであり、湖北省江陵県九店、王家台、張家山、雲夢《うんぼう》県睡虎地→2-6、荊州《けいしゅう》市周家台、沅陵《げんりょう》県虎渓山、安徽省阜陽《ふよう》県双古堆→2-8、甘粛省天水県放馬灘《ほうばたん》→2-11、敦煌県懸泉置、永昌県水泉子、武威県磨咀子《まそし》から出土しているほか、考古発掘を経ないものとして香港中文大学蔵簡、北京大学蔵簡などがある。その占いの中心的な論理は五行説である。五行説は時間、空間、人事の全てを木・火・土・金・水の五つのカテゴリーのどれかに割り振り、その相互の交替と優劣（木→火→土→金→水の相承説と土→木→金→火→水の相克説がある）により、宇宙的な生成と変化の法則を説明する理論である。『日書』の中でも多くの神霊が言及されており、有神論的な世界観と五行説は併存し得たのであるが、五行説の理論に従えば神霊の祟りは予測可能であり避けることができる。また卜筮祭禱簡が基本的には占い師の宗教的な能力に依拠していたのとは違い、『日書』が示す理論を理解するなら、誰もが未来を予知することができる。戦国後期は『易経』が儒教の経典になった時代でもあるが、普遍的な法則性に基づいて森羅万象を統一的に把握するという点では、『日書』と『易経』は同じ精神を有していたと言える（工藤元男『占いと中国古代の社会』東方書店、二〇一一年）。

但し、五行説の法則による宇宙の把握と操作という考え方とその流布は、宗教と宗教者の地位を単純に低下させたのではない。確かに伝統的な有神論的な信仰に対する懐疑的な態度は戦国時代の文献に多く現れるのであるが、宗教者の側では法則性を把握することで神々と人間の仲介者として機能するのだという自負を持っていた。一九四二年に湖南省長沙子弾庫で出土した帛書は、その点を示唆する〈図1〉。この帛書はほぼ正方形に近い布の中央、一方は八行、他方は一三行の文が天地逆に書かれ、四方に一辺三つずつの怪物の画像が配される特異な構成になっている。四方の一二の画像は一二ヶ月を表し、その側に各月の吉凶を簡潔に述べた『日書』に似た短い文章が加えられ、中央の文章は、八行の方が渾沌から秩序が構築されることを述べた一種の神話、一三行の方は災いの原因とそれに対する対処法を述べたものである。その中で最高神である「帝」（炎帝）が神を地上に派遣し、神が地上の運営に責任を持つことで秩序がもたらされたこと、人間は

「天」の示す法則性に則ることで、神の恵みに与《あずか》ることが可能になることが述べられる。「天」(帝)と人間を仲介する神の重要性という点に、卜筮祭禱簡や『日書』の背後にあった宗教者の意識をうかがうことができるのである。

有神論的な信仰と抽象的な法則性の併存は、医学文献に関しても指摘できる。中国伝統医学の古典である『黄帝内経《こうていだいけい》』は陰陽五行に基づく治療理論を主張するが、医学関係の出土資料、例えば湖南省長沙市馬王堆三号墓から出土した『五十二病方』→2-3では、経験的な治療法とならんで、まじないや祈禱は重要な要素になっていた。

戦国時代の社会変化が宗教に与えた影響として、もう一つ指摘できるのが、神世界の官僚機構化である。この時期、強国は競って富国強兵政策を行い、結果的に統治機構の官僚化と、戸籍により国民を把握して収税の対象とする体制が確立された。その変化が人々の宗教的な想像力を大きく規定し、神の世界も人間界と同様の官僚機構であり、文書事務によって機能しているというイメージを生むことになった。その端緒として挙げることができるのが、甘粛省天水放馬灘から出土した「志怪故事」(紀元前三世紀前半)である。→2-11そこでは丹と呼ばれる者が傷害事件を起こして自殺した後、蘇生するという話が語られている。彼が蘇ることができたのは、彼の主人である将軍が司命神(寿命を司る神)に掛け合って、まだ死ぬ寿命になっていないと主張したからであった。そこで司命神は「司命史」という職名を持つ属官に命じて丹を掘り出して蘇生させるのだが、そこから地上の官僚機構は冥界の官僚機構とコンタクトをとることが可能であり、後者は上司—部下から構成されているというイメージを読み取ることができる。

前漢時代の告地策と呼ばれる出土資料には、官僚制的な冥界のイメージがより明確に描かれるようにな

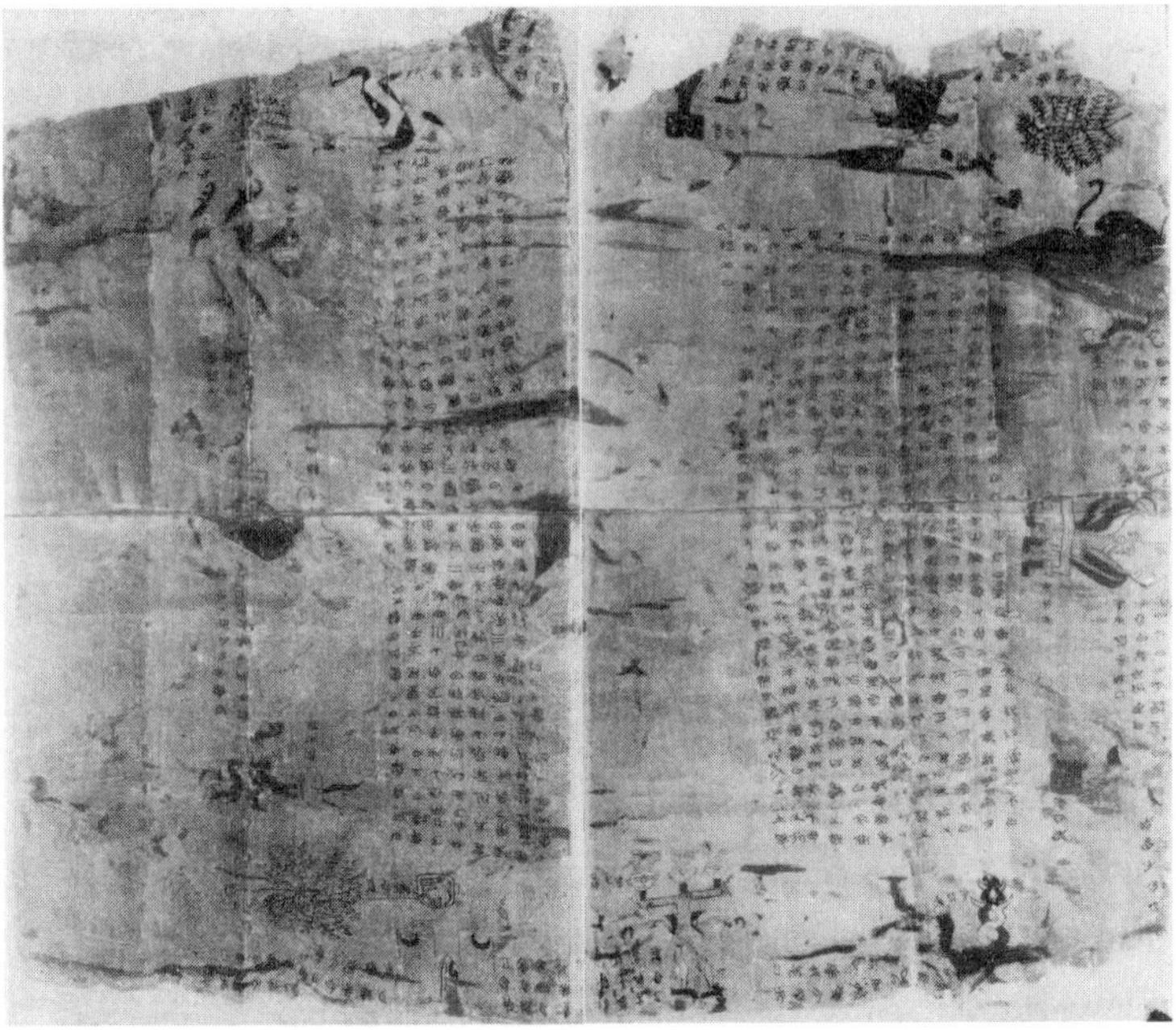

図1…子弾庫帛書（中村伸夫・田中東竹『木簡・竹簡・帛書　戦国・秦・漢・晋』中国法書ガイド10、二玄社、一九九〇年）

る。それは死者の冥界への通行手形とでもいうべき文書であり、湖北省江陵県高台、毛家園、鳳凰山→2-5、随州市孔家坡《こうかは》、江蘇省邗江《かんこう》県胡場から発見されている。その趣旨は、地上の官僚（県令）から冥界の官僚（「地下丞」「地下主」「土主」）にあてて死者の異動を報告し、死者が当該文書を携帯して冥界の官府において戸籍への登録を行うから、万事「律令」通りに執行されたいと要請するものになる。高台や鳳凰山の例では、遣策《けんさく》と呼ばれる随葬品のリストと一緒に出土しており、特に高台の事例では死者が冥界で免税の特権を持つことを規定している。つまり告地策は地下の冥界が地上と同様の官僚組織により治められており、地上と同様に戸籍や収税があるという観念を前提に、冥界の官僚組織に委託して死者の所有権と安寧を祈ることを目的としたものであった。逆に言えば、死者は冥界の官僚制に支配されると意識されるようになったことになる。

先に西周金文では死者は「天」に昇るとされていたことに触れたが、漢代に官僚制的な地下の冥界の考え方が出てきた後も、天上他界の考えがなくなったわけではない。また、死者が地下の冥界で苦しむ可能性が意識されるようになっても、祖先が子孫にご利益をもたらす祖先崇拝の考え方がなくなったわけではない。その意味では多様な考えと慣習が併存していたのだが、死者のあり方は現世の延長線上にあり、死者の不幸は現世の災いとなって現れるという感覚があり、それが後漢時代になると死者の救済を主テーマとする文献となって現れるように思われる。先ず、前漢後期の山東省金郷の墓室題記には、墓あばきをする者に対する呪いの言葉と、道徳（儒教の「孝」）を守る者には「天」の恩寵が与えられることを言う。四川省巴県の楊量買山記、山東省鄒県の莱子侯刻石、河南省唐河の馮君孺人墓室題記など、死者の安寧を祈る文言が墓室や墓の傍の祠堂（死者祭祀のための祠《ほこら》）に刻まれる例もある。買地券（地券）という、現実の土地売買証書を模して正規に墓地を購入したことを証する文書を鉛・玉石・甎《せん》（煉瓦）に刻んだものも、死者の安寧が犯されないことを願うものであった(最も初期の例は山西省忻州《きんしゅう》出土の西暦八一年の武靡英《ぶびえい》買地券)。

西暦一世紀の末から死者に関する文書は豊富になっていく。例えば、香港中文大学文学館が所蔵する「序寧簡」は出土地は不明だが、西暦七九年のものであり、序寧という名の女性の病気と死にかかわる祭祀を記録している。それによると序寧の病気において、先ずその平癒のために祭祀が行われたが、その甲斐もなく死去すると、祭祀は継続されつつ、目的が死者の冥福と遺族の安寧を祈るものに変わっている。そこでは死者は「天公」(天の最高神であろう)のもとに祭祀の祈願を自ら持参して審問をうけるとされており、その祈願とは「生人は責《せめ》を負わず、死人は謫毋《つみなか》らんことを」であった。ここでは死者は冥界で何らかの審判を受け、不幸にして「謫《つみ》」せられる可能性もあると考えられていたと同時に、冥界に赴く死者をメッセンジャーとして

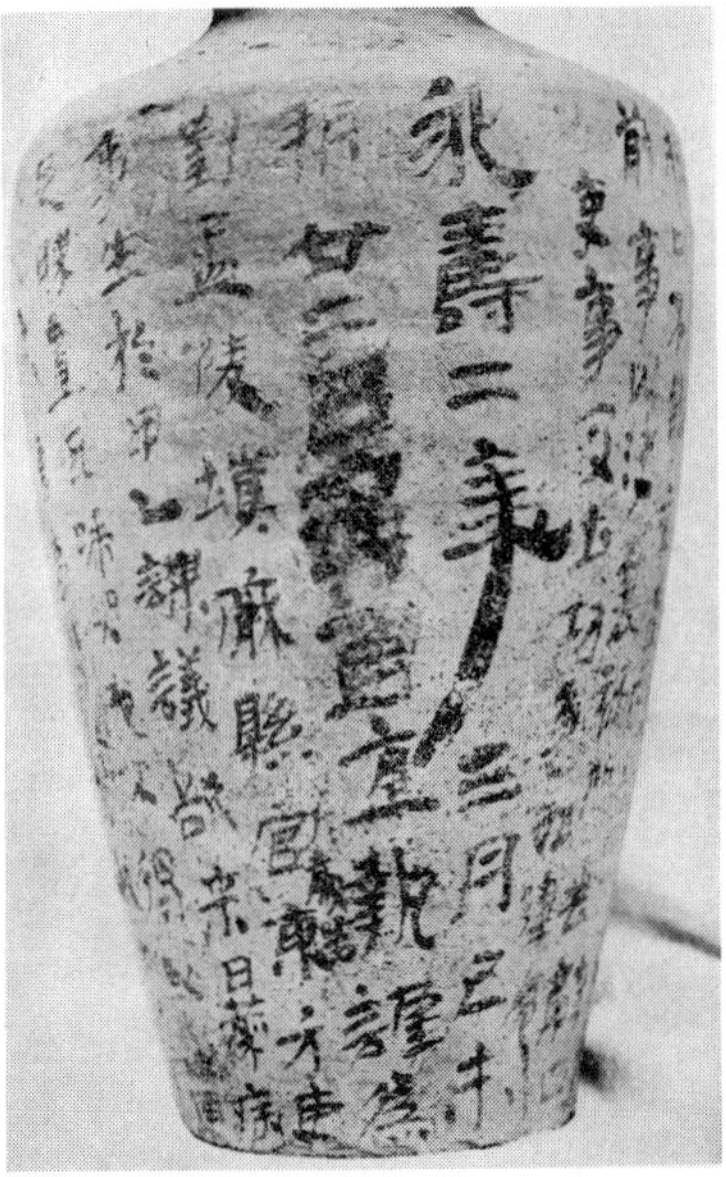

図2…成桃推鎮墓瓶、陝西西安出土
(『書道全集　第三巻　漢晋代木簡・真蹟・瓦当・塼・印璽・封泥』平凡社、一九三一年)

利用することで、死者だけでなく生者の幸福も願うことが可能だと考えられたのである。

　後漢時代の最も複雑で興味深い「宗教」文書は、鎮墓文と呼ばれるものである。中でも死者の安寧と遺族の幸福を祈願する文書を一五〜二〇センチくらいの小ぶりの瓶に書いた（多くは朱書）鎮墓瓶〈図2〉は、二世紀に陝西、河南、山西、四川で大流行し（最も早いものは西暦六〇年、陝西省咸陽のもの）、三世紀になると敦煌を除いて見られなくなる。また、この鎮墓文は前述した買地券にも影響を与え、両者の要素を混在させた買地券が現れるほか、同様の要素は墓や祠堂の石刻の中にも現れる。そのため鎮墓文の形式は多岐にわたるが、共通する特徴としては、天帝が使者（天帝使者・天帝神師）を介して冥界の神々に対して発した命令という形式を採り、冥界の戸籍の執行にミスがあり理不尽にも死がもたらされたこと、あるいは死の伝染性の穢れ（「注」）のために死が連続しておこるから、そのような伝染を解除し、それにより死者と生者が共に安寧を獲得することを求める点が挙げられよう。鎮墓瓶は墓室の入り口か四隅にちょうど結界を張るかのように配置するものが多数を占めるのだが、生と死の分断を明確にすることで、死の穢れが現世に及ぶことを避けようとする意識を読み取ることが可能である。

　「序寧簡」と同様に、鎮墓文には死者が冥界で審問を受け、租税や労役を課せられるという表現が見られ、鎮墓文を随葬する行為はそのような苦しむ死者を救済する儀礼の一環であった。このことは鎮墓文を作成し随葬する行為自体が、宗教者がかかわる宗教行為であったことを意味する。「天帝」の代理として冥界の神々に命令を降す「天帝使者」は、そのような宗教者の自称であったと考えられる。河南省偃師《えんし》県で出土した「肥致碑」という墓碑には、仙人を尊崇する小集団が記載されており、死者と冥界に関する考え方を共有する小宗教集団とそのネットワークが遍在し、道教もその中から成立していったのだろう。

西暦二世紀の「宗教」的出土資料として、最後に墓碑に触れておきたい。先述したように、墓室や墓傍の祠堂に文字を刻むことは紀元前一世紀の末から行われていたが、次第にそれは長くなり、二世紀の初めに墓碑という特定の形式を有する石に故人の履歴・業績を刻んで、墓の傍などに立てることが流行した。そこでの中心的な価値は儒教である。儒教では死者とは遺された者の記憶に他ならないと考えたため、故人を正しく顕彰することが宗教的な救済論に近い意味を持ったのである。墓碑の多くは定式的な文体で、高潔な人格を達成し、顕著な功績を挙げたにもかかわらず、「天」の定めた寿命のために早世したことを悼み、その記憶を伝えることで、死者を永遠の存在とすることを願うものであった。

いけざわ・まさる…**生年**＝一九五八年／**出身校**＝ブリティッシュ・コロンビア大学大学院アジア学科卒業／**現職**＝東京大学文学部教授／**主要著書・論文**＝(1)『「孝」思想の宗教学的研究』東京大学出版会、二〇〇二年　(2)「後漢時代の鎮墓文と道教の上章文の文書構成」渡邉義浩編『両漢儒教の新研究』汲古書院、二〇〇八年

1　11　諸子百家はどう展開したか

西山尚志

◈諸子に関する新出土文献

諸子とは、主に春秋・戦国時代に政治・倫理・外交・軍事・経済など様々な分野について諸国の王侯に説いてまわった思想家達のことである。『漢書』芸文志の分類によれば、諸子には儒家・道家・陰陽家・法家・名家・墨家・縦横家・雑家・農家・小説家があった。

目下、諸子に関する主要な出土文献には、郭店楚簡→2-16・上博楚簡（同上）・馬王堆帛書→2-3・北大漢簡（二〇〇九年に北京大学が購入した漢簡）がある。ただ、諸子百家の展開の全体像を描くには、これらの出土文献にはまだ資料的な偏りがあることを念頭に置く必要がある。

これらの出土文献の学派については、儒家が最も多く、道家がそれに次ぐ。『韓非子』顕学篇が「世の顕学は儒・墨なり」と表現し、儒家と同等の勢力を誇ったとされる墨家は、現在のところごく一部の出土文献にしか見えない。しかし、それによって当時の墨家勢力が弱かったと判断するのは早計だろう。なぜならこれらの出土文献は書写年代や出土地に偏りがあり、それが墨家系出土文献がほとんど発見されていない原因となっている可能性も充分にあるからである。

書写年代については、一般的に、郭店楚簡と上博楚簡は紀元前三〇〇年頃と推定されている。これは孟子の晩年、荀子の青少年期に当たり、また道家が登場して影響力を及ぼし始めた時期である。馬王堆帛書は前漢初期、北大漢簡は前漢武帝以後である。つまり、孟子以前の春秋後期から戦国初期、あるいは韓非子や呂《りょ》不韋《ふい》らが活躍した戦国末期の諸子に関する出土文献はまだ充分に見つかっていないのである。

出土地については、郭店楚簡は現在の湖北省荊門《けいもん》市、馬王堆帛書は湖南省長沙市であり、上博楚簡・北大漢簡の出土地は不明だが南方より出土されたものと推定されている。つまり、これらの出土地は極端に南方に偏っている。以上の点に注意しつつ、新出土文献を用いて諸子の展開を追ってみる。

◈諸子百家の先駆け孔子

諸子を論じるには、まず孔子から始めるべきだろう。なぜなら孔子を鼻祖とする儒家は諸子の中でも中心的勢力であり続け、後進の墨家や道家などは少なからず儒家思想への批判を打ち出して登場するからである。

孔子(前五五一年~前四七九年)は魯の国(現在の山東省曲阜市)で生まれた。後に魯国内で多くの弟子を育成した。『論語』を見ると、孔子学団の主な教学内容は徳行・言語・政事・文学であったことがわかるが(先進篇)、その中でも徳行が最も重視されている。その最高徳目は「仁」であった。『論語』には「己の欲せざる所は人に施すなかれ」という文が二例あるが、これは顔淵篇では「仁」、衛霊公篇では「恕」(おもいやり)を解説したものである。つまり、仁は他者をおもいやる精神と言えよう。

詩・書・礼・楽は孔子学団の重視した教科であり、「(人間形成は)詩に始まり、礼に立脚し、楽によって完成する」(泰伯篇)と説明される。しかし、仁がなければ礼や楽も意味がないとし(八佾《はちいつ》篇)、仁を最も重視していることがわかる。

◈墨家の登場

孔子の死後まもなくして墨子が登場する。墨子を鼻祖とする学団は墨家と呼ばれる。墨家の核心的思想は、「十論」と呼ばれる尚賢・尚同・兼愛・非攻・節用・節葬・天志・明鬼・非楽・非命である。この中で最も核となるのは「兼愛」である。兼愛は、自分自身を愛するように他者を愛することである。親類・君臣・家・国を問わずこのように相愛すれば、争いはなくなり、天下は治まると主張した（『墨子』兼愛上篇）。

また、反戦を唱える「非攻」、不要な支出を非難する「節用」、厚い葬儀・服喪を批判する「節葬」、音楽への享楽を非難する「非楽」がある。これらは民を利するための「兼愛」の具体的な方法と言える。「天志」「明鬼」は、行いの善悪によって天や鬼神が賞罰を下すと主張する。当然、善悪の基準は兼愛などの墨家思想である。「非命」は運命論を非難する。運命論を是認すれば天や鬼神の賞罰に説得力がなくなるためであろう。「尚賢」は、賢能な人物の重用が富国・治国の道であると説く。「尚同」は、多様な考えを混乱の原因とみなし、民は組織の長に従い、最終的には天子に従うべきと主張する。

墨家は儒家と激しい鍔競り合いを展開し、思想界を二分した。一種の平等主義である墨家の兼愛は、家族倫理を重視する儒家と対立し孟子は「父を無きものにするものだ」と非難した（『孟子』滕《とう》文公下篇）。また、孔子は「怪力乱神を語らず」（『論語』述而《じゅつじ》篇）などとして鬼神や天と距離を置くが、これは墨家の天志・明鬼と対立する。

上博楚簡『鬼神之明』は現在数少ない墨家の出土文献の一つであるが、聖人の伍子胥《ごししょ》が非業の死を遂げ、悪人の栄夷公が天寿を全うしたという例を挙げ、墨家特有の厳密なロジックで鬼神の賞罰能力に対し疑義を呈している。墨家は鬼神の賞罰能力を喧伝し、兼愛などの自説の強化に利用していた。墨家は秦代ごろには衰退するが、それは『鬼神之明』のような学派内部の教義に対する批判が契機になっているのかもしれない。

◈儒家の孟子

孟子は墨子後年に生まれ、子思（孔子の孫）の門人に学んだ。孟子の主要な思想に、政治面では王道論、倫理面では「性善」説が挙げられる。

『孟子』では、民を豊かにし孝悌道徳を勧めれば、王とならなかった者はいないと説かれている（公孫丑上篇）。「王道」の対となるのは力で服従させる「覇道」であり、孟子は覇道を低く評価する（公孫丑下篇など）。

性善説は、その名の通り、人の性は善であるという考えである。人は生まれながらにして、仁・義・礼・智（四徳）のそれぞれの端緒となる惻隠《そくいん》の心・羞悪の心・辞譲の心・是非の心を備えているとする（四端説、公孫丑上・告子上篇）。さらに、「この仁義を天下に推し進めるだけのことだ」（尽心上篇）とし、為政者が善である内面的倫理を社会に拡充して統治することを主張する。こうして、孟子以降は孔子の段階では必ずしも主要な問題としていなかった政治思想に力点を置くようになる。

◈道家の隆盛

『孟子』には墨家などへの批判が多く見られるが、道家への明確な批判は見られない。逆に、道家文献の『荘子』『老子』には儒家・墨家などへの批判が散見する。よって道家の勃興は孟子よりやや後の戦国中期頃であろう。なお、孔子が礼を老子に問うという話は『荘子』『史記』などに見えるが、これは儒家の上位に立つために道家側が前漢初期頃に創作した物語である。

道家の最重要課題は「道」を考究することである。初期の道家は、儒家や墨家の論争に見える是非の価値観や、事実の違いなどを一切否定し、万物を一つと考えた（「万物斉同」）。その万物を斉同たらしめるのが、価値・事実などの徹底的な否定によって到達した「無」である「道」と主張した（『荘子』斉物論篇など）。

ここから、無である道は、具体的な形が「有」る「万物」を存在・運動させる主宰者であり、根源的実在と位置づけられていく。つまり道―万物の関係は、主宰―被主宰、優―劣などと比定される。『老子』はこの関係を政治思想に応用する。無である道は主体的な感覚・認識によって把握できないが、逆にその主体性を捨て去ることで道を把握し、万民を支配する側となることを主張した（『老子』四八章など）。

なお、出土文献の『老子』は多数発見されている。現在では郭店楚簡・馬王堆帛書・北大漢簡に見られ、通行本『老子』への形成過程が明らかになりつつある。例えば、「老子」という書名は、伝世文献では『淮南子《えなんじ》』に初めて見え、郭店本・馬王堆本にはない。しかし北大漢簡本には「老子上経」「老子下経」という篇名が附されている。これは「老子」という書名が前漢武帝の頃に定まり、名実ともに「経」となったことを示している。

◈出土文献と孟子以後の儒家

郭店楚簡や上博楚簡の儒家文献には、孟子がしばしば問題にした為政者の内面倫理をいかに社会へ拡充させるかという政治思想が見える（郭店楚簡『緇衣』『民之父母』、上博楚簡『中弓』『季庚子問於孔子』『顔淵問於孔子』など）。

しかしこの時期になると、儒家は本体論を基礎に据えた道家の政治思想を取り込み始める。上博楚簡『民之父母』は、「凱弟の君子は民の父母」という『詩経』の一節の意味を子夏が孔子に問う形式で、『礼記』孔子閒居篇と比較できる出土文献である。ここでは「民の父母」となるためには、知覚不能な「三無」（無音の音楽、無形の礼、喪服を着ない喪）を天下に拡充すべきと説いている。

なお現在では、儒家系出土文献の発見により「思孟学派」（子思・孟子学派）という用語が注目を浴びている。

この用語は、『荀子』非十二子篇の「往旧を案じて説を造《な》すこれを五行と謂い、……子思これを唱え孟軻これに和す」に由来し、以前から一部の学者で使われていた。しかし、馬王堆帛書『五行』が発見され、これを多くの学者が『荀子』非十二子篇のいう子思・孟子の五行と比定したことで更に広く使われるようになった。

郭店楚簡・上博楚簡『緇衣《しい》』は『礼記』緇衣篇と比較できる出土文献である。五世紀末頃の梁の沈約《しんやく》が「(焚書で失われた『礼記』の)中庸・表記・坊記・緇衣篇はみな『子思子』から取った」と述べていることから、この『緇衣』も思孟学派の作とされた。また、郭店楚簡『性自命出』(上博楚簡『性情論』もほぼ同じ内容)の内容に子思の作とされる『中庸』や『孟子』の性善説と類似点があることや、郭店楚簡『魯穆公問子思』に子思が登場することなどから、現在多くの研究者が上記の郭店楚簡・上博楚簡の諸篇を思孟学派の作品として説明している。

筆者は、『荀子』非十二子篇の僅かな手がかりと、秦の焚書から七〇〇年近くも後の沈約の説を根拠に、思孟学派という用語を安易に使用することには賛成しない。しかし、唐の韓愈が正しい教えの系譜とした孔子―子思―孟子は、現在でも多くの人の尊崇の対象となっている。出土文献は、中国における儒学復興運動や民族主義などの学術的根拠ともなっており、現代社会とも無関係な問題ではないのである。

◈戦国後期以降の諸子

戦国後期には西の秦と東の斉の二強時代に突入し、統一国家の成立が現実味を帯びてきた。時勢に合わせて思想界も政治思想の色彩を一層強め、また他学派の説を積極的に吸収して学派を超えた思想統一が加速する。戦国後期の諸子には、荀子とその弟子の韓非子・李斯が挙げられる。荀子は儒家、韓非子・李斯は法家に属すが、いずれも道家や名家などからも強い影響を受けている。戦国最末期の『呂氏春秋』になると、諸学派の長短を整理した統一構想が顕著になる。

荀子の重要な思想に「天人の分」と「性悪説」がある。孔子や孟子は、天を倫理・社会などの背後にある理法と考えていたが、荀子は天を自然の恒常性と見なし、人との相関関係を明確に否定した。『荀子』には、「日・月・星が運行するのは、禹《う》でも桀《けつ》でも同じことだ。禹の時代は治まり、桀の時代は乱れたが、治乱は天によるものではない」と述べている(天論篇)。

性悪説では人の性を悪とするが、「教育によって正しくなり、礼義を獲得して整う」と述べる(性悪篇)。孟子は倫理の基準を人間の内面に求めていたが、荀子はそれを外側へとシフトしたことで法家に強い影響を与えた。

法家の韓非子と李斯は共に荀子に学び、また共に秦王の政(後の始皇帝)に仕えた。後に秦は天下統一を果たし、始皇帝は李斯の建言によって法を重視し、法律・医学・農業以外の書物を焼き捨てて言論弾圧を行っている。実際、現在発見されている秦簡はほとんどが法律・占いに関するものであり、焚書の徹底ぶりが窺える。

◈前漢における道家思想の隆盛

戦国最末期頃から、「黄老思想」と呼ばれる黄帝の言行に仮託し道家思想を基礎とした法家思想・政治思想が現れる(「黄帝」の名は戦国末期以降の文献から頻出する)。黄老思想は前漢初期から中期にかけて大流行し、文帝の皇后である竇《とう》太后などの王侯から強い支持を得た。馬王堆帛書『黄帝四経』(『経法』『十六経』『称』『道原』の四篇)はまさにこの時期の黄老思想を反映した出土文献である。それまで不明な点が多かった黄老思想は、馬王堆帛書の発見によって一気に進展した。

前漢中期では、前一三九年に成立した淮南王劉安編『淮南子《えなんじ》』はまさに当時の道家思想・黄老思想を濃厚に反映している。『淮南子』要略篇では本書を編纂した目的が書かれているが、道家を上位に置いた諸子百家の統一が構想されている。

前漢中期の銀雀山漢簡→2-4は、『孫子兵法』『孫臏《そんぴん》兵法』『尉繚子《うつりょうし》』『六韜《りくとう》』など大部分が兵家に関する文献である(ただし『漢書』芸文志によれば、兵家は諸子類ではなく兵書類に分類される)。魏武帝(曹操)注などがある通行本『孫子』は、呉王闔閭《こうりょ》の軍略家であった孫武の書か、孫武の子孫とされ斉威王の軍略家であった孫臏の書であるのかは、長年の議論の的であった。しかし、孫臏の兵書である銀雀山漢簡『孫臏兵法』が発見されたことで、通行本『孫子』(またそれとほぼ同じ内容の銀雀山漢簡『孫子兵法』)は孫武の兵書であることがほぼ確定した。なお、黄老思想の影響はこの時期の兵書にも看取でき、銀雀山漢簡『孫子兵法』には「黄帝伐赤帝」という篇名がある(通行本にこの篇はない)。

しかし、前一三五年に黄老思想の強力な支持者だった竇太后が薨去し、孫の武帝が「黄老・刑名・百家の言を退け、文学・儒者を数百人引き立てた」(『史記』儒林列伝)ことで、以後は徐々に儒学が優勢となり、儒教国教化へと向かっていった。

にしやま・ひさし…**生年**=一九七八年/**出身校**=山東大学文史哲研究院博士課程博士号取得卒業/**現職**=山東大学儒学高等研究院/
主要著書・論文=(1)「上博楚簡《鬼神之明》的所属学派問題——以鬼神的〝賞善罰暴〟論為出発点」『簡帛研究二〇〇七』広西師範大学出版社、二〇一〇年　(2)「上博楚簡『鄭子家喪』に見える歴史改編」『中国出土資料研究』第一五号、二〇一一年

1

12　絹に記す典籍、木切れに書く便り

工藤元男

古代中国人の書簡を集めて、これに書き下し文・日本語訳・解説を加えたものとして、佐藤武敏《さとうたけとし》氏の『中国古代書簡集』（講談社学術文庫、二〇〇六年）があり、そこには春秋時代から後漢までの書簡が紹介されている。なかでも司馬遷が任安《じんあん》に宛てた書簡は古今有名で、苦難のなかで『史記』を著した彼の心情を綿々と今に伝えている。この書簡は『漢書』の司馬遷伝や南朝梁《りょう》の昭明太子《しょうめいたいし》が編んだ『文選《もんぜん》』に収められているが、ただそれは元の形を伝えるものではなく、あくまで典籍のなかの一部にくみこまれた文である。それでは当時の書簡の形はどのようなものだったのであろうか。

◈蘇代が燕王に宛てた書簡？

近年の考古発掘によって、元の形に近い書簡が知られるようになった。一九七三年末～七四初、湖南省長沙市《ちょうさし》で発掘された馬《ば》王堆《おうたい》三号漢墓→2-3から多数の典籍が出土し、さながら冥界の図書館が地下から現れたようであった。それらの中で「帛書《はくしょ》」とよばれる絹布に書かれた典籍群は、そのほとんどが現行本（今本《きんぽん》）と内容が異なり、あるいは現在に伝わらなかったもの（佚書《いっしょ》）である。それらのテクストは文物出版社から逐次刊行されているが、四〇年近くたった現在にいたってもまだ完了していない。

これらの帛書群のなかに、整理者によって「戦国縦横家《せんごくじゅうおうか》書《しょ》」と命名されている典籍がある。幅約二三セン

チ、長さ約一九二センチ。全部で三二五行、各行は三〇〜四〇字。全文は二七章に分かれ、そのうちすでに『史記』や『戦国策』にみえるものは一一章、残りの一六章は未知の佚文《いつぶん》である。そのなかの第一一章と第一二章に錯簡《さっかん》(帛書に転写される前の竹簡などの原本の順序などがまちがっていた)の痕がみとめられ、これより帛書に転写される前の文章は竹簡などの簡冊《かんさつ》に記されていたと推定され、それを絹布に転写するとき、もとの錯簡に気づかれぬまま書写されたのであろう。

それらの内容は遊説者たちの戦国故事を中心とし、とくに蘇秦関連の書簡が注目された。そこで私たちは佐藤先生の指導の下でその訳注作業を開始し、それは佐藤武敏監修/工藤元男・早苗良雄・藤田勝久『馬王堆帛書　戦国縦横家書』(朋友書店、一九九三年)として刊行された。この訳注作業で興味深かったのは、第二〇章である。その内容を要約すると次のようになる。

(ある人が)燕王に言った…

燕は万乗の大国でありながら、斉に人質を送っているのは不名誉なことで、みずからの権威を貶めています。その斉にしたがって宋を伐つのは、民や国力を疲弊させ、また斉の国力を三倍に太らせることになります。この局面を逆転させるためには、斉を周の宮廷に招いて覇者にまつりあげ、その場で秦の排斥を盟《ちか》わせることです。秦はきっと憂慮するので、そこで燕王は弁舌の士を秦に派遣し、秦王にこう言わせるのです、「燕と趙は宋を伐つことで斉を太らせ、その下風に立つことに甘んじているのは、秦王が信じられないからです。もし秦王がその封君《ほうくん》を燕・趙に人質に送って下されば、信用できます。そうなれば、秦は西帝、燕は北帝、趙は中帝として天下に号令することができます。こうして天下の諸侯が服従したら、韓・魏を駆り立てて斉を伐たせ、斉に占領された土地の返還を求めさせます。しかし秦が燕・趙を味方につけなければ斉の覇業が実現してしまい、秦がこれにしたがわなければ、諸侯に伐たれるでしょう。また逆に諸侯が斉を伐っているのに秦がこれに参加しなければ、名誉に傷がつくことでしょう。つまり、燕・趙を味方につけることが、秦の安泰と名誉の確保になるのです」と。秦はきっとこの策を採るはずです。

本章の内容は、斉の圧力の下で趙とともに宋を攻めることをよぎなくされていた燕王に対し、「ある人」がそのような軍事行動は斉の強大化をもたらすだけであると忠告し、斉のライバルである秦を味方に引きこむ策をさずけたものである。帛書の冒頭には「謂燕王曰」(燕王に謂《い》いて曰《いわ》く)の四字があるだけで、誰が燕王の誰に具申した書簡であるのかは明記されていない。しかしこの章の内容は、じつは『史記』蘇秦列伝に附された蘇代列伝、および『戦国策』燕策の「斉伐宋宋急」章にほぼ同文がみえるので、佚文ではない。そこでこれらの三者を比較検討してみることにする。

『史記』では書簡の本文の冒頭に、「斉が宋を伐ち、宋が危急に瀕すると、蘇代は燕の昭王に書簡を送った」という内容の一四字があり、書簡の文が終わった後にも、

燕の昭王はこの書簡に感心して言った、「わが亡父はかつて蘇秦に恩恵を施されたが、子之の乱を機に蘇代・蘇厲《それい》は燕を去った。しかし燕が斉に報復しようと思えば、やはり蘇氏に頼らざるをえない」と。そこで(蘇秦の弟の)蘇代を召して、これまでと同じように厚遇し、ともに斉を伐つことを謀った。そしてつ

いに斉を破り、斉の湣王《びんおう》は都から出奔《しゅっぽん》した。

という内容の五三字がある。『戦国策』の方はほとんど『史記』と同じであり、「湣王」を「閔王《びんおう》」とするなど若干字句の異同があるにすぎない。

帛書が副葬された馬王堆三号漢墓の墓主の埋葬年代は、前漢初期の文帝一二年（前一六八）である。『史記』はいうまでもなく前漢武帝（前一四一～前八七、在位）に仕えた司馬遷の撰になるもの、『戦国策』は前漢末の学者劉《りゅう》向《きょう》が整理・編集したものである。したがって三者のなかで帛書はもっとも年代が古い。しかし先にも述べたように、書簡が帛書に編入される以前、もともと竹簡もしくは木簡に記されていた可能性が高く、そのように考えると、帛書の冒頭の「燕王に謂いて曰く」の四字もまた帛書の撰者が付記したものではないかと疑われる。つまり、もともと簡冊に記されていた段階から書籍の一篇として帛書に編入される段階において、すでに一定の編集があった可能性がある。しかし帛書の段階においても、書簡が誰から誰に宛てられたものかは不明だった。その後、前二二一年に東方六国が秦に滅ぼされると、機密文書というべきこの種の書簡類も巷間に漏れ出ることになったと推測される。その一部を司馬遷が戦国史記述の材料として『史記』のなかに収録したさい、誰が誰に宛てた書簡なのか、そしてその結末はどうなったのか等々について、かれ自身の解釈を書簡の冒頭と末尾に書き加えたものと思われる。そしてその後、劉向は司馬遷が書き加えた部分をほぼそのまま踏襲して『戦国策』に編入したのであろう。

◈睡虎地四号秦墓出土の木牘書簡

上文で取り上げた馬王堆漢墓帛書の書簡は、それ自体は書簡の本文とみなされるが、しかし書籍として編まれた帛書の一部を構成する一篇であって、書簡の現物ではない。その意味において、おそらく中国における書簡の現物資料としては目下もっとも古いとみなされるのが、睡虎地《すいこち》四号秦墓出土の木牘《もくとく》（木片に書かれた文書）の書簡であろう。→2-6

周知のように、一九七五年末～七六年初に湖北省雲夢《うんぼう》県で一二基の秦墓群が発掘された。みな小型の長方形竪穴土坑墓であるが、一一号墓出土の竹簡（睡虎地秦簡）は戦国時代の秦史や中国古代法制史の研究に重要な史料を提供したことで知られている。出土地の雲夢県は秦の南郡安陸県に属す。南郡は秦の占領以前に国都郢《えい》（紀南城）を擁する楚の中心地であったが、秦の昭王二八年（前二七八）に将軍白起によって占領され、当地に南郡が置かれて郡県制による支配となった。四号墓の年代は南郡が置かれた昭王晩期である。墓主の身分は定かでないが、南郡治下の少吏であったかもしれない。

その四号墓から二点の木牘書簡が出土した。それらはともに頭箱《とうそう》（死者の頭部上方に設けられた副葬品を置く場所）の中部から出土し、一一号木牘は長さ二三・四、幅三・七、厚さ〇・二五センチで、六号木牘は残長一六、幅二・八、厚さ〇・三センチである。これらの木牘の正面と背面に秦の隷書《れいしょ》で五二七字の文字が墨書されている。

内容はきわめて難解で、通読することは困難であるが、黒夫および驚という名の兵卒が郷里の母に宛てた書簡であることはまちがいない。四号墓の墓主とこれらの書簡の書き手の関係は不明だが、黒夫と驚は兄弟と思われ、ともに反城（所在地は不詳）を攻める陣中にあるようである。一一号木牘の正面は五行二四九字で、それを意訳するとほぼ次のようになるであろう。

二月辛巳の日、黒夫と驚が再拝して御機嫌を伺います。お母さん、ご無事でお暮らしでしょうか。黒夫と驚も無事に過ごしております。先日、黒夫と驚は別れていましたが、今また合流しました。(ところで先に)黒夫は益(人名)に手紙を書いてもらい、「黒夫にお金を送って下さい。お母さん、夏服を作って送って下さい」と伝えました。もう手紙が着いていたら、(郷里の)安陸(湖北安陸市西北)の糸と麻布が安く、それで襌《たん》(ひとえ)・裙《くん》襦(肌着)が作れるようであったら、お母さんに服を作ってもらい、お金といっしょに送って下さい。もし糸と麻布が高かったら、お金だけ送って下さい。黒夫はじぶんでそのお金で夏服を作ります。淮陽を助けるため、黒夫たちは反城を攻めています。その間だいぶ時間がたっていますが、どれだけ(相手に)ダメージを与えているかはわかりません。お願いですから、お母さん、黒夫への送金を少なくしないで下さい。この手紙が着いたら、必ず言って下さい、(以下、不詳)。

冒頭は黒夫と驚の二人の挨拶になっているが、差出人は黒夫のようである。その背面は六行、識別できるもの一一〇字で、「黒夫・驚」の連名で母以外の郷里の親族に対する定型的な挨拶文がくりかえし述べられている。

六号木牘の正面は五行八七字で、下部は残断している。その内容は驚から母に宛てた書簡であるが、通読は一一号木牘正面よりもさらに困難となっている。ただそこで注目されるのは、母に求める送金の金額を「五、六〇〇銭」、衣服を作るのに要する布の長さを「二丈五尺を下るなかれ」などと具体的な指示があることで、その後につづく文が「送ってくれないと死ぬ、急急急」と読め、これは甘ったれているのか、状況の深刻さを示すものか、定かでなく、文末は一転して「新負、つとめて両老の面倒をみるように」とあり、郷里の新負(兄弟もしくは姉妹か)に対して両親への孝養を求めている。

背面は五行八一字で、驚から郷里の親族に宛てた書簡のようだが、難解で正確な内容を読み取ることができない。整理者は背面の文中に「秦軍が新たに占領した地区の状況」が記されている、と指摘している。

さて、六国統一過程で従軍中の秦の兵卒が郷里の母や親族に宛てたこれらの書簡は、秦の兵卒と衣服の自弁に関連して注目されていた。原宗子氏は、一一号木牘正面に「もし糸と麻布が高ければ、お金だけ送って下さい。黒夫はじぶんでそのお金で夏服を作ります」とある文を、「ここから、兵士ですから当然男性であるはずの黒夫に衣服を縫製する能力があったと判ります」、それは「今日に比べて驚くべき家事能力ではないでしょうか」という興味深い結論を導いている(同氏著『環境から解く古代中国』一九六頁、大修館書店、二〇〇九年)。「黒夫はじぶんでそのお金で夏服を作ります」と訳した箇所は、原文に「黒夫自以此布」とあり、原氏は「布」をみずから縫製する意と解し、筆者もそれを承けてそのように訳した次第である。

では、六号木牘で驚が母に送金を求めている「五〜六〇〇銭」とは、はたしてどれくらいの金額だったのであろうか。睡虎地秦簡「秦律十八種」に貨幣・財物方面に関する条文の金布律があり、そのなかに衣服を自給できずに、官からの支給に頼る刑徒に対する衣料支給のことが記されている。それによれば、衣服を受け取る刑徒で、隷臣・府隷のなかの妻のいない者、および城旦(刑徒名)は、冬に各人一一〇銭、夏に五五銭を納める、とある。その費用は、当該刑徒の毎日の労働を銭に換算した分から差し引かれた(柿沼陽平『中国古代貨幣経済史研究』汲古書院、二〇一一年)。つまり書簡とほぼ同時代の律文によると、驚が母に送金を求めた「五、六〇〇銭」は刑徒の夏服のほぼ一〇人分に相当する金額といえよう。

さらにこれを別の視点から検証してみよう。劉邦がまだ沛《はい》県の亭長だったころ、人夫を引率して秦都咸陽に行くことになった。沛県の官吏たちは餞別に三〇〇銭を贈ったが、蕭何《しょうか》だけは五〇〇銭を贈ったという(『史記』蕭相国世家)。またおなじ劉邦と蕭何に関する故事であるが、単父《ぜんぽ》の人呂公(後に劉邦の妻となる呂后の父)が沛の県令の客人としてやってきたとき、沛の豪傑・吏員らが駆けつけた。進物をつかさどる蕭何は「千銭以下の者は堂下に座ってもらう」と言った。劉邦は一銭も持ち合わせていなかったが、臆せず「賀一万銭」と書した名刺を差し出したという(『史記』高祖本紀)。劉邦に関するこれらの故事は秦末のものであるから、驚が求めた送金の金額の価値を考える上で参考になるであろう。

くどう・もとお…**生年**＝一九五〇年／**出身校**＝早稲田大学大学院文学研究科／**現職**＝早稲田大学文学学術院教授／**主要著書・論文**＝(1)『睡虎地秦簡よりみた秦代の国家と社会』創文社、一九九八年 (2)『二年律令与奏讞書』共編、上海古籍出版社、二〇〇七年

1　13　経学とは何か

池田知久

春秋時代の末期に、孔子を師と仰いでその周りに若い有為の貴族たちが弟子となって集まり、学習・修養・実践に従事する集団が形成された。儒家という学派である。その目的は新しい道徳(仁義など)の提唱とそれに基づく政治の改革という広義の社会改革にあり、ここに中国史上、初めて諸子百家の一つが誕生したのである。戦国時代に入ると、その初期に、儒家の思想と行動にあきたらなさを覚えた人々が、墨翟《ぼくてき》を鉅子《きょし》(最高リーダー)に戴いて新たな社会変革の活動に乗り出した。墨家という学派の誕生である。彼らが唱えたのは一刻も速く戦国の状況を終わらせ、人々を苦しみから救うためのより切実な思想であり、博愛平等(『墨子』兼愛篇)や反戦平和(『墨子』非攻篇)などであった。戦国時代の中期以後は、前漢時代の初期まで、戦国状況の進展とともに陰陽家・道家・名家・法家などの諸子百家が次々に誕生していった。

以上のような諸子百家は、主張するさまざまな思想に確実性・説得力を持たせたり、あるいは、実践するさまざまな行動に典拠・準拠を与えるために、基礎や規範となる重要な真理という文献を持っていた。それが経《けい》(原義は織物のたて糸)であり、後代には経典《けいてん》・経書《けいしょ》とも呼ばれた。

今日我々の見ることのできる資料から判断すれば、経という言葉でこのような書を持ったのは、『墨子《ぼくし》』の経篇《けいへん》(上・下)と経説篇《けいせつへん》(上・下)が最も早い。これは墨家集団が使用する言葉・考え方を定義し(経篇)、それを解説する(経説篇)文献である。集団を構成するメンバー(墨者)には工人・農民の出身者が多く、彼らには『詩』

『書』などの古典の教養が乏しかったために、対内的には、経篇と経説篇を学習・教育してメンバーの教養のレベルアップを図るとともに、対外的には、墨家の独自な思想を人々に正確に理解させる説得工作に効果を挙げることをねらったものであった。こうした学習・教育・説得は戦国初期から行われており、それ故、中国史上、経学という学問を最も早く行ったのは墨家だったのである。それだけでなく、墨家のメンバーは、その重要な思想（兼愛論《けんあいろん》・非攻論《ひこうろん》・節用論《せつようろん》などの十論《じゅうろん》）の全体を暗誦して、それをも経と名づけて重視していた。

一方、学派の形成が墨家よりも早かった儒家は、当時、経という言葉を使用してはいなかったようであるが、経という考えの成立の手前まで来ていた。『詩』（後の『詩経《しきょう》』）と『書』（後の『書経《しょきょう》』）の重視がそれである。これらは周代初期から春秋時代にかけての農民・王朝貴族・宗廟祭祀の歌謡であり（『詩』）、また、堯舜から殷周に至るまでの神話・伝説と歴史物語の記録である（『書』）が、春秋初期以来、儒家が誕生する以前から、貴族・知識人に共通の教養を提供する書物であった。孔子《こうし》・孟子《もうし》・荀子《じゅんし》などを代表とする春秋・戦国時代の儒家の思想家たちは、常にこれらを読み、身につけ、また口ずさんで述べ、これらを引用し準拠にして自らの思想と行動を律するという形を取ることが多かった。それ故、広義のゆるやかな意味で儒教の規範と見なされていたと言えよう。しかし、彼らの引用の手法はいわゆる断章取義《だんしょうしゅぎ》（原文の意味に関係なく、自分の都合のよい文句だけを取り出すやり方）であって、経という観念やそれを対象として研究する経学は、孔子・孟子の段階ではまだ成立しておらず、戦国末期の荀子の段階になって、その成立を見るに至ったと把《と》えなければならない。本来、『詩』『書』はどちらも儒家の思想を述べた文献というわけではなく、それ故、これらはそのままでは儒教の規範となることが難しい。そこで、孔子・孟子などの儒家の思想家たちは、断章取義の方法によって『詩』『書』の原文の本来の意味を無視しつつ、それらの任意の文句を、自らの信奉する儒教の思想の方向にたぐり寄せたのである。『詩』『書』は、両書とも孔子が編纂したといわれているが、それは事実ではない。むしろ、この伝承は、両書に儒教の規範を付会する作業が孔子によって始められたことの反映と考えられる。

儒家における経の観念は、戦国末期の荀子に始まる。荀子より少し前から儒家は『詩』『書』『礼』『楽《がく》』の四つの文献を重視してきた。荀子の時代になると、それに『春秋《しゅんじゅう》』（後の『春秋経《しゅんじゅうけい》』）を加えて『詩』『書』『礼』『楽』『春秋』と配列する、事実上の五経《ごきょう》という観念が生まれていた。『荀子』勧学篇の『礼』『楽』『詩』『書』『春秋』もほぼ同じ。これら以外に、さらにその後の前漢初期に経に加えられた『易《えき》』（後の『易経《えききょう》』）があり、すべてを合わせると六経《りっけい》となる。そして、前漢時代の儒家は「六経」「六術《りくじゅつ》」「六芸《りくげい》」という言葉でこれを表すことが多く、例えば、『荘子』天運篇《てんうんへん》の『詩』『書』『礼』『楽』『易』『春秋』の「六経」、賈誼《かぎ》『新書《しんじょ》』六術篇の『詩』『書』『易』『春秋』『礼』『楽』の「六術」、『礼記《らいき》』経解篇《けいかいへん》の『詩』『書』『楽』『易』『礼』『春秋』の「六経」、『淮南子《えなんじ》』泰族篇《たいそうへん》の『詩』『書』『易』『礼』『楽』『春秋』の「六芸」、『漢書《かんじょ》』芸文志《げいもんし》の『易』『書』『詩』『礼』『楽』『春秋』の「六芸」、などにそれを見ることができる。ただし、『楽』は早くから失われてしまったので、それを除いて五経と称することもある。

以上の儒家の五経・六経の中で、新参者《しんざんもの》の『春秋』と『易』は、戦国末期〜前漢初期には経として低く評価されており、したがって、それらの配列の最後に置かれることが多かった。上引の『荀子』勧学篇・儒効篇、『荘子』天運篇以外に、『荘子』天下篇と一九九九年刊行の郭店楚簡《かくてんそかん》『六徳《りくとく》』（『語叢《ごそう》一』も同じか）の『詩』『書』『礼』『楽』『易』『春秋』、『史記《しき》』儒林伝《じゅりんでん》の『詩』『書』『礼』『易』『春秋』、『史記』滑稽伝《こっけいでん》・太史公自序《たいしこうじじょ》（『漢書』司馬遷伝《しばせんでん》）の『礼』『楽』『書』『詩』『易』『春秋』、『漢書』儒林伝の『書』『楽』『詩』『礼』『春秋』『易』、などがあるが、前漢時代には、儒家の思想家たちが『易』の伝《でん》（注釈）を書くことに精力を注ぎ、『易伝《えきでん》』の中で形而上学・存在論を強化する（馬王堆帛書《ばおうたいはくしょ》『易伝』）ことを通じて、『易』の地位が次第に高まっていき、『新序』六術篇（上引）・『礼記』経解篇（上引）・『淮南子』

泰族篇（上引）などが現れる。その結果、やがて『易』は五経・六経の第一位に位置づけられるようになる。『淮南子』泰族篇の『易』『書』『楽』『詩』『礼』『春秋』、『史記』太史公自序（『漢書』司馬遷伝）の『易』『礼』『書』『詩』『楽』『春秋』、などがそれである。そして、ついに『漢書』芸文志に至って、『易』『書』『詩』『礼』『楽』『春秋』の順序が確定し、これが以後永く踏襲されていった。

このような五経・六経の形成全体の動きの中でも、それらの体系化と定着は、前漢時代の武帝期に開始されたいわゆる儒教国教化の取り組みと歩調を合わせて進んでいったと考えられる。特に重要なのは、『漢書』武帝紀《ぶていき》の建元《けんげん》五年（前一三六）に「五経博士《ごきょうはかせ》を設置した」という記事である。この記事が真であるか偽であるか、年代はいつかなどについては、古来多くの議論のあるところである。しかし、博士制度の構築を含めて五経の確立という課題は、儒教国教化の中で少しずつ進んでいったことはまちがいあるまい。

ここで、近年の五経の出土資料の主なものについて、若干の解説を加えよう。

『易』については、上述の一九七三年出土の馬王堆帛書『周易』→2-3があり、経の『六十四卦《ろくじゅうしか》』と伝の『二三《にさん》子問《しもん》』『繫辞《けいじ》』『易之義《えきしぎ》』『要《よう》』『繆和《びゅうわ》』『昭力《しょうりき》』の六篇、合計七篇から成る。筆写年代は前漢時代の文帝期《ぶんていき》、紀元前一七〇年ごろ。伝の六篇は、現在の十翼《じゅうよく》（彖伝《たんでん》上下・象伝《しょうでん》上下・繫辞伝《けいじでん》上下・文言伝《ぶんげんでん》・説卦伝《せっかでん》・序卦伝《じょかでん》・雑卦伝《ざっかでん》の十篇）の前身であり、篇によってさまざまに異なったスタイルで経の解釈を行っている。『易』は本来、吉凶を占うための書物であり、儒教とは何の関係もなかったものであるが、儒家の思想家たちはこれらを著すことを通じて、『易』を儒教の規範の方にたぐり寄せようと務めており、六篇の伝は歴史上、初めて行われたその試みである。また、一九七七年出土の阜陽漢簡《ふようかんかん》『周易』→2-8がある。これは前漢時代の文帝期、紀元前一六五年以前の筆写である。すべてが断簡残篇《だんかんざんぺん》であるが、六十四卦の内、五十二卦が含まれている。卦辞《かじ》・爻辞《こうじ》の後に具体的事項を占った卜辞《ぼくじ》が付けられている点に特徴がある。さらに、一九九四年以来購入の上海博楚簡《しゃんはいはくそかん》『周易』がある。経だけがあって伝がなく、全六十四卦の内、三十四卦が出土した。現在の時点では最古の『易』であるが、筆写年代は戦国末期から前漢初期にかけてであろうと推測される。ちなみに、『漢書』芸文志によれば、「秦が焚書《ふんしょ》を行った時、易は占いの書であったので許されて、その学を伝える者が途絶えることはなかった」と言うが、儒家はこの状況を有利に活用したのであった。

『書』については、郭店楚簡や上海博楚簡などの出土資料が『書』の諸篇を経として引用する場合が非常に多い。これらの引用の経を詳細に調査・分析することを通じて、今文・古文問題を含む『尚書《しょうしょ》』の形成の解明に近づくことが可能かもしれない。例えば、郭店楚簡・上海博楚簡『緇衣《しい》』の第三章に尹誥云《いんこううん》として「隹(惟)尹允及湯、咸又(有)一恵(德)。」を引く。この句は、二〇一〇年公刊の清華簡《せいかかん》『尹誥』に「隹(惟)尹既返(及)湯、咸又(有)一悳(德)。」とあり、今本《きんぽん》『礼記』緇衣篇の第一〇章に尹吉曰《いんきつえつ》として「惟尹躬及湯、咸有壹德。」とある。そして、『尚書』咸有一徳篇《かんゆういっとくへん》にも「惟尹躬暨湯、咸有一德。」とあるにはあるが、その前後の文章は戦国時代に筆写された清華簡『尹誥』と全然異なっており、したがって、『尚書』咸有一徳篇は後代になってこれらの資料を見ながら偽作された可能性があろう。また、清華簡には『金縢《きんとう》』が収められている。これは今本『尚書』金縢篇とほぼ一致しており、その早い時期の原型である可能性が高い。

『詩』については、阜陽漢簡『詩経』がある。これもすべて断簡残篇であるが、経文の全三〇五篇の内、国風の六五篇と小雅の四篇が含まれる。『毛詩《もうし》』を含む四家詩《しかし》とは異なった系統の『詩』である。また、上海博楚簡『孔子詩論《こうししろん》』がある。孔子に仮託して『詩経』の頌《しょう》・大雅《たいが》・小雅《しょうが》・邦風《ほうふう》(国風《こくふう》)やその内の五九篇を評論した。荀子の思想に基づいて、人間の欲を内容とする性を矯正するために礼を行うべきだとするなど、儒教の新しい思想を『詩』の中に盛りこんでいる。戦国末期から前漢初期にかけての成立であろう。

『礼』については、一九五九年出土の武威漢簡《ぶいかんかん》『儀礼《ぎらい》』がある。前漢末期ないし後漢初期の筆写のようであるが、研究の進展が待たれるところである。また、郭店楚簡・上海博楚簡『緇衣』と上海博楚簡『民之父母《みんしふぼ》』がある。郭店楚簡・上海博楚簡『緇衣』は今本『礼記』緇衣篇の原型であり、上海博楚簡『民之父母』は今本『礼記』孔子閑居篇《こうしかんきょへん》の原型である。前者について述べれば、郭店楚簡『緇衣』と上海博楚簡『緇衣』は合計二三章から成り、両者の章の順序や内部構成は基本的に同じで、戦国末期ないし前漢初期の筆写であろう。しかし、今本『礼記』緇衣篇は合計二五章であり、章の順序や内部構成も大幅に変更されている。各章の末尾にはすでに経と認められて権威の確立している『詩』『書』などを引用して、『緇衣』の論述内容に重みを持たせている。それらの中で、二つの『緇衣』第二三章の末尾には、『詩』小雅、小旻篇《しょうびんへん》の引用があるだけであるが、今本『礼記』緇衣篇の末尾には、それに加えて『書』説命篇《えつめいへん》と『易』恒卦《こうか》の引用がある。これによって、『易』が経典化されたのは比較的遅く（前漢初期）、今本『礼記』緇衣篇の成立はさらに後であることが分かるわけである。

『春秋』については、馬王堆帛書『春秋事語《しゅんじゅうじご》』の中に『春秋左氏伝《さしでん》』と類似する文章が含まれており、これを『左氏伝』の古い形と考える者もいる。しかし、『春秋公羊伝《くようでん》』『春秋穀梁伝《こくりょうでん》』は前漢以降の成立であるから問題外としても、『春秋経』や『左氏伝』の原型の存在を議論しようという場合は、アバウトな共通性ではなく厳密な表現と思想の一致性に基づいて議論しなければならない。そのような『左氏伝』の出土資料が最近出土した。二〇一一年公刊の浙江大学蔵戦国楚簡『春秋左氏伝』であり、襄公《じょうこう》九年と一〇年の竹簡が収められている。ただし、これは偽作ではないかと疑う者が多い。以上のように戦国時代から前漢初期にかけて、儒家は五経を形成していったのであるが、それと歩調を合わせるかのように、他の諸子百家も自らの経とその解説(伝・解・説と呼ぶ)を整理・充実させていった。墨家の経と経説については、すでに上述したとおり。

道家では、まず『黄帝四経《こうていしけい》』がある。『漢書』芸文志の道家の項に『黄帝四経』四篇が記録されているが、馬王堆帛書の一種としてこれが出土した。『経法《けいほう》』『十六経《じゅうろくけい》』『称《しょう》』『道原《どうげん》』の四篇からなり、前漢初期に筆写された黄《こう》老学派《ろうがくは》の経である。次に『老子』は、『漢書』芸文志の道家の項に『老子鄰氏経伝《りんしけいでん》』四篇・『老子傅氏経説《ふしけいせつ》』三七篇・『老子徐氏経説《じょしけいせつ》』六篇・『劉向《りゅうきょう》説老子』四篇の四種が記録されている。これらはいずれも、前漢後期までに経としての権威を確立していた『老子』に対して、鄰氏・傅氏・徐氏・劉向が伝・説という形で解説をつけたものである(現在は散佚して存在しない)。

その『老子』は、第一に、馬王堆帛書『老子』甲本・乙本が出土したが、甲本は前漢初期の恵帝期《けいていき》ないし呂后《りょこう》期《き》の写本、乙本は文帝期の写本である。全体をカヴァーする「老子」や「道徳経《どうとくきょう》」という書名を持たず、構成は今本の前半部分と後半部分が逆になっている。甲本ではそれらに何の名もつけられていないが、乙本では徳と道という名がつけられた。これは「道徳経」の前身であるが、道徳ではなく逆に徳道になっている。第二に、郭店楚簡『老子』甲本・乙本・丙本は、より早い戦国末期ないし前漢初期の写本である。全体で今本の五分の二の分量が出土した。書名も持たず、前半と後半に分けられてもおらず、最古の素朴な『老子』である。第三に、二〇一二年公刊の北大簡《ほくだいかん》『老子』は、前漢後期ないし前漢末期の写本である。今本の前半と後半が逆になっているという構成に変化はないが、前半(第三八章以下)は「老子《ろうし》上経《じょうけい》」、後半(第一章以下)は「老子《ろうし》下経《かけい》」と名づけられている。これは出土資料によって確認された、「老子」という書名と「経」という位置づけの歴史上、最初の例である。なお、十分に依拠することのできる『荘子』『荀子』や『呂氏春秋』に基づくならば、老子の人と書は、通説の言うように春秋末期にあったと認めることは到底できない。むしろ、道家の思想家たちが戦国後期から相当長期に渡り、権威ある聖人（老聃《ろうたん》）と準拠できる規範（『老子経《ろうしけい》』）を求めて、自ら一歩一歩努力しながら作りあげていった産物と考えるべきである。

『管子《かんし》』もまた、『漢書』芸文志では道家の項に収められている。この書は、経《けい》―解《かい》という一対の組み合わせを用いて、自らの思想を論述するというスタイルを持っていた。経は基礎や規範となる重要な真理であり、解はそれを解説した文献である。例えば、牧民《ぼくみん》（経）篇―牧民解篇、形勢《けいせい》（経）篇―形勢解篇、等々があり、特に心術上篇《しんじゅつじょうへん》は、篇の内部が経―解に分かれて二つの部分から構成されている。

また、法家では、『韓非子』の内儲説《ないちょせつ》上七術《しちじゅつ》・内儲説下六微《りくび》・外儲説左上《がいちょせつさじょう》・外儲説左下《さげ》・外儲説右上《うじょう》・外儲説右下《うげ》の諸篇が、経―説という一対の組み合わせを用いて、自らの思想を論述するというスタイルを持っていた。なお、『韓非子』には『老子』を経としてその解を付けた解老篇・喩老篇が収められているが、これは戦国末期以降、『老子』が道家以外の他学派からも経として扱われたものであり、注目に値する現象である。

「経学」と言えば、人々はとかく中国古代の儒家のそればかりを思い描きがちであるが、実は同じ時代の墨家や道家を始めとする諸子百家もほぼ同じものを持っていた。そのような意味で、経・経学の形成や発展とそれに伴う精神文化・社会状況は、中国に固有なもの・独自なものであり、中国古代の精神文化・社会状況の一つの縮図であった。今日、我々はより広い視野に立ってこの問題の解明に立ち向かう必要がある。

いけだ・ともひさ…**生年**＝一九四二年／**出身校**＝東京大学大学院／**現職**＝山東大学教授／**主要著書・論文**＝（1）『道家思想の新研究』汲古書院、二〇〇九年　（2）『荘子全訳注』上・下、講談社学術文庫、二〇一四年

1

14 儒家思想が台頭するまで

井ノ口哲也

◈秦の焚書・坑儒とその影響

前二二一年、秦《しん》は、群雄割拠《ぐんゆうかっきょ》していた六国《りっこく》（斉《せい》・燕《えん》・楚《そ》・韓《かん》・魏《ぎ》・趙《ちょう》）を平定し、皇帝を頂点とする中央集権体制を樹立して、中国史上初の帝国を築いた。ファーストエンペラーである秦の始皇帝《しこうてい》（前二五九～前二一〇）に仕えていた丞相《じょうしょう》の李斯《りし》（？～前二〇八）は、礼を説いた荀況《じゅんきょう》（前三一三～前二三八）の弟子であるが、礼ではなく法による統治を理想とした。その李斯の提案により、前二一三年、焚書《ふんしょ》がおこなわれた。これは、国家の運営に必要な医学薬学・占い・農業に関する書籍以外の、民間に所蔵される『詩』『書』を始めとするあらゆる書籍を焼却せよ、という命令であった。翌年の前二一二年、不老不死の薬である仙薬《せんやく》をもとめた始皇帝は、その話を持ちかけたにもかかわらず姿を消した方士《ほうし》に逆上し、都の咸陽《かんよう》の儒者に訊問《じんもん》して、有無を言わさず逮捕者四六〇名余りを生き埋めにした。これが坑儒《こうじゅ》である。秦帝国は、わずか一五年でその命脈を絶ってしまった。しかし、文化破壊行為ともいうべき焚書・坑儒がもたらした影響は、漢代以降、顕著になってくる。

秦に代わって漢が支配する時代となり、前一九一年、挟書律《きょうしょのりつ》（民間人の蔵書を禁止する命令）が解除された。すると、壁の中に塗《ぬ》り込《こ》められていた書籍（すなわち木簡・竹簡）が出現しだしたのである。焚書により焼かれたくない書籍は、家の壁に塗りこまれるなどして隠されていたのであり、挟書律が解かれたことで、隠されていた書籍が再び姿を現したのである。

『尚書《しょうしょ》』の学を伝えた伏生《ふくせい》(前二六〇頃〜?)は、秦の統一以前から漢代初期まで生きて、焚書・坑儒の苦難を乗り越え、後学に『尚書』を伝授した人物である。当時の学問の学習形態は、師による「口授《こうじゅ》」と弟子の「誦《しょう》」が基本であった。「口授」とは口頭伝授のこと、「誦」とは暗誦すなわち師から口頭で教わった文言《もんごん》を自らのものにするべく声に出してとなえること、である。弟子は、師の句読《くとう》・節回し・間《ま》とともに「誦」によりテキストを修得した〈図1〉参照)。伏生によって伝えられた『尚書』も、師から「口授」され、弟子は暗「誦」したのである。したがって、仮に書籍はなくとも、あるテキストに精通した学習者がいれば、その人は「歩く書籍」とでもいうべき存在であった。こうしたことから考えても、焚書・坑儒が、文化破壊活動以外の何物でもないことを理解できよう。

その焚書の影響が現れるのは、漢の武帝《ぶてい》(前一五九〜前八七)の末期のことである。魯の共王《きょうおう》が宮殿を拡張しようとして孔子の家を壊したところ、いずれも「古字」で記された『尚書』『礼記《らいき》』『論語《ろんご》』『孝経《こうきょう》』などの書籍が見つかった、というのである。ある日突然出現した秦以前の「古字」(古文)で記されたテキストに信憑性を認める知識人は古文学派、口頭伝授で伝えられ漢代通行の文字(今文《きんぶん》)で記されたテキストに信頼を置く知識人は今文学派と呼ばれる。この魯の話は、古文テキストの由来を確かなものにするために古文学派によって捏《ねつ》造《ぞう》された話だとする意見もある。しかし、古文テキストの存在が焚書によることは間違いなく、後述するように、前漢末から後漢初にかけて古文学派の台頭を招いたのである。

◈黄老《こうろう》思想

漢初には、秦の苛《か》政《せい》や戦乱による庶民の疲《ひ》弊《へい》をいやして秩序や経済活動を回復させ、中央集権体制に不満をもつ地方の諸侯王《しょこうおう》や臣下をどう統率するか、という諸問題があった。こうした諸問題に対して王朝の国力を備蓄するために、道家の「無為」―他者に対して余計なはたらきかけをしないこと―と、法家の「刑名」―臣下の立てた目標(名)に対して君主が臣下の実績(刑・形)を追求すること―とを結合した考え方が当時の漢王朝の支配層に支持され、その考え方を拠り所とする政策がとられた。このような考え方を黄老思想という。

「黄老」とは、黄帝《こうてい》と老子《ろうし》を指す。黄帝を老子と関係づけて併せて「黄老」と呼ぶ意味は、実は明確には分かっていない。この問題について、唐蘭《とうらん》(一九〇一～一九七九)は、馬王堆漢墓《ばおうたいかんぼ》から出土した『老子』と同一の帛《はく》(絹)に記された『経法《けいほう》』『十六経《じゅうろくけい》』『称《しょう》』『道原《どうげん》』の四篇を『漢書《かんじょ》』芸文志《げいもんし》に著録される『黄帝四経《こうていしけい》』に比定《ひてい》する考えを表明している。すなわち、同一の帛の上に「黄」と「老」が並んで存在している、という考えである(但し、このように比定することに慎重な意見もある)。事実、『経法』には「道」と「法」の結合を示す文言があり、『経法』等四篇には法家の「法」や「刑」「名」の一致を説く主張が展開されている。『経法』等四篇は、この時期に成立したと考えられている『管子《かんし》』や『鶡冠子《かつかんし》』とともに、漢初の黄老思想をうかがう打って付けの資料である。

ここで、この時期に活躍した陸賈《りくか》(秦末漢初)と賈誼《かぎ》(前二〇〇～前一六八)という二人の知識人に着目しておきたい。陸賈の思想が記される『新語《しんご》』には、道家思想と儒家思想を折衷した思想が見える。また、李斯の孫弟子にあたる賈誼は、その思想は法家の色彩が濃厚であるが、荀況の流れをくむためか、礼と法の間隙《かんげき》に位置している。賈誼の思想を反映した『新書《しんじょ》』は、儒家的側面と道家的側面をあわせもつ。賈誼の思想には、儒家・道家・法家の要素が融合しているのである。陸賈と賈誼に共通するのは、儒家思想が道家思想または法家思想と融合した思想をもっていた、という点である。これは、儒家思想の立場からすると、道家思想と法家思想の結合した黄老思想が盛んな時期に、儒家思想はそれらと折り合いをつけなければ自説を開陳し得

図1…諸城前涼台墓の飲宴講学図
（信立祥『中国漢代画像石の研究』同成社、一九九六年）

ない環境にあったことを意味している。裏を返せば、儒家思想は、時の有力な思想と結びついてでも命脈を保とうとするしたたかさを有している思想なのである。

文帝《ぶんてい》(前二〇二～前一五七)は刑名思想や道家思想を好み、その妻の竇太后《とうたいごう》(?～前一三五)は黄老思想を積極的に支持して、次の景帝《けいてい》(前一八九～前一四一)やその皇太子だった武帝にまでそれを強いるほどの力を有し、重臣たちも「黄老の言」を好んだ。しかし、前一三五年の竇太后の死を契機として黄老思想の支持勢力が衰退し、儒者が官界に進出するようになると、武帝期の初期に黄老思想は政界の表舞台から消えていった。

◈儒家思想の台頭

武帝の時代に、儒家思想は、黄老思想と入れ替わるようにして、漢王朝の屋台骨を支える支配イデオロギーとなっていった。このことの立役者とされるのが、董仲舒《とうちゅうじょ》(前一七六頃～前一〇四頃)である。『漢書』董仲舒伝に記される武帝への「対策」(天子の策問《さくもん》への対《こた》え)で、董仲舒は、儒学以外の学問はその道を絶つべきことを進言している。すなわち、儒家思想以外の諸学派の淘汰である。また、『漢書』武帝紀・百官《ひゃっかん》公卿表《こうけいひょう》上によると、前一三六(建元五)年には、五経博士が設置された。そして、その翌年の竇太后の崩御により、儒家思想の台頭が決定的となった、とされている。

しかし、ここには注意しなければならないことがある。董仲舒は、『史記』と『漢書』の双方に伝記があるが、『史記』では儒林列伝《じゅりんれつでん》の中に短い董仲舒の伝記があるのに対し、『漢書』には董仲舒伝が単独の専伝として立てられているなど、『史記』『漢書』間で董仲舒の扱われ方が大きく異なっている。加えて、『漢書』に見える三つの「対策」や五経博士設置の記事は、『史記』には載っていない。すなわち、『史記』から『漢書』に至るまでの間に、董仲舒という人物が「儒学の官学化」の立役者として過大評価され、それが『漢書』に反映されたのである。『漢書』に見える董仲舒の活躍をそのまま鵜呑みにして儒家思想の台頭をこの時期にもとめることには、慎重であらねばならない。

さて、儒家思想で統治を行う方針の中央政府に対し、劉安《りゅうあん》（前一七九～前一二二）が治めていた淮南《わいなん》地域では、道家思想が花開いていた。劉安やそのブレーンたちの道家思想は、『淮南子《えなんじ》』という書物に結実している。劉安は劉邦《りゅうほう》（高祖《こうそ》、前二四七～前一九五）の孫にあたるが、中央と血縁関係にあるとはいえ、多くのブレーンを抱え中央と異なる思想によって一地方で勢力を増すことは、儒家思想による統一的な支配を目指す中央にとってきわめて不都合である。『史記』では、劉安サイドに謀反《むほん》の事実があったことを説明しているが、謀反自体は実行されなかった。にもかかわらず、『春秋公羊伝《しゅんじゅうくようでん》』荘公《そうこう》三二年の「君主と親に対しては殺そうと思うこと自体あり得ないのであり、思っただけで誅殺《ちゅうさつ》される」という考え方を根拠にされて、劉安は中央の誅殺の対象となってしまったのである。中央からその伝達の使者が送られたが、使者が到着する前に、劉安は自ら命を絶った。結局、これは、儒家思想以外の思想が事実上つぶされた一例にほかならない。

儒家思想による統治を進める中央政府の要職は、口頭伝授による今文テキストの一つを専門とした博士たちで占められていた。この状況に風穴を開けたのが、前漢末の劉歆《りゅうきん》（前五三頃～後二三）である。彼は、父・劉向《りゅうきょう》（前七七～前六）の仕事を引き継ぎ、宮中の図書の校讎《こうしゅう》（同一書の複数のテキストを突き合わせ木竹簡の配列を確定する作業）をするようになって、ある時見つけたという古文の『春秋左氏伝《しゅんじゅうさしでん》』を好んだ。そして、『左氏春秋《さししゅんじゅう》』『毛詩《もうし》』『逸礼《いつれい》』『古文尚書《こぶんしょうしょ》』といういずれも古文テキストを国家の学問としたい、と哀帝（前二五～前一）にうったえた。結局、このうったえは認められず、彼は失脚した。しかし、哀帝が崩御すると、かつて劉歆と同僚だった王莽《おうもう》(前四五〜後二三)が政権を握り、劉歆が復活した。王莽政権下では、劉歆の希望の通り、一時期、特定の古文テキストに博士が置かれたようである。

いったい、秦の焚書で難を免れて再び世に出てきたとされる古文テキストの正統性を主張して現れた劉歆の意図は、何だったのか。政権の中枢を占める博士の座を得ようとするばあい、従来の一経専門の今文テキストの修得だけでは、所詮、二番煎じでしかない。劉歆は、今文テキストの博士たちに太刀打ちできるのは、新機軸の古文しかない、と考えたのである。加えて、前漢末期から後漢初期にかけて、「楽」が経として数え得なくなり、経書の総称が「六経」「六芸」から「五経」へと変わるという顕著な現象が起こった。この時期に勢力を増した古文学派の人々の中には五経全てを修める学者も現れ、『説文解字《せつもんかいじ》』の著者として名高い後漢前期の人・許慎《きょしん》は「五経《ごきょう》無双《むそう》」と言われた。このように、経書を含む複数のテキストを修めた人々は「通《つう》儒《じゅ》」「通人《つうじん》」などと呼ばれた。また、古文学派の人には、師の学説を堅守し継承する伝統的な学習方法(師法《しほう》または家法《かほう》と呼ばれる)が軽視され、師の章句《しょうく》(注釈の一種)を守らない学習者が多かった。すなわち、今文学派を凌《りょう》駕《が》する全く異なるやり方・あり方で打って出なければ、古文学派は政権の中枢を占める今文学派に対抗できなかったのである。

なお、敦煌懸泉置遺址《とんこうけんせんちいし》から出土した前漢末期の『四時月令《しいじがつりょう》詔條《しょうじょう》』には劉向・劉歆の思想が反映されているとの指摘があり、武夷漢簡《ぶいかんかん》『儀礼《ぎらい》』の簡長が後漢初期の王充《おうじゅう》(二七〜一〇〇?)の『論衡《ろんこう》』謝短《しゃたん》篇に記される経書の簡長二尺四寸に相当するなど、中央から離れた遠方の地域にまでも、当時の経学的世界観が確実に拡がっていたことを認めることができる。清末の皮錫瑞《ひしゃくずい》(一八五〇〜一九〇八)が書いた『経学歴史《けいがくれきし》』は、後漢時代を「経《けい》学極《がくきょく》盛時代《せいじだい》」と呼ぶが、皮錫瑞が知らなかった出土資料によっても、前漢末期辺りから経学の顕著な影響をうかがうことができるのである。
以上を総合すると、儒家思想台頭の真のメルクマールは、前漢末期から後漢初期の古文学派の活躍にもとめられるのではなかろうか。

いのくち・てつや…**生年**＝一九七一年／**出身校**＝東京大学大学院人文社会系研究科／**現職**＝東京学芸大学教育学部准教授／**主要著書・論文**＝（1）『入門　中国思想史』勁草書房、二〇一二年　（2）『後漢経学研究序説』勉誠出版、二〇一五年

1 15 文字はこう変わった

大西克也

紀元前二二一年天下を統一した秦の始皇帝は、いわゆる「文字統一」という事業を完成させる。文字統一は、現在にまで継承されている漢字のあり方を定めたという意味において、三〇〇〇年を優に超える漢字の歴史において特筆すべきトピックであり、私たちの使う漢字にも秦の文字文化が脈々と息づいている。本節では、主に戦国時代から秦を挟んで前漢時代、つまり前五世紀から紀元前後にいたる出土資料に見られる文字を取り上げ、近年の研究から新たに見えてきたことを紹介したい。

秦の文字統一の意義をきちんと理解するためには、漢字誕生から戦国時代までの漢字の歴史を押さえておく必要がある。確実に漢字と認定される最古の資料は「甲骨文字」という。出現するのは殷代後期、前一三世紀頃であった。→1-2 甲骨文字は文字種として四〇〇〇字あまりが知られており、そのうち確実に解読されているのは大体一〇〇〇字あまりだと言われている。このことからも分かるように甲骨文字の解読はとても難しい。そもそも漢字とは漢語(古代中国語)を符号化したものであるから、漢字としての甲骨文字を解読することは、当該文字がどのような漢語を表記していたのかを突き止める営みである。原始の象形性を色濃く宿す甲骨文字と、高度に符号化された現在の漢字との間には形の上で相当の開きがある。例えば甲骨文字の「」は現在の漢字の「終」に該当する。その間の字形の変化を辿ると次のようになる。

甲骨文字　金文《きんぶん》　古文《こぶん》　篆書《てんしょ》　篆書　隷書《れいしょ》　楷書

「夂(終)」　「夂(終)」　「夂(終)」　「冬」　「終」　「終」　「終」

このように並べてみると、甲骨文字の「〓」は「終」の中に含まれる「夂《しゅう》」に該当する文字であったことが分かる。ちなみに楷書が現れるのは後漢末、現在のような形がほぼ完成するのは唐代の九世紀頃、甲骨文字の出現からおよそ二〇〇〇年後のことである。その空隙を埋めるため、甲骨文字の解読には様々なテクニックが駆使されるが、それでも分からないことは多いのである。

さて、本節で問題にするのは右の図で言えば古文、篆書、隷書の時代であり、これがほぼ戦国・秦漢時代に該当する。ちなみに金文とは青銅器上に記された文字のことで、出現するのは甲骨文字と同じ殷代後期、それに続く西周時代(前一一世紀～前八世紀)、春秋時代(前八世紀～前五世紀)には、甲骨文字が廃れたため、漢字を研究するほぼ唯一の資料である。戦国時代以降も使われるが、漢字研究の主役は筆写文字に譲ることになる。竹簡・木簡(竹や木の札)に墨と筆で文字を書くのは、殷代や西周時代から行われてきた。古典の「典」は甲骨文字で「〓」と書かれるが、紐で綴じた竹簡を捧げ持っている様と考えられる。しかし竹簡・木簡のような細かく加工された有機物が三〇〇〇年以上にわたって腐敗せずの残るのは難しく、最も古いものでも前五世紀中頃、戦国初期まで待たねばならない。そして近年、戦国・秦漢時代の筆写文字資料が大量に出土したことにより、前二二一年の文字統一を間に挟む約五〇〇年間に起こった漢字の変動がどのようなものであったのか、格段に分かるようになってきたのである。

戦国時代の漢字の特徴を一言で表わせば多様性ということになる。現在私たちは多様性ということばをどちらかというと好ましいものと受け止める。しかし戦国時代の漢字の多様性は、地方ごとに特色のある文字文化が花開いた一方で、混乱、不統一という文字のあり方としては好ましくない一面も持ち合わせていた。しかしそれは漢字の歴史として必然的なプロセスであったように思われる。

殷や西周時代、甲骨文字や金文といった当時の漢字は一部の支配者層の占有物であった。周王室から各地に封建された諸侯たちが、独自に金文を作ることもあったが、それは王室金文の模倣の域を出るものではなかった。文字が少数の使用者に独占され、伝えられている間は大きな変化は起こりにくい。ところが春秋時代に入り、諸侯たちが群雄割拠の情勢を強めてゆくと、それに呼応するが如く、漢字は各地で独自の発展を見せ、地方色を強めてゆく。戦国七雄と呼ばれる秦、燕、斉、趙、韓、魏、楚の七国が覇を争った戦国時代には、互いに討伐を繰り返す時代趨勢さながらに、時には異なる地域間の疎通に支障を来たすほどに、漢字は分裂の度合いを深めたのである。

中国が分裂の時代に入ったことと、漢字の分裂との相関性には、少し説明が必要である。そこには人間及び人間の言葉と漢字との関わりの変化というもう一つの要因が絡んでくる。孔子や孟子、荀子、老子、荘子、墨子等、諸子百家が活躍した春秋後期から戦国時代にかけて、多くの書物が漢字で著述された。哲学的な思考の営為が文字化されたことは、漢字がこれまでとは比較にならないほど人間の精神世界と関わりを深めたことを意味する。思考だけではなく、人間の感情も文字化された。『論語』冒頭の一節にはお馴染みの一句「朋遠方より来る有り。また楽しからずや」がある。このような個人の気持ちを表す表現は甲骨文には存在しない。精神的世界だけではない。社会と漢字との関わりも変化した。秦の「変法」に代表されるように、戦国中期以降、各国で法律と文書による統治システムが整えられて行く。そうすると法律の条文が社会の隅々にまで入り込むようになる。一九七六年に湖北省で出土した睡虎地秦簡《すいこち》→2-6は、戦国末期の秦律の抄本として大きな注目を集めたが、『法律答問』という文献の中に次のような家庭内暴力に対する処罰規定があった。「妻悍《あら》し。夫殴りて之を治め、其の耳を決し、若しくは肢指を折り、体を胅《てつ》す。問う。夫何と論ず？　耐に当つ」（問い—妻の気性が荒く、夫が殴りつけ懲らしめ、耳が切れた場合、若しくは手足が折れた場合、脱臼した場合、夫はどのように処罰されるか？　答え—耐罪（軽い労役刑相当の罪）に該当する）。このような内容は、国家の大事を占う甲骨文、主として周王室からの任用や賞賜、祭祀などの慶事を記す金文など、前代の文献には見えないものである。つまり漢字が人間の様々な活動と関係を深めることにより、戦国時代にはそれまで文献として残されなかった語彙を大量に文字化する必要が生じたことを意味している。そのような新たな文字化が、統一王朝の存在しない戦国時代に進行したことによって、漢字の不統一、言い換えれば言葉と漢字との配当関係が多様化したのである。その具体的な様相を一つ見てみることにしよう。

ここで紹介するのは一人称代名詞「吾」である。この語は恐らく「我」と同源だと思われるが、「我」が殷代の甲骨文、西周時代の金文に既に見られるのに対して、春秋戦国時代から使われる新しい語である。二つの語には用法にやや違いがあり、最終的にきちんと解明されている訳ではないのだが、主語の位置では「吾」が話し手自身を指すのに対し、「我」は自分が所属する側、或いは第三者と対立する話し手を指すことが多い。ちなみにシュスラーという研究者は、上古時代の発音を「吾」はŋâ、「我」はŋaihと復元している（Axel Schuessler, *Minimal Old Chinese and Later Han Chinese*, University of Hawai, i Press, 2009）。古くからある「我」がどの地域でもあまり字形が異ならないのに対して、新しい「吾」の表記は次のように実に多様である。

[illegible]（辵五吾午）『石鼓文』秦

俉（亻吾）『詛楚文』秦

吾（吾）『秦駰玉版』秦

虐（虍壬）『郭店楚簡』楚

䰻（虍魚）『侯馬盟書』晋

䰻（虍魚）『𪓐鎛』斉

もとの字形を楷書体に改め、さらにその横に文字の構成成分を分解して（ ）内に示しておいた。秦の字形は三種あるが、『石鼓文』が最も古く、『詛楚文《そそぶん》』『秦駰《しんいん》玉版』は戦国中期と言われ、戦国後期以降は「吾」のみを用いる。楚は「虍」（虎かんむり）と「壬」を組み合わせた字を用いているが、この字は実は「吾」と発音の近い「虍」に少し手を加えて一人称専用の字に仕立てているのである。晋や斉では「虍」と「魚」を組み合わせた字を使用したが、「魚」も「吾」と発音が近い。「吾」を使うことに慣れている私たちから見れば、楚や斉はなぜこんな変な字を使うのかという疑問も生じることだろう。しかし「吾」字を一人称に使うという習慣は、戦国後期の秦において成立した文字遣いであり、他の地域には全く異なる習慣が成り立っていたのである。

このように地域ごとに異なる文字遣い、即ち漢字と言葉との対応関係の違いは非常に多い。近年資料の増加している秦と楚の文字遣いの違いは際立っている。楚では「重い」を表すのに「童」を使い、「有る」を表すのに「又」を使った。文字遣いの違いこそが、文字統一が必要とされた主因であった。これまでの通説では、戦国時代文字の形は国ごとに違っていたとして、「馬」の字を例とした〈図1〉を見せられることが多かった。

「馬」の字の形が秦／燕、中原、楚／斉で三種類の異なった形になっている。しかしここ二〇年程の間に増加した資料によって、「馬」のような例は非常に少なく、字形そのものは国ごとにそれほど違っていなかったことが分かってきている。大きな違いは、漢字の使い方であった。字形は言うに及ばず、言葉と漢字との配当関係を秦に合わせ、さらに語彙そのものや文章の書き方をも秦風にしたのが文字統一の本質であった。戦国時代には、各国で法令と行政文書による統治のシステムが整えられつつあった。文字が不統一であると行政に差し障りが生じる。かりに秦以外の国が天下を取っていたとしても、同様の政策が施行されていたと思

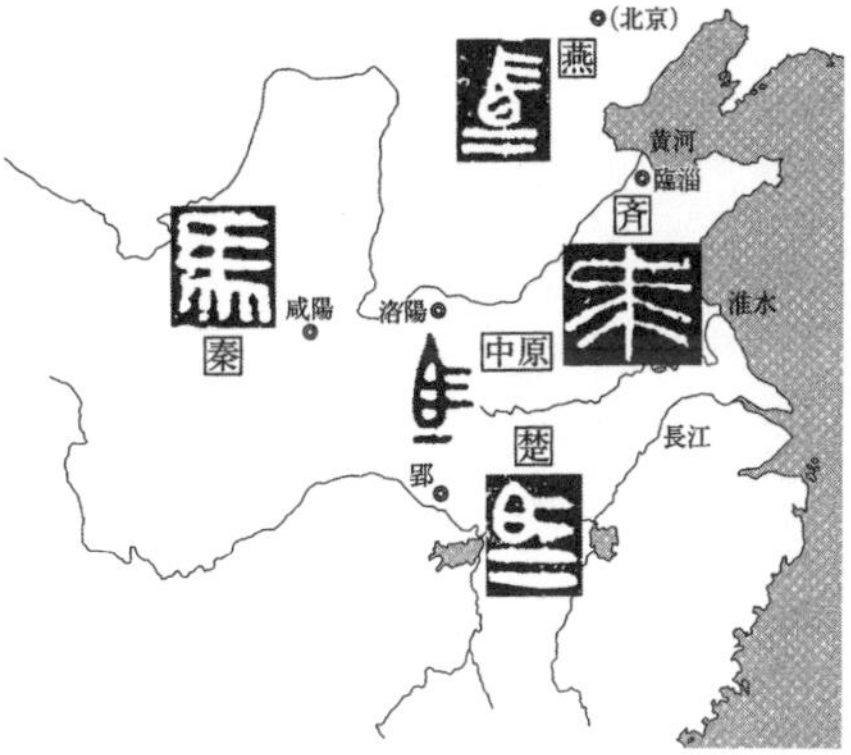

図1…大西克也等『アジアと漢字文化』放送大学教育振興会、二〇〇九年、一〇七頁

図2…馬王堆帛書『陰陽五行甲篇』（陳松長『漢帛書陰陽五行甲篇』上海書画出版社、二〇〇〇年）

われる。秦は新たな領土を加える度に、秦の文字の使用を強制していたのであり、統一後に全国規模で行われた文字統一は、いわばその総仕上げであった。

統治体制の確立のために行われた文字統一は、相当の強制力を伴ったようである。書記官は世襲制が建前であり、その任用には正確な漢字の運用能力が求められ、厳しい試験が科された。なぜなら当時は戦国各国に形成された文字遣いが残っており、民間では相当奇妙な漢字が横行していたからである。〈図2〉に示した馬王堆帛書『陰陽五行甲篇』はその代表的な資料である。書体としてはやや古風な秦隷なのだが、字形や文字遣いに随所に楚の影響が見えるのである。「歌」を訶（訶）と書き、「道」を衍（衍）と書いているのはその例である。世の中に溢れる規格に合わない隷書を排除するため、書記官養成課程では徹底した文字教育が行われたのであろう。

秦は短命に終わったが、「漢承秦制」という言葉が端的に表しているように、漢は制度としての秦の文字表記体系を引き継いだ。このことが漢字の命運を決定づけた。後世「漢字」と呼ばれるようになったが、秦の文字としての漢字が伝承されることになったのである。例えば大小の「小」と多少の「少」をきちんと書き分けるなど、秦の文字は言葉と文字との配当関係が相対的に厳密であった。その傾向は漢代になっても引き続き整備された。もし楚が天下を統一していたら、私たちは「少学校」「小年」と書いても書き取りで×を貰うことはなかったはずである。漢が秦の文字を継承した以上、政策として文字統一を推進する必要があった。書類をきちんとした文字遣いで書くことが求められ、内容の理解に支障を来すような誤字があれば書記官は罰金を科され、朝廷に差し出す上奏文に誤字があれば刑罰に問われた。前漢の武帝の時代に九卿の一つである郎中令を務めた石建という人は、上奏文に書いた「馬」の足が三本しかないことに気づき、死刑になるのではないかと恐懼したという話が『史記』に伝わっている。

死刑というのは大げさすぎるのだが、現代の子供たちが漢字の書き取りに一喜一憂する姿は、明らかに秦の漢字文化の影響である。楚の漢字は「飾筆」と言って、無意味な筆画を添えても問題はなく、一つの言葉に対して複数の表記法が許容される傾向が秦よりも強かった。

印鑑に篆書という古風な書体を用いて権威づけを行うのも秦の特徴で、他の国々では日常的な書体が印鑑に使われていた。その風習は、公印・実印に篆書を用いる現代の我々にも受け継がれている。私たちの漢字文化は秦と深く関わっているのである。

おおにし・かつや…**生年**＝一九六二年／**出身校**＝東京大学大学院人文科学研究科博士課程中退／**現職**＝東京大学大学院人文社会系研究科教授／**主要著書・論文**＝（1）『アジアと漢字文化』共著、放送大学教育振興会、二〇〇九年　（2）「秦の文字統一について」『第四回日中学者古代史論壇論文集　中国新出資料学の展開』汲古書院、二〇一三年

図3…三本足の「馬」（馬王堆帛書『老子甲本』）

図4…飾筆が加えられた「上」（郭店楚簡『老子』丙本）

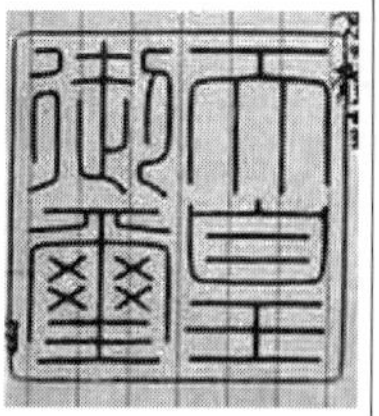

図5…篆書印「天皇御璽」（国立公文書館ウェブサイトより）

16 1 南方の風俗・文化は独自か？——楚簡の世界

森 和

春秋戦国時代、中国の南方、古代中国の人々が文明の発祥地、先進地と考えていた「中原」(黄河の中流域)から見て南の、長江の中流域を中心とする地域には楚という国があった。この楚の自然環境や風俗・文化について、時代がやや下るが、『漢書』地理志下に次のように記されている。

楚には長江・漢水、川沢や山林の富があり、長江以南は土地が広大で、焼き払ったり水を注いだりして除草して稲を栽培している。民は魚や稲を食べ、漁労や狩猟、山林伐採を生業とし、果物や草の実、タニシやハマグリなど、食物はいつも満ち足りている。そのため人々はひ弱で怠けぐせがあり、無益に生き長らえている。物資の積み蓄えはないが、それでも飲食には事足り、飢えや凍えの心配もいらない。ただその一方で大金持ちの富豪もいない。この地の人々は「巫鬼《ふき》」を信じ、「淫祀《いんし》」を重んじている。

このような風俗・文化は、中原の人々の目には全く異質な、中心から外れた未開で野蛮なものとして映ったようで、楚の地域や人々は一様に「蛮」あるいは「蛮夷」などという言葉で呼ばれた。例えば『史記』楚世家を見てみると、楚という国は熊繹《ゆうえき》という人物が周の成王から初めて「楚蛮」に封建されたことに始まり、その五代後の熊渠《きょ》は周王室の衰微に乗じ、「わしは蛮夷であるから、中国の称号や諡号にかかわる必要はない」

と言って、三人の子を王として長江のほとりの「楚蛮」の地に擁立したという。さらに春秋時代、楚の君主であった熊通《つう》も随《ずい》という国を攻めたときに「わしは蛮夷である。……わしも粗末ながら軍隊をもっているので、出兵して中国の政《まつりごと》を観てみようと思う。わしの爵号を高くしてもらえるよう、周の王室に願い出てほしい」と「蛮夷」を自称し、その望みがかなえられないことを知って怒り、自ら武王を名乗ったという。ここで問題にしたいのは、楚の君主たる熊渠や熊通の「蛮夷」発言が本当にあったのかどうかではなく、伝世文献では、楚はこの「蛮夷」というステレオタイプの一言で中原との違いを強調されるばかりで、具体的に何がどのように異なるのか、その実態についてはほとんど語られていないということである。

そのため、春秋戦国時代の楚の風俗・文化を知るためには、同時代の考古資料が必要不可欠となる。例えば、青銅器の中には器形や文様などから楚系青銅器として分類、研究されている一群があり、そのうち敦《たい》(穀物を盛るための容器で、蓋と器身がほぼ同じ半球形で合わせると球に近い形になる)は楚で独創されたことがわかっており(劉彬徽『楚系青銅器研究』湖北教育出版社、一九九五年)、また鎮墓獣と呼ばれるおどろおどろしい木像も楚の墓葬以外からは出土しておらず、楚の風俗・文化の独自性を示すものとされている。

このようなモノとしての資料の他、文字資料として近年世界的な注目を集めているのが、戦国時代の楚の文化圏から出土する竹簡、すなわち「楚簡」である。楚簡の出土、発見はとくに目新しいことではなく、一九五〇年代からすでに湖南省長沙市や河南省信陽市などの戦国楚墓から遣策《けんさく》(後述)や書籍類が出土していたが、竹簡の数量が少なかったり、折れて断片(残簡という)になっていたりしたため、当初楚簡に対する関心はそれほど高いものではなかった。そのような状況を一変させたのが、一九八六〜八七年に湖北省荊門《けいもん》市の包《ほう》山《ざん》二号楚墓から出土した包山楚簡→2-12と、一九九三年に同じ荊門市の郭店《かくてん》一号楚墓から出土した郭店楚

簡 →2-16 である。個々の資料の詳細については第二章を読んでいただくとして、これらの楚簡が研究上の一つの画期となったのは、竹簡および文字の状態が比較的良好で、かつまとまった数量であったこと、そして内容も遣策の外、文書類・卜筮祭禱簡《ぼくぜいさいとう》・書籍類と多様であったことによる。その後も楚簡は現在進行形で増え続け、その重要性も高くなるばかりであるが、内容的にはおおよそこの四種類に大別することができる。そこで以下、楚簡には何が書かれ、そこからどのようなことがわかるのか、内容別に見てみよう。

遣策とは、副葬品の種類や名称、数量を記したリストである。副葬品は基本的に墓に埋葬された死者(墓主という)が死後の世界でも生前と同じように暮らすための物品であるから、実際に副葬されていたモノと対照することで当時の生活状況をよりリアルに復元することができる。逆に遣策に記されていない物品が副葬されている場合でも、なぜ遣策に記される副葬品と記されない副葬品があるのか、遣策という文書の性質や副葬品の性格の違いなどを考える糸口になる。また副葬品の種類や数量は墓主の生前の社会的地位と密接な関係にあり、とくに祭祀儀礼用の青銅器の数や組み合わせなどを儒家系の伝世文献の礼制に関する記述と比較することで、戦国楚における葬制の特徴や独自性を浮かび上がらせようとする研究もなされている。

文書類には、名籍(名簿や戸籍の類)関連の記録や訴訟審理に関わる文書、黄金の貸し借りと種籾《たねもみ》の買い入れの記録など(いずれも包山楚簡)の他、盟誓《めいせい》(複数の人間が神霊に対して何らかの約束ごとを誓う儀礼)の参加者や受け取った物品の数量、あるいは邑や里などの共同体が祭祀に供出した犠牲(神霊に供え捧げる動物)の種類や数などを記録した帳簿類(葛陵《かつりょう》楚簡、一九九四年河南省新蔡県出土)、楚王の命令で士尹《しいん》という人物へ褒賞を下賜した記録(夕陽坡《せきようは》楚簡、一九八三年湖南省常徳市出土)がある。これらの文書類は、戦国楚の行政や司法など国家としての機能・制度、社会構造を知る上での格好の資料であり、楚の中央と地方を結ぶ情報システムや地方統治のあり方などが研究されている（藤田勝久「包山楚簡と楚国の情報伝達」『中国古代国家と社会システム』汲古書院、二〇〇九年）。また「越異の黄金〇〇益（鎰）」という表記が多く見える文書は、各種の青銅貨幣が用いられていた他の国と異なり、蟻鼻銭《ぎびせん》と呼ばれる青銅貨幣の他に金版という金貨も用いられていた楚国特有の貨幣流通状況を示すものと言えるだろう。

卜筮祭禱簡とは、戦国楚の貴族が毎年年度初めに定期的に、また病気になった時などの非定期的に占い師（貞人という）を招き、数カ月から一年間の災禍の有無やその原因などを占わせ、その対処法を提案させ、さらにその当否を占わせるという一連の行為を記録したもので、包山楚簡の他、葛陵楚簡や望山《ぼうざん》一号楚墓竹簡（一九六五～六六年湖北省荊州市出土）、天星観《てんせいかん》一号楚墓竹簡（一九七八年湖北省荊州市出土）など未公表のものも含めて七件出土している。この卜筮祭禱簡には多くの貞人が登場し、かつ一日に複数の貞人がそれぞれ異なる占いの道具を用いて占っていたことが記されている。→1-2 また貞人たちが提案する対処法は神霊に対する祭祀が中核となっているが、その祭祀の対象となる神霊も、「楚先《そせん》」と呼ばれる「老童《ろうどう》」「祝融《しゅくゆう》」など楚の神話上の祖先神から、歴代の先王、墓主の直系の近祖・一族の他、「日月」や「地主」「大水」などの自然神、「門」「竃《かまど》」などの家屋内の神に「司某」と表記される神々、さらには墓主と無関係な死者・厲鬼《れいき》（人に災禍をもたらす悪い神霊）の類まで非常にヴァリエーションに富んでいる。→1-10 そして現在のところ、これに類似する資料が秦漢時代の簡牘《かんとく》では見つかっていない。そのためこの卜筮祭禱簡こそが楚の風俗・文化の特異性を示す具体的な資料の一つであり、冒頭に引用した『漢書』地理志下の「巫鬼を信じ、淫祀を重んじる」という記述の実態であると考えられる。「巫鬼」とは占いや祭祀、呪術的行為などを専門的に行うシャーマン「巫祝」と、人々に幸福と災禍をもたらす様々な神霊「鬼神」のことであり、「淫祀」とは「祭祀すべきでない神霊であるのに、祭祀を行うこと、これを淫祀という。淫祀を行っても、神霊からの佑助はない」(『礼記』曲礼篇下)とあるような祭祀を意味する。このような卜筮祭禱簡から知られる楚の祭祀体系が独自なものであるかは、比較し得る楚以外の国の出土文字資料がほとんどない現状では判断が難しく、「楚人の祖先祭祀の礼制の総体的な枠組みは依然として周の礼制に近く、殷代の礼制とは区別があるが、周の礼制のような厳格な精密さがないため祭祀すべきでない神霊を祭祀する内容が多く、それが中原文化から『淫祀』として排斥された」という見解も一定の説得力をもっている(楊華「楚礼廟制研究——兼論楚地的「淫祀」」『新出簡帛与礼制研究』台湾古籍出版有限公司、二〇〇七年)。

以上の三種類、とくに文書類と卜筮祭禱簡は、どちらかと言えば、戦国時代の楚の風俗・文化が他の中原の国々や後の時代の秦や漢と異なる点、つまり楚の特異性を明らかにしようとする文脈で語られることが多い。それに対して逆に戦国楚と中原文化圏との深い繋がりや影響を示す資料として注目されるのが最後に残った書籍類である。書籍類の中で多いのは儒家や道家などいわゆる諸子百家と呼ばれる中国古代の思想書である。上述の郭店楚簡は現存する最古の『老子』の発見ということで学術界に大きな衝撃を与えたが、その他にも道家系および儒家系の佚書(現在伝わっていない書籍)など十数篇が含まれている。郭店楚簡の出土以前では、信陽《しんよう》楚簡(残簡、一九五七年河南省信陽市出土)に『墨子』佚篇と目される内容が含まれ(李学勤「長台関竹簡中的〈墨子〉佚篇」『簡帛佚籍与学術史』時報文化出版企業有限公司、一九九四年)、また慈利《じり》楚簡(残簡、一九八七年湖南省慈利県出土)には『管子』『寧越子《ねいえつし》』などの佚文があるとされる。諸子以外では儒家の経典いわゆる「五経」のうち『礼記《らいき》』の一篇である「緇衣《しい》」がやはり郭店楚簡の中に含まれる他、慈利楚簡には歴史書『国語』呉語と類似する篇も含まれている。さらに九店《きゅうてん》楚簡「日書」(一九八一～八九年湖北省荊州市出土)のような、日にちや時刻の吉凶判断を中心に様々な占いを抜き書きした占いの実用書も一件だけであるが出土している。

ここで少し注意しなければならないのは、二〇〇〇年代以降、骨董市場に流出した竹簡が博物館や大学などに購入され、科学的な分析・鑑定を経た上で多く公刊されており、これらの〈骨董竹簡〉→2-コラムのうち楚簡や戦国竹簡は大多数が書籍類であることである。例えば、〈上博楚簡〉→2-16に含まれる書籍類は、現存最古となる『周易』や郭店と同じ『礼記』緇衣篇のような経典、楚王に関する故事や多くの佚書であり、また〈清華大学蔵戦国竹簡〉にも経典として『尚書』の一部や佚篇、あるいは編年体の歴史書などの書籍類が含まれている。出土時期や出土地が明らかでないこれらの〈骨董竹簡〉と郭店楚簡などの墓葬出土のものを同列に論じることはできないが、楚簡の中に「五経」やそれに類する儒家系の思想書や諸子百家の書が存在している事実は、「蛮夷」のレッテルを貼られ、中原との違いを強調されるだけの楚から説明することが難しく、中原やその他の文化圏との交流や影響を前提として考えなければならない。

以上のように、楚簡の内容とそこから知られる楚の風俗・文化について見てきたところで、タイトルにあるような、楚の風俗・文化は「独自か？」との問いに答えたいのだが、残念ながら現段階では否定的なニュア

表1…楚月名

楚月名（楚簡）	**楚月名（秦簡）**	**楚月序**	**秦月名**
冬栾	冬夕	正	十月
屈栾	屈夕	2	十一月
遠栾	援夕	3	十二月
𦊰𡰥	刑夷	4	正月
夏𡰥	夏杘 夏夷 夏尸	5	二月
享月	紡月	6	三月
夏栾	七月 夏夕	7	四月
八月	八月	8	五月
九月	九月	9	六月
十月	十月	10	七月
奐月 負月	爨月	11	八月
献馬	鬳馬 献馬	12	九月

ンスで言葉を濁さざるを得ない。断定を避けるのは、すでに述べたように、戦国時代の竹簡が楚以外の、例えば斉や魯あるいは三晋（韓・魏・趙）の地域で発見されておらず、比較対象がいまだ十分ではないという資料状況によるところが大きい。否定的であるのは、書籍類、中でもとくに儒家の経典や諸子のように春秋戦国時代の各国を遊説してまわった人々がその流通・伝播に介在し、明らかに独自とは言えない文化があり、また遣策や卜筮祭禱簡から確認できる葬制や祭祀儀礼もそのような書籍や記述に基づいて相違や特徴が議論でき、その基本的枠組みが中原など他の複数の文化圏との交流や影響の上に成り立っていると思われるためである。

もちろん楚簡にも他の地域・時代の資料では類例が確認されない、強い独自性をうかがわせる記述があり、そのような例として「楚月名」を挙げることができる〈表1〉。「楚月名」というのは一年十二カ月の各月に対する楚固有の名称で、文書類や卜筮祭禱簡などに記される年月日に見え、睡虎地秦簡「日書」→2-6の記述から秦の十二カ月と比べて三カ月のズレがあることがわかっている。また年の表記方法も王の在位年数で「王の〇〇年」と記録する他の国々とは異なり、「大司馬昭陽《しょうよう》が晋軍を襄陵で破った歳（前三二三）」（包山楚簡）のように当該年に起きた事件によって記す以事紀年を採用している。このような暦法の問題は風俗・文化よりも国家の制度にかかわるものであるかも知れないが、春秋戦国時代の楚系青銅器では鄂君啓節《がっくんけいせつ》と信陽楚墓出土の荊篙鐘《けいれきしょう》を除いて銘文に楚月名や以事紀年を用いておらず、他の列国金文と同様の表記である。そのため楚簡に見える固有の楚月名や以事紀年は、戦国時代のいつ頃かに何らかの理由で楚国の年月日の表記方法が変更されて登場した可能性も考えられよう。そうであるならば、楚月名の個々の名称は、それが何に由来するのかは不明であるが、楚の暦法に関する制度が整えられてゆく過程で意図的に創り出された独自性と言うべきものであるかも知れない。
以上、戦国時代の風俗・文化を同時代資料である楚簡の内容に即して見てきた結果、その独自性については歯切れの悪い、どっちつかずの解答に終始してしまった。しかし、そこは、楚簡の世界にはまだわかっていない謎がたくさんあり、だからこそ楚簡はこれからも研究が大いに進展する余地のある期待の資料である、ということで納得していただければ幸いである。

もり・まさし…**生年**＝一九七四年／**出身校**＝早稲田大学大学院文学研究科史学（東洋史）専攻・博士後期課程単位取得退学／**現職**＝成城大学民俗学研究所研究員／**主要論文**＝（1）「子弾庫楚帛書の天人相関論について」『中国出土資料研究』第一一号、二〇〇七年（2）「秦人の夢―岳麓書院蔵秦簡『占夢書』初探―」『日本秦漢史研究』第一三号、二〇一三年

17 医学の発生

1 真柳 誠

医学は医療のための学問であり、実験科学にもとづく近現代医学が普及する以前、経験と推論にもとづく伝統医学が古代文明の時代から形成されてきた。一方、医療は動物が本能的におこなう行為に根ざしている。イヌやネコが尖った葉をたべて毛玉を嘔吐する行為、京大霊長類研究所の観察で明らかになった野生チンパンジーが病状ごとに薬草を摂取しわける行為などから、ヒトの有史以前どころか、ヒト以前から医療を実践していたのはうたがいない。

ヒトは治療のみならず、疾病予防や健康の維持、あげくは不老長生まで追求してきた。このため薬物を内服や外用する以外、按摩・洗浄・薫煙などの物理化学的刺激、さらに呪術や房中術まで応用してきた。これら経験知が論理化されつつ現代に伝承された伝統医学に、ギリシャ・アラブ系(ユナーニ)、インド系(アーユルヴェーダ)、中国系(中医学・韓医学・漢方医学・越南医学)の三体系がある。

◈医療と中国医学

中国の医療記録は甲骨文字までさかのぼるが、おもに占術と呪術だったらしい。他方で医学古典として、原本の成書が一世紀初期の『神農本草経《しんのうほんぞうきょう》(佚文)』、一世紀前期の『素問』、二世紀前後の『霊枢《れいすう》』、三世紀前期の『傷寒論《しょうかんろん》』『金匱要略《きんきようりゃく》』、三世紀中期の『明堂(佚文)』が現存する。『神農本草経』は基礎薬学書で、『素問』『霊枢』は生理・病理・診断の基礎医学に針灸治療も論述する。『傷寒論』『金匱要略』は薬物治療書で、前者は急性病、後者は慢性病の診断と医方をのべる。『明堂』は孔穴（ツボ）の専書である。各書には紀元前と推定される内容が混在するものの、後漢〜三国の成書段階ですでに医学諸分野の専書として体系化されていた。

ところが紀元前の医学がいかなるレベルにあり、各古典に継承されたのかが判然としなかった。『漢書』芸文志の方技に著録された前漢の医書目録にも、各古典との関連性を確証できる書名がひとつとしてみえない。唯一の手がかりは『史記』で、その扁鵲《へんじゃく》伝と倉公伝（ともに医家）から紀元前二〜一世紀におこなわれていた医療ないし医学の様子を推測できる。ただし伝記ゆえ記述は断片的で、隔靴掻痒の感をいなめなかった。こうした紀元前における情況について、多数の手がかりを提供したのが出土資料である。

◈出土の医資料

馬王堆文献……前一六八年から数年内に埋葬された湖南省長沙の馬王堆三号漢墓→2-3から、以下の医資料一五種が出土している（馬王堆漢墓帛書整理小組編『馬王堆漢墓帛書（肆）』、文物出版社、一九八五年）。第一帛書は秦漢間の抄写とされ、①『足臂《そくひ》十一脈灸経』、②『陰陽十一脈灸経』甲本、③『脈法』甲本、④『陰陽脈死候』甲本、⑤『五十二病方』からなる。第二帛書は皇帝の諱（名）の文字を避ける避諱《ひき》から秦代の抄写とされ（白杉悦雄・坂内栄夫『馬王堆文献訳注叢書　却穀食気・導引図・養生方・雑療方』東方書店、二〇一一年）、⑥『却穀食気』、⑦『陰陽十一脈灸経』乙本、⑧『導引図』（⑥⑦の裏面）からなる。第三帛書は避諱と書体から前一八〇年以前の秦漢間の抄写とされ（白杉悦雄・坂内栄夫『馬王堆文献訳注叢書　却穀食気・導引図・養生方・雑療方』）、⑨『養生方』、⑩『雑療方』、⑪『胎産書』からなる。竹簡一巻は⑫『十問』と⑬『合陰陽』、木竹簡一巻は木簡⑭『雑禁方』と竹簡⑮『天下至道談』からなる。内容は①②⑦が気血流通路の経脈論と灸法、③が灸・砭石《へんせき》（石針）と脈診の要点、④が死病の予診法、⑤

が医方を主とした治法、⑥が穀物断ちの方法と呼吸法、⑧が保健体操図、⑨～⑮が養生・強壮・妊娠・房中術など、と概括できよう。各書が『漢志』方技の四分野（医経・経方・房中・神僊《しんせん》）とほぼ対応することは注目される。

なお小曽戸らの研究（小曽戸洋・長谷部英一・町泉寿郎『馬王堆文献訳注叢書　五十二病方』東方書店、二〇〇七年）により、第一帛書は実際のところ二枚の帛書を文字記入のない裏面同士で背中あわせとし、折りたたんだ冊子形態だったこと、向きあった面の文字が相互に「鏡文字」として転写されていたことが解明され、冊子の旧態復原と断片の正確な綴合《てつごう》および翻字がなされた。当成果をうけて中国でも再検討が進行している（廣瀬薫雄／名和敏光訳「『五十二病方』の新たな整理と研究」『中国出土資料研究』第一七号、二〇一三年）。

張家山文献……前一八六年から数年内に埋葬された湖北省張家山の二四七号漢墓→2-10より『引書』『脈書』が出土し、『引書』は馬王堆⑧『導引図』の説明に相当していた。『脈書』は『病候』、『六痛』、『陰陽十一脈灸経』丙本、『陰陽脈死候』乙本、『脈法』乙本にわけられる（馬継興「張家山漢墓出土『脈書』初探」『出土亡佚古医籍研究』中医古籍出版社、二〇〇五年）。この後半三書は馬王堆の②③④⑦とほぼ対応し、馬王堆各書の欠字もかなり補足された。

綿陽人形……前一七九年～一四一年に埋葬された四川省綿陽市の漢墓から、黒漆ぬりの木製人形が出土している（馬継興「双包山漢墓出土的針灸経脈漆木製人形」『文物』一九九六年四期）。身長は二八・一センチで、経脈様の朱漆線が左右対称に各九本、背部正中線に一本が上下方向にえがかれていたが、文字などはない〈図1〉（拙論「前漢時代の墓から出土した黒漆木製人形」『漢方の臨床』四三巻七号、一九九六年）。朱線を現在の経脈説でみると、背部正中線が督脈、両側の各九本が手の三陰脈と三陽脈、および足の三陽脈に該当する。性器はないが、陽脈が多いので男性人形かもしれない。報道によると二〇一三年、四川省成都市の老官山の前漢墓から近似した経脈孔穴人形が出土し、注目される。

阜陽文献……前一六五年に卒した夏侯竈《そう》の安徽省阜陽漢墓→2-8からは、前漢初期の抄写とされる『万物』が出土した。動植鉱物の効果や用途が記され（周一謀「阜陽漢簡与古薬書『万物』」『医古文知識』、一九九〇年第一期）、病症への効果もあるので本草をかねた博物書ともいえる。しかし『神農本草経』の体系性はなく、ふるい薬名がおおく、語法もまったくことなる。

満城器具……前一一二年に埋葬された河北省満城県の中山靖王・劉勝の漢墓からは、金針と銀針および「医工」と刻まれた煎薬器、さらに男性器を模した房中器具が出土した（中国社会科学院考古研究所・河北省文物管理処

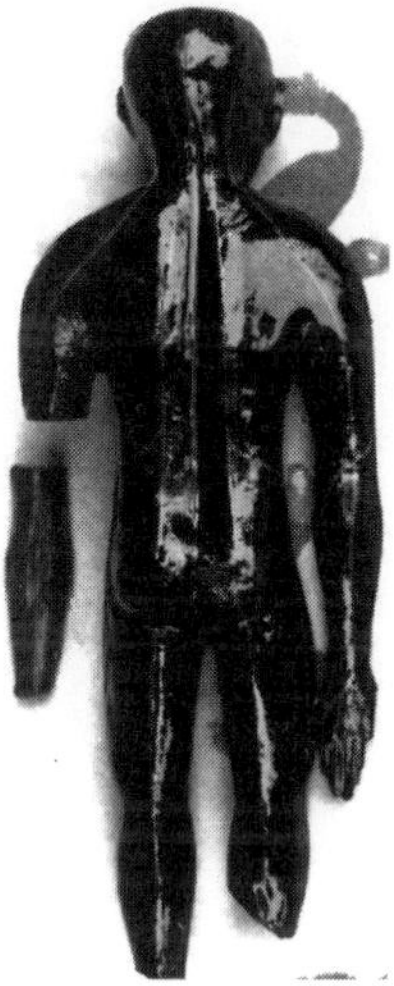

図1…綿陽人形の背部（鄭金生氏提供）

図2…針医画像石の模写（『山東中医学院学報』一九八一年第三期より）

『満城漢墓発掘報告』文物出版社、一九八〇年)。金・銀針は材質と形状から裁縫用ではなく、医用にまちがいない。

武威文献……一世紀前半の埋葬とされる『武威漢代医簡』が甘粛省武威県から出土している(甘粛省博物館・武威県文化館『武威漢代医簡』文物出版社、一九七五年)。一部に針法と禁灸論がある医方書で、病名と薬名は『傷寒論』『金匱要略』『神農本草経』と近似するが、処方の多くは散剤だった。

両城山画像石……針医をえがいた二世紀前半頃の漢代画像石が山東省微山県の両城山から八点ほど出土し、同地からは紀元一三〇・一三七・一三九年の年代を刻む画像石も出土している(拙論「人面鳥身の針医——二世紀の画像石から」『漢方の臨床』四一巻四号、一九九四年)。様式はほぼ一致し、上半身はヒトで下半身はトリの針医が、頭髪をたらした病人を脈診し、もう一方の手で砭石を病人にかざす。砭石ではなく、右手に細ながい金属針をもち、病人の頭部や手に多数の置針をえがく画像石〈図2〉もある。伝説の名医・扁鵲の「鵲」はカササギで、扁鵲《へんせき》と砭石《へんせき》は同音関係にあり、『史記』の伝では山東と関係がふかい。人面鳥の針医画像石も山東しか出土例がないので、扁鵲伝説と関連するかもしれない。

◈医学体系化の軌跡

中国だけで開発された物理療法に針灸がある。灸はヨモギ葉の繊毛を精製したモグサを皮膚上でもやし、針は鋭利な砭石で排膿・瀉血し、のち金属針の刺入に変化した。針灸の部位を「孔穴」とよび、孔穴は気の流通路たる「経脈」さらに「臓腑」と関連することが、『素問』『霊枢』『明堂』で論述されている。治療は「脈診」で病人の経脈さらに臓腑における気の虚実を察知し、これに応じた孔穴への針灸で経脈さらに臓腑の気を補足や減少させる、という。これらの論述は各古典の各篇で多様な相違があり、年代や流派による変遷を推測させる。しかし紀元前における脈診・経脈・孔穴・臓腑の各概念および灸と砭石が出現した順次、それらが相互に関連しつつ体系化された経緯はほとんど未解明だった。

ところで中国ではヨモギの薫煙で邪気をはらう風習があり、ヨモギは精油があって火つきがいい。球形の氷や青銅の凹面鏡の焦点にヨモギ（モグサ）をおき、日光で採火する方法が戦国時代には行われていた（李建民『生命史学――従医療看中国歴史』二一～九七頁、三民書局、二〇〇五年）。他方、ヒトは死亡すると体温をうしなうので、上古では陰の邪気が死因と類推しただろう。これゆえ太陽の陽気から採火したモグサで陰の邪気を駆逐する灸法が発生した、との推測も不可能ではない（拙論「経穴部位標準化の歴史的意義」『詳解・経穴部位完全ガイド　古典からWHO標準へ』医歯薬出版、二〇〇九年）。

灸法も戦国時代からあったことは『孟子』離婁《りろう》上の、「今の王たらんと欲する者、猶お七年の病に三年の艾（モグサ）を求むるがごとし」でよくしられている。三年のモグサは（精油が残存していて燃焼がはやく、ゆっくりもえる七年のモグサでなければ）七年の病に対して熱がふかく浸透しない、との比喩だろう。このような差は相当おおきな灸でなければ生じない。おおきな灸では火傷となり、のち化膿する。その排膿に砭石をもちいるとかならず出血し、これらの刺激で治療したことが馬王堆と張家山の『脈法』からわかった。『五十二病方』にも砭石と灸による治療がみえる。

馬王堆の『足臂十一脈灸経』は手足への灸だけで、孔穴や砭石・針の記述が一切なかった。また手足末端から体幹へ求心的に上行する一一本の経脈を足・臂（手）と三陰三陽で命名するが、臓腑などと関連づけていない。その経脈が一部で体幹から手と足への走向に変化し、一部の経脈に耳や歯で命名したのが馬王堆と張家山の『陰陽十一脈灸経』だった。両書の経脈論を発展させ、六臓六腑・三陰三陽と関連づけた手足一二経脈が交互に上行・下行して循環する形式に改変し、孔穴名と針刺による瀉血などを増補したのが現『霊枢』の経脈篇だった。他方、背部正中線上の督脈と胸腹部正中線上の任脈は出土文献・『霊枢』経脈篇とも記述されないが、綿陽人形には督脈がえがかれていた。

これら出土資料からすると、まず三陰三陽による経脈概念が秦代～前漢初期に成立し、前漢代に孔穴概念と臓腑概念が出現し、三者が関連づけられただろう。経脈概念による治療は灸法が先で、のち砭石さらに金属針の治法が開発されたことにもなる。一方、督脈は男性が唾液を陰部に注入することをイメージして精液を補充するルートであり、任脈は女性の妊娠にも関連する（李建民『生命史学――従医療看中国歴史』）。すると房中術から督脈・任脈概念が出現し、手足の陰陽経脈と統合された段階が綿陽人形だろう。『霊枢』九針十二原篇で強調される細い金属針を、経脈ごとに手足末端から順にさだめた五行穴に刺し、瀉血とことなる新治法をえがいたのが両城山画像石だった。

しかし戦国時代に灸法が存在したのに、経脈概念と手足への灸法の開発が早期でも秦代ならば時代の前後があわない。『素問』『霊枢』に幾度も言及される背部（兪穴）への針灸が、手足への針灸より後世の出現となる点も不可解というしかない。この矛盾を合理的に理解するには以下の経緯を想定（拙論「『明堂』の孔穴配列と経脈循行の概念」『季刊内經』一九二号、二〇一三年）すべきだろう。

戦国時代までは圧痛などがある部位に灸をすえたが、孔穴や経脈の概念もなかった。ついで頭上・体幹の灸刺列が戦国時代に認知され、秦漢間には脈診との関連から手足三陰三陽脈の概念が出現した。さらに経脈の諸概念および臓腑概念が前漢末までに出現し、灸・砭石法とともに『素問』に整理された。砭石が金属細針に転換した後漢初期には経脈と臓腑・孔穴の所属がほぼさだまり、針・灸法とともに『霊枢』に整理されたらしい。

なお馬王堆の『胎産書』は「六行説」による胎児発育説をのべ、この説は日本の『医心方』(九八四)が引用する『産経』(劉宋の約五世紀)に継承されていた。馬王堆の房中書も『医心方』房中篇所引の『素女経』などに対応条文がみえる。

一方、薬物療法が太古からあったのはまちがいない。それが医学として体系化されるには薬物個々の作用認知も必要だが、その全国的流通と疾病認識に応じた処方経験の蓄積が前提となる。馬王堆の『五十二病方』や阜陽の『万物』は医療経験の集積段階にあり、医学体系の要素がみえない。ならば前漢代に相当の進展があり、後漢の『神農本草経』や『傷寒論』に結実したことになる。これを示唆するのが満城の医療器具だが、高価で高度な薬物治療は宮廷や貴族にかぎられた。一世紀前半の『武威漢代医簡』は薬名・処方・病名とも『五十二病方』より進展するものの、『傷寒論』の体系性がないのは庶民を対象とする軍医の携行書だったからである。『神農本草経』『傷寒論』『金匱要略』は、前一世紀～紀元前後の宮廷・貴人むけ医学書の延長にあるにちがいない。

以上を要するに、中国の医療は秦漢間に論理化がめばえ、前漢で諸概念が出現したのち、後漢で医学としての体系化が完成したのだった。

まやなぎ・まこと…生年＝一九五〇年／**出身校**＝東京理科大学薬学部卒、日本鍼灸理療専門学校卒、北京中医学院進修課程卒をへて、昭和大学にて医学博士／**現職**＝茨城大学人文科学研究科教授／**主要著書・論文**＝(1)『中国本草図録』(全一一冊)共編著、中央公論社、一九九二～九三年　(2)『善本翻刻　傷寒論・金匱要略』共編著、日本東洋医学会、二〇〇九年

1 18 太極拳のルーツ

川村潮

太極拳と聞いて、多くの方が思い浮かべるのは、早朝にご老人が公園でいそしむ、あのゆったりとした何とも表現できないような動きだろう。中国のたいていの都市には大きな公園があって、朝早く(ときには昼すぎでも)そこに行けば、少なくとも数十人が太極拳に励む姿がそこかしこで見られる。もっと中国武術に詳しい方なら、他の武術と同様に、太極拳にもより実戦的な素早く力強い動きや、剣や槍といった武器が使われることをご存知かもしれない。

だが意外にも、太極拳そのもののルーツはそれほど古くはない。現在広く知られている太極拳にはいくつかの流派があるが、その主体は中華人民共和国政府が制定した「簡化二十四式太極拳」であり、それはなんと一九五六年のことなのだ。「中華四千年の歴史」からすると、つい昨日のことといえるだろう。一九五六年というと、中国では長い国共内戦がようやく終わり、中華人民共和国憲法が公布されてからわずか二年後のことだ。この忙しい時期に、なぜ政府は人民の健康に関心を寄せ、わざわざ太極拳を公式に制定までしたのだろうか。なお実際に制定したのは日本の内閣に当たる国務院に直属する国家体育総局という部署である。

歴史をひもとくと、中国では武術の「教団」は、しばしば反政府的な勢力となることがあった。明の建国に深く関わったとされる白蓮教《びゃくれんきょう》は宗教結社であると同時に武術の伝授も行っていたという説もあるし、清朝末期の排外的運動のひとつである義和団は義和拳《ぎわけん》という拳法を教える結社が主体となっていた。近年でも、「法輪功《ファールンゴン》」（ほうりんこう）とその処遇とが大きな社会問題となっており、そういった観点から政府による武術教団の管理が進められた可能性もある。あるいは、強い軍隊を作るにあたって、健全で統率された身体の必要性から生まれたのかもしれない。

しかし、その最大の目的は国家権力が国民の身体を「管理する」ことにあったのではないだろうか。よく知られているように、近代国家は人々の身体を文明的・健康的生活になれさせることで、国民を管理・支配し、その社会的秩序を維持してきた。北京オリンピックや上海万博などをきっかけに、中国全土で「文明礼貌《ウエンミンリーマオ》」（文化的・先進的マナーの向上をうったえるスローガン）が声高にさけばれたのも、文明的で管理された秩序ある状態への転換を目指したものといえよう。要するに、文明的な人間は近代における様々な規則に自ら従い、その秩序を保つべきだ、ということを民衆の「体」に教え込ませる必要があったのだ。

このように、太極拳の公的な制定には「権力による人々の身体の支配」が意図されていた、と見ることもできるのだが、そのルーツはもちろん古代社会にも求められ、それはより露骨な形で見ることができる。異民族との戦争に際しての徴兵や、万里の長城などの大規模土木工事にかり出される労役をはじめ、耳そぎ、鼻そぎといった直接的な身体刑、西方などの開拓地に送られる流刑、そして究極の身体刑としての死刑だ。

こういった強制労働や強制移住、血なまぐさい刑罰がどういった原理で、具体的にどのような法律に基づいて行われていたかについては、出土文字資料によって非常に多くのことが明らかになっている。

対異民族戦争の前線であった西方の居延《きょえん》地方（現在の内蒙古自治区エチナ旗）、シルクロードの中国側の出発点であった敦煌《とんこう》一帯からは、前漢～晋代にかけてのおびただしい量の竹簡木牘《ちくかんもくとく》が出土しており、漢王朝が人々の身体を意のままに支配し、管理していたことをうかがうことができる。また、国家が民衆の肉体に加える刑罰については、睡虎《すいこ》地《ち》秦簡《しんかん》や張家山漢簡《ちょうかざんかんかん》をはじめとする様々な法制史料の出土によって明らかになってきている。これらは秦・漢の当時に用いられていた法律・行政文書そのものであり、きわめて重要な資料といえる。だが、これらの資料については別章で詳しく説明されるので、ここでは紹介までにとどめておこう。

さて、ここまでは「太極拳の制定」に着目してその起源をさぐってみたが、いよいよ本題に入って中国武術と健康、その根底にある中国人の身体観とそのルーツについて見てみることにしたい。

先に触れたように、太極拳は武術であると同時に健康・長寿のための体操という側面も持っている。しかし、それはただ単にスポーツをすると体が丈夫になって長生きができる、という話ではない。そこには中国独特の身体観があるのだ。

カンフー映画を思い起こしていただきたい。そこには、主人公に厳しい修行と引き換えに奥義を授ける「老師」が必ずといっていいほど登場するだろう（ハリウッドのアニメ映画「カンフーパンダ」にも）。彼らは武術を極めることで人体に精通し、それと同時に自らの健康と長寿とを実現させた存在として描かれている。

では、なぜ武術に長じることが健康につながるのだろうか。それには、中国において伝統的に信じられてきた「気」というものを考える必要がある。例えば、太極拳の套路《とうろ》はいわゆる「型」を修得するための練習法なのだが、その目的は決まった所作や足の運び、呼吸法を学ぶことによって身体の「気の流れ」を整え強めることにある、とされる。身体に流れる「気」を操ることで、内は自身の生命力を高め、外は敵の身体を破壊することが可能になる、というイメージが共有されているのだ。

『西遊記』などの中国的イメージを随所に取り入れた漫画『ドラゴンボール』にも、一見すると俗っぽい老人にすぎない亀仙人が、実は「天下無敵の武天老師」であり、ひとたび「気」を集中させると筋骨隆々の肉体に戻って必殺の「かめはめ波」を発する、というシーンがある。そこには長寿の武術の達人、身体と気という中国武術の通俗的イメージがよく表されていると言っていい。

もちろんカンフー映画も漫画も架空の物語であって、そこに出てくる数々の「必殺技」や「武術」が現実的にはあり得ないシロモノであることは言うまでもないが、人の生命力を身体の内に流れる「気」の循環としてとらえるというイメージは非常に古くからあり、人々がそれを信じ続けてきたことは歴史的な事実だ。それを端的に示す記述が、中国戦国時代(前三世紀ころ)の思想家である荘子の言行をまとめた書とされる『荘子《そうじ》』の知北遊《ちほくゆう》篇に見え「人の生は気の集まりである。気が集まれば生となり、散れば死となる」とある。

ということは、身体の中に気を蓄え、それを失わないようにすれば健康・長寿が得られるということになるが、同じく『荘子』の刻意《こくい》篇には「呼吸するのに古い気を吐き新しい気を入れ、熊のように鳥のように体を伸ばせば長生きとなる。これは導引する人、若さを保つ人、彭祖に学ぶ人が好むところである」とある。彭《ほう》祖《そ》は八〇〇歳を生きたとされる伝説上の人物で、長生きの代名詞として語られることが多い。上海博物館蔵戦国楚簡「彭祖」など、長寿の方法について記された出土文字資料にもしばしばその名が見られる。

また後漢初期(一世紀ころ)に書かれた『淮南子《えなんじ》』の精神訓にも、若さを保つためには「呼吸するのに古い気を吐き新しい気を入れ、熊のように鳥のように体を伸ばし、鳧(ケリ、小型の水鳥)のように水浴び猿のように飛び跳ね、トビのように眺め虎のようにふりむく」とよい、とされている。くわえて、三国志の英雄、曹操の侍医であった華佗《かだ》も「五禽戯《ごきんぎ》」(虎、鹿、熊、猿、鳥の五種の動物になぞらえた姿勢や動作を行う)という体操法を発案したと言われる。

このように、身体と気の関係は古くから信じられており、その理論にもとづいた体操法も古くから存在したのである。太極拳のルーツをたどっていくと、ここに行き着くのだ。

しかし、なにぶん「気」という目に見えず形のないものを扱うがゆえに、いまひとつその具体的な姿は明らかになっていなかった。「熊のようにのばす」（原文は「熊経」）と言っても、抱くイメージは人ごとに違ってくるだろう。

この状況を一変させたのが、一九七三年に湖南省長沙市で出土した馬王堆帛《ばおうたいはく》「導引図《どういんず》」と、一九八三年に湖北省江陵県（現荊州市）で出土した張家山漢簡「引書《いんしょ》」の発見である。それぞれの遺跡や出土状況については別章で詳しく述べられるだろうからここでは触れないが、前者は前漢文帝前元一二年（紀元前一六八年）に、後者も前漢文帝の初年ころに副葬されたものと考えられ、ほぼ同時期の資料といえる。

「導引」の語は先に引いた『荘子』にも見えているが、呼吸法を含む健康体操のことで、インドのヨガに近いものと言えばわかりやすいかもしれない（動きや姿勢を動物にたとえるところも共通しており、両者には何らかの関係があるとする説もある）。文字どおり「導引図」はその動作・姿勢を図にしたもので、古代の書籍目録である『隋《ずい》書《しょ》』経籍志《けいせきし》に「導引図、三巻」とあるものを参考に名づけられた。

「導引図」の描かれた絹布は、出土時にはすでに破損してバラバラになっていたが、修復してつなぎあわせたところ、高さ五〇センチ、幅一〇〇センチの間に、上下四段に分けて四四の人物図とそのタイトルが色鮮やかに描かれていることがわかった。人物図には老若男女あり、座っているもの、立っているもの、何か器具を使っているもの、頭巾や冠をかぶっているもの、布靴を履いているもの、裸足のものなど様々だ。もとは全ての人物図にタイトルがあったようだが、汚れたり欠けたりして、かろうじて何かが書いてあることが

図1…馬王堆帛書「導引図」（復元図）

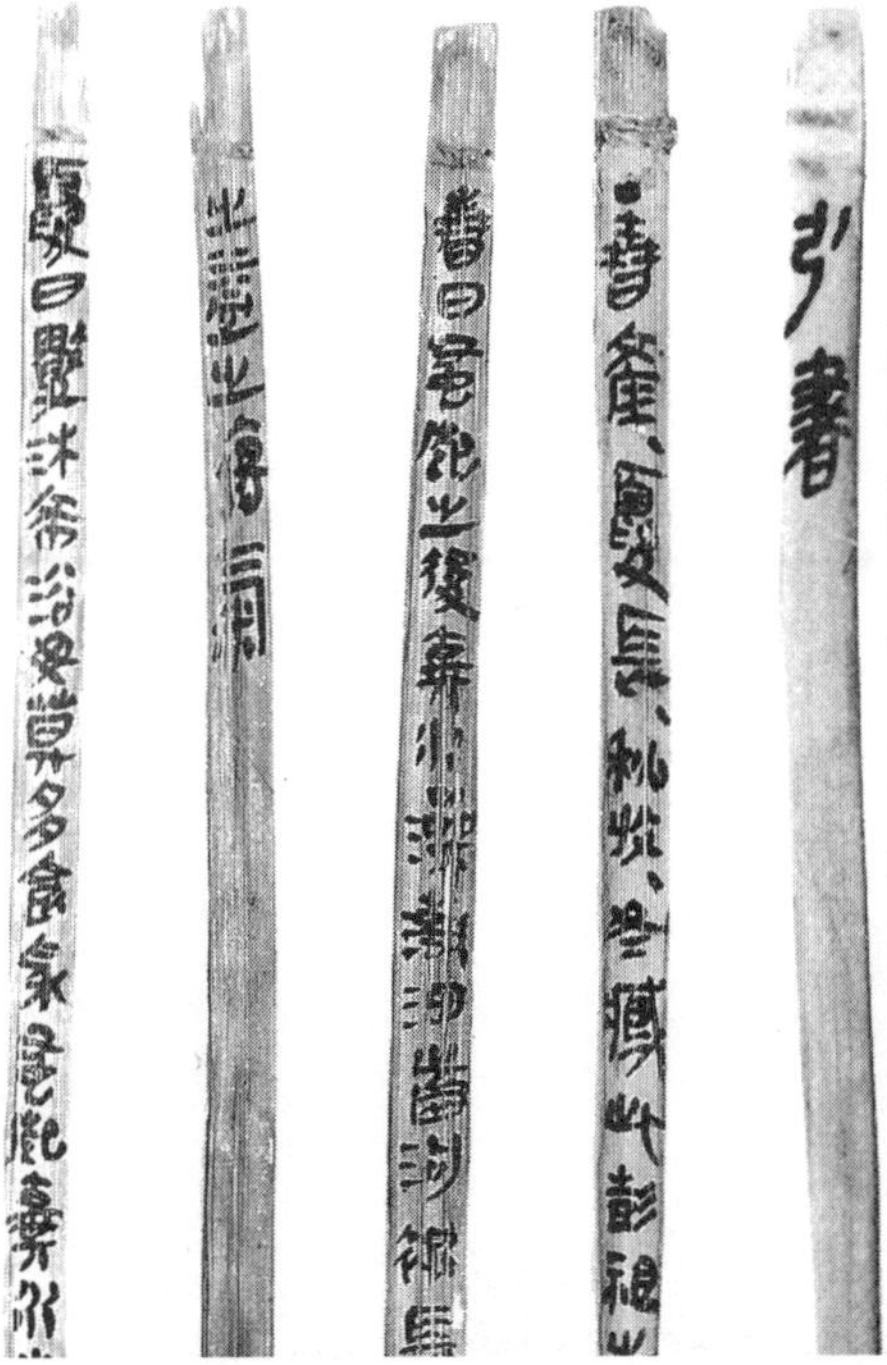

図2…張家山漢簡「引書」
（『張家山漢墓竹簡［二四七号墓］』文物出版社、二〇〇一年）

わかるものでも三〇ほど、文字が読めるものは二五しかなく、「折陰」「螳螂《とうろう》」「痛明」「引癩《いんたい》」「覆中」「引聾《いんろう》」「引《いん》煩《はん》」「引膝痛《いんとうつう》」「引胠積《いんきょせき》」「鶴□」「龍登」「俛欮《べんけつ》」「引項」「以杖通陰陽」「鶏背」「伸」「仰呼」「沐猴讙引熱中《もくこうかんいんねっちゅう》」「引温病」「坐引八維」「引脾痛」「猨呼《えんこ》」、「熊経」「□恨」「鸇《せん》」とあった。これらは大きく、「引癩」「引聾」「引煩」「引膝痛」など「引」に病名を加えてその病気を治す運動であることを示すものと、「螳螂」（カマキリ）「龍登」「鶏背」「熊経」「鸇」（ハヤブサ）など動物になぞらえた姿勢の健康体操であることを示すものに分けられる。

　復元図〈図1〉を見ていただければ、これらの人物図とタイトルによって、それぞれの導引が何を目的とし、どのように行えばよいか理解できるようになっており、この「導引図」が非常に資料的価値の高いものであることがわかるだろう。

　いっぽうの「引書」〈図2〉は長さ三〇センチほど、幅〇・五センチほどの竹簡一一二枚に記されたもので、多少の破損はあるものの、その大部分は完全な形で出土しており、文字も明瞭であった。第一簡の背面には「引書」という題名も残っている。

　その内容は大きく三つに分けられ、最初の部分は「春は生まれ、夏は育ち、秋は刈り入れ、冬は閉じこもる、これが彭祖の道である」から始まって、「春は早起きし、トイレに行き、顔を洗い、うがいをして……（以下略）」と続き、四季それぞれの生活習慣について述べられている。続く部分は「導引図」のように様々な導引の方法について、またそれによる病気の治療法について述べられている。二例を挙げると

　龍興は、膝を前に曲げ、後ろにのばし、両手を交差させ、膝をささえに上を向く。

引膝痛は、右膝が痛ければ、左手を机にもたせかけ、右足を千回ふるわせる。左膝が痛ければ、右手を机にもたせかけ、左足を千回ふるわせる。左手の指で左足の指を曲げ、後ろに十回引く。……(以下略)

などとあって、「導引図」と重なる部分もいくつかある。最後の部分は導引についての総論で「人が病気になるのは、必ず暑く湿っぽい風と冷たい雨露のせいで……(以下略)」といった理論的説明がなされている。

「導引図」には図があって説明がなく、「引書」には説明はあるが図はない。しかし、両者ともほぼ同時期に記された「導引」についての資料であり、それぞれを表裏一体として検討することで、中国古代における健康法や、ひいては身体観などの様々な問題が明らかになりつつある、といえるだろう。

以上見てきたように、太極拳のルーツは、気と身体をめぐる伝統的な中国思想の中に求められるといえるだろう。そしてその具体的な姿を明らかにしてくれるのが、「導引図」「引書」をはじめとする出土文字資料なのだ。

かわむら・うしお…**生年**＝一九七九年／**出身校**＝早稲田大学文学研究科史学(東洋史)博士課程単位取得退学／**主要論文**＝(1)『帰蔵』の伝承に関する一考察」『早稲田大学大学院文学研究科紀要』第五二輯　(2)「阜陽漢簡『周易』の史料的性格について」『史滴』第三二号

1 19 謎の人物が判った!

友田 真理

土の中から出てくるのは、何も行政文書や思想史文献などの文字資料ばかりではない。時々、人間も出てくる。と言っても、ここで扱うのはホネやミイラやキョンシーなどの実物ではなく、人物をあらわした画像資料である。

漢代(前漢:前二〇二~後九、後漢:二五~二二〇)に入ると、墓を大規模に造り、華麗に装飾を施すことが大いに流行した。その結果、墓室や祠堂(墓前に建てられる礼拝用の建造物)の壁を飾る壁画や画像石(石材に画像を刻んだもの)が発達し、また副葬品として死者とともに地下に埋められる明器(陶製・木製の人形や家畜・家財道具の模型)・漆器・青銅器などが数多く生みだされたことから、画像資料の絶対数が爆発的に増加する。それらにあらわされる画像の中で、戦国時代以前に比べ最も存在感を増したのが人物像である。

戦国時代以前の画像資料にあらわされる人物像は、その多くは人間に姿を仮《か》りた神や、神と人の仲立ちをするシャーマン、または死者などであり、現実世界に生きる人間の姿をあらわしたものは、ごく例外的にしか存在しなかった。しかし漢代の墓葬空間には、墓の中で死後の墓主に仕えることを期待された侍女や護衛の兵士、楽団など、地上に生きる、ごく普通の人々の姿を模したものがしばしばあらわされるようになる。

さらに地上に建てられ、長期にわたり不特定多数の観賞者の目にさらされる祠堂の壁には、観賞者の目を惹きつけるためか、当時流行した説話の主人公や、歴史上の人物の姿があらわされていたようである。たとえば一七三年（後漢・熹平二年）に葬られた司隷校尉《しれいこうい》（首都警察長官）魯峻の祠堂には、「有史以来の忠臣、孝行息子、貞節な婦人、孔子と七二人の弟子の姿が、みな石に刻んであらわされている」（『水経注』済水篇）という記録が残っている。この魯峻の祠堂自体は残念ながらすでに失われているが、実際に祠堂を構成していたと考えられる後漢時代の画像石は多数出土しており、そこには何らかの説話や故事をあらわしたと考えられる、多くの人物像が刻まれている。それではそのような人物像については、どのようにしてその性格や名前を特定すればよいのだろうか。

あらわされた人物が誰かを判別する上でもっとも確実なのは、榜題《ぼうだい》などにより、それが誰であるかが明らかに示されているものである。〈図1〉は二世紀中葉、後漢時代後期の画像石にあらわされた画像で、人物の横に刻まれた榜題に「神農氏は適切な場所で耕作を教え、五穀を撒いて多くの人々を潤した」と記されていることから、農業を始めたとされる神農氏をあらわしたものであることが判る。しかし榜題をともなってあらわされるのは限られた重要な人物像のみであり、名前まで判る例は、画像資料にあらわれる人物像の中でも、ほんの一握りに過ぎない。

文字情報に頼らずそれが「誰」であるかを知るためには、画像それ自体、特にその人物のいでたちをよく観察するしかない。いつの時代、どこの社会においても服装や髪形、持物は、その人物の社会的な立場をあらわす重要な指標であるため、それらの特徴を読み取れば、少なくともその人物像が、どのような役割を期待されてあらわされたのかを理解することができる。画像資料の中にあらわれるのは、たとえば宴席で楽器を奏でる楽人や台所でブタをさばく料理人のように、役割さえ理解できれば、必ずしもそれが誰であるかを特定する必要のない人物像が圧倒的多数を占めるが、中にはほかの人物像とは明らかに異なる独特の表現であらわされ、何らかの固有の性格が与えられていたと考えられる例も含まれる。

〈図2〉は山東省済寧市嘉祥県武宅山から出土した、後漢時代後期の画像石であるが、ここにあらわされているのは、横一列に並んだ複数の人物像である。ここでは、一人だけやや裾丈の短い衣を身に着け、両足を広げて立ち、胸の前で袖をまくりあげるという勇ましいポーズをとる人物に注目してみよう。この人物像の隣には、榜題を刻むための短冊のような枠が設けられているが、残念ながらそこに文字は刻まれていない。

最初に答えを言ってしまえば、実はこの人物は、儒家の祖である孔子の弟子・子路である。なぜそれが判るのかと言えば、ヒントはこの人物の、何とも珍妙な格好にある。図版ではわかりにくいかもしれないが、よくよく見るとこの人物、頭上にトサカと長い尾羽を持つオンドリを載せ、腕まくりをした手元には、四肢をまとめてくくったブタをぶらさげている。この格好は子路が、街で評判の高い孔子センセイをはずかしめてやろうと勢い込んで出かけた時のこととして『史記』仲尼弟子列伝に見える、「子路性鄙、好勇力、志伉直、冠雄鶏、佩豭豚、陵暴孔子」という記述を、そのまま画像に写しとったかのようである。むろん、ここまでテキストそのままの図像はごく例外的なものではあるが、このように文字情報が備わっていなくても、あらわされた図像を読み解くヒントさえあれば、それが誰をあらわしたものであるかが判明する場合がある。

子路を含む横一列に並んだ人物群像は、先に魯峻祠堂についての記録で見た「孔子と七二人の弟子」に相当し、「孔門弟子」像と呼ばれる一つの確立した図像主題として扱われている。しかし子路以外の弟子のいでたちはたいがい、冠をかぶり、寛袖で裾丈の長い衣を身にまとうだけの没個性的なものであるため、それだけでは彼らが、ある程度上流の社会階層に属する人物集団であることしか判らない。たとえば彼らの師である孔子を描いた「孔子見老子」図像と組み合わせてあらわされたのであれば、これらの人物像の意味はおの

図1…山東省済寧市嘉祥県武梁祠第三石「神農氏」（拓本）
（中国画像石全集編集委員会編『中国画像石全集』一、山東美術出版社、二〇〇〇年）

図2…山東省済寧市嘉祥県武氏祠堂群画像石「孔門弟子」（拓本）
（中国画像石全集編集委員会編『中国画像石全集』一）

ずと明らかになるが、厄介なことにこの図像は、時に単独でもあらわされることがある。その場合子路のような、画像全体の性格を特定するヒントになる個性的な人物像が含まれていなければ、その意味が読み誤られ、重要性が見過ごされる危険性がある。逆に言えば、他の人物像と明らかに異なる、個性的な外見をもつ人物像は、画像の誤読を防ぐために、わざとそのような姿を与えられていると言うことができるだろう。

次に、山東省西南部、臨沂市金雀山から出土した画像石にあらわされた人物を見てみよう〈図3〉。石の向かって右側が欠けているため少々わかりづらいが、この人物は頭に笠のようなものをかぶり、あご下でひもを結んで固定し、手には先端に刃のついた、農具らしきものを持っている。これだけならただの農夫のようであるが、衣や袴の裾が上にひるがえり、肩から翼らしきものを生やしているあたり、どうやらただの人間ではないらしい。同じ後漢時代に王充が著した『論衡《ろんこう》』無形篇に「仙人の姿を描くときには、体には羽毛を生やし、腕は変じて翼とする」と書かれていることからすれば、この人物は神仙のたぐいとしてあらわされているようだ。このような、頭に笠をかぶり農工具を手にする人物像は、時に翼を生やさないものも含むが、漢代画像石の中には二〇例以上を見いだすことができる。これは一定の特徴を持ってあらわされた図像の作例数としては、軽視できない数である。

〈図4〉はそのような、〈図3〉と似かよった図像的特徴を持つ人物像の一つであり、蟾蜍《ヒキガエル》のいる月をともない、クジャクらしき鳥と正体不明の動物を連れるというたいへんユニークな図像内容を持つ。そのためこの人物像が誰をあらわしたものであるかについては、さかんに議論が行われてきたが、それらはおおまかに言って二つの説に分けられる。一つは手にするものを農具と見なし、神農氏や舜《しゅん》といった農業神の性格を持つ人物とするもの、もう一つは土木工具と見なし、治水神としての性格を持つ禹《う》とするものである。

この二つの説は、実は武梁祠第三石と通称される後漢時代後期の画像石にあらわされた神農氏と禹の画像を根拠として、それぞれ出されたものである。神農氏は先に〈図1〉として紹介したが、ここで神農氏は穂先が二又に分かれ、手元、柄の途中、柄の付け根、そして穂先全体に至るまで、全体的に曲がった形をした農具を持ち、地面を耕す姿であらわされている。一方の〈図5〉は、やはり榜題に「夏禹は地理に詳しく、水脈を知り尽くし、必要な時には堤防を設け、身体に傷を与える刑罰をつくった」とあるように、治水工事に大いなる功績を上げ、夏王朝を開いたとされる禹をあらわしたものである。禹は胸の前で先が二又になった工具を構えるが、こちらは神農氏のものに比べて柄が短く、形もまっすぐである。神農氏も禹も、いずれも先が二又に分かれた道具を持つことは確かであるが、全体の形は大きく異なっている。この違いは何を意味し、ここで問題にしている〈図3・4〉は、これらのいずれに近いと言えるのだろうか。

武梁祠第三石にあらわされた神農氏と禹の持物とそれぞれの性格の違いについては、清朝末期の考証学者である葉徳輝が「描かれている禹が持つ器物は、神農が手に持つ耜《し》(農具の名称)に似ているが、柄はまっすぐで穂先は平らであり、先端は二つに分かれている。これは鍤《そう》(工具の名称)である。耜は田をたがやすのに用いられるので、そのため穂先が起きているのであり、鍤は地に挿しこむのに用いられるので、そのため穂先は平らなのであろう」(王先謙『釈名疏証補』所引)と述べている。これは農地を耕し土を柔らかくするための農具に求められる機能と、固い地面を掘り起こし溝を切るために使う工具に求められる機能の差異を、図像表現そのものと関連付けた解釈であり、図像化された神農氏と禹の持物の性格の違いを理解するためには、たいへん役に立つ。

穂先の形こそ、分岐のあるなしで異なっているが、〈図3・4〉にあらわされた工具は、いずれも全体がまっすぐな形をしており、この点は同じような図像的特徴を持つ他の二〇ほどの作例にも、一貫して共通している。そもそも武梁祠第三石の図像表現に即して言うなら、頭に笠をかぶるという特徴は、禹とは共通するものの、神農氏には当てはまらない。これらの点からすると、ここで取り上げている、頭に笠をかぶりまっすぐな形の工具を手にした謎の人物は、農業神よりも、治水神(禹)である可能性が高いのではないか。

これら図像表現自体の分析から得られた推定を裏付けるのが、図像の地理的な分布である。頭に笠をかぶりまっすぐな形の工具を手にする治水神らしき人物像は、二〇以上存在する作例のほとんどが山東省中部から江蘇省北部に集中的に分布している。そして黄河の下流と淮河《わいが》に挟まれたこの地域は、前漢・武帝期(前一四一～前八七)以降、後漢時代初期に至るまで、黄河の水害に悩まされ続けた土地であった。

特に前漢時代末期においては、約四〇年の間に黄河が下流において五度、大規模な決壊(堤防が破れること)を起こし、中でも紀元一一年(新・始建国三年)、平原郡(現在の山東省平原県近辺)で起きた決壊は、その影響により黄河の河口がおよそ二〇〇キロも南下し、河道が完全に変わってしまうほど大規模なものであった。そのような状況下にあっても国家規模の治水工事が行われた形跡がなく、前漢から新にかけての治水事業についてまとめた『漢書』溝洫《こうきょくし》志は、この時期についての記述を「王莽の時代は、ただ空論ばかりがもてはやされ、実行されることはなかった」としめくくっている。治水神に対する地域的な信仰は、このような特殊な時代状況の下で育まれたものと考えられるのである。

六九年(後漢・永平一二年)、明帝の主導により大々的な治水工事が行われ、漢代の黄河治水をめぐる一連の状況は終息を迎えるが、山東省・江蘇省一帯において画像石の制作が盛んになり、治水神の図像が流行するようになるのは、ちょうどこの頃からである。たび重なる黄河の水害についての記述は『漢書』『後漢書』な

図3…山東省臨沂市金雀山画像石（拓本）
（臨沂市博物館編『臨沂漢画像石』山東美術出版社、二〇〇二年）

図4…江蘇省徐州市銅山県苗山漢墓墓門画像石
（筆者による描き起こし）

図5…山東省済寧市嘉祥県武梁祠第三石「夏禹」（拓本）
（中国画像石全集編集委員会編『中国画像石全集』一）

どの歴史書の中にも見いだせるが、このように、画像石に見られる治水神図像の地域的・時代的な流行は、歴史書の簡潔極まりない記述からはいま一つ伝わってこない、水害にまつわる土地の記憶を生々しく浮かび上がらせる。

時代的・地域的事情による図像の発生と受容は、何も禹に限った現象ではない。先に見た子路の図像を含む「孔門弟子像」にしても、この図像があらわされるのは現在知られている限り、山東省中部から出土する祠堂の画像石に集中しているが、このことは、儒家の教えが後漢王朝時代、国家公認の思想としての地位を勝ち取っていたこと、またこの地域が、孔子の出身地である魯(現在の山東省曲阜市近辺)に近接していたことと、おそらく無関係ではない。

このように、画像資料にあらわれる人物像の中には、制作された時代・地域における特殊な事情を踏まえたうえでなければ、その性格を正しく読み解くことができないものが含まれる。逆に言えば、特定の時代・地域において流行した人物像については、図像表現を細部に至るまで丁寧に観察し、そこから読み取れる意味を歴史的な文脈に照らして読み解けば、その時代・地域に生きた人々が何を考え、願い、求めて生きていたのか、その一部分を確かにかいま見ることができるのである。それこそが、制作当時の姿を留めたまま土の中からあらわれる出土資料を扱うことの、一番の醍醐味であるといえるだろう。

ともだ・まり…**生年**＝一九八二年／**出身校**＝早稲田大学大学院文学研究科博士後期課程単位取得満期退学／**現職**＝東洋美術学校非常勤講師／**主要著書・論文**＝(1)「山東省済寧市出土「風伯・胡漢交戦画像石」試釈」『中国出土資料研究』第一三号、二〇〇九年 (2)「淮北地域出土漢代画像石に見る禹図像の変容とその背景」『美術史』第一七五冊、二〇一三年

1

20 戦争はこう変わった

下田　誠

中国の青銅器はその技術において、また芸術的な価値においても、春秋時代後期から戦国時代末期にかけて第二のピークを迎えた。第一のピークは殷商代後期とみられ、形式や文様、銘文や工芸、その出土地点の広がりなど前代を超える高みに至った。この流れは西周・春秋前期までつながる。第二のピークは鋳掛けの多様化や象嵌など新技術の採用された春秋中期から戦国にかけての時代と考えられる。しかし第二のピークの特徴は、新技術ばかりではなかった。社会の変化、庶民層の台頭と並行して、青銅器もまた実用化の流れを強めた。→1-2 日常の生活用品のほか、青銅製の武器も格段に性能を高めた（従来、春秋中期に始まるとされた鋳造物の原型を蠟で作る失蠟法《しつろうほう》の開始時期については異論も多い）。

◈青銅兵器の時代

戦国時代には鉄製の武器が出現する。しかし注意しなければならないのは、戦国から統一秦にかけて青銅製の武器も最高の水準に達していたということである。筆者はこの点を重視して、戦国時代は「青銅兵器の時代」であると考えている。秦の兵馬俑坑からは万を超える大量の武器が出土している。種類も豊富で短剣のほか、木製の棒の先につける戈《か》・矛《ぼう》・戟《げき》・殳《しゅ》・鈹《ひ》など多様な武器が製造された（秦代の武器については鶴間和幸監修『大兵馬俑展——今甦る始皇帝の兵士たち』産経新聞社、二〇〇四年に詳しい）。ただ、その形状だけいえば、戈や矛などは古くから存在している。驚かされるのはその高度な技術である。青銅器製造の合金比率は容器・武器などの特性に応じて、古代中国の人びとは工夫をこらしていたが、武器は硬度や鋭利さが問われる。兵馬俑坑の武器の合金比率は銅七五パーセント前後、錫《すず》二〇パーセント前後、鉛二パーセント以内といった配合である。錫の含有量の多少が器物の硬さやもろさを左右する。また剣の表面にクロム加工を施し、さびを防いでいるとされ、この技術は西洋では近現代になって出現したとする研究者もいる。銅鈹の表面を満たす雲状の文様についても湖北省江陵一号墓出土越王勾践《こうせん》の剣の菱形文様と通ずる工芸とされるが、どのように施したのか意見は分かれている。先秦技術の粋がここに集結している。

殷周時代、もっとも一般的な青銅兵器は「戈」である。この不思議な形状をした兵器は短いもので一メートル半ば、長いもので二メートル以上に及ぶ木柲《ひつ》(木の棒)にはめこみ、三か所ないしは四か所の穿《せん》(穴)より、何らかの紐・縄によってくくりつけた。戈は通常、援・内・胡の三つの部分に分けられ、援の両側には刃がつけられている。紀元前三五〇年以降は多くのもので内の両端にも刃がつけられ、切る機能が強化された。銘文は胡の部分に書かれることもあるが、一般に内の部分に書かれる。武器としては、戦車戦において首をひっかけ、引き倒すのに便利な形であったとされる。戦国時代には「戟」と呼ばれる戈に矛を組み合わせた武器が出現する。これは最初の一撃を与えるのに、矛の部分が有効であったのであろう。

◈水陸攻戦図

春秋後期、前五世紀半ば頃とされる水陸攻戦図(河南省汲県山彪鎮一号墓出土銅鑑)をみると、上層(甲組)の歩兵は腰に短剣を有し、木柲の長い戈戟を持している〈図1〉。弓を持つもの、盾を持つものもいる。五人が一つの単位として敵と対峙した。両隊が衝突する場面で左の兵士が相手の髪の毛をつかみ、首を引き寄せていることから、ねらいは敵の首であることがわかる。

郭宝鈞の分析によれば、上層には七組七三名描かれているという。1の左から七人目が起点となり五名から編成されている(同『山彪鎮与琉璃閣』一八頁、科学出版社、一九五九年)。この五名の単位は「伍」と考えられ、各組は二つの伍の争いとして反復して描かれている。後に伍は軍事編成から地域社会の編成にも援用され、漢代には五家(伍)の単位は悪事を告発したり、罰を同じく受ける単位として利用された。

中層には攻城の場面が描かれ、当時の戦争のありさまを示している〈図2〉。梯子を利用し、戈や短剣、盾を手にした兵士がかけあがろうとしている。春秋戦国時代、人々の居住地は邑と呼ばれ、城壁に囲まれていた。敵国の中枢を壊滅するには攻城戦とならざるをえなかったが、それはとくに春秋時代までは困難な過程であった。『孫子兵法』謀攻篇に、

攻城の法は已《や》むを得ざるが為なり。櫓・轒轀《ふんおん》(城攻めの車)を修め、器械を具うること、三月にして後に成る。距闉《いん》(攻城のため設けた小山)又た三月にして後に已《お》わる。将、其の忿《いきどお》りに勝《た》えずして之に蟻附《ぎふ》(大勢の兵士で城を包囲すること)すれば、士卒の三分の一を殺して、而《しか》も城の抜けざるは、此れ攻の災なり。

とあり、この攻戦図の場面を言い表している(藍永蔚『春秋時期的歩兵』二四三頁、中華書局、一九七九年)。

戦車戦から歩兵戦へ

殷周時代、戦争の主力は戦車戦であった。ここでおもに西周以来の系譜をひく春秋時代の戦争をみてみる

と、それは貴族同士の戦争という位置づけが適切である。戦争もまた一つの特権であり、公卿大夫といった高位の者、世族や国人といった階層にあるものの間の戦いであり、ゆえに軍礼など支配氏族の秩序を破壊し

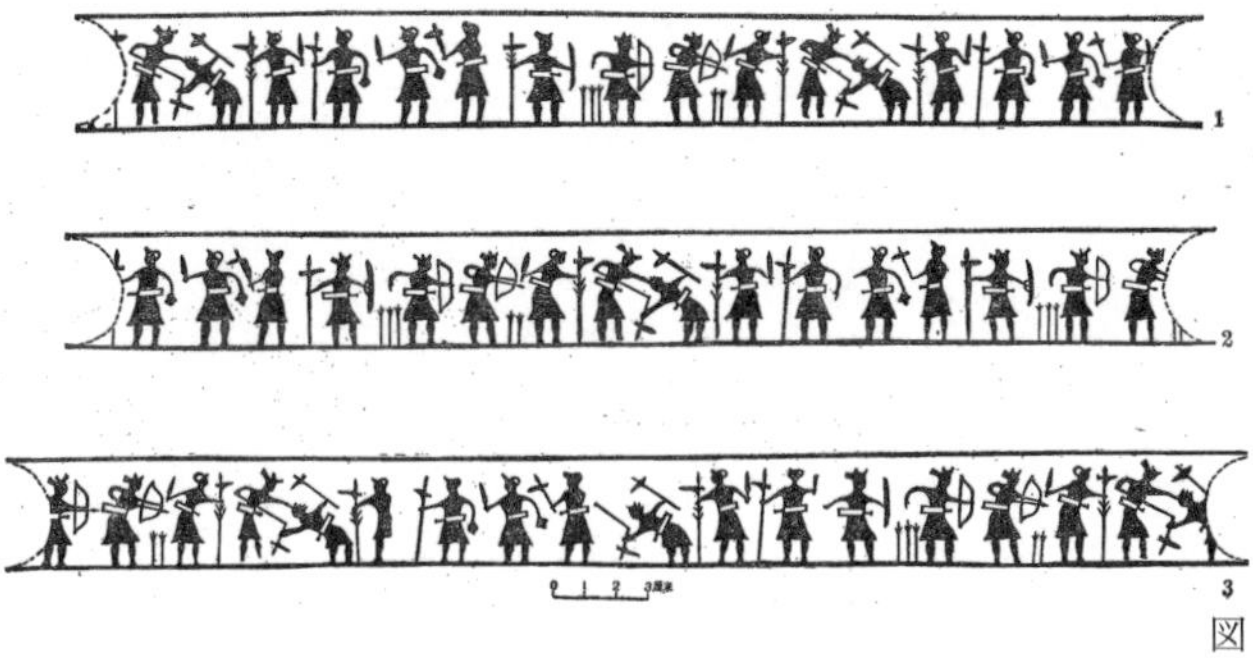

図1…水陸攻戦図上層

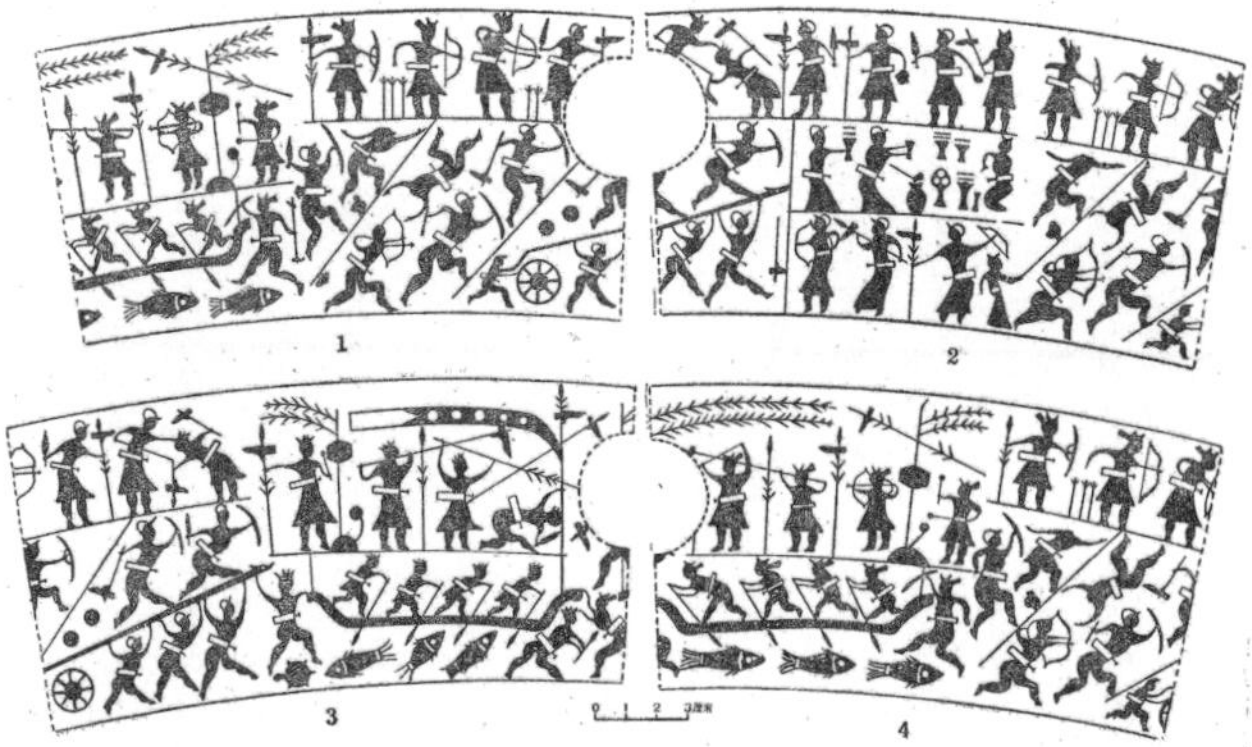

図2…水陸攻戦図中層

ない条件のもと、戦いはなされた。

それでは、いつごろ、どのような過程を経て、歩兵が登場し、歩兵戦が主力となるのだろう。晋は文公のとき、前六三二年に「晋侯、三行《さんこう》を作りて以て狄を御す」（『春秋左氏伝』僖公二八年）とあり、荀林父を中行の将に、屠撃を右行の将に、先蔑を左行の将に任命している。晋は「深山に居り、戎狄これ与《とも》に鄰《となり》す。而も王室より遠く、王霊及ばず、戎を拝するに暇あらず」（『左伝』昭公一五年、籍談の言葉）といった地勢にあり、山の民と混在していた。戎狄には戦車はなく、車戦では彼らを抑えることができなかった。こうした現実的な要請から三行（右行・左行・中行による歩兵制）は設けられた。

行の出現の意義を考えるには、晋国の軍事制度をみておく必要がある。晋もまた車戦を主とする国であった。前六七八年一軍であったものを、前六六一年に二軍、前六三三年に三軍とし、前六二九年には五軍、前五八八年には六軍と拡大した。ただし、春秋晋国の全史において、その中軸は三軍にあった。それぞれの軍（中軍・上軍・下軍の序列）には有力な世族から将・佐が任命され、年功序列または軍功により出世した。中軍の将は正卿《せいけい》とも呼ばれ、その他の将佐とともに政治的発言権を有していた。そのため、晋の三軍制は軍事制度であり、また政治制度であった。

当時の軍事編成は「乗」を単位に数え、一乗の車には甲士（武装した世族・国人層が担当）や歩卒が同行した。戦車には攻車と守車の区別もあった。春秋期の著名な晋楚の戦争である城濮《じょうぼく》の戦いでは、晋軍は七〇〇乗を出動させ（『左伝』僖公二八年）、春秋後期には晋の有力世族の韓氏・羊舌氏の十家九県に関連して晋は四九〇〇乗の実力を有していたこと（『左伝』昭公五年）を述べている。

注目すべきは、先の中行の荀林父と左行の先蔑は文公七年においてそれぞれ上軍の佐、下軍の将と昇進していることであり、歩兵を率いたことは汚点になっていない。春秋時代の貴族政治の枠組みの中で、歩兵隊は着実に力をつけていった。

◈戦争の規模、期間の変化

春秋戦国の戦争の変化をみるとき、もっとも顕著な側面は戦争の規模である。前述の城濮の戦いは晋の戦車七〇〇乗、前五八九年の鞍《あん》の戦いでは同じく晋の戦車八〇〇乗が動員された。このときの動員数を一乗三〇人で計算すると、二万ほどである。春秋初中期の兵数の一つの参考になる。斉は桓公のとき「革車八百乗」(『国語』斉語)を有したといい、楚もまた成王のとき、六〇〇乗の戦車によって鄭の都を攻めた(『左伝』荘公二八年)。

戦国時代、蘇秦の言葉などとして伝えられる史料には七雄の兵力として数十万から百万の規模という。たとえば秦については「戦車万乗、奮撃百万」を備え天下の雄国と称された(『戦国策』秦策一)。戦国中期の大戦である馬陵の戦いでは、前三四二年に斉は孫臏《そんぴん》の活躍もあり魏を馬陵に大破し、一〇万の軍を覆した(『戦国策』斉策五)。前三〇〇年以降、秦の優勢は明瞭になってくるが、前二九三年、秦の白起は韓・魏を伊闕《いけつ》(現在の洛陽市南)に斬首二四万の戦果をあげた。同じく秦将白起は前二七三年、魏を華陽(現在の河南省新鄭市北)に攻め、斬首一五万と称した(楊寛『戦国史(増訂本)』三一一頁など、上海古籍出版社、一九九八年)。そして戦国時期もっとも凄惨な結果をまねいたのは、長平の戦いである。前二六〇年、趙の孝成王は秦の反間の計にかかり、勇将廉頗にかえ趙奢の子、趙括をすえ、秦軍との大決戦に挑むことになった。歴戦の名将、武安君白起は上滑りな趙括を陥れ、四十余万の趙兵を生き埋めにしたと伝える(『史記』廉頗藺相如列伝・趙奢など)。

春秋戦国の戦争は、その規模ばかりでなく、期間においても大きな変化があった。白起により糧道を絶たれた趙軍は四十余日飢えに苦しんだといい、四十余万の長平の大敗は三年に及ぶ大戦の終焉を意味した。春秋時代、城濮の戦い、邲《ひつ》の戦い(前五九七年)、鞍の戦いはいずれも一日の間で勝敗は決した。前五七五年に晋・楚が衝突した鄢陵《えんりょう》の戦いでも二日あれば十分であった。趙奢は「斉二十万の衆を以て荊を攻め、五年にして乃ち罷め、趙二十万の衆を以て、中山を攻め、五年にして乃ち帰れり」(『戦国策』趙策三)と述べたというが、戦国時代も後半には、数年の持久戦は当然のこととなり、戦争は総力戦の様相をみせていた。

◈武器銘文の変化

こうした戦争の変化は青銅製の武器の銘文にも表れている。春秋から戦国初期にかけての時期、貴族の自作用器として銘を記すものが多かった。たとえば、洛陽金村出土と伝えられ現在、故宮博物院の所蔵する呉王光の戈には「攻敔王光自」(中国社会科学院考古研究所編『殷周金文集成(修訂増補本)』中華書局、二〇〇七年、一一二五一番、以下「集成」と略称)とあり、言葉足らずの感じがするが、一九六四年に山西省原平より出土した呉王光の剣には「攻敔王光、自作用剣」(集成一一六二〇番、山西博物院蔵)とあり、呉王光が自ら使用した武器であると考えられる。呉王光とは一般に呉王闔閭《こうりょ》とされ、臥薪嘗胆で知られる呉王夫差の父である。こうした自作用の武器には、金の象嵌を施すものや模様を透かし彫りにするものなど、芸術作品のような技巧がこらされたものが多く、以上の点からも貴族自らの使用に供した武器であるといえる。

その後、春秋戦国の交替期には「酸棗」(戈、集成一〇九二二番)や「黄城」(戈、集成一〇九〇一番)といった地名のみを記す武器が現れる。前者は現在の河南省延津、後者は現在の河南省内黄の地とされているが、これらの銘の出現は城邑を単位とした郡県徴兵制との関連が指摘されている(江村治樹「春秋戦国時代の銅戈・戟の編年と銘文」お薦め文献所収）。戦国前期には地名のみならず、「邯鄲上庫」（戈、集成一一〇三九番）のように武器庫の名称を記すものが登場する。

戦国中期以降、武器製造の現場は富国強兵のかけ声のもと、さらに管理・監督が強化されていき、とくに三晋と秦では三段階の製造管理体制を記す銘文形式となる。一九七一年湖北省江陵の拍馬山五号墓出土の銅戈を例にあげれば、「卅四年頓丘令燮左工師誓冶夢」（集成一一三二一番）と書かれている。これは筆者の研究によれば、魏の恵成王三四年（前三三七）の器物とみられ、製造監督責任者の頓丘県の令の燮《しょう》、現場責任者の左【庫】工師の誓、実際の製造者の夢という役割の異なる三者の名前を王の紀年とともに記している。筆者らはこの武器製造管理制度を「三級の管理制度」と呼んでいる。

戦争がどう変わったか。春秋戦国期に限定しても、論ずべき課題は多岐にわたり、本章で述べた内容は、筆者の関心に即して戦争と社会の関係の一面を点描したにすぎない。本来、戦国期の戦争の変化を語るには趙武霊王の胡服騎射や戦国秦の強さを象徴する弩の出現と改良なども言及されて然るべきであろう。いずれにせよ、戦争へのアプローチは新たな地平といえ、今後さらに取り組まれるテーマであると考えられる。

しもだ・まこと…**生年**＝一九七六年／**出身校**＝東京学芸大学大学院教育学研究科修士課程修了、学習院大学大学院人文科学研究科博士後期課程修了／**現職**＝東京学芸大学教員養成開発連携センター准教授／**主要論文**＝（1）「青銅兵器銘文からみた戦国趙恵文王期の機構的改革をめぐって」『中国出土資料研究』第一七号、二〇一三年　（2）「封泥よりみた秦代の中央官制――その資料学的研究」佐藤正光・木村守編『松岡榮志教授還暦記念論集中国学芸聚華』白帝社、二〇一二年

1 21 歌とコトバと音楽と

荻野友範

「歌」とは何か。あまりにも身近な事象であるため、考えてみることもないかも知れない。本節では、その歌の中国における相当に原初的な形態へ言及する。そこで、ここで今一度、歌とはどのように理解されているのかを把握しておくのも無用ではないだろう。

一〇〇年ごろの中国最初の漢字字典である許慎『説文解字《せつもんかいじ》』巻九では、「歌は、詠《うた》うなり(歌、詠也)」とされている。このことから、後漢(二五〜二二〇)当時、歌とは何らかのリズムや拍子に乗せて、長短や抑揚などの変化をつけながら言葉を発することだったといえるだろう。

一方、現代の私たちは「歌」をどのように理解しているのであろうか。『大辞泉』(小学館、一九九八年)には、「拍子と節をつけて歌う言葉の総称。また、それを歌うこと」(二三四頁)とされている。すると、歌とはいわゆる歌詞に当たる「言葉」の面と、その言葉に拍子と節をつけて「歌う」という面があり、私たちはその両者を「歌」と称しているようである。

以下では、歌における「言葉」と「歌う」という二つの面から出土資料がもたらす知見について述べてみよう。

「言葉」という点に着目すると、今日の私たちが古代中国の歌詞を目にできるのは、文字の形態で記録されていることが必須の条件といえよう。現存する、文字の形態で記録された最古の歌が、後世『詩経《しきょう》』(あるいは『毛詩《もうし》』)と呼ばれる詩歌集である(古くは「詩」)。『詩経』は、西周《せいしゅう》から春秋中頃まで(およそ紀元前一一世紀ごろ〜紀元前六世紀ごろ）の、黄河流域で歌われた短篇の抒情詩を集め、各地の風俗を歌った民謡的な「風（国風）」一六〇篇、宮廷歌謡の「雅」一〇五篇、祖先祭祀や功徳賛美を歌った「頌《しょう》」四〇篇の計三〇五篇からなる。『詩経』の詩（歌）は、内容の上で「風」「雅」「頌」に分かれるほか、現実生活の中に生まれた集団的な感情を歌うものが多く、詩型の上では四字句を基調とすることが特徴である。

『詩経』に見えるような歌は、ある集団によって口頭で歌われ、伝えられてきた。例えば、「風」の歌は農事の祭などで、「雅」の歌は宮廷の宴席などで、「頌」の歌は宗教的な儀式などの場で歌われたものとされる。歌には「文字」として何らかの媒体に記録される以前に、口頭によって伝承され、歌われた「コトバ」の段階があったのである。つまり、歌には記録によってではなく、記憶によって歌われた段階があり、やがて、地域や主題などをもとに次第に集約されて、さらに文字化されて、『詩経』のような詩歌集を生むこととなった。

出土資料の中には、そうした過程の一斑を示すと考えられるものがある。『耆夜《きや》』（『清華大学蔵戦国竹簡（一）』中西書局、二〇一〇年）と名付けられた出土資料に見える「蟋蟀《しつしゅつ》」の詩の第二章を見てみよう。

蟋蟀在席、歳聿云莫。今夫君子、不喜不楽。日月其邁、従朝及夕。毋已大康、則終以祚。康楽而毋【荒】、是惟良士之懼。（コオロギがむしろに現れると、今年も暮れて行く。さあ君子よ、喜び楽しもう。月日は変わって新年を迎える。楽しみに溺れなければ福を迎えられる。楽しんでも羽目を外さない。立派な男は慎み深いのだ。）

これと似たものが『詩経』唐風・蟋蟀の詩である。その第二章には次のようにある。

蟋蟀在堂、歳聿其逝。今我不楽、日月其邁。無已大康、職思其外。好楽無荒、良士蹶蹶。（コオロギが表座敷に現れると、今年も過ぎて行く。今こそ楽しもう。月日は変わって新年を迎える。楽しみに溺れてはならない。つきあいにも気を配る。楽しんでも羽目を外さない。立派な男は引き締まっている。）

両詩に盛り込まれている主題、四字句を基調とする詩型、ともに共通する。

ただし、詳細に見ると、前者が「莫、祚、懼」で韻を踏むのに対し、後者は「逝、邁、外、蹶」で踏むなど、韻の踏み方が一致せず、字句がやや異なることから、内容の上でも完全には同じでない。両者の時代的前後を考えた場合、前者が後者よりも古いものであろうとされる（李学勤「論清華簡『耆夜』的『蟋蟀』詩」『中国文化』二〇一一年第一期）。このことは、「蟋蟀」を主題とする詩が『詩経』の中の一篇として定着する以前、主題を同じくする類似の詩が存在し、のちに『詩経』唐風・蟋蟀に収斂されていったことを示唆する。つまり、口承から文字化を経、『詩経』の詩として確立する過程を、この出土資料は物語っているのである。

また、上海博物館が収蔵した竹簡群の中に『逸詩』（『上海博物館蔵戦国楚竹書（四）』上海古籍出版社、二〇〇四年）としてまとめられた二篇の詩のうちの一部を見てみよう（「逸詩」とは『詩経』に未収録の詩篇）。

【交交鳴烏、集于中】梁。豈弟君子、若玉若英。君子相好、以自為長。豈美是好、【唯心是□。間関謀始】、偕華偕英。……後略……（コウコウと鳴く烏は、橋の上に止まっている。温和な君子はまるで玉の輝く光のよう。君子は人に礼儀正しく、庶民の長にふさわしい。和やかで、心は善良である。一生懸命心を砕いて民を治め、上も下も仲睦まじい。……後略……）

「交交鳴鳥《こうこうめいう》」と名付けられた本篇において注目されるべきは、長江中流域の楚での書写とされる詩が、一句四字の構成で、『詩経』特有の一種の隠喩（「興《きょう》」）を用いて素朴な情緒を歌うなど、黄河流域の歌を集めた『詩経』の詩篇に極めてよく似ていることである。こうした詩が楚の竹簡（以下、「楚簡」）に記されていることは、長江中流域の楚の国に『詩経』の詩風が存在していたことを明らかに示しているのである。

戦国時代後期の遅い時期の書写とされる上海博物館所蔵の楚簡の出現は、戦国時代の楚では「賦」と呼ばれる歌が盛行していたという従来の中国文学史における常識に見直しを迫る。すなわち、北方黄河流域の『詩経』と南方長江流域の「賦」（後述の『楚辞』）という従来の見方に対し、南方の楚では「賦」と並行して、『詩経』的な歌も存在し、流通していただろうことが紛れもない事実として明らかにされたのである。

出土資料は、歌に関わるさらにまた別な営みも伝えてくれる。

前漢（前二〇二～後八）の司馬遷はその著『史記』孔子世家で『詩経』の成立過程を、「昔は三千余篇あった詩を、孔子が重複を省き、礼義に合致するものを取捨選択して三〇五篇に編輯した」とする。

また、孔子の言行録である『論語』には「孔子先生が言われた、『詩三百篇、ひと言で概括すれば、「心の思いに邪《よこしま》なし」だ』」（為政篇）、「孔子先生が言われた、『お前たち、なぜあの詩というものを学ばないのだ。詩は心を奮い立たせるし、物事を観察させるし、人びとと一緒に仲良く暮らせるし、怨み言もうまく言わせるものだ。近いところでは父にお仕えし、遠いところでは君にお仕えすることもできる。その上、鳥獣草木の名前もたくさん覚えられる』」（陽貨篇）など、孔子が『詩経』を極めて重視する記事も数多く見え、その他の多くの文献においても孔子と『詩経』の深い関わりが散見される。こうした記事は、孔子と『詩経』の特別な関係を示唆するものではあった。

『上海博物館蔵戦国楚竹書(一)』(上海古籍出版社、二〇〇一年)の巻頭に『孔子詩論』と命名されて収録された資料は、この関係に新たな局面をもたらすこととなった。その第一号簡に、「孔子先生は言われた、『詩歌というものは志を覆い隠してしまってはいけない。音楽は情を覆い隠してしまってはいけない。言葉は……を覆い隠してしまってはいけない』」とある。戦国時代には、いくつかの文献に見える「詩は志を言う」という詩の本質に対する認識がある程度共有されていた。ところが、『孔子詩論』では、孔子が直接詩の本質に言及して、「詩歌というものは志を覆い隠してしまってはいけない」とまで述べているのである。

さらに、同じく孔子の言葉として、個別の詩篇についても論評が加えられている。「……孔子先生が言われた、『「宛丘《えんきゅう》」の詩を私は正しいと思う。「猗嗟《いさ》」の詩を私は嬉しく思う。「鳲鳩《しきゅう》」の詩を私は疑わない。「文王」の詩を私は美しいと思う。「清……」』」(第二一号簡)。ここにいう「宛丘」「猗嗟」「鳲鳩」「文王」は、いずれも『詩経』に収められている詩である。

『詩経』に対するまとまった最古の注釈は漢の毛亨《もうこう》の「毛伝《もうでん》」と鄭玄《じょうげん》の「鄭箋《ていせん》」であり、それらは儒家思想を背景とした政治的・教化的色彩が濃厚とされる。これに対し、『孔子詩論』は戦国時代後期に、孔子の口を通して、「毛伝」「鄭箋」とは異なる形式と内容で詩を解釈し、論評する。黄河流域ではなく長江流域で、これまでに類を見ない詩論が現れたという点において、『孔子詩論』は孔子と『詩経』との関係を改めて見直す上で貴重な資料であるのみならず、長江流域での詩をめぐる活動を探るための重要な資料となりうる。

また、より巨視的な観点に立てば、中国文学史において、文学批評の体系的著作は、六朝期(四二〇~五八九)の劉勰《りゅうきょう》『文心雕龍《ぶんしんちょうりょう》』の出現を待たなければならない。『孔子詩論』は『文心雕龍』のような体系性を備えてはいないものの、詩を対象に据え、孔子の言葉として時代相応の文体で論評を進める点において、中国文学批評史上においても評価されるべき資料であろう。

一方、既述のように、長江流域にも独特な文化圏が形成され、「賦」と呼ばれる歌が盛んであった。それらは、漢代にまとめられた詩歌集『楚辞《そじ》』(「楚の歌」の意)によって知りうる。『楚辞』は、戦国時代の長江中流域の楚の地域で作られた長篇の抒情詩を主とし、戦国時代末期の屈原を代表的作者として、その後継者たちの歌を収める。内容面では、神秘的・呪術的な傾向が強く、形式面では長短の句が入り交じり、「兮」などの助字を多用することがその特徴とされる。

これまで、楚の歌についてはほぼ漢代の『楚辞』を通して知りうるのみであったが、上海博物館所蔵の楚簡の中には新発見の賦作品が見える。それらは、ほぼ漢代の『楚辞』を通してしか知り得なかった楚の歌の様相を示してくれ、また、楚の地域における『詩経』関係の資料とともに、南方の歌と北方のそれとの関係を読み解く新たなきっかけとなるであろう。

出土資料が現代にもたらす新たな知見は、文字資料だけにとどまらない。「拍子や節にあわせて歌う」面に目を転じてみると、歌われる言葉(歌詞)に、時に「拍子や節」を添えたのは楽器であった。『論語』には、見事な音楽を聞いた孔子の様子を「孔子先生が『韶《しょう》』の音楽を批評され、『美しさは十分だし、さらに善さも十分だ』とおっしゃり、また『武』の音楽を批評されて、『美しさは十分だが、善さはまだ十分ではない』とおっしゃった」(八佾《はちいつ》篇)、「孔子先生は斉の国で数ヶ月のあいだ『韶』の音楽を聞き習われ、すっかり感動して肉のうまさも解されなかった。『思いもよらなかった、音楽というものがこれほどすばらしいとは』」(述而《じゅつじ》篇)などと記している。

孔子をこれほどまでに感動させた音楽は、どんな楽器を用いて、どのように奏でられたのであろうか。この問いには、「曾侯乙墓」の発見が大きな手がかりを与えてくれる。

曾侯乙墓は、一九七七年に湖北省随州市（当時は随県）の擂鼓墩《らいことん》と呼ばれる丘で、建設工事中に発見され、翌七八年の発掘調査によって大量の遺物が発見された、春秋時代後期の諸侯の墓とされる。遺物上の記載から墓の主人は、前四三三年（一説には前四三四年）に没した曾侯乙であることがわかっている。

〈図〉は曾侯乙墓から出土した編鐘である。この編鐘には、各鐘が出す音についての銘文が金象嵌《きんぞうがん》で記されている。銘文と鐘が出す音の測定結果によって、一オクターブに一二の音が割り当てられていることと、絶対音高（イロハなどに対応）と相対音高（ドレミなどに対応）の概念のあったことがわかった。春秋時代当時の諸侯の宮廷では、このような楽器によって歌に伴奏が添えられたのであろうことが、従来よりもよくわかるようになったのである。孔子の聞いた音楽もおそらくは、曾侯乙墓から出土したような楽器によって奏でられたのであろう。

上海博物館所蔵の楚簡には、孔子が耳にした「韶」や「武」以外にも、これまで伝えられてこなかった数多くの曲目のあったことが記されている（『上海博物館蔵戦国楚竹書（四）』上海古籍出版社、二〇〇四年所収『采風曲目』）。これらから、古代中国の音楽は今日知られている以上に豊かだったことが容易に想像されるのである。

本節では、歌が口承から文字化されて定着していく過程、従来伝えられてこなかった新たな歌の様相、歌に対する古代の論評、歌に音楽を添えた楽器の様子などの面から、歌をめぐる出土資料が持つ意義を述べてきた。古代人の営為の結晶である出土資料によって、現代の私たちは古代の歌声を少しずつ目にし、耳にすることができるのである。

おぎの・とものり…**生年**＝一九七四年／**出身校**＝早稲田大学大学院文学研究科中国語・中国文学専攻博士後期課程単位取得済退学、博士（文学）／**現職**＝慶應義塾高等学校教諭／**主要著書・論文**＝（1）「『墨子』引詩考」『中国文学研究』第三〇期、二〇〇四年　（2）「「詩」と「志」――民国期以来の「詩言志」論」『早稲田大学大学院文学科紀要』第五三輯、二〇〇八年

図…曾侯乙墓編鐘（湖北省博物館蔵）

1 22

神話の消滅と誕生

吉富 透

今見られる中国先秦文献中の神話は、諸子による思想や文化等に合わせた改作を経ており、歴史化及び寓話化されたものが多い。そのため古くからの神話というよりも新たな説話・伝承と言い直した方が適切な様相を呈している。

ここではそのような神話を全て説明するのではなく、戦国楚文字文献に散見する宇宙・天文・天地に関する神話と神話の歴史化における問題及び感生説話（帝王の権威化のために、一般的に考えられない現象に感じて懐妊出産する説話）と異常生誕（帝王が一般人と異なる出生をすることで特殊な存在であることを更に権威付けた説話）について、どのように変化するのか伝世文献と併せて概観してみる。

先に神話の変化について一例を挙げてみる。神話が多い『山海経《せんがいきょう》』大荒南経には帝俊の妻である羲和《ぎか》が一〇個の太陽を生んだとあり、天上世界の神話描写に特徴がある『楚辞』では太陽の御者として登場する。しかし『尚書』堯典の羲和は暦法を司る氏族名である羲氏と和氏による天文暦法を司る職官名となる。このように羲和は神話の登場人物名から官職名に変化しているが、太陽運行と時間に関連しているという性質は保持されている。

その『山海経』には、本来図絵があったとされる。陶淵明の「山海経を読む」には「山海の図を流観す」とあり、『山海経』に注を施した郭璞《かくはく》には『山海経図賛』があることから、南朝晋の頃には図絵があったようである。また『楚辞』天問篇に対する後漢王逸の解題によると、先王や公卿の祠堂の壁に描かれていた図画を基に屈原が天に問いを発した作品と解釈されており、図絵と神話は密接な関係にあった。

図画に注目すると、曾侯乙墓出土衣装箱の二十八宿図は、当時の天地観を窺い知ることができる貴重な考古資料である。その上蓋両端には竜と虎が大きく描かれているが、この竜虎の原型は約六〇〇〇年前の河南省濮陽《ぼくよう》県の遺跡で発見された、蚌《からすがい》の殻で作られ墓主人の左右に置かれた竜と虎にまで遡るほどの伝統がある。五行説によれば竜は蒼竜、虎は白虎であり、それぞれ星宿においても東方と西方に配属されることから、その方角が判断できる。その中間には北斗七星を中心に二十八宿の名称が円状にある。よって時間基準となる北斗を天頂とした宇宙観が描かれている。また下箱は大地を表しており、その四面のうち一面は何も描かれていない。これは太陽の光が届かない暗黒の北方を示しているため、この衣装箱と図絵は古代中国の天地観(蓋天)を具現化したものである。

また『楚帛書』の四辺に描かれている十二月神の容姿は、『山海経』に記述されている神々の異形を思い起こさせるに十分である。この十二月神の名は『爾雅《じが》』釈天にあるものと一致し、また郭璞には『爾雅図賛』もあったことから、絵図を通して『爾雅』も説明されていたことが推測できる。

この『楚帛書』は大別して三篇からなる。各研究者の句読・解釈等様々だが、大要は天帝が定めた時間を遵守することにあり、また天帝(炎帝)が民の不善行為に対して災禍を下す教戒にある(森和「子弾庫楚帛書の天人相関論について」『中国出土資料研究』第一一号、二〇〇七年)。

この天帝と時間の関係に注目すると『楚帛書』には日月がなかった頃、雹戯《ほうぎ》(伏羲)が女皇(女媧《じょか》)を妻として生まれた四人の子を交代させることで四季の一年ができた。一一〇〇年後、日月が生じたものの天地が不安定となり、炎帝が祝融《しゅくゆう》に命じて天地を安定させ、帝俊が日月を運行させた。その後また時間が乱れたため共工によって宵・朝・昼・夕の時間区分がなされた、という一連の時間制定の神話がある（池澤優「子弾庫楚帛書八行文訳註」『楚地出土資料と中国古代文化』汲古書院、二〇〇二年、拙論「共工伝説再考」『人文科学』第六号、大東文化大学人文科学研究所、二〇〇一年）。

『山海経』海内経によると炎帝・祝融と共工は系譜が同じで、共工の孫である噎鳴《えつめい》が歳を一二生んだとある。このことから噎鳴も時間の神である。また『山海経』には帝俊と羲和の間に一〇個の太陽、常羲との間に一二個の月が誕生する神話がある。これは十干十二支を定めた伝承を神話的に表現したものかもしれない。このように『楚帛書』と『山海経』には共に炎帝一族による天文暦法に関する神話伝承が記されている。『楚帛書』は天地の安定による時間制定を述べ、結果的に図絵を通して十二月神を説明することが最終目的にあったと考えられる。この十二月神は『爾雅』に記載され伝えられていくが、『楚帛書』の時間制定神話は、楚の滅亡後、変化しながら漢代に継承されていく。

さて帝俊は、五行思想の影響が見える黄帝の登場とともに漢代に消滅するため、その素性がはっきりしない。そのため帝俊は歴代にわたり帝嚳《こく》や帝舜等であると解釈されてきた。しかし『山海経』海内経に「帝俊は、羿《げい》に赤い弓と白羽の矢を賜い、下（＝夏）国をたすけさせた。羿は初めて天下の様々な困難を取り除いた」という伝承があり、『楚辞』天問篇に「天帝は夷羿を降して、夏の民の禍を改めさせた」とあることから、天帝としての帝俊の存在がクローズアップされる。また夏＝下の音通から夏の時代の伝承と見ることができる。『尚書』胤征《いんせい》に仲康の時、羲和が天文観測の職務を怠ったとあるものは、内容は違うがこれも夏の伝承である。これらを総括すれば天文暦法を巡る神話と歴史伝承の各異伝となる。

次に中国神話における天地に関する伝承を概観してみる。『尚書』呂刑と『山海経』海内経・『国語』楚語上には、重《ちょう》と黎《れい》が天を押し上げ地を押し下げた天地開闢《かいびゃく》説話が記録されている。このことから本来天地は一つであったものを分離させたと考えられていたことになり、天が固体であるため押し上げることが可能であったことが窺える。この影響を受けた『淮南子』覧冥訓には、太古に天地が崩れかけたとき女媧が五色の石で天空を、鼈《すっぽん》の足で大地を補修したとある。またこのような天地観から天が崩れるのではないかと心配する杞憂の故事が思い起こされる。杞は夏王朝の後裔が封じられた地であるため、気として説明される一般的な蓋天観と対照的な古い観念を保持していたことを表そうとしたに違いない。また三国呉の『三五暦記』に見える卵の殻に喩えられた世界に誕生した盤古の世界も渾天《こんてん》観(天地が鶏卵のように水に浮かんでいる宇宙観)に基づく。蓋天と渾天の宇宙天地観の違いには、このような神話の影響があったのだろう。

また女岐(女媧)が夫もいないのに多くの子供を生んだとあり(『楚辞』天問篇王逸注)、俗説として天地開闢以後、女媧が人間を泥から創ったともある(『太平御覧』引『風俗通義』)。さらに『淮南子』説林訓の高誘注に、「女媧が人を造るときに変化した回数が七〇回」とあるように、後漢時代において女媧は人間創造の神と見なされていた。一方で後漢の王延寿「魯の霊光殿の賦」に伏羲は鱗の体で女媧は蛇の体であると表現されたような両者一対の姿は漢代画像石に多く見え、『楚帛書』の伏羲と女媧の夫婦関係を継承していることがわかる。

女媧が天地を補修した説話は、『楚帛書』の不安定な天地の秩序を正した神話が変化発展したものであり、後漢の『論衡』談天篇では、共工が顓頊《せんぎょく》と争ったときに不周山に触れたために天地が崩壊したのを女媧が補修したとあり、唐代『史記補三皇本紀』では共工と祝融との争乱後の天地補修に女媧が登場する。これは『淮南子』にある帝顓頊と共工が天帝争いをし、共工が不周山にぶつかったことで天の綱と地の柱が破壊されたという神話（天文訓）と、帝嚳と争ったとする異伝（原道訓）を基にした『史記』楚世家の、帝嚳の時に共工の乱を平定するために重黎が祝融（火正）となったものの征伐できなかったため誅伐され、弟の呉回が祝融になったという伝承を更に発展させて歴史にしたものである。

この祝融は『山海経』において南方の神（海外南経）であり、『墨子』非攻下では火神の特徴がある。この南と火は太陽と関係するため、ここでも時間との関わりを指摘できる。また『楚帛書』では炎帝と祝融は主従関係にあり、『山海経』海内経で祝融は炎帝の子孫とあるが、同海内経には黄帝の子孫ともある。また『史記』楚世家の祝融は、楚の祖先である重黎と呉回が就いた官職名であるが、出土祭祀楚簡の祝融は楚の代表的な祖先の名前である。その重黎の名前は『尚書』呂刑で重（南正）と黎（火正）に分かれており、『尚書』堯典の羲氏と和氏（共に火正）であるとする孔安国の説明は、天文観測の職務から理解を試みている。

これらの共通テーマを総括すると、神話では天変地異の克服者に次いで天文観測と暦法が制定されるのに対し、『尚書』には堯の時に羲和の天文観測に次いで洪水を治める禹の伝承があり、災害と天文観測はセットで語られる特徴がある。『国語』楚語にある重と黎が地天の通路を断絶して神と人との領域を超えなくさせた神話を参考にすれば、堯より以前は神々を中心とした世界、堯より後は人間中心の世界に大別でき、また神々の闘争による災害と自然災害の違い、時間の神から時間掌握の人事職務への変化が見られ、この過渡期が堯舜禹の禅譲時代となる。祝融が天帝の命を受けて禹の父鯀《こん》を殺す異伝は丁度この過渡期に当たる。また『淮南子』覧冥訓に女媧の治水伝承もあり、禹の治水や共工の処罰が『尚書』にあるように、これらの伝承は禅譲時代に集約されている。一方ここに取り上げた夏王朝までの伝承は、神話と歴史が混在したまま『楚辞』天問篇に残されている。

次に上博楚簡『子羔《しこう》』に見える三代の始祖誕生にまつわる感生説話と異常生誕説話を概観してみる（小寺敦「上海博楚簡『子羔』篇訳注」『出土文献と秦楚文化　創刊号　上海博楚簡『民之父母』『子羔』『魯邦大旱』訳注』上海博楚簡研究会、二〇〇四年、福田哲之「『子羔』の内容と構成」『竹簡が語る古代中国思想――上博楚簡研究――』汲古書院、二〇〇五年）。

これは、三王は人の子であるのか、それとも天の子であるのかという子羔の問いに孔子が答えたものである。竹簡の欠乏部分もあるが、要略すれば、夏王朝の始祖禹は母が何かを得たことで懐妊してその背中を割って生まれてすぐにしゃべりだし、殷王朝の始祖契《せつ》は母である有娀《ゆうじゅう》氏の娘が燕の卵を呑んで懐妊し、三年後にその胸を裂いて生まれて自分の名を名乗り、周王朝の始祖后稷《こうしょく》は母である有邰《ゆうたい》氏の娘が臣人の足跡を踏みつつ祈禱したことで懐妊したと説明されている。后稷の誕生部分が欠けており、禹と契のように母親の死と引き替えに生まれ、すぐに言葉を発したのかは不明であるが、戦国諸子にはこれら異常生誕説話と后稷の感生説話を伝えるものが少ないため貴重な資料である（李承律「上博楚簡『子羔』の感生説と二重の受命論」『中国出土資料研究』第一一号、二〇〇七年、富田美智江「戦国時代の后稷像――兼論上博楚簡后稷――」『中国出土資料研究』第一四号、二〇一〇年）。

また父である鯀が禹を生んだとする『山海経』海内経について郭璞は『帰蔵』を引いて呉刀で割いて禹が生まれたと注をつけており、『隋巣子』には禹の子である啓が石に化した母を破って誕生したとあるように、夏王朝の神話には犠牲を伴う異常生誕という特徴がある。この異常生誕は清華簡の『楚居』にも見える。

> 穴熊《けつゆう》は遅れて京宗に遷《うつ》り、ここで妣列《ひれつ》を妻にしようと湛水《じんすい》を遡った。妣列（の特徴的な様子）は耳がくねり曲がっていた。これを妻とし侸叔《とうしゅく》・麗季が生まれた。麗季は（生まれるとき）母体から自然に出生せず、母の胸を破って生まれたため、母は亡くなり天にのぼった。巫咸《ふかん》はその裂けた胸を覆うのに楚《いばら》を用いたの

で、今でも楚人というのである。

ここには麗季が母妣列の胸を破って誕生したとある。また『楚居』には伝世文献に見えない殷と楚の通婚関係をも述べていることから、楚の正統性が込められている（黄霊庚「戦国竹書『楚居』箋疏」『中国屈原学会第一四届年会暨楚辞国際学術研討会学術論文集（上）』二〇一一年、浅野裕一「清華簡『楚居』初探」浅野裕一・小沢賢二著『出土文献から見た古史と儒家文献』汲古書院、二〇一二年、拙論「『楚辞』天問篇の成立問題」『大東文化大学漢学会誌』第五一号、二〇一三年）。

ところで『史記』秦本紀には、始祖大業の出生に関して、契と同じく燕の卵を呑んだことによる感生説話があるが、殷本紀の契と同様に異常生誕は記されていない。一方、楚世家には陸終の六子が体を割いて誕生したとあり、異常生誕を楚に限定した『史記』の特徴がある。

これは漢代において王の正統性の主張が、「始祖の感生と異常生誕」というセットから、周后稷に見られるような「感生説話のみ」というものが主流になったことと無関係ではない。『史記』漢高祖本紀の劉邦感生説話では、母劉媼《りゅうおう》が夢で接した神は、実は父太公が見た蛟竜であったと述べられるだけで、異常生誕が見当たらない。これには殷周秦漢の各王朝と楚を対比させる意図があろう。

また漢代緯書《いしょ》（禍福吉凶・治乱興廃などを予言した書物。荒唐無稽な説話が多い）には、『史記』夏本紀にない禹の感生説話がある。

> 禹の母修己は、薏苡《よくい》（はとむぎ）を呑みて禹を生む。因りて姒《じ》氏を姓とす。（『礼緯含文嘉』）
>
> 命星、昴《すばる》を貫く。修己、夢に接して禹を生む。（『孝経緯鉤命決』）

『礼緯含文嘉』から『子羔』欠簡部分を補えそうだが、異常生誕の説明がない。一方『孝経緯鉤命決』は、命星と夢で接したという、漢高祖と同様の感生説話である。この変化は、前漢末に啓母石の祭祀が廃止されたように（『漢書』郊祀志下）、異常生誕が重視されなくなった時期と重なる。これは儒教の国教化を受け、高祖や武帝に近づいた方士たちが語っていた伝承との決別をも表している。

しかし神話は滅びることなく仙話としても発展し、やがて道教・小説等の分野で諸要素を加えながら継承していった。

よしとみ・とおる…生年＝一九六五年／**出身校**＝大東文化大学博士後期課程満期退学／**現職**＝青山学院大学非常勤講師／**主要著書・論文**＝（1）「『楚辞』天問篇研究序説―戦国楚簡『三徳』の読者対象者と「皇天」「后帝」から―」『中国出土資料』第一三号、二〇〇九年（2）「『楚辞』天問篇の存在意義について―『楚辞』四言の特徴から―」大野圭介主編『『楚辞』と楚文化の総合的研究』汲古書院、二〇一四年

1 23 画像は語る

菅野 恵美

古代中国の人々はどのように暮らし、遊び、そして喜怒哀楽を表現したのだろうか。また、どのような想像上の世界を描いたのだろうか。このような問いに端的に答えてくれるのが画像資料だ。特に漢代には、死者の眠る地下空間に画像を描き、そしてまた死者を弔う地上の祭祀施設にも絵を配するのが流行した。画像資料は情報量が多いが、見てかくの如しとは行かず、実は観る方にある程度の準備を要求する。特に墓に描かれた画像は祖先祭祀を目的とするということを踏まえて読み解かなければならない。そこで、この節では漢代の墓に飾られた画像を複数取り上げ、祖先祭祀と歴史からの視点で論じてみたい。

◈祖先祭祀と画像の関係

［①樹木図］

墓葬装飾の出現期である前漢時代において、中小の豪族の墓に頻出する画像が樹木と家屋の組み合わせの図像である。樹木の多くはスペード型で表現されることが多く、例えば〈図1〉は王莽期から後漢初期ごろの画像石で、これは墓樹として好まれた柏樹（日本のカシワとは異なる針葉樹。コノテガシワ）だろう。柏樹は死者の肉体を守る魔除けとしても好まれた。ところが後漢後期（後二世紀半ば）になると、樹木図は屈曲繁茂した様に大変化を遂げ、別の系譜を持つ樹木図が加わり、木の下で弓を構え樹上の鳥を射ようとする人物が描かれたりする。また、地域差もあるが、全体的に樹木図は不可欠な図像ではなくなり、描かれないこともある。

では、この屈曲繁茂した樹木図は何を意味しているのであろうか。実際、「仁」や「孝」という徳目は、樹木の枝葉が繁茂して幹や根が充実していることで表現される（『後漢書』延篤伝、孝仁論）。このような樹木表現は、墓の主人、つまり死者の徳が高いことを示しているのだろう（以上、拙著『中国漢代墓葬装飾の地域的研究』後篇第二章、勉誠出版、二〇一二年）。

描くことによって墓の主人の安寧を望むだけでなく、孝や仁といった儒教的徳目が高いことを示し、あるいはそれを高める、そのために画像は描かれるようになっていった。この傾向は、後漢後期に最も高まる。次にこの現象を顕著に示す祥瑞図を見てみよう。

図1…河南唐河県針織廠一号墓拓本
（周到、李京華「唐河梁織廠漢画像石墓的発掘」『文物』一九七三年第六期）

［②祥瑞図］

祥瑞図は後漢後期以降に急増する題材である。分かり易い例としては、鳳凰や龍などが挙げられるだろう。祥瑞は皇帝の徳治に対し、天が反応して下す事物・現象であるので、当時の流行は天下太平と後漢王朝の正統性を讃えるため、人々がその証明となる祥瑞図を描いたとも言えるだろう。しかし、それだけでは後漢後期の祥瑞図の多さは説明しきれない。祥瑞図は一見、祖先祭祀と関係がないように見えるが、実は祖先の霊の安寧と子孫の繁栄を願う行為と大きな関わりがある。

例えば、〈図2―1〉では、家屋建築物と樹木の組み合わせが描かれ、樹木の下には手を差し伸べている人物がいる。前述のように、樹木と家屋建築物の組み合わせは前漢期によく描かれた図像の組み合わせであったが、後漢になると減少する。ここで樹木が描かれているのは、もはやこれまでのような家屋建築物との関係だけのためではない。実は、これは「甘露《かんろ》」という祥瑞現象の一つで、それを表現するのに樹木図が必要だからである。後漢中期の人、王充が「甘露は樹木に付着し、穀物には付かない」（『論衡』是応篇）と述べるように、天から降る「甘露」は樹木に付着すると考えられていた。また李翕《りきゅう》の西狭頌《せいきょうしょう》摩崖《まがい》「五瑞図《ごずいず》」には「甘露」が描かれる。そこには木の下で手を差し伸べる人も描かれ、傍らに「承露人（露をうける人）」と記載されている〈図2-2〉。

これらの祥瑞は、明らかに墓の主人らを祝福して描かれている。このような祥瑞は、もちろん、皇帝の行為に対して天より降されたのではないようだ。当時の人々は個人の行為が極限にまで達すると、それが天に届き天が祥瑞を降すと考えた。例えば後漢中期から後期の人、王符は「布衣の人（普通の人）でも、積善して怠けなければ、（孔子の弟子である）顔淵や閔子《びんし》のような賢人に到達できる」（『潜夫論』慎微）と述べている。つまり王符は、天から与えられた人間の先天的なものは、変えられない訳ではなく、主体的行為によって上昇できると説く。天の絶対性が揺らぎ、人が天へ作用する足場を準備する思想と言えよう。

そして更に、後漢の人々は、それが代々繰り返されることで徳が継承され、積み重なるとも考えたようである。例えば、後漢後期の人、蔡邕《さいよう》は、先祖の墓に白い兔が出現したことを次のように讃えている。「祥瑞は何も周の文王や武王のように、天下の支配者にのみ下る物ではない。賢人や君子は仁と徳を実践する者なので、やはり彼らにも祥瑞が下るのだ。私の先祖は代々、父に至るまで孝に適《かな》った行いをしてきた。そこでと

図2-1…江蘇徐州銅山大廟墓拓本
(徐州博物館「江蘇徐州大廟晋漢画像石墓」『文物』二〇〇三年第四期)

図2-2…李翕の西狭頌摩崖「五瑞図」拓本局部
(Edouard Chavannes, *Mission Archeologique dans la Chine septentrionale*, Paris, Imprimerie National, 1909)

うとう我が家の墓に祥瑞が出たのである」（『祖徳頌』）と。考えてみれば、祖先祭祀そのものが孝の実践であり、その反復により徳が堆積し、天に作用するまでになる。つまり、祖先祭祀の延長に祥瑞がある（拙著後篇第三章）。

以上をまとめると、墓室に祥瑞図を描くのは、儒教的行為の実践の結果、天が墓の主人に感応したことを示すためである。また、描くことで重層的に意味を付け加え、墓の主人の徳を称賛し倍増させることができる。徳の継承性があると考えるならば、樹木図や祥瑞図を始めとする画像によって死者を称える行為は、結果として、それを行う子孫の安寧と繁栄、死後の昇仙などに直結して行く。

◈画像の語る言外の意味

史料はしばしば、当たり前のことについては述べず、或いは、理念的なことばかりで実際のところには触れないこともある。それが中国の王朝によって編纂された「正史」であれば尚更であろう。儀礼空間に描かれた画像も理念的な世界に満ち溢れている。しかし、画像やその元となった物語からイメージの重層性を読み取ることは可能だ。

次に示す図像はその格好な材料を提供してくれる。これは山東省嘉祥県武氏祠堂に今も保存される後漢時代の祠堂画像石である〈図3〉。台形の橋を中心に、上下で戦闘場面が描かれる。長年、この図像の主題が不明であったが、近年この主題が内蒙古のホリンゴール墓の壁画に記された「七女為父報仇（七人の娘が父のために仇を討つ）」だと明らかになり、他にも同じ主題の画像石が周辺地域から発見されている。この物語は、具体的な内容は一切不明なままだが、画像中に強調される要素から、周辺に横たわる問題を掘り下げることで、

図3…武氏祠堂石室第六石の「七女為父報仇」図拓本（『中央研究院歴史語言研究所蔵漢代石刻画象拓本精選集』中央研究院歴史語言研究所、二〇〇四年）

この図像の歴史的文脈を明らかにすることが可能である。

では、極めて象徴的な要素は何か。それは、戦闘の一方が官吏であり、もう一方が女性および身分の低い男性達だということ、そして橋の上が舞台だということである。

ここでは女性という点に絞って見てみよう。この図像が持つ「七女」(七人の娘)というキーワードを手がかりに史料を見ていくと、漢代の物語には、「七女」や「五女」などの娘達に関係する遺跡や逸話が多数あり、いずれも兄弟の無い姉妹の物語で、多くが両親の死後に祖先祭祀を行う話に繋がる。実際、この図像が出土する山東省を中心とした黄河下流域一帯は、女性に関係した遺跡が多い。注目すべきは、そのほとんどが男性の子孫が無い家で、女性が実家のために嫁がずに墓を保持し、両親の弔いを続けたことを称えた遺跡であることで、漢代から明清までの長い期間、同じ理由で祀られている。

以上導き出された要素「男性子孫の不在」「女性の子孫による祖先祭祀」「嫁がない」は、王朝の統治理念と大きく矛盾する。なぜなら、国家が広い領土を直接的に統治しようとする場合、最も重視すべきは、賦役の対象となる戸籍で管理された農耕民である。彼らは穀物と布帛《ふはく》(麻布や絹織物)の供給者として、戦国時代より富国強兵を目指す国々が依拠すべき存在であった。衣服の生産は女性に委ねられつつあった。王朝にとって、各家庭は一対の夫婦と子供達から成る少数家族であるのが望ましく、成人した男性は家庭を持ち新たに戸籍につけられ、女性は嫁いで農耕を行い、布帛の徴収対象となるのが理想である。

だが実際、布帛の経済価値は高く、特に黄河下流域は商業活動の盛んな地域であり、女性の労働力は小さなものではなかったようだ。再婚も盛んになされている。女性と実家の結びつきは経済上強かった。

また、漢代、特に後漢時代、儒教的理念から、男性子孫による祖先祭祀がより一層重視されていく。このような状況の中、黄河下流域で実際行われていた女性による家の継承や未婚などの要素は、漢王朝の統治理念とは相反する。ただし、ここに手厚い祭祀、そして父のための仇討ちという要素を加えると、たちまち儒教的な列女の物語に変身し、祖先を祭るに相応しい物語そして図像として、祠堂や墓室に飾られるのである（以上、拙著後篇第一章）。

ここから見えてくるのは、領域国家が掌握できない人々の存在である。その一つに、国家の農本主義および「家」への理念に反する、夫権の下に収まらない女性たちがいた。それを成り立たせていたのが黄河下流域の商業性の高さ、環境の多様性であろう。この図像は黄河下流域で好まれた。ここに地域的特徴の一例が示される。後漢という時代は、一見均一的な漢文化の広がりに目を奪われがちであるが、ここに理念的な統一に抗う地域性が見えないだろうか。

かんの・えみ…**生年**＝一九七三年／**出身校**＝学習院大学博士課程修了／**現職**＝関東学院大学国際文化学部准教授／**主要著書**＝（1）『中国漢代墓葬装飾の地域的研究』勉誠出版、二〇一二年　（2）「黄河下流域における交通と図像の流通について」葛剣雄・鶴間和幸編『東アジア海文明の歴史と環境』東方書店、二〇一三年

1 24 地域の取り決めを記す

小嶋 茂稔

古代中国の中央集権的国家統治を支えた「郡県制」はよく知られており、現在の日本の高等学校世界史B教科書でも触れられている。しかし、その概要こそ『漢書』や『後漢書』などの史料で窺い知れるものの、郡県制の枠内で形成された社会秩序のあり方については、既存の文献から十分な理解を得ることは容易ではない。

一九七三年に河南省偃師《えんし》県の南約二〇キロ緱氏《こうし》鎮南家村で出土した「侍廷里父老僤約束石券」（以下「約束石券」と言う）に記された内容は、後漢時代の在地社会の有力者が作った「僤《たん》」と呼ばれる組織の存在を現在に伝えるもので、郡県制下の社会秩序のあり方を窺い知れる貴重な資料である。この石券は、高さ一・五四、幅〇・八〇、厚さ〇・一二メートルの大きさで、石券自体〈図1〉は現在河南省偃師商城博物館に所蔵されている。まず、その原文を掲げ次いでその現代日本語訳を提示しよう（行頭のアラビア数字は行数）。

〈原文〉

1　建初二年正月十五日、侍廷里父老僤、祭尊
2　于季・主疏左巨等廿五人、共為約束石券里治中。
3　廼以永平十五年六月中、造起僤、斂銭共有六万
4　一千五百、買田八十二畝。僤中其有訾次

5　当給為里父老者、共以客田借与、得収田
6　上毛物穀実自給。即訾下不中、還田
7　転与当為父老者。伝後子孫以為常。

図1…約束石券（永田英正編『漢代石刻集成』図版編、同朋舎、一九九四年）

8 其有物故、得伝後代戸者一人。即僤
9 中皆訾下不中父老、季・巨当共仮賃
10 田、它如約束。単候・単子陽・尹伯通・錡中都・周平・周蘭
11 〔父老〕周偉・于中山・于中程・于季・于孝卿・于程・于伯先・于孝
12 左巨・単力・于維・錡初卿・左中・〔文〕□・王思・錡季卿・尹太孫・于伯和・尹明功

〔現代日本語訳〕

建初二（七七）年正月一五日、侍廷里父老僤の祭尊の于季と主疏の左巨ら二五人が、共同で約束石券を里の治中に作った。さきごろ、永平一五（七二）年六月中に、僤を結成して、共同で銭・六万一五〇〇を拠出して、田八二畝を購入した。僤の中で、里の父老になる資格を満たす資産を有している者は、共同で客田を借用し、その土地からの収穫物をもって、里父老の務めを果たすために必要となる経費に充てることができる。もし、資産が減少して（里の父老になる資格を喪い）里の父老にならなくなった場合には、土地を還し父老となる者に土地に関する権利を譲る。このことは子孫に伝えて変わらぬ決まりとする。亡くなるものがあった場合には、その戸の後継者一人に（土地に関する権利を）継承させることができる。もし、二五人で結成した僤の構成員が全員資産が減少して父老となる資格を喪なった場合には、（于）季と（左）巨らが共同で土地を貸し出して使用料を取ることとする。以上の約束を定めた。（以下列挙されているのは、文中にも出てくる二五人の人名である）

この石券から、永平一五年に、侍廷里《じてい》で二五人の人物によって「僤」が結成され、銭を出し合って土地を購入したことと、その土地購入の目的は、里父老の役割を担う場合に必要となる経費を予め確保しておくためであったことが分かる。郡県制的国家統治のもとで朝廷から長吏（いわゆる「郷挙里選」を経た正式な官人）が派遣される最小の行政単位は県であるが、実は県はさらに複数の郷に細分化されていた。里とは、この郷の下部に位置づけられる、漢代の中国社会における農民の日常生活の基本的な場であった。侍廷里がどの県に属するかは石券には明示されていないが、後漢時代の歴史地理に関する基本史料である『続漢書』郡国志の河南尹《いん》の条によれば、当時河南尹には「匽師」県が存在していたことが分かる。石券が発見された場所から考えると、この「侍廷里」は、後漢時代の匽師県に所属していた可能性が高い。

父老については、かの劉邦が咸陽《かんよう》に入った際に「法三章」を約して、「私が（咸陽に）来た理由は父老のために害を除くことであって、侵略して暴力を働くためではない」（『史記』高祖本紀）と語ったことが知られるように、従来、在地社会の指導者層と考えられてきた。この石券の発見によって、父老の職務に多額の経費が必要なこと、それに対処するために同一里内の人々が「僤」と呼ばれる組織を結成して土地を共同購入して、その土地からの収穫物によって、里父老としての経済的負担を緩和しようとしていたことが分かった。

後漢時代のものとされる出土資料の中には、こうした在地社会での取り決め事を石に刻んで後世に残そうとしたものもある。この石券に記された内容で興味深いことは、土地を共同購入した人々が「僤」と呼ばれる組織を結成したことである。実は後漢時代の石刻資料の中には、この「僤」に相当する存在を現在に伝えるものが複数存在しており、当時の国家からの諸負担に対する在地社会の対応を垣間見ることが出来る。

その例として、まず「昆陽都郷正衛弾碑」を挙げよう。この碑は、宋代の洪适『隷釈』巻一五に著録されている。文字の欠落した部分が少なくないものの、「僤」(「弾」や「単」と表記されることもある)に関する貴重な情報を伝えてくれるものである。必要な部分のみ原文の雰囲気を伝えるために訓読文を示すならば、「(前略)夫《そ》の傜役の均しからざるを愍《あわれ》み、……、是に於てか、賦を軽くし、……単を結びて府に言い、科例を斑董《はんとう》し、……、時に臨みて顧[雇]を慕[募]り、居民を煩わさず。時に太守・東郡の瓌《かい》、丞・済陰の華林、民隠を憂卹《ゆうじゅつ》し、……是れ自りの後、黎民用て寧《やす》く、吏に荷擾《かじょう》の煩無く、野に愁痛の声無し」となる。この史料は、昆陽県の県令(欠字が多く姓名不詳)が、傜役労働負担の不均等な状態やそもそも重い賦の負担を軽減するために「単」を結び、「単」の結成は県の上位機構である郡の承認も得られ、傜役は雇用労働でまかなわれることになり、その結果民の負担が軽減された、という内容が記されている。この碑文は欠字も多く、また原石・拓本も伝えられていないものの、『隷釈』に著録された文字から碑が建てられたのは中平二(一八五)年正月であることが読み取れる。黄巾の乱(一八四年)後の混乱した世相という点をある程度考慮しないといけないが、県の責任者である県令の主導のもと、農民の傜役労働負担を軽減したことを讃える碑が建てられたことが確かめられる。

なお、石に刻まれた資料の中には、「約束石券」のように、何らかの形で土中から発見され、考古学的な調査を経た上で学術的資料として利用されているものの他、原石は失われ拓本によって内容が現在に伝えられるものや、この「昆陽都郷正衛弾碑」のように、拓本すら残されないものの刻まれた文章だけが書物に収められて今日に伝わっているものも多く存在する。拓本すら伝わらないものを「出土資料」と呼称できるかどうかは議論が分かれようが、金石に刻まれた文章を歴史史料として用いることは宋代以来行われて来たことであり、先に紹介した『隷釈』の記述を、当時現存した出土資料に相応する資料の記録と考えれば、今日でも広い意味での出土資料として考える余地があるのではないだろうか。

さらに、一九三四年に発見された「魯陽都郷正衛弾碑」も貴重な資料である。この資料も文字の欠けた部分が多いが、「弾」に関して必要な部分のみ、原文の雰囲気を伝えるため訓読文にて提示すると、「民欲する所を獲て、復《ま》た賦を出さず。官吏……弾の利を紀す。……弾を□(結か)び、国服もて息と為し、本存して子衍し、上は正衛に供し下は更銭に給す」とある。県が主体となって弾を結成させて、「弾の利」によって、正衛や更銭といった当時の農民にとっての重い負担を軽減させた経緯が記されている。「昆陽都郷正衛弾碑」と併せ考えれば、後漢時代の黄河流域においては、県が主導しつつ弾を結成することで、結果的に徭役労働に関わる農民の負担を一定程度軽減させる方法が普及していたことが窺い知れる。

図2…張景碑(永田英正編『漢代石刻集成』図版編、同朋舎、一九九四年)

後漢時代には、作弾を積極的に推進した地方官を顕彰する碑も建てられている。『隷釈』巻五に著録される「酸棗令劉熊碑」である。残念ながらこの碑は、原石はすでになく（なお、一九一五年にこの碑の碑陰の残石が河南省で発見され、現在河南省延津県文化館に収蔵されている）拓本だけが伝世している。『隷釈』に収められた碑文の中から、劉熊の結弾に関する事跡を述べた部分を、やはり原文の雰囲気を伝えるために訓読文にて提示すると、「能を量り宜しきを授け、官に曠事《こうじ》なし。□□正と為し、卒を以て吏と為す。蒸民の労苦均しからざるを愍み念《おも》い、為に正弾を作り、問吏を造設す。富者は独り逸楽せず、貧者は……」とある。この「酸棗令劉熊碑」自体は、陳留郡酸棗県の県令として「善政」を施した劉熊の顕彰碑であり、直接に地域の取り決めを碑石に刻んだ資料という訳ではない。しかし、県令の行った善政の具体的事例として弾を結成したことが碑文の中で特筆大書されているということは、当時の黄河流域の社会にとって、結弾を通して徭役労働の負担軽減をはかることが大きな効果を果たしていたことが窺い知れる。

後漢時代には、県が主体となって結弾を行う事例の他に、毎年の農耕儀礼に際して土牛（立春の日に勧農を目的として立てられた土製の牛）を製作する負担を自ら負う代わりに徭役等の免除を郡に申し出た事例が存在する。一九五八年春に河南省南陽市の南城門里の東で出土した「張景碑」がそれである〈図2〉に拓本を示した）。在地の農民に課せられた力役労働で作成することになっている土牛に関して、張景という人物が、「願わくは家銭を以て土牛・上瓦《じょうが》屋《おく》・欄楯《らんじゅん》・什物《じゅうぶつ》を義作し、歳歳作治せん」と、自ら費用を供出して土牛やそれを安置する建造物を作成することを申し出て、その替わりに「県吏・列長・伍長と為し、小徭を徴発せざらんこと」を願い出て、認められたことが読み取れる。土牛とその関連施設の経費を負担してまでも免除を求めたいほど徭役の負担感が大きかったということなのか、はたまた経済的に有力な階層にあった人々が私財を投じてまで在地社会に対する巨大な負担を引き受け、その替わりにその他の徭役負担を周辺の農民に負わせたということなのか、張景なる人物の行為の背景までを読み取ることは困難である。ただ、碑文によれば、張景の申し出を受け入れた南陽郡が宛県に文書を下達したのは延熹二（一五九）年八月一七日のことであったという。

後漢の中後期にかけて、「約束石券」に代表されるように、在地の人々が「僤」を結成して国家に対する負担を軽減しようとした動きを示したことの歴史的背景については別途考察が必要であるが、そうした取り決めを石に刻んで後世に残そうとした人々の営為の持つ意味は現代に生きる私たちにも理解しやすいであろう。確かに後漢時代は多くの碑が建造された時代ではあったが、その多くは死者を顕彰する目的をもった墓碑であった。しかし、一方で、紙や木・竹簡とは異なって、長期に亙って人々の目に触れることが期待されるだけに、「約束石券」に見られる「僤」の中の取り決めや、「張景碑」に見られる張景に認められた徭役免除の規定が、石に刻まれて結果的に今日まで伝えられたということになろうか。近年続々発見されている戦国〜前漢初期の木・竹簡に比較すれば情報量は少ないかもしれないが、郡県制下の古代社会に生きた人々の日常の生活に迫りうる、こうした在地社会の取り決め事を記した石刻資料が、今後も発見されることが期待される。

なお、文章中の引用史料の現代日本語訳や訓読文の作成にあたっては、籾山・永田・渡邉・飯尾諸氏の編著・論考（巻末「お薦め文献」参照）に多くを依拠した。

こじま・しげとし…**生年**＝一九六八年／**出身校**＝東京大学大学院人文社会系研究科博士課程修了／**現職**＝東京学芸大学教育学部准教授／**主要著書・論文**＝（1）『漢代国家統治の構造と展開』汲古書院、二〇〇九年　（2）「漢魏交替と「貴族制」の成立をめぐって」『歴史評論』七六九、二〇一四年

25 中国古代のボードゲーム

鈴木直美

前漢文帝のころ（前二世紀半ば）、皇太子（のちの景帝）と呉国の太子が六博というゲームをした。熱中した二人は喧嘩になり、カッとなった皇太子がゲーム盤で太子を打ち殺した。太子の父である呉王は嘆き、大いに漢王朝を怨んだ（『史記』呉王濞列伝）。この少年たちのゲームをめぐる諍いは、のちの呉楚七国の乱への火種となり、王朝を揺るがすことになる。

◈六博というゲーム

六博とは将棋盤に似た盤の上でコマの進み方を競う、双六のようなゲームであり、また賭け事でもあった。このゲームは、戦国時代後期（前三世紀前半頃）から数百年の長きにわたり楽しまれていた。後漢時代（二世紀）に『楚辞』という書物に注釈をつけた王逸は、この六博について六本の箸（スティック）をサイコロとして投げながら、六個ずつの駒を動かすゲームであると説明している。実際にどのような道具が使われたのか、以下にみてゆこう。

〈図1〉は先の皇太子の事件と同時代に使用された六博セットである。これは湖南省長沙市の馬《ば》王堆《おうたい》三号墓という墓葬から副葬品として発見された。セットの内容は漆塗りのゲーム盤、象牙製の箸（長いもの一二本、短いもの三〇本）、大きな駒（黒六個・白六個）、小さな駒三〇個、十八面体のサイコロ、小刀二種である。ゲーム盤上には四角形と鉤形からなる幾何学線が引かれ、その間に四羽の鳥が描かれている。ちなみに、このゲーム盤上の幾何学線が形作る紋様は博局紋と呼ばれるが、博局とは六博の盤という意味である。

このセットは先にしめした王逸の説明よりも道具が多く、全ての道具を同時に使用して遊んだのかはわからない。事実、他の墓葬からゲーム盤と箸六本、駒一二個からなる六博セットも出土している。その一方で、ゲーム盤の幾何学紋様が違うものや、箸・駒の数が異なるセットも発見されているから、セット内容や遊び方は時代や地域により異なっていたらしい。「らしい」というのは、史料の記述や出土品を検討してみても、その遊び方やルールがわからないのである。ただ、ゲーム盤上には駒を置くポイントがあり、そのポイ

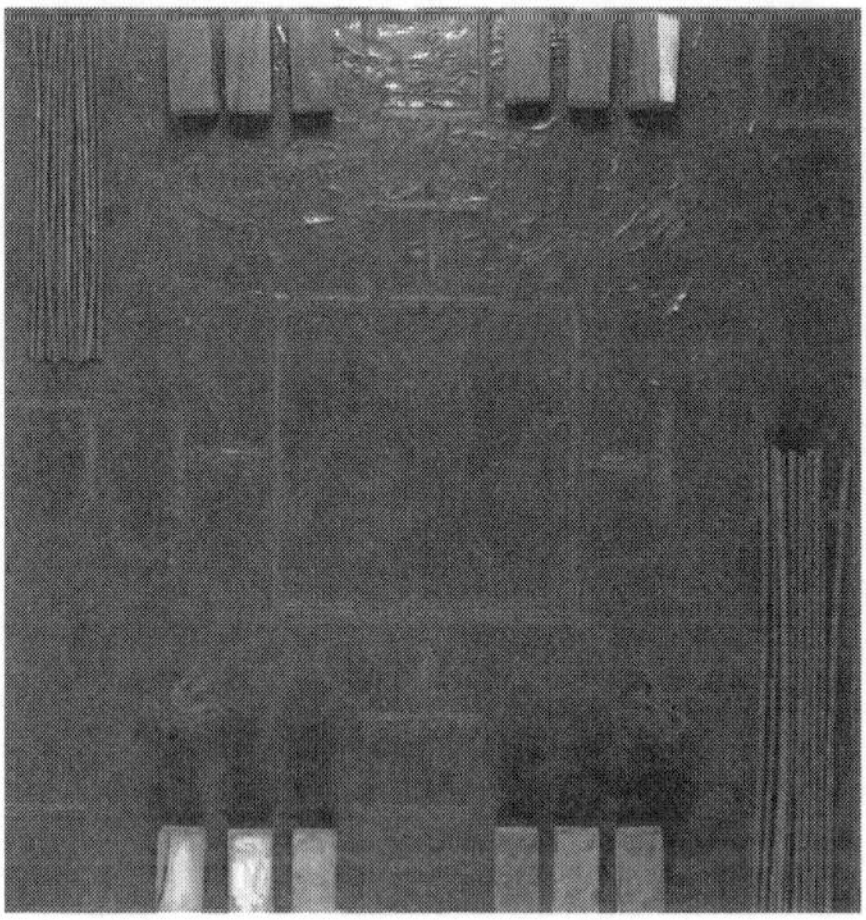

図1…六博セット（馬王堆三号墓）（NHK・NHKプロモーション編『―世界四大文明―中国文明展』NHK・NHKプロモーション、二〇〇〇年、図六八より）

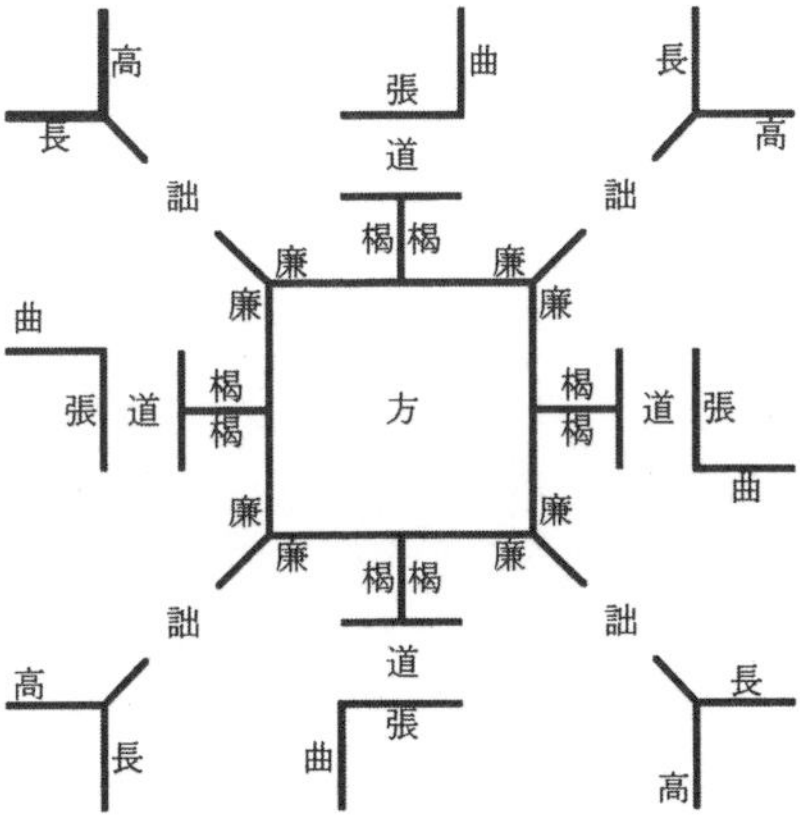

図2…駒を置くポイント（上田岳彦作成）

ントは、「方・廉・楬・道・張・曲・詘・長・高」と名付けられ、〈図2〉のように配置されていた。もちろん、盤上に文字が振られていたわけではなく、このポイントの位置は後述する「博局占」という占いが発見されてはじめて判明したものである。

なお、先の馬王堆三号墓の六博セットは漆で彩られ、象牙製の小物をともなう豪華な品であった。ただ、他の出土品をみてゆくとゲーム盤は必ずしも漆塗りとは限らず、青銅製のものや、ひいては素焼きの板にあとからフリーハンドで線を引いたものまである。手近に駒や箸として使える物があれば、誰でも「ちょっと一局」を楽しむことができたのであろう。つまり、六博に興じたのは、皇太子や高官だけではなく、もっと幅広い階層の人たちだったのである。白熱する対局の様子は、墓葬・祀堂（墓上に設けられた祭祀施設）を彩る壁画や画像石（レリーフ）においても、賑やかな宴会の点景としてしばしば描かれている。

◈西王母信仰と六博

次に、六博には単なるゲームに留まらない一面があることを記しておきたい。前漢末の建平四年（前三）正月、西王母を信仰する人々が、御託宣があったと騒ぎ立てながら、長安の都にまで乱入した（『漢書』五行志下之上）。西王母というのは、西方にある崑崙山という神山に住み、不老長寿の仙薬をもつ女神のことである。西王母を信じる人々は、祭壇に六博を置き、歌い踊って西王母を祭ったという。いうなれば、六博は西王母のための祭具であった。

前漢末から後漢にかけての墓葬や祀堂には、西王母の図像が好んで描かれる。〈図3〉でいえば、上段中心に鎮座しているのが西王母である。そして、右下の欄に目を移すと二人の人物が六博で対局しており、人々

図3…西王母と六博。西王母の右肩上に「田(西)王母」の銘がみえる。(西戸口画像石)(山東省博物館・山東省文物考古研究所『山東画像石選集』斉魯書社、一九八二年、図二二九をもとに筆者作成)

図4…羽人による六博。「先人博」の銘がみえる。(簡陽三号墓石棺)(中国画像石全集編輯委員会『中国画像石全集』七(四川画像石)、河南美術出版社・山東美術出版社、二〇〇〇年、図九八を加工)

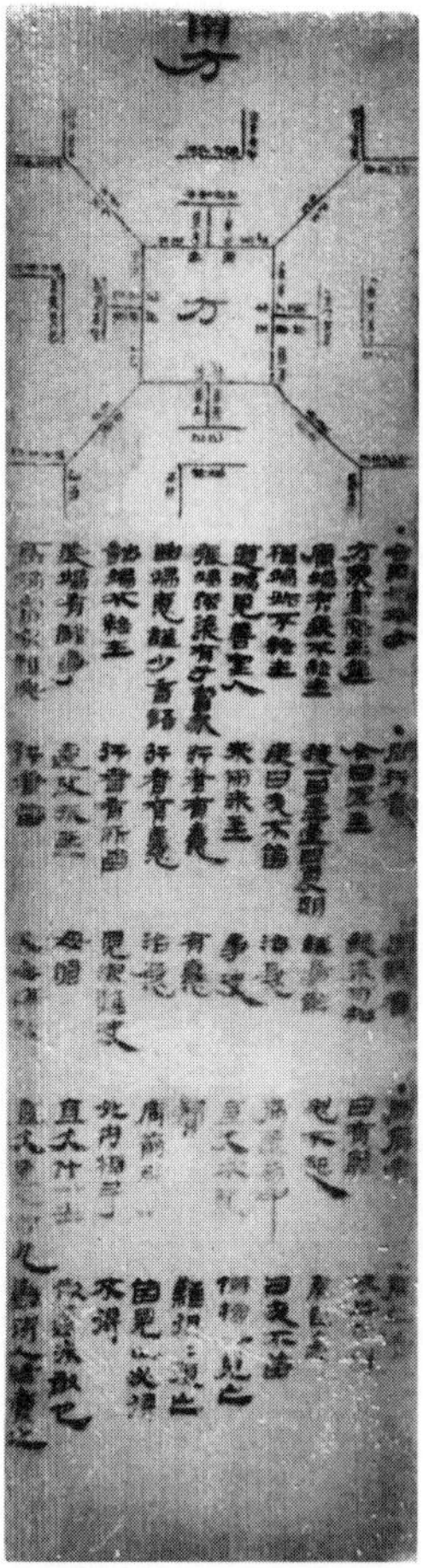

図5…「博局占」(尹湾六号墓)(連雲港市博物館・東海県博物館・中国社会科学院簡帛研究中心・中国文物研究所『尹湾漢墓簡牘』中華書局、一九九七年)

が西王母を祭る様子を彷彿させる。西王母と六博を組み合わせた図像は、二〇〇年にわたり現在の山東省、陝西省、四川省などの広い地域で墓葬・祀堂を彩る重要なモチーフとして描かれており、西王母と六博が密接な関係にあり続けていたことが理解できる。

さらに、後漢の中頃（一世紀末）になると、墓葬における六博図像にはあるヴァリエーションが加わる。それは、六博をする者が人間から、背に羽のある羽人に変わることである〈図4〉。この羽人には、西王母のために薬草を採取したり、不老長寿の象徴である玉を人に手渡したりする役割がある。また、六博に用いる箸には「籌」の別名がある。「籌」は計算に用いる算木でもあり、『説文解字』（後漢、許慎の編纂した字書）によれば、寿命の「寿」と同音であるから、そこから寿命の長さを連想させる。そもそも中国古代では、墓葬とは死者にとっての住まいであるから、羽人が六博をする図を描くことで、死後の世界における死者の安住と永世を願っているのであろう。

◈占いに使われた博局紋

上述の西王母信仰と直接関係するかは不明であるが、建平四年の騒乱と同時期の墓葬から興味深い資料が発見されている。それは江蘇省連雲港市尹湾《いんわん》六号墓→2-15出土の「博局占」（命名は整理報告者による）という占いである。この占いは結婚や旅行の日取り、訴訟事件・病気・逃亡の起こった日付による結果について、その善し悪しを知るためのものである〈図5〉。

「博局占」は幅広の木簡に書かれており、上段に博局紋、下段に占文が配される。博局紋の方形内部には「方」、上部には「南方」と大書され、線に沿って干支（十干十二支。ここでは日付をしめす）が書き込まれている。下段の占文には事柄ごとの吉凶が述べられている。この占文中の吉凶、いわゆる大吉・小吉にあたる部分は、先ほどのゲームで駒を置くポイント名「方・廉・楬・道・張・曲・詘・長・高」で表されている。つまり、「博局占」は、自分の占いたい事柄について、その日付(干支)が博局紋上のどのポイントに当たるかで吉凶を判断するのである。先に、ゲーム盤上のポイント名とその位置は不明であったと述べたが、占文にしめされた「方」以下の並び順にしたがい、「博局占」にしめされた「方」字から干支をたどることで、ポイントの位置が判明したのである。

このようにゲーム盤の紋様と占い、あるいは信仰とゲームが結びつくのは決して奇妙なことではない。例えばトランプは身近な遊びであると同時に、トランプ占いにも使用されよう。人智を越えた偶然に先を委ねるという点で、ゲームや賭け事は占いと親近性をもつ。占いとは神意をうかがう行為であるから、占いや祭具としてゲームを用いるのは自然なのである。

◈吉祥紋としての博局紋

ここまで六博と、西王母信仰や占いとの関わりを述べてきたが、この博局紋をどこかでみたことはないだろうか。実はこの博局紋は、前漢中期から後漢にかけて銅鏡の意匠としても大いに流行したのである〈図6〉。博局紋を鋳込んだ銅鏡のことを、方格規矩鏡《ほうかくきく》と呼ぶ。方格規矩鏡では博局紋の間に四神(青龍・白虎・朱雀・玄武)などの神獣が描かれたり、おめでたい吉祥文が書かれたりする。この銅鏡は中国で作られただけでなく、日本でも模倣されたため、たくさんの方格規矩鏡が日本各地で出土している。

方格規矩鏡の時期と、西王母信仰が盛り上がる時期は重なっており、信仰が鏡の普及に一役買っていた可能性はある。ただし、墓葬での西王母図像が分布する地域より、方格規矩鏡の分布地域の方がはるかに広く、当時の人々がどれほど西王母と方格規矩鏡を結びつけていたのかは量りがたい。

では、どうして博局紋は鏡の意匠としてこれほど好まれたのだろうか。その答えは方格規矩鏡の銘文のなかにある。〈図6〉は王莽期に作られた典型的な方格規矩鏡で、博局紋の間には四神がみえている。そして博局紋の外周には家運の隆盛や国の安泰を願う銘文が鋳込まれているのだが、そのなかに「刻婁博局去不羊(祥)」(博局を刻んで災難を取り除く)という文言がある。「博局」について触れる銘文自体は非常に稀なのだが、少なくとも博局紋が魔除けのはたらきのある縁起のよい紋様と考えられ、広く愛されていたことは理解できるのである。

漢代にはこれほどに好まれた六博と博局紋であるが、後漢末から魏晋初になると、六博セットや図像、方格規矩鏡は姿を消してしまう。その後も西王母が道教の神として生き続けるのに対し、六博がその祭具として登場することもなくなる。遊びとして廃れるにともない、六博は西王母の祭具としての役割を失い、占いや魔除けとしての博局紋も姿を消してしまったのである。

すずき・なおみ…**生年**＝一九六八年／**出身校**＝明治大学大学院／**現職**＝明治大学文学部兼任講師等／**主要著書・論文**＝(1)『中国古代家族史研究―秦律・漢律にみる家族形態と家族観―』刀水書房、二〇一二年 (2)「馬王堆三号墓出土簡にみる遣策作成過程と目的」籾山明・佐藤信編著『文献と遺物の境界―中国出土簡牘史料の生態的研究―』六一書房、二〇一一年

「刻婁博局去不羊（祥）」銘がある部分

図6……方格規矩鏡（中国歴史博物館蔵）
（周錚「〝規矩鏡〟応改称〝博局鏡〟」『考古』一九八七年一二期）

1 26 『三国志』のウラガワ

阿部 幸信

君は、「三国志ファン」だろうか？

もちろん、三国志ファンといっても、いろいろだ。諸葛亮はビームを出すという人。曹操は蜂が嫌いだと信じている人。林志玲の小喬に魅了された人。五丈原以降が真骨頂だと演義を語る人。正史をすみずみまで読み込んだという人。入り口こそ違え、みな『三国志』の魔力に取り憑かれていることに、変わりはない。

多くの人を虜にする、三国志。いま私たちが小説やマンガ・映画・ゲームなどで親しんでいる群雄たちのドラマは、三世紀末に陳寿という人物が著した歴史書『三国志』を元ネタとしている。そこに記録されている時代状況を、ここで簡単におさらいしておこう。

二世紀末、約四〇〇年つづいた漢王朝が衰退すると、代わって各地で軍閥が台頭してきた。争いを勝ち抜いた三つの勢力は、二二〇年代、魏（華北）・蜀漢（四川）・呉（長江中下流域）という政権に成長する。しかし、三国の対立に終止符を打ったのは、そのいずれでもなく、魏の臣下が興した晋という新しい国だった。魏の建国から晋による統一までの時代（二二〇～二八〇）を、三国時代と呼ぶ。

三国時代は何しろ人気があるので、関連する概説書は山ほどある。深く研究したいと考える人もたくさんいて、専門の学会まで存在する（三国志学会）。そうした様子だけを見ていたら、三国時代のことはさぞ詳しくわかっているに違いない、と思うだろう。ところが、楽屋裏を明かすと、案外そうでもないのだ。

当時、人々は何を食べていたか。どんなものを着ていたか。平均的な家では、何人くらいで暮らしていたか。集落の様子はどうであったか。どんな土地を耕していたか。税や労役をどれくらい課され、どんなふうに納めていたか。挙げていけばきりがないが、庶民の暮らしぶりに関することは、『三国志』にはまったくといってよいほど記載されていない。英雄たちの活躍がいくら事細かにわかっても（その方面についても、情報が充分だとはいえないのだが）、それを支えていた社会のありようや、背景となる自然環境のことがはっきりしなければ、その時代に対する認識は、どうしても薄っぺらになってしまう。

だから、研究者のあいだでは、一般に、三国時代は扱いにくい時代だと認識されている。大学で中国史を専攻している人の中には、卒業論文で三国志のことをやりたいと指導教授に話して、渋い顔をされた経験のある人もいるはずだ。それくらい、文献史料から三国時代の細部を描き出すことは難しいのである。

ところが、一九九六年、湖南省長沙市の商業ビル工事現場において、古井戸の中から、総数一〇万点以上にも及ぶ三国呉の公文書が発見された。「長沙走馬楼呉簡」（以下「長沙呉簡」）と総称される一群の簡牘がそれだ。→2-17 この長沙呉簡の出土により、三国時代の研究状況は一変した。いや、より正確には、一変すると期待された、というべきかもしれない。

というのは、この長沙呉簡、大部分は帳簿の断片で、復元が困難であるうえ、文献史料にみえない用語が頻出し、内容にも理解しにくい点が多々あるのだ。そのうえ、点数の多さがかえって災いし、整理・公表も遅れ、発見から二〇年近くが経過しているというのに、写真版の公開はまだ全体の半分にも至っていない。こうした事情から、長沙呉簡の研究は、お世辞にも進んでいるとはいえない状態にある。

が、道のりが困難であればあるほど、長沙呉簡には『三国志』の欠を補う価値がある、という思いが深くなるのも事実だ。いましがた告白したとおり、これまでにわかっていることはそれほど多くないのだけれども、長沙呉簡の可能性を実感してもらうため、学界の成果の一端を、ここで諸君にこっそりご紹介しよう。

ところで、長沙呉簡の話に入る前に、どうしても確認しておいてもらいたいことがある。それは、三国時代の気候条件が、今日とはかなり異なるという点だ。

後漢時代に入るころから中国の気候が寒冷化に向かい、三世紀には年平均気温が現代に比べて摂氏一度ほど低くなっていたことは、竺可《じくか》楨《てい》という中国の学者の研究によって、一九七〇年代にすでに知られていた。竺の学説は、文献史料と科学分析の双方に依拠しており、そこには『三国志』にみえる二二五年（黄初六）の淮河氷結記事も紹介されている。淮河より南に位置する呉においても、二四一年（赤烏四）に三尺（約七二センチ）に達する大雪が降ったことが、やはり『三国志』に記されている。

しかし、寒冷化が当時の人々の暮らしにどのような影響を及ぼしていたのかについて、詳しいことはこれまでほとんど明らかにできなかった。『三国志』は歴史に名を残した人たちの伝記を集めてできている書物だから、庶民のことにまで目が充分に行き届かないことは、どうしてもしかたがない。

そこで強みを発揮するのが、生の史料である長沙呉簡だ。すでに触れたとおり、長沙呉簡はその多くが帳簿、それも倉庫の出納簿や戸籍・課税台帳なので、災害そのものに関する直接の言及はもちろんない。けれども、だからこそかえって、事態の深刻さをはっきりと見て取れるのである。

長沙呉簡の中でもとくにユニークな文書群として知られる大型木簡「嘉禾吏民田家莂」には、民が耕作する田地の面積と、その年の作物のできの良し悪しに基づく課税額算定の過程が、一戸ごとに詳しく記されている。これを利用して、収穫がなく徴税に適さないとされた土地が耕作地全体に占める割合を算出すれば、長沙一帯での作柄を推定することができる。嘉禾吏民田家莂は二三五年〔嘉禾四〕と翌年のものしか出土していないので、長期的な状況の把握は不可能だが、この二年分だけを調べてみても、それぞれ七五パーセント・四三パーセントの土地が、徴税不能な「収穫なし」に分類されていたことが判明する。この数字が長沙一帯のあらゆる農地の作柄を示しているものと考えたならば、相当に厳しい状況であるといわねばならない。しかも、個別の戸にまで立ち入って内訳をみていくと、ひどい場合には、耕作していた農地のすべてが収穫なしであるようなケースさえ見出せる。

これらの農地は、どのようにして耕作されていたのだろう。文献史料によると、当時の江南では「火耕《かこう》水耨《すいどう》」という農法がとられていたという。そのまま読むと「火によって耕し、水によって除草する」ということなのだが、あまりに簡潔すぎて、解釈も一定していない。しかし、長沙呉簡を読み込んでいくと、当時の長沙一帯の様子が、ある程度みえてくる。

吏民田家莂が複数年分あることを利用して、耕作地の変化を追った研究が試みられ、その結果、同一人物が年度によって住まいを変え、別の土地で耕作を行っていた事例のあることが明らかになった。同時に、吏民田家莂には、火を用いた農法を示唆する「火種田」という記録もある。これらは、山林を切り開き火を入れて農地とし、一定の栽培期間が過ぎると移動する、焼畑農業の存在をうかがわせる。長沙のあたりは山がちで、現在でも、長沙郊外には木立に覆われた丘陵地が広がっている。そうした土地を農地化するのに、焼畑の技術はまさにうってつけのものであった。

また、長沙呉簡にため池のリストが存在することから、当時の長沙一帯に、灌漑施設が存在していたこともわかっている。ここで注目されるのは、長沙呉簡の戸籍の中に、たくさんの「苦腹心病」患者が記録されているとことだ。腹部（腹心）が腫れて苦しくなるという症状から、この病気はニホンジュウケツキュウチュウ病であろうと考えられている。ニホンジュウケツキュウチュウとは、春先に小川や水を張った田に入ると感染する寄生虫で、おもに肝臓を冒す。長沙馬王堆漢墓から出土した女性の死体の肝臓からも卵が見つかっていて、古くから長沙が流行地であったことが確かめられている。長沙呉簡において、苦腹心病の罹患者は他のいかなる病気よりも多いが、それは人々が春先に水を張った田に入っていたからだと思われる。

以上のことから、三国時代の長沙一帯には、焼畑農法を用いて移動する人々と、水田耕作を営む人々がいたと考えることができる。それ以上の細かいことについては、今後の検討を待たねばならないし、こうした状況と「火耕水耨」という言葉とがどう関わるのかについても、現時点では確実なことはわからない。ただ、『三国志』に取り上げられないような耕作地のイメージが、長沙呉簡の分析によって、徐々にはっきりしてきていることは確かだ。いずれ、英雄たちが目にしていた景観を、復原できるようになるかもしれない。

人々の暮らしに話を戻そう。先ほど紹介したため池だが、記録によると、困ったことに、干上がっていたものが少なくないという。原因は不明だが、気候変動による降水量の変化が影響しているとする説がある。不作の土地が目立つ理由は、このことと関係している可能性もある。池が干上がれば、そこに住む魚を食べることもできなくなるから、その分さらに人々の食生活が危機に瀕しただろうことは、容易に想像がつく。

それを補ったのが、シカだった。長沙呉簡には、シカの皮を税として納めた記録があるほか、シカの姿を描いた落書きまで残っている〈図1〉。この図は、簡牘に赤外線を当てたうえでモニタ上に拡大し、見やすくしたもの。シカの絵の右上、線がのたくっている箇所は、崩して書いた「鹿」という字だ。こんなものは、当然、まともな記録の一部ではない。文書の作成に疲れた役人が、ふざけて描いたのだと思われる。君も、授業中にノートに先生の似顔絵を描いたり、気になるクラスメートの名前をこっそり書いてみたりしたことがあるだろうから、彼らの気持ちはわかるはずだ。

シカは、当時の長沙ではなじみ深い動物で、皮や角は武具や工芸品などに加工されたほか、肉は食用になった。長沙呉簡中の鹿皮の納入記録から、小型のノロジカがいたことも判明している。ノロジカは低木の芽を好んで食べるので、背の高い木々がうっそうと茂るところには棲めない。焼畑による耕作を終えて放棄された土地に形成されるような、草地や薄い林こそ、彼らの生活の場になる。この頃の長沙一帯には、なだらかな丘陵に草地や薄い林が広がり、そこでノロジカが木々を食む姿が、日常的に見られたのだろう。

が、シカが多少いても、穀物の供給が充分でなければ、人々はどうしても飢えることになる。また、時代が時代だから、戦乱の影響も免れない。寄生虫病が蔓延していたことも、寿命を縮める一因となった。そうした状況を反映してか、長沙呉簡の戸籍の分析によると、当時の長沙一帯における同居家族の平均人数は、漢代に一般的だったとされる五人よりもやや少なく、四人程度であったといわれる。しかも、三世代同居や兄弟の同居がかなりみられ、われわれが想像しがちな「両親と子ども二人」というような家族形態は、決し

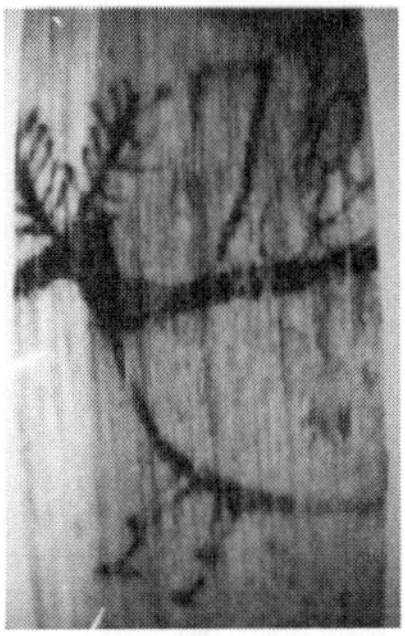
図1

て多くなかった。配偶者の死別・離別に伴う再婚がしばしばあったことを指摘する研究もある。血縁者どうしだけでなく、経済的に苦境に立たされた寡夫・寡婦を地域社会の中でサポートすることも含めて、人々は互いに助け合って暮らしていたのだった。

呉の立地する長江中下流域において、このような状況が広くみられたのだとすると、当時の呉の動向についても、政治的背景とは別の角度から、改めて見直してみる必要がある。長沙呉簡には、呉の大帝(孫権)の黄龍・嘉禾の年号をもつものが多い。西暦でいうと、二二九年から二三七年にあたる。蜀漢の諸葛孔明が出師表を奉って魏討伐の軍を興したのが二二七年、五丈原で陣没するのが二三四年だから、長沙呉簡が作られたのは、ちょうど蜀漢が魏に激しい攻撃を加え、呉に連携を求めていた時期だ。このころの呉は、蜀漢に協力する姿勢をみせてはいたものの、軍事面ではあまりあてにならず、どちらかといえば、遼東の公孫氏に頻繁に使いを送って、外交によって魏を包囲するほうに血道をあげていた。その理由は想像に難くない。いくら蜀漢に同調したくても、魏と全面戦争に踏み切れるだけの用意がなかったのだ。

そのことは、民生安定と異民族把握のための涙ぐましい努力を長沙呉簡から読み取ることによって、よりはっきりしてくる。この方面のことについては、今まさに研究が進められているところで、ここではまだまとまった形で紹介できないが、あと数年すれば、多くの新しい発見がなされることだろう。もちろん、未公表部分の公開に伴って、その他の点についてもいっそう解明されていくはずだ。

曹操墓発見のニュースも、まだ記憶に新しい。三国時代の研究は、出土資料の力を借りて、今後ますます面白くなっていく。興味をもったあなた、『三国志』のウラガワを探る側の、一員に加わりませんか?

あべ・ゆきのぶ…**生年**＝一九七二年／**出身校**＝東京大学大学院人文社会系研究科博士課程修了／**現職**＝中央大学文学部教授／**主要著書・論文**＝（1）吉澤誠一郎・阿部幸信・櫻井智美『歴史からみる中国』放送大学教育振興会、二〇一三年　（2）「長沙走馬楼呉簡所見的〝調〟──以出納記録的検討為中心」長沙簡牘博物館・北京大学中国古代史研究中心・北京呉簡研討班編『呉簡研究』第三輯、中華書局、二〇一一年

第2章

どこから何が出てきたか

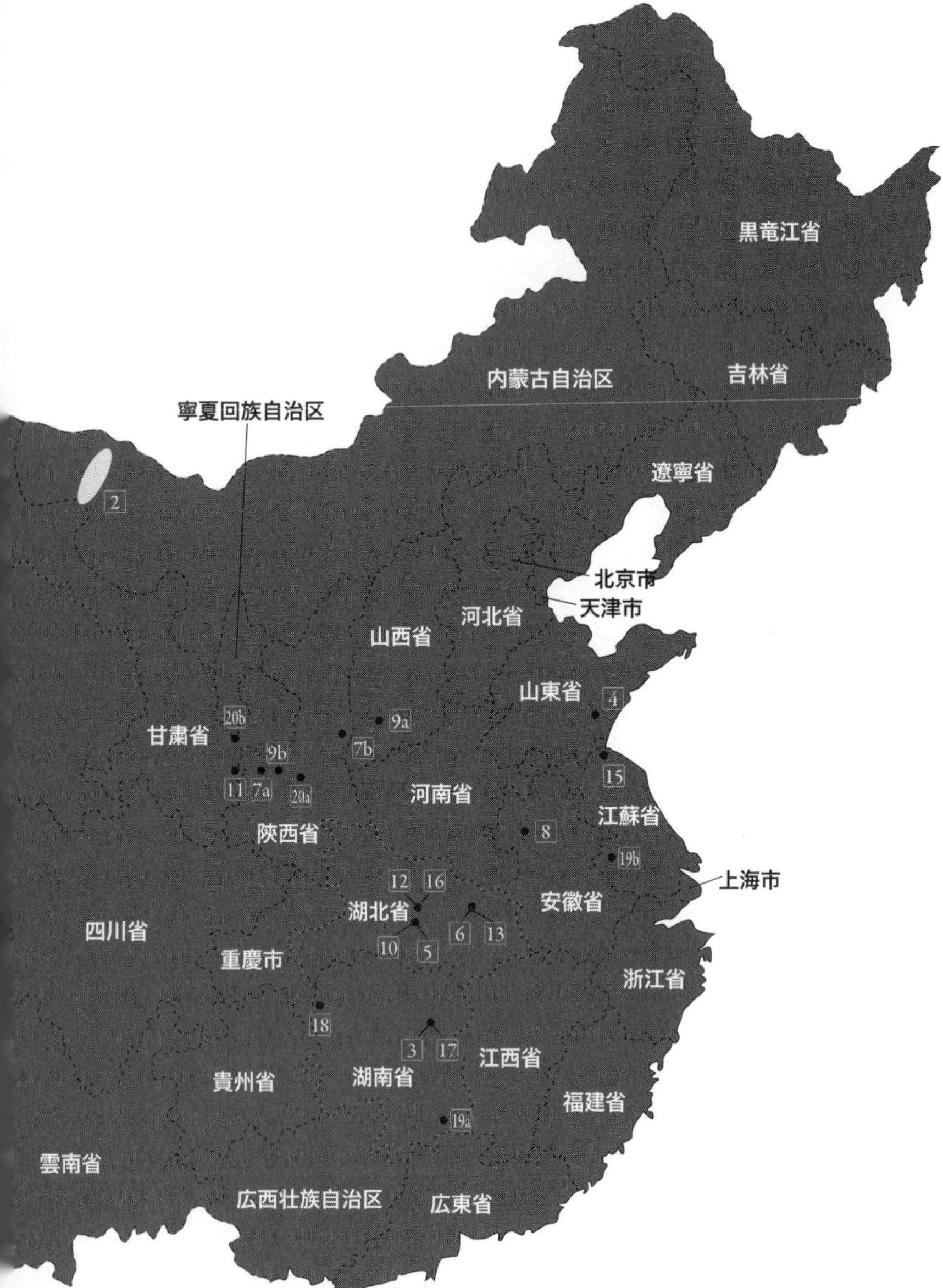

黒竜江省
吉林省
内蒙古自治区
寧夏回族自治区
遼寧省
北京市
天津市
河北省
山西省
山東省
甘粛省
陝西省
河南省
江蘇省
上海市
安徽省
湖北省
四川省
重慶市
浙江省
江西省
湖南省
貴州省
福建省
雲南省
広西壮族自治区
広東省
2
4
9a
7b
20b
9b
11
7a
20a
15
8
19b
12
16
6
13
10
5
18
3
17
19a

出土地

1a…敦煌
1b…トゥルファン
2…エチナ〜居延
3…馬王堆
4…銀雀山
5…鳳凰山
6…睡虎地
7a…宝鶏県太公廟
7b…梁帯村芮国墓地
8…阜陽双古堆
9a…襄汾陶寺
9b…周原
10…張家山
11…天水
12…包山
13…龍崗
14…敦煌懸泉置
15…尹湾
16…郭店
17…長沙
18…里耶
19a…郴州
19b…南京
20a…長安
20b…固原

数字は第2章の節番号を示しています。

2-1 敦煌・トゥルファン（甘粛省・新疆ウイグル自治区）

關尾史郎

◈はじめに

手元の中国分省地図集を広げてみよう。もちろんインターネット上の地図でもかまわない。その西北端にあるのが、最大の面積を誇る新疆維吾爾（ウイグル）自治区、そしてその東側に位置する細長いのが甘粛省である。この甘粛の西端に見えているのが敦煌市、また新疆の区都・烏魯木斉（ウルムチ）の東南方には吐魯番（トゥルファン）市が確認できるだろう。本節のタイトル、「敦煌・トゥルファン」というのは、この両都市のことである。中国世界の西北辺境に位置するこの両都市の遺跡からは、一九世紀末以来、数万点にも上る、紙に書かれた文書や典籍が発見されている。本節では「敦煌文書（俗文書も含まれているが、仏教経典が過半を占めるので、敦煌文献・敦煌写本などと呼ばれることが多い）」、「トゥルファン文書」、さらには「敦煌・トゥルファン文書」などと呼ばれているこの資料群のうち、漢字かつ漢語のものについて簡単に紹介したい。

◈敦煌文書

敦煌市の東郊に位置する石窟寺院の莫高窟《ばっこうくつ》は、五〇〇近い石窟からなり、その彫像や壁画によって世界文化遺産にも指定されているが、その第十七窟から大量の文物が発見されたのは、ちょうど一九〇〇年のことであった。二〇世紀に入ると、この貴重な文物の獲得を目ざして、各国の探検隊が先を争って敦煌に殺到した。そのため、古文書をはじめとする各種の文物は、現在では、中国国内はもとより日本各地をはじめ、ロンドン・パリ・サンクトペテルブルグ・コペンハーゲンなど、世界各地の数多くの図書館や博物館、研究所などに分蔵されている。

石窟が初めて開削されたのは、四世紀後半、五胡十六国時代と呼ばれる時代だが、政権の頻繁な交替にもかかわらず、その後も、元代に至るまでほぼ一〇〇〇年にわたり開削事業は間断なく続けられた。第十七窟自体は唐末期の九世紀中頃に開削されたと言われているが、ここから発見された文書の紀年は、五世紀前期から一一世紀初頭に及んでいる。すなわち第十七窟は、一一世紀初頭からほど遠くない時期に密閉されたと考えられるのだが、その理由として、タングート系の西夏の西漸やイスラム教を奉じるカラハン朝の東漸といった敦煌をめぐる国際環境の緊迫化が指摘されてきた。すなわち、戦乱や弾圧を免れるために仏典が秘匿ないし保護されたということである。しかしこういった見解は、これらの仏典がその当時貴重視されていたという理解が前提となっている。たしかに発見された仏典のなかには貴重なものも含まれてはいるが、極小断片の存在も確認できるので、密閉の理由については、なお今後の検討を必要としている。

さらに注意しなければならないのは、現在、第十七窟で発見されたと伝えられているもののなかに真贋が不確かなものが少なからず含まれているということである。したがって敦煌文書を史料として用いる際には、コレクションごとあるいは個別の文書ごとに真贋の検討が不可欠になる。敦煌文書研究のハードルを高くしている一因と言えよう。

また莫高窟の北側にも、これと連なるようにして、二百余の窟が穿たれている。これらは現在、(莫高窟)北区石窟と総称されているが、この石窟群は、僧侶の住居だった僧房窟、座禅を組むための禅窟、および遺体を収容した瘞窟《えいくつ》などから成っており、雕像や壁画の存在はほとんど確認されていない。しかし敦煌研究院考古研究所による調査の結果、この北区の石窟からも近年になって、各種の文書が発見された。

◈トゥルファン文書

莫高窟の第十七窟から敦煌文書が発見されたのと前後して、トゥルファンでも、古文書や墓誌などをはじめとする文物が各国の探検隊によって発見された。古文書はトゥルファン文書と総称されているが、敦煌文書同様、中国や日本のほか、ロンドン・ベルリン・サンクトペテルブルグ・ヘルシンキ・イスタンブール・ソウルなど世界各地に分蔵されるに至っている。その後、一九五九年からは、トゥルファン市の東方、高昌故城近くの阿斯塔那(アスターナ)・哈拉和卓(カラホージャ)の両古墓群に対する新疆維吾爾自治区博物館などによる発掘調査の結果、四世紀後半の五胡十六国時代から八世紀後半の唐代に及ぶ墓から、大量の古文書が出土した。三世紀後半の西晋時代の墓からは木簡が出土していることとあわせて考えると、書写材料の木から紙への切り替えや紙の普及プロセスを考察する上でも重要な史料群になろう。また紙の文書のほとんどは、墓に埋葬された人物(被葬者)が身につけていた紙冠・紙帯・紙鞋《しあい》(紙製の靴)、さらには紙棺〈図1〉などの材料として用いられたものだった。すなわちこれらは、不要になり廃棄された文書が裁断され、貼り合わされたものだったのである。墓の被葬者は、ほとんどが世俗の社会的あるいは経済的な有力者だったと思われるので、本人やその関係者が入手した公私の各種文書のうち、不要になったものが二次利用されたと考えてよいだろう。

そうしたなかにあって、唯一の例外とも言うべきものが、随葬衣物疏《ずいそういぶつそ》である。随葬衣物疏とは、被葬者が身にまとっている衣服や、身の回りのアクセサリーなどを列挙したリストのことで、これに死亡(埋葬)年月

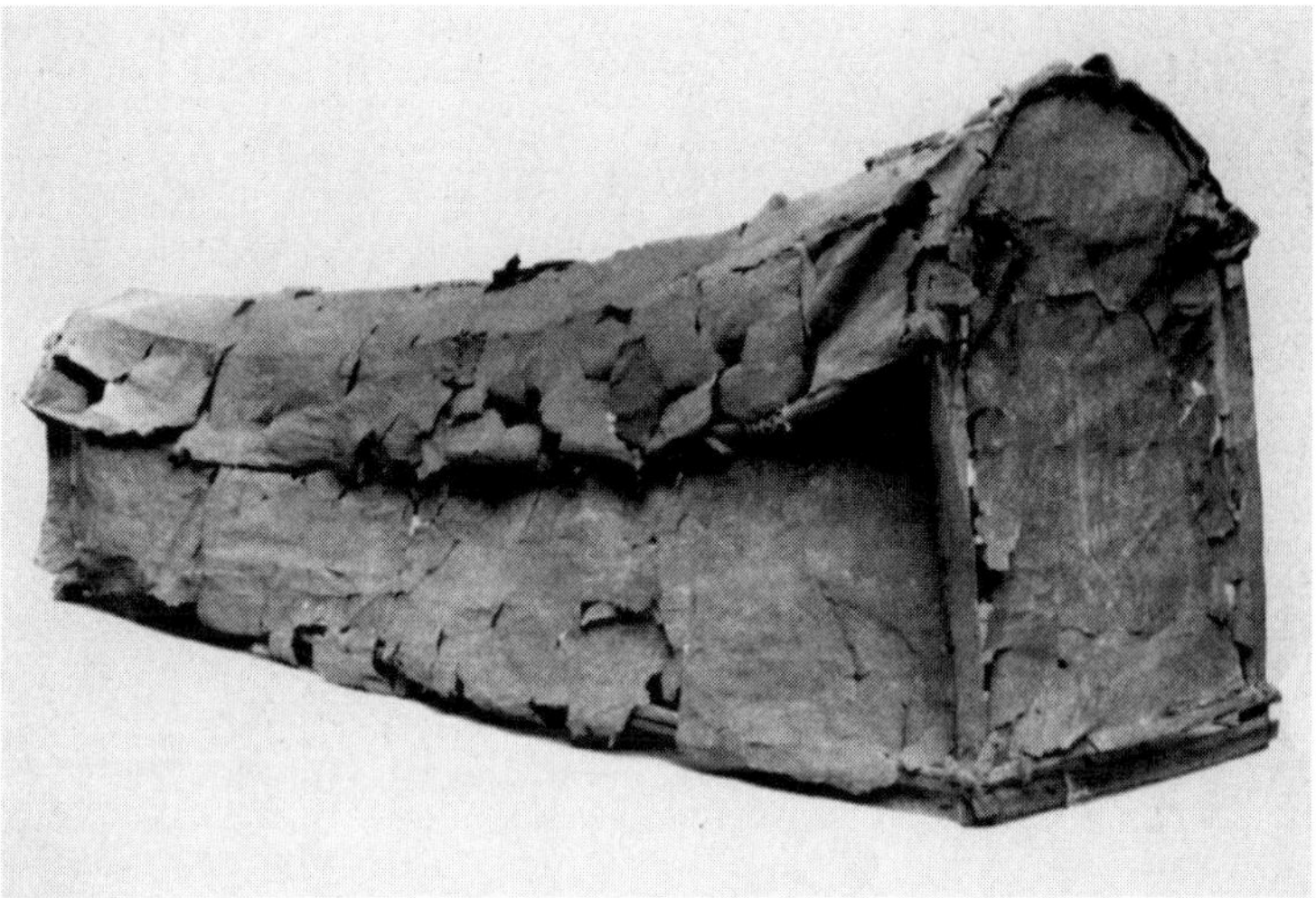

図1…トゥルファンのアスターナ506号墓の紙棺
同墓は、唐の大暦七(七七二)年に没した張無価の墓で、この紙棺もその遺体が納められていたもので、五六点の文書を貼り合わせて作られていた。なかでも、官馬の飼料に関する文書群は、合計一六〇〇行にも及ぶ長大なものである。
(新疆維吾爾自治区博物館編『新疆出土文物』文物出版社、一九七五年)

日など被葬者自身に関するデータや冥界への送り状などの文章が付されているものも少なくない。この作成には多くの場合新しい紙が用いられ、被葬者とともに墓に埋納されてその遺体近くに置かれた。またこれ以外では、生前の被葬者やその関係者が結んだ契約文書にも、原形のままで墓に納められたものがある。なお今世紀に入り、トゥルファンに点在するアスターナ・カラホージャ以外の古墓群に対しても発掘調査が行なわれ、同じように貴重な文書類が出土していることも附言しておきたい。

◈敦煌・トゥルファン文書への視点

敦煌文書とトゥルファン文書は、ともに中国世界の西北辺境に位置する乾燥地帯から出土したもので、時代的にも重なりあう。そのために、敦煌・トゥルファン文書と一括して呼ばれ、また敦煌・トゥルファン学(敦煌吐魯番学)という、歴史学にとどまらない学際的な研究分野の一齣を形成してきた。

もっとも歴史研究の初期段階では、敦煌・トゥルファン文書の分析結果が、ただちにその時代の中国史の理解に帰納され普遍化される傾向があった。あるいは、普遍化できるような文書に対する関心が高かったと言うべきかもしれない。それに比べると、文書に、それが出土した地域の社会像を構築するための手がかりを求めるような研究視点が顕著になったのは、けっして古いことではない。敦煌とトゥルファンは、等しく西北辺境の乾燥地帯に位置するのみならず、後者の生活空間化が、前者をはじめとする河西回廊一帯(おおよそ現在の甘粛省の黄河以西の地域)からの移住民によってもたらされたという事実に目を向ければ、右のような視点は、もっと深化されるべきでさえあろう。

ただ注意しておくべきこともある。それは、敦煌文書が石窟寺院から、トゥルファン文書が墓から発見されたという、その出土状況の相違点である。当然のことながら、敦煌文書のなかには随葬衣物疏は見出せないし、トゥルファン文書には仏典がほとんど含まれていない。最低限、敦煌については北区石窟から、またトゥルファンについては高昌故城の寺院址から出土した文献なども分析の対象とすることが求められる所以である。

せきお・しろう…生年＝一九五〇年／**出身校**＝上智大学大学院文学研究科史学専攻、博士課程単位取得退学／**現職**＝新潟大学人文社会・教育科学系教授（人文学部）／**主要著書・論文**＝（1）『もうひとつの敦煌―鎮墓瓶と画像磚の世界―』高志書院、二〇一一年（2）『環東アジア地域の歴史と「情報」』編著、知泉書館、二〇一四年

2

2 エチナ～居延(内蒙古自治区)

吉村昌之

エチナ(額済納)とは、中華人民共和国内蒙古自治区額済納旗附近、あるいはエチナ川(黒河)流域一帯の地域を指している。この地が有名であるのは、「カラホト(黒城)」が存在することと、多くの木簡が二〇世紀になって発見されたことによるものであろう。カラホトは、モンゴル語で「黒い都城」の意で、西夏・元時代の都城址であり、かつてマルコポーロも通ったといわれる。また発見された木簡群は、一般に「居延漢簡」と総称されている。漢代には張掖《ちょうえき》郡「居延県」が置かれており、武帝期の天漢二年(前九九)に、李陵が歩兵五〇〇〇人を率いて出撃したのもこの地である。

この一帯は、一九世紀末からロシアなどによって探査されていたが、一九二七年から、スウェーデンのヘディンを団長とする西北科学考査団(The Sino-Swedish Expedition)によって組織的な調査が行なわれた。その考古学担当は、スウェーデン側はベリィマン、中国側は黄文弼《こうぶんひつ》であった。ベリィマンは、エチナ川流域沿いに点在する遺跡を調査し、漢代の遺跡を発掘し、約一万点にのぼる「居延漢簡」を見つけることになった。すでにヘディンやスタインによって、楼蘭や尼雅《にや》、そして敦煌において木簡は発見されていたが、居延で見つかった木簡の数はまさに桁違いのものであり、これによって漢代辺境研究は飛躍的に進歩することになった。

居延地域の調査報告は、ベリィマンの死によってソマストロームに引き継がれ発表された。現在では、現地に入って調査をすることも可能となっているが、それ以前にはこの報告が研究の基であったし、今でもなお研究に役立つものである。

ベリィマンの調査した遺跡が、漢代の何という機関であったのかについて、〈図1〉で示したように比定されている。

近年では、衛星写真や実地調査によって、さらに詳細に遺跡の分布状況がわかるようになっている。たとえば、二〇〇一年から京都・総合地球環境学研究所オアシスプロジェクトによる調査が行われ、その成果としては、森谷一樹「黒河下流域の遺跡群」(『アジア遊学 九九 特集 地球環境を黒河に探る』勉誠出版、二〇〇七年)があ

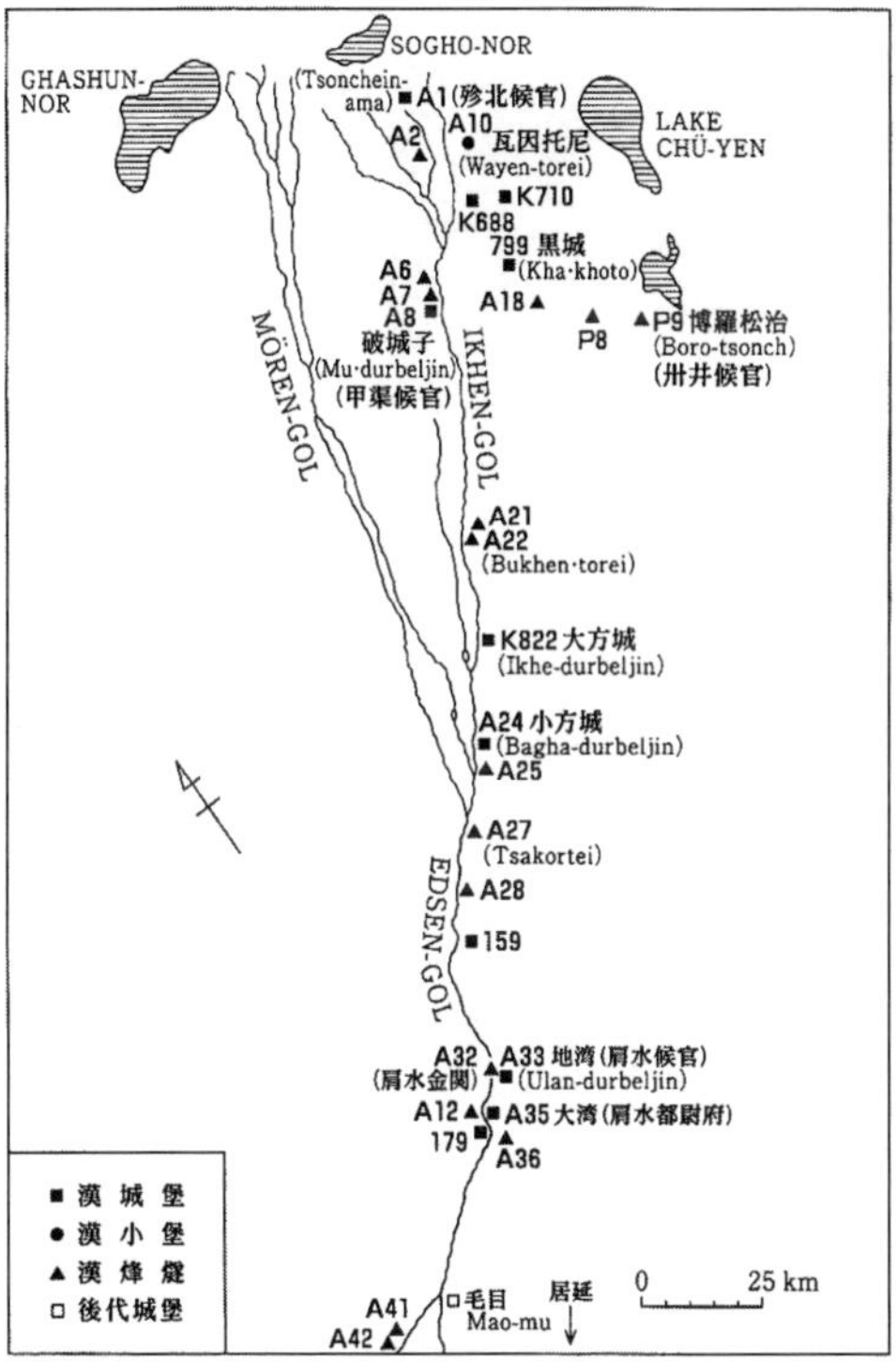

図1…エチナ流域図
(冨谷至『木簡・竹簡の語る中国古代——書記の文化史』岩波書店、二〇〇三年)
A1(Tsonchein-ama)…殄北候官
A8(Mu-durbeljin、破城子)…甲渠候官
A10(Wayen-torei)…通沢第二亭
P9(Boro-tsonch)…卅井候官
A32…肩水金関
A33(Ulan-durbeljin、地湾)…肩水候官
A35(大湾)…肩水都尉府

げられる。その中で、いままで居延都尉《とい》府と考えられることの多かったK710は居延県城であり、居延都尉府は「K688東の巨大遺跡」である可能性が高いこと、さらに、スタインやベリィマンが調査していない地域が存在することなども指摘している。

つぎに、出土資料という観点から「居延漢簡」について述べよう。ベリィマンにより見つけられた「居延漢簡」は、北京に送られ研究されることとなったが、しかし、一九三一年に勃発した満洲事変、それに続く日中戦争のため、戦火を逃れて北京から上海、香港、そして一時はアメリカ国会図書館と転々とし、現在は台北の中央研究院歴史語言研究所に所蔵されている。これは「居延旧簡」とよばれることもある。

居延旧簡研究の初期の中心にあったのは労榦《ろうかん》であり、氏は戦火を避けながらも研究を続け、一九四九年に上海で『居延漢簡考釈――釈文之部』を出版した。この書が日本にもたらされ、一九五一年からは京都大学人文科学研究所の森鹿三を中心として共同研究が行われることになった。しかし、この段階では木簡の写真は発表されていなかったから、釈文だけに基づいて研究がされていたのである。

一九五七年、台湾で『居延漢簡――図版之部』が出版され、それに対応する釈文が『居延漢簡――考釈之部』として一九六〇年に出されて、ようやく木簡の写真をみての研究段階となった。しかしどういう理由からか、図版の部と考釈の部とでは対応すべき頁数がずれていたり、木簡の出土地点が不明であったりと、多くの問題を残すものであった。一方、北京の中国科学院考古研究所は、同所に残された写真を元に『居延漢簡甲編』を一九五九年に出版した。これには二五五五簡の写真と釈文が載せられている。また、一九八〇年には同所編による『居延漢簡甲乙編』が発表され、従来不明であった木簡の出土地も明らかにされた。現在では謝桂華・李均明・朱国炤『居延漢簡釈文合校』上下（文物出版社、一九八七年）の釈文がすぐれている。

中央研究院に所蔵されている居延旧簡については、文字が不鮮明である簡の釈読を、赤外線写真を使用して試みている。その成果は、簡牘整理小組『居延漢簡補編』(中央研究院歴史語言研究所、一九九八年)としてみられる。

一方、一九七三〜七四年に発掘された居延新簡は、かつて西北科学考査団によって調査されたうちの三箇所の遺址(甲渠《こうきょ》候官・甲渠第四隧・肩水金関)を、再び発掘した結果得られたもので、総数は二万枚近い。しかし、文化大革命後の混乱により発表は遅れ、一九九〇年になって甘粛省文物考古研究所・甘粛省博物館・文化部古文献研究室・中国社会科学院歴史研究所共編による『居延新簡——甲渠候官与第四燧』(秦漢魏晋出土文献、文物出版社)が出版され、甲渠候官と甲渠第四燧出土簡のみではあるが釈文が発表された。また、一九九四年に同編『居延新簡　甲渠候官』上下(中華書局)が出版され、写真も発表された。肩水金関出土のものについては、現時点(二〇一三年一〇月)では、その一部がようやく発表されているだけである。

また、一九七九〜二〇〇〇年に発掘された額済納漢簡は、T6遺址から発見された六〇〇簡ほどのものであり、ここには甲渠候官第一六燧が置かれていたと考えられる。

つぎに、居延漢簡研究からわかったことについて述べよう。

居延漢簡研究の初期の中心は、先に述べたように中国では労幹であり、日本では森鹿三であった。その研究方法は典籍資料を補完するものであったといえる。やがて「木簡学」が提唱されるようになり、木簡をそれ自体として研究対象にしようという動きがうまれた。その中心となったのが、大庭脩と永田英正である。その研究手法としては、木簡をその記載された事だけを研究するのではなく、木簡が使用されていた当時の文書・記録の姿に復元する、つまり木簡を集成することにあった。

漢代においては、現代に匹敵するほどの文書行政が行われていたことがわかっている。日常の些細なことまでも上から命令が出され、それに従わねばならなかったし、また、下級機関は上級機関に報告する義務があった。その一例として、大庭脩によって復元された「元康五年詔書冊」とよばれる冊書を挙げよう。

漢代には、一般的に長さ一尺(二三センチ)の簡牘が用いられていたが、その中に書き込む文字の数には限界があるので、複数の簡を紐で編綴《へんてつ》して長文を記した。これを「冊」あるいは「冊書」とよぶ。

この詔書冊は、元康五年(前六一)二月一一日に発布されたもので、八本の木簡からなる。内容は、夏至の諸行事を執り行う旨を命令・布告したものである。

最初の二簡は、夏至の諸行事を管轄する「大史」、その上級機関である「大常」から、「丞相」へと意見具申書が上げられ、最終的に「御史大夫」が審査の上、皇帝に上奏したものである。第三簡の「制曰可」で皇帝がそれを認可し命令(詔)となる。この詔書(前の三簡)が御史大夫に下され、御史大夫から丞相に関係官署に具申書の内容を執行するように通達した執行命令が四簡目である。

五簡目は、丞相から中央官庁の諸機関や地方官署への執行命令。六簡目は、張掖郡太守から郡府内の部局、所属の県と肩水都尉府へ向けたもの。七簡目は、肩水都尉府から配下の城尉と所属の候官に向けたもの。八簡目は、肩水候官から配下の尉と所属の部にあてたものである。これによって漢代の命令の執行経路やそれに何日要したが具体的にわかるようになったほか、御史大夫は従来理解されていたような監察官の長ではなく、皇帝の秘書官長であることもわかった。

また、中央から命令が下されることを示す最初の簡(第四簡)の冒頭には、「元康五年」と年号が明記されるが、それ以降の下達を示す日づけの前には年号は記されず、「日+干支」のみが記される。一連の編綴された冊書として書かれている場合には、それで十分であったということになる。逆に考えれば、編縄が切れて、ばらばらで出土する木簡にあって、元号が書かれず「日＋干支」のみが記されている場合は、冊書の一部と考えてよい。

その他、木簡を集成することによって、食糧管理や官吏や兵士への俸給の支出、暦譜など様々なことがわかってきた。その一つに、文書の伝送制度があげられる。漢代において、文書の伝送には厳密な規定が存在していて、規定区域内を規定時間で伝送しなければならなかった。→2-14 一般の文書の伝送速度は毎時一〇里と決められていた。時制(時間の区分の仕方)についていえば、現代では、一日は二四時間と考えているが、漢代においては一六時間であったことや、一日の始まりは「平旦」時＝午前六時頃であったこともわかっている。

現在のところ、研究されている木簡はA8(甲渠候官)出土のものが多く、おのずから候官を中心とする文書行政の実態を明らかにするものであったといえる。今後、肩水金関出土簡が発表されることによって、関所の実態や、都尉府ごとの事務的な運用面における独自性についても明らかにされていくであろう。

よしむら・まさゆき…生年＝一九五四年／**出身校**＝関西大学大学院博士課程前期課程修了／**現職**＝神戸市立神戸工科高等学校教諭／**主要著書・論文**＝(1)「居延甲渠塞における部隧の配置について」『古代文化』五〇―七、一九九八年 (2)「出土簡牘資料にみられる暦譜の集成」冨谷至編『辺彊出土木簡の研究』朋友書店、二〇〇三年

2 3 馬王堆（湖南省）

名和敏光

◈発掘と被葬者

馬王堆漢墓《ばおうたいかんぼ》は湖南省長沙市東郊にある墳墓であり、楚王（五代十国時代）馬殷の墓と伝えられていた。一九七二～七三年の発掘により、被葬者は利蒼（～前一八六）とその妻子の墓と認定された（二号墓は初代軑侯《だいこう》利蒼、一号墓はその妻とされ、三号墓は利蒼夫妻の息子、即ち二代軑侯利豨《りき》、あるいはその兄弟と考えられている）。発掘時、利蒼の妻の遺体「西漢女尸」（前漢の女性遺体）が死後直後の様な状態であったことで日本でも大きく報道された。棺に描かれた模様や、一号墓、三号墓の内棺の蓋板に掛けられていたT字型の帛画など、美術・宗教・文化的にも重要な発見があり、副葬品も楚文化の流れをくむ工芸品が多数発掘され、三号墓からは大量の帛書文献が発見された。

◈帛書

一号墓からは三一二枚の竹簡が、三号墓からは四一〇枚の遣策《けんさく》竹簡、二〇〇枚の医書竹簡・木簡、七枚の木牘（木札）が出土した。三号墓からは更に大量の帛書文献が出土した。帛書の内容は、戦国時代から前漢初期までの思想・軍事・宗教・文化・科学など多岐に渡り、多くの未見文献を含む。字体は、篆書《てんしょ》から隷書《れいしょ》まで書き手の異なるもので、一部、前漢高祖劉邦の諱《いみな》「邦」字を避けない物もあり、劉邦の時代に書写された物

を含むと考えられる。内容は、『周易』、『喪服図』、『春秋事語』、『戦国縦横家書』（六芸類）、『老子』甲本、『九主図』、『黄帝書』、『老子』乙本（諸子類）、『刑徳』甲本、『刑徳』乙本、『刑徳』丙本（兵書類）、『五《ご》星占《せいせん》』、『天文気象雑占』、『式法』、『隷書陰陽五行』、『木人占《ぼくじんせん》』、『符籙《ふろく》』、『神図』、『築城図』、『園寝図』、『相馬《そうま》経《けい》』（数術類）、『五十二病方』、『胎

図1…馬王堆三号漢墓発掘現場（東南—西北）

図2…三号墓槨箱内器物出土

（湖南省博物館・湖南省文物考古研究所編『長沙馬王堆二、三号漢墓 第一巻 田野考古発掘報告』文物出版社、二〇〇四年）

産図』、『養生図』、『雑療方』、『導引図』(方術類)、『長沙国南部図』、『駐軍図』(地図類)で、最近の研究で新たに『府宅図』などが確認されている。なお、三号墓は出土した木牘「十二年二月乙巳朔戊辰」から文帝一二年(前一六八)に埋葬されたことが解った。

①**『周易』**……『六十四卦』は、『易』の経部分。現行本とは卦名《かめい》・卦序《かじょ》・爻辞《こうじ》が異なる部分がある。『繋辞伝《けいじでん》』は、現行本『説卦伝』の前三節が加わっており、現行本とほぼ一致する。『要』『繆和《ぼっか》』『昭力』『二三子問』『易之義《えきしぎ》』は、卦辞や爻辞の意味に関する孔子と弟子との議論。

②**『老子』**……甲本と乙本の二種類があり、共に編章が現行本とは逆に「徳経」「道経」の順序となっている。また文字も現行本と異なる部分がある。『老子』甲本巻後佚書(現在は伝わらない書物)は、『五行』『九主』『明君』『徳聖』。『五行』は、思孟学派の五行説を説き、経・説に分けて書かれている。仁義礼智聖の徳目に関して論じており、これまでの五行説とは異なるものとして注目された。『九主』は伊尹《いいん》が君主を九つの類型に分類して論じ(付図)、『明君』は戦争の攻防を論じ、『徳聖』は五行と徳、聖、智の関係を論じる。『老子』乙本巻前佚書は、『黄帝書』(黄帝四経『経法』『十六経』『称』『道原』)。『経法《けいほう》』は刑名思想を論じ、『十六経』は黄帝と臣下の問答形式で「刑名」「陰陽刑徳」を論じ、『称』は格言形式で刑名思想を論じ、『道原』は道の性質・本源を論じる。

③**『春秋事語』**……全一六章。春秋時代の故事を扱い、登場人物の発言に思想的な価値観が伺える。『春秋左氏伝』『国語』に見られない故事も含む。

④**『戦国縦横家書』**……全二七章。うち一一章は戦国時代の縦横家たちの言説集。現存『戦国策』『史記』にも同様の文章が見られる。他の一六章は佚文(現在は伝わらない文章)で、蘇秦の遊説活動を記す。特に、書信の形態を取ることから、受信国の外交的な書信・奏言(上位者に申し上げる文書)などの記録をもとにした歴史故事とも

考えられている。

⑤**『刑徳』　甲本、乙本、丙本**……共に、兵陰陽（天文・陰陽五行の理論を応用した兵法で占術との関わりも深い）に関する内容で、「刑徳九宮図」「刑徳運行干支表」「式図」などの図を含む。甲本は表中に「乙巳、今皇帝十一」とあることから前漢高祖一一年（前一九六）以降に、丙本は「丁未、孝恵元」とあることから孝恵元年（前一九四）以降に鈔写されたことが解る（丙本は残欠がひどい）。具体的には、「刑」「徳」の運行規則の説明とその戦争に関わる占文が内容である。

⑥**『五星占』**……最古の天文星占に関する佚書。兵陰陽に関する内容で、五星の運行と天象の関係で用兵を占う。具体的には、歳星（木星）、太白（金星）、熒星《けいせい》（火星）、鎮星（土星）、辰星（水星）の運行と五星の相遇・相隣《そうりん》、表部分で構成される。表部分には、秦始皇元年（前二四六）～前漢文帝三年（前一七七）、七〇年間の木星・土星・金星の行度が見られる。

⑦**『天文気象雑占』**……雲気占、日占、月占、彗星占で、兵乱や疫病の流行がその内容である。また彗星の形を描いたものとしては、世界最古の図である。

⑧**『篆書陰陽五行』**……後に『式法』として公表され、『天一』『徙《し》』『天地』『上朔』『祭』『式図』『刑日』等と『式図』（式盤図）が含まれる。風水関係の内容や、干支と二十八宿の対応関係、楚国の官名（莫囂《ばくごう》・連囂）が見える。

⑨**『隷書陰陽五行』**……『篆書陰陽五行』や『出行占』と重複する部分もあるが、「刑」「徳」の運行規則と順逆災祥、「不足」「清明」「陰鉄」「昭榣《しょうよう》」「文日」「武日」などの陰陽五行説に関する説明、「戈玄《かげん》」「昭榣」の占など。

⑩**『出行占』**……本来は『隷書陰陽五行』の一部とされていたが、最近の研究で『隷書陰陽五行』とは別の文献で、出行の宜忌を占うものとされる。内容としては十二支各日の東西南北への出行の吉凶を占うものなど

で、一枚に纏められた携帯用の摘出文書とも考えられる。

⑪**『相馬経』**……馬の相（特に目の部分）を見るための書物。現行本とは全く異なる内容である佚書。陳松長氏によると、「経文」「伝文」「故訓」の三部分で構成され、本文と注釈という関係になっているという。

⑫**『五十二病方』**……最古の医方書で、病名は内科・外科・産婦人科・小児科・精神科等にわたり、薬物による処方の他、様々な外科療法や石針治療・切開手術の記述が見られる。

⑬**『足臂《そくひ》十一脈灸経』『陰陽十一脈灸経』『脈経』『陰陽脈死候』**……『五十二病方』の巻前佚書。経絡経路《けいらくけいろ》の病気に対する灸治療法と脈に基づいた病気の徴候の診断。

⑭**『導引図』**……道家思想に基づく四四種類の気功運動図。対応病名や模した動物の名、使用器具などが注記されている。気功治療の最古の文献。

⑮**『却穀食気《きゃくこくしょっき》』『陰陽十一脈灸経』**……『導引図』巻前佚書。『却穀食気』は、気功療法書。『陰陽十一脈灸経』は、『五十二病方』巻前佚書と同内容。

⑯**『太一将行図《たいいつしょうこうず》』**……以前は『神図』『社神図』『神祇図《しんぎず》』等と呼ばれた。太一神・雨神・雷神・出行守護神等が描かれ、「…承弓、禹先行、赤包白包、莫敢我郷、百兵莫敢我【当】。…狂謂不誠、北斗為正。即左右唾、徑行毋顧。大一祝曰、某今日且【行】、神【従】之…。（…弓を承け、禹《う》先んじて行き、赤包白包、敢《あえ》て我に郷《むか》う莫《な》く、百兵敢て我に当る莫し。…狂を不誠と謂い、北斗を正と為す。即ち左右に唾し、徑行《けいこう》して顧みる毋《な》かれ。大一祝して曰く、「某今日且《まさ》に行かんとし、神之に従う。」と。…）」とあり、太一神の出行が述べられている。この帛画の用法は、これを身に着けて持ち歩き、出行に際し地面に投げつけるとする説もある。

⑰**『喪服図』**……現行の『喪服図』に似て、親族の服忌の差を図表化している。

⑱**『木人占』『符籙』『築城図』『園寝図』**……様々な図形に関して、吉凶の占断を下したものなど。相人（人相を見ること）の内容も含む部分もあるので、公開が待たれる。

⑲**『長沙国南部図』『駐軍図』等**……長沙国南部の地図及び駐軍の図。

⑳**『府宅図』**……最近、新たに整理され紹介された図である。宅相の一種か。

◈参考文献と今後の研究

現在、日本では馬王堆出土文献訳注叢書が東方書店より出版されている（全一〇種中、五種が既刊）。また、復旦大学出土文献与古文字研究中心では、以前文物出版社で出版された『馬王堆漢墓帛書』を再整理・再出版するための作業が進行中である（『長沙馬王堆漢墓簡帛集成』として二〇一四年中に中華書局から出版予定）。

なわ・としみつ…**生年**＝一九六二年／**出身校**＝二松学舎大学大学院博士後期課程単位取得満期退学／**現職**＝山梨県立大学国際政策学部准教授／**主要著書・論文**＝（1）「日本的馬王堆漢墓帛書研究近況——以《陰陽五行》乙篇為重点」『出土文献』第三輯、清華大学出土文献研究与保護中心、二〇一二年（2）「馬王堆漢墓帛書《陰陽五行》乙篇の構造と思想」『中国新出資料学の展開』汲古書院、二〇一三年

2-4 銀雀山（山東省）

水野卓

アメリカのニクソン大統領による中国訪問、日本の田中角栄総理と中国の周恩来首相による日中国交正常化。これらは一九七二年に起きた出来事であり、そのどちらにも中国が関わっている歴史的な出来事です。中国が世界から注目を浴びた一九七二年、その四月に銀雀山漢墓は発見されました。銀雀山というのは文字通り山の名前で、「銀」があるからには「金雀山」もあるのですが（こちらからも彩色が施されたすばらしい絹絵が出土しています）、今回は「銀雀山」について紹介していくことにしましょう。

◈遺跡の発掘と文化大革命

中国大陸から朝鮮半島に向かって伸びている半島、それが山東半島です。この一帯は山東省と呼ばれ、南の方に臨沂《りんぎ》市（発掘当時は臨沂県）という都市があります。ここは性悪説で有名な荀子の出生地であり、また『三国志』の登場人物の一人である諸葛亮孔明の本貫（いわゆる本籍地）とも言われています。その臨沂市にそびえている銀雀山から二つのお墓が見つかり、一号墓・二号墓と名付けられ、そこから数多くの出土品が発掘されました。現在では、遺跡が発見されれば、慎重に発掘作業が進められますが、当時の発掘作業は非常にずさんで、出てきた竹簡なども乱暴に運び出されたため、本来並んでいたはずの順番はわからなくなり、それどころかバラバラに折れてしまった竹簡も数多くありました。現在の我々からすれば「なぜ?」と感じるかもしれませんが、実はここにも歴史的な出来事が関わっているのです。銀雀山漢墓が発見された一九七二年というのは、一九六六年から始まった「文化大革命」という改革運動の真っ只中にありました。山東省にも歴史を研究する機関はあったのですが、革命中は学問が軽んじられたため、専門的な知識を持つ人が不足していました。そのため、遺跡の発掘作業には当初いわば素人である農民が当たることになり、多くの竹簡が破損してしまったのです。これらの発掘背景については、実録的な本(岳南/加藤優子訳『孫子兵法発掘物語』岩波書店、二〇〇六年)が出ていますので、興味ある方はそちらをお読みいただければと思います。

◈出土遺物

一号墓・二号墓は、どちらも「項羽と劉邦」で有名な劉邦が建国した前漢(前二〇二~後八)、とくに、一号墓の副葬品の中に、建元元年~五年(前一四〇~一三五)という漢の武帝の時代に鋳造された三銖銭《さんしゅせん》という貨幣が見つかったものの、元狩五年(前一一八)に新たに鋳造された五銖銭《ごしゅせん》(こちらの方が世界史で学びますね)が確認されていないことや、二号墓に元光元年(前一三四)の暦譜(いわゆるカレンダー)が副葬品として埋葬されていたことから、前漢前期に造営されたと考えられています。また、一号墓からは漆製の耳杯(左右に耳のような取っ手のついた杯)二点が見つかり、その裏に「司馬」の文字が記されていました。これが墓主の名前なのか、官職名なのかははっきりしませんが、一般的に「司馬」とつけば軍職と関係が深いと考えられています。ただ、どちらのお墓からも兵器などは出土せず、日用品しか出土していないため、軍事に関わるとはいっても、実践向きではなく、軍師のような人物ではないかとされていますが、詳しいことはわかっていません。

さらに銀雀山の一号墓からは、『孫子』『尉繚子《うつりょうし》』『六韜《りくとう》』といった兵法書や春秋時代の晏嬰《あんえい》という人物の言行録である『晏子』といった伝世文献(現在まで伝わっている文献)と内容が共通する竹簡とともに、『孫臏《びん》兵法』や『守法守令等十三篇』(『守法守令等十三篇』というタイトルについては異論もありますが、今は報告書に従っておきます)、『論兵論政之類』『陰陽時令占候之類』『其他之類』といった佚書(現在まで伝わっていない書物)が出土しました。『銀雀山漢簡』と総称されるこれらは当時非常に注目されたものですので、もう少し詳しく見ていくことにしましょう。

◈二人の孫子

何と言っても『銀雀山漢簡』の名を世界的に知らしめたのは、〝二種類の『孫子』が出土した〟とされたことです。『孫子』と聞いて、武田信玄の旗印「風林火山」や「三国無双」などのゲームに登場する「孫子兵法」というアイテムを思い浮かべた人もいることでしょう。三国志に関連して言えば、魏の曹操もこの書を好んだとされており、注釈までつけているのですが、『孫子』を書いた人物については極めて複雑な問題があり、長年研究者を悩ませてきました。『史記』の孫子呉起列伝には、春秋末期に活躍した呉の孫武と、戦国期に活躍した斉の孫臏の二人の事柄が記されており、孫武も孫臏もどちらも「孫子」と呼ばれていました。しかも、最古の図書目録といわれる『漢書』芸文志《げいもんし》に「呉孫子兵法八十二篇　斉孫子八十九篇」とあるように、それぞれの「孫子」が書物を残していたのです。しかし、現在まで伝わっているのは『孫子』一三篇という一種類しかなく、どちらの「孫子」が残したものかが長い間議論されてきました。そして銀雀山漢墓が発見された時、現在まで伝わっている『孫子』一三篇と同じ内容の竹簡とともに、これまで知られていなかった「孫子」に関わる兵法書が見つかったのです。当時の研究者はこれこそが孫臏の兵法書であると考え(そのためか、報告書では『孫臏兵法』として分類されています)、ここに二つの『孫子』が出そろったと歓喜に沸きました。ただ、現在では『孫子』

一三篇以外に新たな兵法書が見つかったという冷静な見方がなされており、二人の「孫子」については、まだまだ検討の余地があると言えるでしょう。→1-11

◈よみがえる伝世文献

『孫子』以外にも、戦国時代の尉繚という人物によって書かれたとされる『尉繚子』や太公望が周の文王・武王に兵学を授けたことを内容とする『六韜』といった兵法書の一部が出土しています。『尉繚子』の方はなじみが薄いかもしれませんが、『六韜』は「文韜」「武韜」「龍韜」「虎韜」「豹韜」「犬韜」という六巻から成っており、その中の銀雀山からも出土した「虎韜」は、現在教科書の解説本を意味する「虎の巻」として名前が知られているため、受験生にとってもとても深い関わりがあるものとなっています。ただし、これらの書物は、先ほども挙げた最古の図書目録である『漢書』芸文志に記載がなかったことから、長い間後世の偽作だとされてきました。しかし、銀雀山という漢代の墓から出土したことにより、少なくとも漢代にはこれらの書物が広まっていたことが明らかとなったのです。

同じく後世の偽作ではないかとされていた『晏子春秋』という書物と同じ内容の竹簡『晏子』も出土しました。『晏子春秋』に比べれば分量は少ないのですが、その冒頭には、斉の君主の二日酔い（三日酔い？）が記されるなど興味深い記事が並んでいます。『晏子』については、幸いにも日本語訳（慶應義塾大学古代中国研究会「銀雀山漢墓『晏子』訳注（稿）」『中国出土資料研究』第一二号、二〇〇八年）が発表されていますので、続きをお読みになりたい方はご覧になってはいかがでしょうか。このように、後世の偽作と疑われてきた書物が、出土資料の発見によって、より古くから存在することが証明されるのも出土資料を研究する醍醐味と言えるでしょう。

◈新たな古代文献の発見

前項の資料は、その成立が後世とされようとも、すでにその名前と内容とが知られている書物です。しかし、銀雀山からは佚書という現在までに伝わっていない書物も出土しました。先ほど取り上げた『孫臏兵法』もその一つになりますが、とくに『守法守令等十三篇』という竹簡には、その篇名が記された木牘《もくとく》(木のふだ)が同時に出土しました。これまでに知られていない内容ですし、発掘時の特殊な状況からすれば、本来、竹簡を配列して内容を読み取ることなど不可能に近かったのですが、木牘の発見によってそれぞれの篇がおぼろげながらに見えてきたのです。この『守法守令等十三篇』は、例えば、城を守る際の兵器が記された篇(守法篇)や当時の自然状況から衣食に関する記述が読み取れるという指摘(原宗子「銀雀山出土《守法》《守令》等十三篇の示す自然環境―「王兵篇」を中心に―」『中国出土資料研究』創刊号、一九九七年)もある篇(王兵篇)、古代中国の市場がどのような雰囲気を持っていたのかを記した篇(市法篇)など、いくつかの内容に分かれており、しかも一つ一つが短い文章であるため、全体をすぐに把握したいと思う方にとってはとっつきやすいかもしれません。何より、『守法守令等十三篇』に関しては、何種類かの日本語訳(例えば、早稲田大学簡帛研究会「銀雀山漢簡「守法守令等十三篇」の研究(一~六)」『中国出土資料研究』第六~一一号、二〇〇二年~二〇〇七年など)が出ていますので、興味ある方はぜひ参考にしてみてください。

ここまでに挙げた資料は一九八五年に刊行された『銀雀山漢墓竹簡〔壹〕』(文物出版社)に釈文や注釈などが掲載されていますが、それから二五年の時を隔てた二〇一〇年、ついに続編である『銀雀山漢墓竹簡〔貳〕』(文物出版社)が刊行され、『論兵論政之類』『陰陽時令占候之類』『其他之類』といった佚書の内容が明らかとなりました。『銀雀山漢簡』は今から約四〇年前に発見されたもので、出土資料としては比較的古いものですが、このように続編の報告書が新たに刊行されたり、二つの『孫子』についても冷静な見方がなされるなど、まだまだ研究の余地は残されています。何より特殊な発掘状況により、竹簡の配列についても決定的なものではないため、ジクソーパズルのピースを当てはめていくかのように、竹簡の配列からし直してみる研究を行うことで新たな発見があるかもしれません。

みずの・たく…生年＝一九七四年／**出身校**＝慶應義塾大学大学院／**現職**＝愛媛大学法文学部講師／**主要著書・論文**＝「春秋時代における統治権の変容―器の意味を中心として―」『東方学』第一〇六輯、二〇〇三年　(2)「春秋時代の太子―晋の太子申生の事例を中心として―」『古代文化』第六五巻第三号、二〇一三年

2

5 鳳凰山(湖北省)

柿沼陽平

読者の皆さんは死後の世界を信じているであろうか。もしそのようなものがあるとすれば、それは一体どのようなものであろうか。すべての人間がいつか死ぬ運命にある以上、死後の世界を知りたいと思う人がいるのは当然かもしれない。中国古代の人びとも同様の欲求を抱いていたようである。ただし中国古代の人びとが思い描く死後の世界というのは、必ずしも現代の日本人の考えと同じではなかった。では中国古代の人びとにとっての死後の世界とは一体……？

本節で取り上げる鳳凰山漢墓簡牘は、そのような中国古代の人びとの死後の世界に対する考え方をあらわす貴重な史料である。その内容をみるまえに、まずそれが出土した場所や経緯を確認しておこう。

鳳凰山漢墓とは、鳳凰山とよばれる場所でみつかった漢代の墓、鳳凰山漢墓簡牘とは、鳳凰山漢墓から出土した簡牘である。鳳凰山は、現在の中国荊州《けいしゅう》市荊州区紀南郷にある緩やかな丘陵地(海抜は最大四〇メートル強)である。付近には戦国時代の楚の故都だった紀南《きなん》城があり、鳳凰山漢墓群は紀南城城内の東南の隅にある。つまり紀南城の南壁内側に、漢代の墓地があったわけである。

現代中国の考古学者たちは、このあたりに中国古代の墓地があるということに早くから気づいていた。そこで一九七三年秋に、「長江流域第二期文物考古工作人員訓練班」のメンバーが鳳凰山墓地で考古学の実習をおこなったところ、はたして九つの前漢時代の木椁《もくかく》墓がみつかった。木椁とは、木製の椁(棺《ひつぎ》を入れるもう一回り大きな箱）。中国古代の墓はしばしば棺と槨の二重構造をしていた。よって、ここでいう前漢木槨墓とは「前漢時代に作られた木製の槨のある墓」の意味である。

ともあれ、じっさいに前漢木槨墓がみつかった以上、周囲にはさらに多くの古代の墓があるかもしれない。そこで翌年の一九七四年にさっそく全面的な考古調査がおこなわれた。その結果、秦代以来の墓葬一八〇余座が新たに発見された。一九七五年には国家文物局が北京・吉林・四川・南京・厦門の諸大学の考古学者たちや、北京・河南・四川・上海・江蘇・湖南・湖北等の省・市の考古人員を組織し、紀南城に対する大規模な調査をおこない、鳳凰山一六七号、一六八号などの秦漢墓も発掘した。こうして鳳凰山墓地で発掘された秦漢木槨墓は計二〇余座におよんだ。そしてその中の八号墓・九号墓・一〇号墓・一六七号墓・一六八号墓・一六九号墓と仮称される墓から簡牘がみつかった。

簡牘のみつかった六つの墓はみな前漢時代のもので、長方形の縦穴の中に木槨が埋まっており、とくに一六八号墓の地表には盛土があった。墓の大きさはどれもバラバラで、数メートル四方。比較的小さいのは一〇号墓、比較的大きいのは一六八号墓であった。以上をふまえ、つぎに各々の墓から出土した簡牘の内容をみてみよう。

まず八号墓から出土した前漢の文帝・景帝期ころ（つまり前漢前半期）の竹簡一七六枚をみてみよう。全一七六枚のうち、欠損のない竹簡（＝整簡《せいかん》）は一六五枚で、長さ二三センチ前後、幅〇・七センチ前後、厚さ〇・一センチ前後であった。二三センチは当時の一尺《いっしゃく》に相当するので、竹簡はすべて長さ一尺にあわせられていたのであろう。文字は墨と筆をもちいて小篆体《しょうてんたい》風の隷書体《れいしょたい》で書かれ、全部で七八〇余字が確認できる。内容は「遣策《けんさく》」である。遣策とは墓に副葬された物品のリストである。たとえば私はスキーが大好きで、死ぬときに「私の墓にはスキーの板を入れてくれ」と遺言したとする。その場合、墓に死体(＝墓主《ぼしゅ》)とともに入れられるスキー板が副葬品《ふくそうひん》、副葬品の名前や数量などをしるした副葬品のリストが遺策である。じっさいに八号墓出土の遺策には、副葬品の名前・形質・数量が書いてある。一簡ごとに一件もしくは数件の物品の詳細がしるされており、中には総計簡もある。たとえば「五斗壺四(五斗の容量の壺四つ)」「竈一(かまど一つ)」などにつづき、「右方瓦器籍(以上、食器の類)」と書かれたまとめの簡があるのである。それぞれの竹簡の上部と下部には編縄《へんじょうこん》痕があり、もともと竹簡同士が麻のヒモでつながれ、スノコのようにくるくると巻かれて保存されていたとわかる。ちなみに八号墓の遺策には合計で一五〇件を越える副葬品の名がみえ、その中には倉・車・牛・馬などの模型や、土器・漆器などの日用品に加え、四〇余件の奴婢の木製人形(＝木俑)も含まれる。木俑は、墓主が生前こき使っていた奴婢たちをモデルにしたと思われる。墓主が死んだときに奴婢を全員あの世への道連れにして、ともに墓に入れることはできないため、木俑を代わりに入れたのであろう。生前、四〇人以上の奴婢に囲まれて生きていたとは、この墓主もさぞかし良い身分だったのではないだろうか。遺策によると墓主は生前、馬・犬・牛などを飼い、牛には黒《クロ》という名前まで付けている。牛車も所有しており、黒《クロ》が牽いたようである。遺策によると、他にも船や魚・甘酒・米・調味料なども副葬したことになっている。

このように、ありとあらゆるものを副葬するという習慣は、少なくとも現代の日本人にはほとんどみられない。そこで思い出していただきたいのが、本節の冒頭で掲げた問題である。すなわち、中国古代の人びとが思い描く死後の世界とは一体どのようなものだったのか。以上の遺策の例をみるかぎり、どうやら前漢前半期の人びとは、死後にも生前と似たような世界が広がっていたと考えていたようである。それゆえ生前使用していた数々の物品や奴婢を副葬し、死後の世界でも優雅な生活を楽しもうとしたのであろう。とくに一六八号墓の木牘は前漢文帝一三年（前一六七）の五月一三日に江陵県《こうりょう》の丞《じょう》（小役人）が地下丞（地下世界の小役人）に送った手紙で、「遂《すい》という人物が亡くなったので、今から彼がそちらの世界へ奴隷たちを引き連れていきます。主（地下世界の主）によろしくお伝えください」といった内容である。これより、当時の人びとにとって死後の世界はやはり地下にあり、そこには主がおり、丞などの官僚がいると観念されていたことがわかる。

同様の遣策は、残る九・一〇・一六七・一六八号の墓からも出土した。副葬品の数量がもっとも少ないのは一〇号墓で、他はどれも似たような豪華さを誇っている。どの墓主も多くの奴婢をかかえ、実際にそれほど金持ちだったか疑わしいものもある。たとえば一六八号墓出土の遣策には「美人女子十人大婢（美人な成人女性の奴隷一〇人）」とあり、墓主が女奴隷を一〇人も抱えていたこと、彼女たちが「美人」だったことが明記されている。これは現実をそのまま書き取ったというよりも、生前に女好きだった墓主が死後の世界でも楽しめるようにと、願望を込めて書かれた竹簡とみられる。また一六七号墓出土の遣策には「繒笥合中繒直二千万（ハコの中に二〇〇〇万銭相当の絹織物）」とある。当時一般家庭の全財産が数万銭といわれた時代に、二〇〇〇万銭相当とは驚くべき大金である。ほんとうに墓主が生前それほどの大金を持っていたならば、墓ももっと大きいはずなので、この金額は誇張だとわかる。つまり一六七号墓の遣策も、生前の生活をそのまま写したものではなく、死後の理想的な生活像を反映しているのである。ただしそれ以外の八号墓や九号墓の遣策には、奴婢個々人の名前が明記されており、その下には奴婢個々人の役割が「操柤（畑仕事係）」とか「芻牛（牛飼育係）」などと明記されている。それらは墓主が生前に使役した奴婢の情報をそのまま書き写したもののようであり、内容は具体的で真実味を帯びている。これらはどれも前漢前半期の人びとの暮らしを生き生きと伝えている。

このような中国古代の人びとの日常生活・日用品などに関する情報は、『史記』や『漢書』といった著名な伝世文献（王朝を越えて代々伝えられてきた漢文史料）にはほとんど記載されていない。日常生活・日用品などに関する情報はあまりにもちっぽけで、当時の人びとにとっては書籍に記録するまでもない常識にすぎず、歴史の大きな流れとも関係がないとみなされたのかもしれない。しかし、すべての歴史は個々の人たちの努力の上に成り立っており、彼・彼女らの日常生活の実態を把握し、理解することも、現代の歴史学の重要な仕事のひとつである。鳳凰山漢墓簡牘をはじめとする出土文字資料は、多少なりとも誇張表現を含むとはいえ、われわれにそのことを気づかせてくれた。

ちなみに鳳凰山漢墓簡牘には、遺策以外にもさまざまな簡牘が含まれている。特徴的なものとして、一〇号墓出土の木牘《もくとく》（文字が書かれた木製の板）をみると、たとえば里《り》（だいたい数戸〜数十戸よりなる集落）の人たちが集まって数十銭ずつ出しあった証書がある。みんなでお金を出しあって、なにか大きいことをするための資金としたのであろう。里の人びとがお金を出しあって資本金とし、商売をしようとした記録もあり、前漢前半期における商業・商売のあり方をうかがわせる重要な史料である。役人が里ごとに「算銭《さんせん》（銭の人頭税《じんとうぜい》）」を徴収したことをしめす木牘もある。政府が糧食《りょうしょく》を鄭里《ていり》（鄭という名の里）の民戸に貸与した記録もあり、一般に「鄭《てい》里《り》廩籍《ひんせき》」とよばれている。これらの簡牘の文字には不鮮明なものもあり、解釈をめぐって多くの学者が論争をしている。ただし、これらが前漢時代の官僚制度・貨幣制度・納税制度等々を知る上で格好の一次史料であるという点には、ほぼ異論はない。では、上記の木牘が遺策などとともに同じ墓に埋葬されたのはなぜであろうか。それらも死後の世界と何らかの関係があるのであろうか、それとも生前に墓主が使用した本物の行政文書や契約書の類であろうか。疑問は尽きない。鳳凰山漢墓簡牘の研究は今まさに進行している真っ最中なのである。

かきぬま・ようへい…**生年**＝一九八〇年／**出身校**＝早稲田大学／**現職**＝帝京大学文学部専任講師／**主要著書・論文**＝（1）『中国古代貨幣経済史研究』汲古書院、二〇一一年　（2）『中国古代の貨幣　お金をめぐる人びとと暮らし』吉川弘文館、二〇一五年

2 6 睡虎地(湖北省)

飯尾 秀幸

◈睡虎地秦墓竹簡の発掘とその意義

一九七五年末に湖北省雲夢《うんぼう》県を走る漢丹(漢口・丹江間)鉄道の雲夢駅から一〇〇メートル余り離れた線路沿い、睡虎地《すいこち》と呼ばれる場所で一二基の秦代の墓が発見された。雲夢県の地は長江中流域にあって、古来より雲夢沢が広がっていたことでも知られ、今日でも雲夢県周辺をはじめとしたこの辺り一帯は平坦な地が続き、池や沼が多いところである。

この墓群のうち、竹簡が一一〇〇余枚発見された一一号墓はとくに注目された。→1-1 それは、竹簡がそれまで発見されていなかった秦代のものであったこと、さらにこの竹簡に書かれていた内容が、戦国秦から統一秦代に制定されたと思われる法律関係の文書であったためである。中国では春秋時代に、慣習法(刑法)を文章化した成文法が成立したと伝えられていたが、具体的な律文は失われていて、文献として完本が残っているのは、『唐律疏義』が最古で、後代の研究者によって収集されたものも漢代(漢律)がもっとも古いといった史料状況であった。この竹簡は、それまでもっとも古い秦代の法(秦律)であったために、その発見は中国古代史研究、あるいは中国法制史研究にとって「衝撃的な」出来事となった。この発見を契機として秦・前漢初期の法律関係の文書がその後相次いで発見された今日においても、その意義は減じることはない。

一一号墓の竹簡には、その副葬のされ方に大きな特徴があった。それは、この竹簡が棺の中に埋葬された遺体に寄り添うように、あるいはその一部は遺体に巻きつけるように副葬されていた点である〈図1〉。秦漢時代の墓葬から出土する竹簡・木簡は、遺体を収めた棺の外に、あるいは棺の外の頭箱《とうそう》などと呼ばれるものの中に別置されているのが通例である。一一号墓におけるこうした竹簡の副葬形式は、現在までのところ他には発見されていない。この竹簡副葬状況にみえる「肌身離さず」感は、被葬者と竹簡との関わり方が濃密であったことを示していて、頭箱などに副葬された竹簡の場合とは、はっきりと一線を画すものといえよう。通常みられる後者の例は、被葬者が生前に蔵していた「書籍」が副葬されたものと位置づけられる。後述するように、生前この被葬者が法律関係の官職に就いていたことを考慮すれば、それは首肯されよう。

この極めて貴重な価値をもった竹簡は、いま湖北省博物館に収蔵されている。また現在この秦墓の発掘地には、近くに「睡虎地古墓群」という文物碑が建つのみで、墓跡自体を見ることはできない。

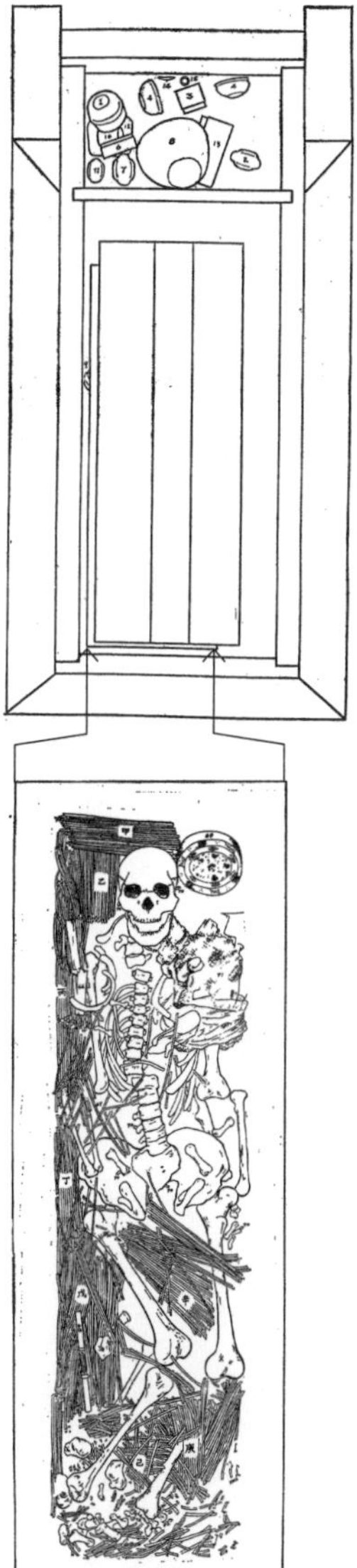

図1…睡虎地一一号秦墓(『雲夢睡虎地秦墓』文物出版社、一九八一年より作成)

◈睡虎地秦墓竹簡の内容

竹簡の内容は、編年記・「語書」・秦律十八種・「效」・秦律雑抄・法律答問・「封診式」・「為吏之道」・「日書」甲種・「日書」乙種（「」で示したものは、竹簡の裏に記された字句で、該当文書の題名と考えられたもの、それ以外は研究者の命名によるもの）の一〇種類から構成されている。

編年記は、秦昭王元年（前三〇六）〜秦始皇三〇年（前二一七）までの大事記。秦の交戦記録を中心にした記事に、被葬者と考えられる「喜」とその親族の履歴が書き添えてある。喜は、昭王四五年（前二六二）生まれ。安陸県で法律関係の下級官職に就き、鄢《えん》県で裁判関連の職（治獄）を歴任している。またその生涯に三回従軍していることも記されている。なお始皇二六年（前二二一）のところに、始皇帝が中国を統一した記述はない。

「語書」は、楚の一部を占領した秦が、そこに南郡を置いて統治することになったが、この地には楚の習俗・政治風土が残っていたため、南郡の長官に就任した騰《とう》が南郡所属の県に宛てて、秦の法秩序を徹底することが責務であることを説いた秦王政二〇年（前二二七）の文書。

秦律十八種は、行政に関する律文の抄録である。各条文の最後には必ず律名を付している。一八種類の律名がみえるが、その律文からは、さまざまな行政事項は県単位で行なわれ、県廷は令・丞を長吏として、各行政事項を遂行する諸官がそれに所属するという構成をもち、農民の生活する集落は郷・里に区分され、里に存在する里典（里正）・老（父老）などがこの権力機構の末端に位置づけられていたことが明らかとなった。

「效」は、この文書冒頭に穀物や兵器・官有品などに関する規格やその管理のための律文とあるため、これが「效」を一巻とした目的と考えられる。被葬者が職務として必要に迫られて一巻としたとの推測もできる。物品とその帳簿との照合には厳正な規定がみられた。

秦律雑抄には、さまざまな律名と律文がみえ、秦代には、秦律十八種のほかにも多くの律が存在していたことが知られる。その一方で、各律文が体系的に整理された法典といったものが秦代に成立していたとは考え難い事情もうかがえる。この巻もその内容に軍事関係の規定が多いことから、雑多な律文を集めて一巻とした原因も、それらの職務に就いた被葬者との関連にあると思われる。

法律答問は、律文の用語についての一問一答型式の質疑応答集で、法律用語の解釈を記した一巻（これも被葬者の職務との関連が深い）。後に発見された張家山漢簡『奏讞書《そうけんじょ》』→2-10と関連があると思われる。睡虎地秦簡には刑法関係の律文集が存在しないが、質問部分には刑法に類する律文が引用されている。この巻にみえる家族居住形態と関連する「室」「同居」などの用語は秦代の社会を追究するための極めて重要な史料となっている。また刑罰の中には、死刑のほかに城旦舂《じょうたんしょう》・隷臣妾《れいしんしょう》といった無期の労役刑がみえ、それらの労役刑には、斬趾（足斬り）・黥（刺青）・耐（髭剃り）など肉刑と呼ばれるものが必ず組み合わされていることが秦代の刑罰の特徴となっている。→1-3

「封診《ふうしん》式」は二五の案件についての爰書《えんしょ》（各案件に関する調査、関係者から聴取した調書を、裁判が行なわれる県廷に報告するための文書作成マニュアル）。拷問の原則禁止（「治獄」）、「科学的」ともいうべき現場検証（「経死」「穴盗」）、徹底した記録に基づく調書作成（「訊獄」）など、あくまでも規定上ではあるが、始皇帝の暴政というイメージからは「予想外」の特徴を示す秦代の司法権・警察権力の一面をみてとれる。また家屋構造（「封守」「穴盗」）や家族構成、家父長権問題（「告臣」「黥妾」「告子」「遷子」）などという社会情勢を考える史料も含まれている。

「為吏之道《いりのみち》」は、主に四字一句で記された官吏の心構え、その行なうべき指針を記した書。『礼記』『大戴礼記』と同じ内容の記述もみえる。またその巻末に、戸籍登録に関係する魏戸律・魏奔命律が挿入されていて、魏の律の秦への流入などを想定し得る。秦律十八種にはみえなかった戸律は、戦国時代において農民を「耕戦の民」へと編成するのに重要な規律として、秦律の中にも存在していたことが推測される。

「日書」甲種・「日書」乙種は占いの書。甲種は竹簡の両面に、乙種は表面のみに文字が記されている。様々な項目について吉凶の日(干支)などが示される。この種の竹簡の出土は、たとえば甘粛省の『天水放馬《ほうば》灘《たん》秦簡』→2-11、湖北省の『孔家坡漢墓簡牘』などのように、その後相次いだ。この種の書に示されている風俗は広範囲に存在していたものと思われ、秦漢時代の社会の実情を検討するうえで重要である。

また睡虎地秦墓のなかの四号墓(被葬者は衷)からは木牘二点が出土した。これは始皇二三年(前二二四)前後に、兵役で戦地に赴いている兄弟(黒夫と驚)が、故郷の家族(衷)に宛てた手紙。いずれも木牘の表裏に記され、母の健康を気遣いながら、衣服を作るための資金と布を家族に請求する内容となっている。→1-12

◈中国古代史研究への期待

睡虎地秦簡の出土は、以上のようにそれまで知られていなかった豊富な内容を伴った史料を提出することになった。これによって秦代の政治、経済、社会の多くの問題に対して具体的な歴史像を浮上させることも可能となった。成文法の意味、李悝《りかい》『法経』六篇と法典成立の問題、商鞅変法、漢律および前漢文帝期の刑法改革との関係など法制史研究の進展も期待される。これまで多くの研究が産み出されているが、この期待に沿った研究はまだこれからといえよう。さらにここに示された律は、農民の居住する郷里社会を支配するためのものであるが、その律の分析からは、史料上で明らかにすることが困難であった郷里社会の内部、あるいは家族、家族間の繋がりなどを検討する方法も見出し得る。幸い『龍崗《りゅうこう》秦簡』→2-13や、その後も『里耶《りや》秦簡』→2-18、前漢初期の張家山漢簡『二年律令』『奏讞書』が出土し、『岳麓秦簡』も出現している。張家山三三六号漢墓出土の文帝期の竹簡の公表も予定されている。これらの史料の出現は、数多くの制度史研究を産み出す。それら初歩的な研究を、上述した国家や郷里社会の問題解明へと深化させることが、歴史学として重要となろう。今後の研究に期待する所以である。

いいお・ひでゆき…**生年**＝一九五五年／**出身校**＝東京大学大学院人文科学研究科博士課程単位取得退学／**現職**＝専修大学文学部教授／**主要著書・論文**＝（1）『中国史のなかの家族』山川出版社、二〇〇八年（2）「秦・前漢初期における里の内と外―牢獄成立前史―」太田幸男・多田狷介編『中国前近代史論集』汲古書院、二〇〇七年

2

7

宝鶏県太公廟と梁帯村芮国墓地（陝西省）

高津純也

中国の出土資料のうち、近年の主役となっているのは、何といっても竹簡や木簡である。つい数十年前までほとんど誰もその現物を見たことすらなかったのに、その後あっという間に何百何千何万という分量が出現し、その研究によって猛スピードで古代の新事実が明らかにされつつある。

しかし中国にはそれとは別に、古代を直接のぞきこめる文字資料が古くから知られ、研究が進められてきた。青銅器がそれである。青銅器の表面に記された銘文は長らく文献資料の不足を補ってきた。

特に西周時代は他の出土資料も文献資料も非常に乏しく、青銅器なくして研究は一歩も進展しないと言ってよいし、簡牘類が未だ出現しない春秋時代についても、青銅器からの情報が大きな役割を果たす。本節では、近年に発掘され、注目される青銅器が出現した春秋時代の二カ所の遺跡について紹介する。

◈秦国君主の名を記す青銅器

一九七八年一月、陝西省宝鶏県太公廟村で土中に空洞が見つかり、八点の青銅器が出土した。うち五点は同デザインで大きさの違う鐘《しょう》、すなわち大小の鐘を並べて音階を作る楽器「編鐘」である。残り三点は「鎛《はく》」と呼ばれる、華美な飾りを施した鐘の一種で、やはり三点とも同デザイン、サイズ違いだった〈図1〉。注目すべきは、これらの器それぞれに、一三五字に及ぶ同内容の銘文が記されていたことである。一三五字というのは、鐘や鎛の銘文としては希有な長さで、青銅器全体を通じてもかなり長い部類と言ってよい。

三つの鎛は、それぞれに一三五字全文を載せる。一方、鐘はスペースの関係で全文が一つの器に収まらないので、一セットの銘文が大きい方から一番目と二番目の鐘に分割掲載され、もう一セットが三〜五番目に分割掲載されている（しかも五番目の鐘の文章は尻切れトンボで、従って本来は最後に「六番目の鐘」があったとわかる）。

その内容は「秦公曰く」で始まり、秦公がこの青銅器を作った理由を自ら語る形式となっている。まず、彼の先祖が天命によって国を領有し周囲を従えることになったことを述べ、次いで自らも非才ながらその国

図1…秦公鎛
（『秦の始皇帝とその時代展』樋口隆康監修、日本放送協会、一九九四年）

の統治に努力してきたと説明した上で、さらに支配を広げることを願い、この霊妙な音で先祖を楽しませてご加護を得るべくこの楽器を作ったので、長らく宝として用いよ、と述べている。

さて、この文章のどこが注目を浴びたのか。まず第一点として、先祖の功績について語る中に、「卲文公静公憲公」と、三人の名が並んでいたことである。この三人の名と順序は、『史記』秦始皇本紀に記されている春秋時代初期の秦国君主の世系が「文公―静公―憲公」となっているのに符合する。

西周時代、周の本拠地（渭水盆地西部）より西方の山間部に居住していた秦の一族は、紀元前七七〇年に内乱で傷ついた周王朝が東の洛陽に拠点を遷すと、代わるように渭水盆地西部へと進出した。その支配を固めたのが文公の時代とされる。この器が出土した地点は文公以降の秦の勢力範囲に入ると考えられてきた。

そこで、この器の作者であり、この銘文の主体である秦公とは、文公静公憲公に続く世代の君主、武公（在位前六九八年～六七九年）とする説が一般的である。武公が自らの父、祖父、曾祖父の霊力を借りて勢力を伸ばすことを願っている、というわけである。つまりこの器は春秋前期の製作だ、とされた。

しかし、そう簡単に話は終わらなかった。ここでポイントの第二点として挙げられるのが、これとそっくりの内容の銘文を持つ青銅器の存在が古くから知られてきた、ということである。

その青銅器は二種類あり、一つは今回出土のものと同じく鎛である。宋代の図録に記録されており、実物は現存しない。もう一つは𣪘《き》と呼ばれる種類の食物を盛る器で、現存し中国国家博物館が所蔵する。これら二つを、ここでは便宜上「伝世器」と呼ぼう。

これら伝世器の作者（秦公）が誰なのか、長らく議論されてきた。その焦点は、銘文中の先祖の功績を語る一節で、二器とも「十又二公」と記している点である。今回出土の鐘鎛（「新出器」と呼ぶ）は「卲文公静公憲公」と具体的な三人の名を記すが、同じ箇所においてその代わりに「一二人の先君たち」と記していたのである。

この「一二人の先君」の次の代の秦公こそ、伝世器の作者に違いない。そしてその一二人とは、秦の建国以来の歴代君主であろう、とされてきた。誰もが『史記』に書かれている秦公の系図と照らし合わせたが、「誰から数え始めるか」「夭折した君主は数に入れるべきか」などの点で意見が分かれた。しかしせいぜい一代二代の差である。どの説も、春秋後期のいずれかの秦公を伝世器の作者とする点は同じだった。

このことを根拠に、新出器の製作年代に異論が出た。春秋後期の器とそっくりな文面なのだから、こちらも春秋後期の作ではないか、と。

さらに、伝世器も同様に「一二人の先君」の次代の作とする必然性はない、という新説も出た。むしろ銘文の中にもっと後代、戦国時代のものとしか思えない単語が入っている、伝世器は戦国時代の作だ、と。

その説が正しいとするならば、新出器も戦国時代の作ということか？

いや、その「戦国時代ならではの単語」は新出器には入っていないではないか、だから新出器が古い時代の作である可能性は残る。もし新出器が本当に春秋時代の作だったとするなら、伝世器はその文面を戦国時代にリニューアルして用いたと考えれば説明がつくのではないか？……などと議論は尽きない。

銘文の内容だけでは製作年代が確定しないため、器のデザインやスタイルで判断した説もある。他の出土資料の年代と関連づけることで立てた説もある。だが戦国時代は、それまでの王朝（夏・殷・周）の権威を我が国が継承するのだと各新興国が競った時代であり、そうなると青銅器やその銘文にも「復古調」「伝統回帰」という言葉がちらついてくる。見た目などで安易に年代判断すると、その罠にかかってしまうことがある。

かくして、伝世器も新出器も、その製作年代については諸説紛々なのである。春秋前期なのか後期なのか戦国なのか。年代が確定すれば、それを基準に用いて様々な議論が進められそうな、重要な器なのだが。

◈没落に向かう有力諸侯の墓地

陝西省と山西省の境界を南下する黄河は、険しい峡谷を穿った後、韓城市(陝西省)でやや川幅を広める。この韓城は、戦国時代に魏国が黄河右岸沿いを遮断する長城を設けたように、古くから要衝とされてきた地であるが、その台地上に位置する梁帯村で、二〇〇四年に一群の墓地が発見された。東西六〇〇メートル、南北五五〇メートルの範囲内にある約一三〇〇基もの墓葬のうち、大型墓三基が優先的に発掘された。その遺物の中で特に目を引いたのは、「芮《ぜい》」という国名を記した複数の青銅器であった。三つの墓全てから、「芮公が(この器を)作った」もしくは「芮太子が作った」という意味の銘文を持つ青銅器が発見されたのである。また一つの墓からは「仲姜《きょう》」という女性らしき人物の名を記した器も同時に出土した。

その他の遺物も含めた調査の結果、この墓地は西周末期から春秋前期のものであり、被葬者は芮国の君主やその夫人を中心とする支配者層であると考えられた。

実は「芮公」「芮太子」の名を記す青銅器は古くから世に出回っており、これまでに合計二六点の器が記録されてきた。しかし考古学的な発掘データがほとんどなく、芮国の実態を知ることは不可能であった。それが、この韓城梁帯村からの出土により、この近辺に芮国が立地していた可能性が高くなったのである。

芮国とはどんな国か。文献を漁ると、西周初期、成王が死去する際に遺命を伝えるため呼び寄せた六人の側近の中に「芮伯」の名があり(『尚書』顧命篇)、それゆえ諸侯国の中でも重要な地位を占めると目されてきた。また春秋時代前期の前八世紀末、芮伯万の母の芮姜が、息子芮伯に寵臣が多いことを問題視して彼を放逐し、そこに周や秦の思惑が絡んで争いとなったという事件が記録されている(『春秋左氏伝』『古本竹書紀年』)。そして芮国は前六四一年、秦に滅ぼされたという(『史記』秦本紀)。知られている事項はこの程度に過ぎない。

しかし今回の発掘で見つかった三基の大型墓はそれぞれ、春秋前期の「芮公」、その夫人の「仲姜」、その二人の間の息子「芮太子」のものである可能性がある。それが正しいとすると、時代的な近さから、文献にある芮伯万と芮姜の説話が視野に入ってくる。そこで、この「仲姜」は文献にいう芮姜その人であり、従ってこの三基の墓は芮伯万とその母芮姜、そして父である先代君主のもの、とする説が立てられている。

この説が正しいと断定は出来ないが、この墓地が春秋前期の芮国のものであること、芮国がその後まもなく姿を消すことを前提にする限り、墓主の候補は芮伯万の一家以外にそう多くないと思われる。

また、この墓群中の中型墓の一つからは「畢伯《ひつ》」、別の一つからは「虢季《かく》」の制作であることをそれぞれ示す青銅器が出土している。畢国や虢国で作られた青銅器が当地の墓から出てきたとなれば、芮国と畢国や虢国との関係、ひいては西周末期~春秋前期の国際情勢について知る手がかりともなり得る。

文献によれば芮も畢も虢も、西周時代に周王の側で高い地位にあった諸侯らしいが、春秋時代に入って没落し、詳細には不明な点が多い。周王朝傘下の謎多き諸侯国に対する、今後の研究の進展が期待される。

たかつ・じゅんや…**生年**=一九七〇年/**出身校**=東京大学大学院人文社会系研究科博士課程修了/**現職**=川村学園女子大学文学部史学科教授/**主要論文**=(1)「先秦時代の「諸夏」と「夷狄」」『日本秦漢史学会会報』一号、二〇〇〇年 (2)「『尚書』諸篇の成立に関する一考察―戦国諸国における同時並行的な成書について―」『史学雑誌』一一六編一一号、二〇〇七年

2

8　阜陽双古堆（安徽省）

富田 美智江

安徽省北西部に位置する阜陽《ふよう》市双古堆《そうこたい》で、一九七七年に東西二基の墓が発見された。すでに盗掘されていたとはいえ、残されていた埋葬品の中に「女陰侯」の銘文を持つ器物が複数点含まれていたことから、それらは前漢時代に汝陰侯《じょいんこう》に封じられていた夏侯家の墓であると判明した。

初代汝陰侯は、前漢建国の功臣の一人夏侯嬰《えい》である。夏侯嬰は高祖劉邦と同じく沛《はい》県（現江蘇省徐州市沛県）の出身で、劉邦の旗揚げ時から彼に従い、以後の楚漢の戦いの中で功績を重ねた。特に、彭城《ほうじょう》の戦いで項羽に敗れた劉邦は、逃げるために自分の二人の子（後の恵帝と魯元公主）を車から捨てたが、夏侯嬰が二人を拾い救ったというエピソードはよく知られている。夏侯嬰が汝陰侯に封じられたのは高祖六年（前二〇一）のことである。夏侯嬰は高祖の死後も太僕《たいぼく》（車馬を管轄する官）として恵帝、そして呂后《りょこう》に仕え、呂后が亡くなると、陳平、周勃らとともに文帝を擁立した。夏侯嬰の死は文帝前元八年（前一七二）のことで、子の竈《そう》がその後を継いだ。竈（前一六五年卒）の後はその子の賜《し》が、賜（前一三四年卒）の後はその子の頗《は》が継いだが、夏侯頗は平陽公主（景帝の娘か？）を娶ったものの、父の妾と姦通した罪で元鼎二年（前一一五）に自殺し、汝陰侯は四代八七年で絶えることとなった。

被葬者について発掘簡報は、東側の一号墓は二代目汝陰侯の夏侯竈の、西側の二号墓は彼の妻のものとした（一号墓は二号墓の盛り土を一部壊して作られていることから、二号墓の方が一号墓より先に造営されたと思われる）。夏侯竈ではなく、初代の夏侯嬰の可能性を指摘する説もあるが、いずれにせよこの墓が武帝期以前の前漢初期のものだということは間違いない。

前述の通り墓は二基ともすでに盗掘されていたが、それでも漆器、銅器など二〇〇点以上の器物の他に、総数六〇〇〇点余りの竹簡と三枚の木牘が発見された。竹簡は、「蒼頡篇《そうけつ》」「詩経」「周易」「年表」「大事記」「万物（初名は「雑方」）」「作務員程」「行気」「相狗経」「刑徳」「日書」、そして「楚辞」を含む辞賦類、木牘は「儒家者言」「春秋事語」といった篇名で整理されたが、いまだに公表されていないものも多い。またいずれも字体は隷書だが書風は均一ではなく、複数の筆記者によるものと考えられる。

「蒼頡篇」は字書である。『漢書』芸文志によると、秦代に作られた李斯「蒼頡」、趙高「爰歴《えんれき》」、胡母敬《こぶけい》「博学」の三篇が、漢代にまとめられて『蒼頡篇』五五章（一章六〇字）となったという。『蒼頡篇』は唐宋代に散佚し、その全貌は長らく不明となっていたが、二〇世紀以降敦煌や居延《きょえん》をはじめとして阜陽を含むいくつかの地域で『蒼頡篇』に関わる漢簡が出土し研究が進展した。阜陽漢墓は前漢初期のものだが、この「蒼頡篇」は避諱《ひき》や語法などから見て漢代に合編された『蒼頡篇』より前のテキストと思われる。完簡こそ一つもないものの字数は五四〇字余りあり、これは漢代『蒼頡篇』の総字数のおよそ六分の一に相当する分量である。

「周易」は、その字数が三〇〇〇字を越す阜陽漢簡中で最大の分量をもつテキストであり、その内容は経文一一一〇字と卜辞《ぼくじ》二〇〇九字に分けられる。経文は通仮字《つうかじ》（音が同じ、あるいは近く、字形は異なっても同じ意味を指すと考えられる字）などによる異文はあるものの現行の『周易』とほぼ同内容だが、卜辞は現在の『周易』には含まれていない。卜辞は、「卜」字の後に具体的な事例とその吉凶が続けて記されていることから、このテキストは「日書」などと同じく実際に易占を行う上で用いられた実用書だったのではないかと考えられる。テキストだけでなく、阜陽漢墓からは占卜にも大きな関わりを持つ三つの天文器機が発見されている。一号墓から出土した六壬栻盤《ろくじんしょくばん》、太乙九官占盤、二十八宿図盤がそれである。これらは中国古代天文史の貴重な資料であると同時に、「周易」とともに当時の実用的な占卜の世界を探る大きな手がかりであるといえよう。

「詩経」は、『詩経』そのものの出土文献としてはもっとも早い時期のものの一つである。断簡ばかりながら整理された字数は八〇〇字を越し、三〇五篇ある『詩経』のうちの六九篇の詩句あるいは篇名が含まれている。六九篇のうち六五篇は国風(諸国の民謡を集めたとされる詩篇)、残り四篇は小雅(貴族の宴楽詩とされる詩篇)で、頌《しょう》(宮廷の祖先祭祀のための廟歌)は見つかっていない。内容は詩句のみで、いわゆる解釈部分に当たる伝などはない。

その他、「年表」は西周から漢までの王や諸侯らの在位年が記されたもの、「万物」は医薬関係、「作務員程」は器物の製造手段や建築方法などに関する規格や一日の作業量などを記したもの、「行気」は気功関係、「相狗経」はイヌの外見的特徴と性質の関係について述べたもの、「刑徳」「日書」は占卜関係、「儒家者言」は木牘一枚に孔子やその弟子たちの言行に関する四七の章題が記されたもので、その多くは『孔子家語』や『説苑《ぜいえん》』などに収められている説話との関連が認められ、「春秋事語」は春秋時代に関する四〇の章題が記された木牘と、その本文と思われる竹簡が現在整理公表されているもので一〇〇条近くある。

阜陽漢墓は、前漢初期墓の中でもその出土した竹簡数などは比較的多い部類に属するが、それに相応する関心を集めたとは言い難い。竹簡の点数こそ多いものの大半が断簡で状態がよくないこと、そして整理公表が遅れたことがその大きな要因だろう。一九七七年に発見された阜陽漢墓の発掘簡報が『文物』に載せられたのが一九七八年八月、その後一九八三年二月の『文物』で簡牘のおおよその篇名と内容が公開され、「蒼頡篇」も同号に載った。しかし、「詩経」は比較的早い一九八八年に整理者による研究書が出版されたものの、「周易」の出版は二〇〇四年まで遅れた。同年には上博楚簡「周易」も公表されており、より成書年代が古い戦国期のものとされる上博楚簡「周易」の登場のあおりを受け、阜陽漢簡「周易」の影が薄くなってしまった感は否めない。

「詩経」も、上博楚簡「孔子詩論」などに比べるとその注目度には大きな差がある。「孔子詩論」は『詩経』そのものではないものの、『詩経』に収められている詩の先秦期における解釈が多く言及されていること、また現行『詩経』では「風・雅・頌」の順に並べられているものが、「孔子詩論」では「頌・雅・風」の順になっていることなど、『詩経』成立過程を論じる上での問題点が多く、大いに議論が沸いた。一方、阜陽「詩経」は『詩経』そのものとはいえ、現行『詩経』との差異が少なく、そのことが逆に論点を減らしてしまった可能性がある。漢代の『詩経』学には、今文（漢代の書体である隷書で書かれたテキスト）系の魯詩・斉詩・韓詩そして古文（秦以前の書体で書かれたテキスト）系の毛詩の四家が存在していたものの、阜陽「詩経」はそのいずれの系統でもなく、楚地域に伝わる異本なのではないかとする説もある。しかし、現行『詩経（毛詩）』と比べると詩句の異同がおよそ四分の一にのぼるとはいえ、「周易」の場合と同じくその大半は通仮字の類であり、詩句の意味が変わってしまうような例は僅かであって、「詩経」がどの流れを汲むものなのか断じるのは容易ではない。

これら諸々の要因からまだ十分に研究し尽くされたとはいえない阜陽漢墓だが、最後に一例を「詩経」から挙げることで阜陽漢簡の重要性を指摘したい。「詩経」には、詩の最後に「（此右）日月九十六字」のように「此右＋篇名＋字数」の形でその詩の字数も記されている。ところが、現行『詩経（毛詩）』とは字数が異なる場合が散見する。「日月（邶風）」も現行本では九九字と、阜陽「詩経」より三字多くなっている。この違いはどこからきたのだろうか？　『詩経』は四字句を基本としているが、実は現行『詩経』はところどころその句形がくずれ、四字句の間に五字句が混じるようなケースも少なくない。例えば「騶虞《すうぐ》（召南）」は、現行では「彼茁者蓬、壹発五豵、于嗟乎騶虞（あそこに生え始めているのは蓬《よもぎ》、一本の矢で五匹のイノシシを仕留めた、ああ騶虞よ）」（第二章）となっている。ところが阜陽「詩経」では「于嗟騶虞」と、「乎」字がない。先にあげた「日月」も現行では四章九九字、「日居月諸、照臨下土、乃如之人兮、逝不古処（日よ月よ、大地を照らせ、あのような人は、ここには落ち着かない）」（第一章）のように、一章から三章までの各三句目が五字句となっているのだが、阜陽「詩経」では前述のように九六字とされている。阜陽からは該当する詩句本文が見つかっていないため断言はできないが、おそらく五字句の「兮」字が阜陽「詩経」にはなかったため、このように三字少ない九六字となったと推察される。「乎」や「兮」には意味はあまりなく、実際に詩を声に出して歌うときの音の伸びを文字に表したものなのだろう。つまり『毛詩』の方が詩を歌う際の節の部分をより忠実に残しており、阜陽「詩経」は詩を文字に表したときの形を重視して書かれたものだということがいえる。音声から文字への変化を考える上で貴重な資料であり、今後より一層の研究の進展が待たれる。

とみた・みちえ…**生年**＝一九七七年／**出身校**＝慶應義塾大学大学院文学研究科史学専攻東洋史分野／**現職**＝流通経済大学講師／**主要著書・論文**＝（1）「戦国時代の后稷像―兼論上博楚簡后稷―」『中国出土資料研究』第一四号、二〇一〇年　（2）「漢代における詩歌の文字化と異文についての一試論」『日本秦漢史研究』第一三号、二〇一三年

2

9 襄汾陶寺（山西省）と周原（陝西省）

岡本 真則

襄汾《じょうふん》陶寺遺跡は総面積約四〇〇万平方メートルにおよぶ城址集落遺跡で、山西省臨汾《りんふん》市襄汾県陶寺村の南に位置する。一九七八～八七年に大規模な発掘が行われ、主に墓葬や居住址が整理された。その後、一九九九年に再開された発掘調査は現在も続いており、城址や大型建築址などが発見されている。発掘当初、陶寺遺跡は新石器時代後期の河南龍山文化の一地方類型として河南龍山文化陶寺類型と呼ばれたが、近年ではその独自性が明らかになり、河南龍山文化に併行する独立した一文化として陶寺文化と呼ばれることが多い。陶寺文化の年代は前二三〇〇～前一九〇〇年とされ、さらに前期（前二三〇〇～前二一〇〇）、中期（前二一〇〇～前二〇〇〇）、後期（前二〇〇〇～前一九〇〇）に区分される。

陶寺遺跡の城址には、陶寺文化前期に建造された小城と中期に建造された大城・小城（東南小城と西南小城）とがある。このうち、中期大城は前期小城の東壁をもとに増築され、東西約一八〇〇メートル、南北約一五〇〇メートル、総面積は約二七〇万平方メートルに及ぶ。新石器時代後期の黄河流域の城址としては最大規模である。陶寺城址の内部は、用途に応じて整然と区画されており、これまでに貴族居住区（上層貴族が居住した宮殿区と下層貴族居住区）、一般民居住区、食料貯蔵区、手工業工房区、祭祀区、墓地、宮殿区のゴミ捨て場などが確認されている。特筆すべきは、東南小城内で発見された〝観象台〟と呼ばれる大型建築址である。〝観象台〟は、半円形状の三層の基壇からなり、第一層（下層）・第二層（中層）・第三層（上層）各基壇の半径はそれぞれ約二五メートル、約二二メートル、約一二メートル。下層には祭祀に利用されたと見られる基壇が設けられており、また、上層と中層の基壇には合計一五の柱の基礎（〈図1〉D1～D13およびE1、E2）があり、このうち、一三の柱の基礎（〈図1〉D1～D11およびE1、E2）の間には一二の隙間があり、さらに、これら隙間の中心

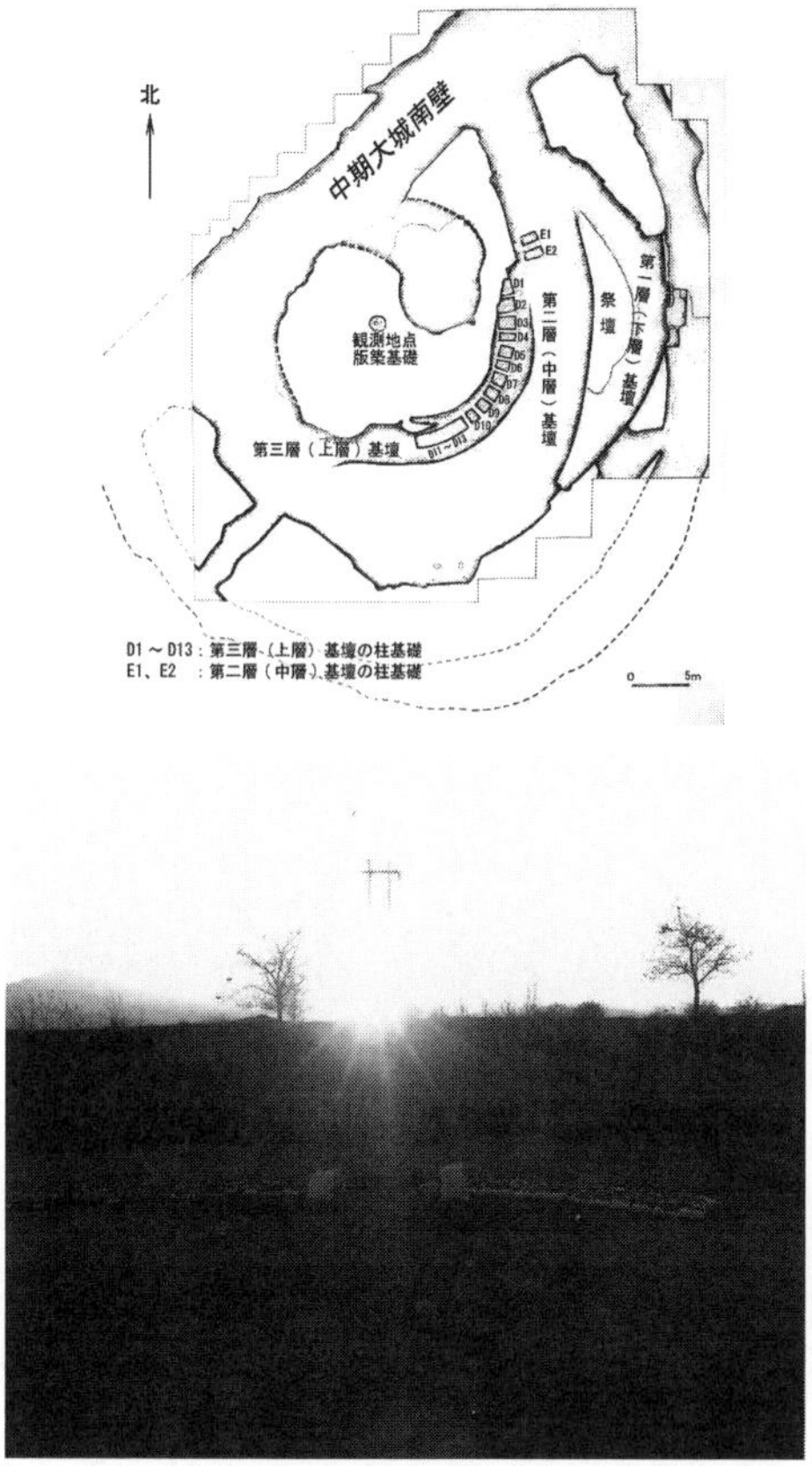

図1…観象台

〔上〕観象台平面図（何駑「試論都邑性聚落布局的宇宙観指導理論」中国社会科学院考古研究所夏商考古研究室編『三代考古』五、科学出版社、二〇一三年）

〔下〕二〇〇五年一二月二二日の冬至の日の朝に行われた実地模擬観測。D9とD10の隙間が日の出の方角と一致していることが確認された。（解希恭主編『襄汾陶寺遺址研究』科学出版社、二〇〇七年）

線が交わる地点で円形の版築基礎が発見された。二〇〇三～二〇〇五年に行われた実地模擬観測によって、この円形の版築基礎を基点として、一二の隙間を見ると、冬至や夏至などの日の出の方角と一致することが確認された。これにより、この大型建築址は単に祭祀を行うためのものだけではなく、第三層（上層）に設けられた円形の版築基礎（観測地点）から、日の出がどの隙間から見えるのかを観測することで、季節の運行を把握し、これによって祭祀や農作業に必要な暦を定める、いわゆる観象授時の機能をも持っていたことが判明した。

墓地は前期小城外東南の前期墓地と中期小城内西北部の中期墓地とがあり、これまでに墓葬一三〇〇基あまりが発掘され、墓葬の大きさ、副葬品の有無やその種類によって、大型・中型・小型に分類される。大型墓からは一〇〇～二〇〇点あまりの副葬品が出土し、土器・石器・骨器のほか、玉器や彩色の施された木器、祭祀儀礼で用いる鼉鼓《だこ》（ワニの皮を張った太鼓）や石磬《せっけい》（石板をつるして打ち鳴らす打楽器）などの楽器、軍事権を象徴する玉鉞《ぎょくえつ》（玉で作られた大型のオノ）などが見られ、被葬者は陶寺集落を支配した首領と推定されている。

また、陶寺城址遺跡の注目すべき事実に、陶寺文化後期になると中期大城・小城の城壁は廃棄され、宮殿区は大型建築址が破壊されて一般手工業者に占拠され、中期小城内の観象台や大型墓も破壊されるなど、暴力行為の痕跡が多く見られるということが指摘される。この時期には陶寺城址遺跡はすでに廃絶していたとみられる。

『史記』『春秋左氏伝』などの古籍とその注釈書によれば、陶寺遺跡のある山西省西南部には、堯（陶唐氏）、舜（有虞《ゆうぐ》氏）、禹《う》（夏后氏）の都城や故居があり、また、伝説から想定される堯・舜・禹の活動した年代は、陶寺遺跡の年代とも合致する。発掘当初、陶寺遺跡は夏王朝の文化（夏文化）ではないかと考えられたが、現在では、河南省偃師《えんし》市の二里頭遺跡を夏文化とする説が有力となり、陶寺文化については、主に堯(陶唐氏)の文化、舜(有虞氏)の文化、ないしは堯・舜の文化とする三説があるほか、前期を堯(陶唐氏)、中期を舜(有虞氏)、後期を周族の文化とする説も提出されている。周族の始祖后稷《こうしょく》は、堯・舜・禹に仕え、農事を掌る長官に任ぜられたと伝えられている。しかしながら、これら諸説はいずれも明証を欠き、どれも定説を得るには至っておらず、今後の研究の深化が期待される。

『史記』や『詩経』などによれば、周族は古公亶父《たんぽ》の時代に周原に移住したという。周原は、陝西省の関中平原西部に位置し、その中心地である扶風・岐山両県北部境界には東西約六キロメートル、南北約五キロメートル、総面積約三〇平方キロメートルに及ぶ周原遺跡がある。古公亶父が移住した周原は、この周原遺跡一帯と考えられている。古公亶父が周原に遷《うつ》ってから武王が周王朝を創始するまでの間、周族が周原を中心として築いた文化は先周文化と呼ばれるが、周原遺跡からは、先周文化の灰坑・居住址・墓葬だけではなく、西周時代の大型建築址・墓地・銅器窖蔵《どうきこうぞう》(青銅器を埋納するために造られた穴蔵)や手工業工房址などが発見されている。

西周時代の大型建築址・墓地・銅器窖蔵は、周原遺跡の中・東部約一〇平方キロメートル余りの範囲に集中的に分布している。墓地は小規模なものが数十カ所で発見されており、それぞれが大家族を単位とする独立した墓地と考えられている。銅器窖蔵はこれまでに一二〇基余りが発見されている。窖蔵から出土した青銅器は、貴族の一個人ないしは一家族が数世代にわたって製作したもので、一説に、これらの青銅器は、西周末に周王室が洛陽に東遷したさいに(前七七〇年)、これに従った貴族たちが埋納したものである。また、墓地・窖蔵の多くが大型建築址の周囲に分布していることから、大型建築址は周原に居住した貴族の邸宅で、貴族が自身の邸宅の周囲に墓地や銅器窖蔵を残したのであろうと考えられている。墓葬や銅器窖蔵からは大量の青銅器が出土しているが、そのうち、銘文の鋳込まれたものが四〇〇点近くある(青銅器に鋳込まれた銘文は金文とも呼ばれる)。銘文の鋳込まれた青銅器の多くは、祖先祭祀に用いる酒器・食器などの容器類と楽器で、礼器(あるいは彝《い》器《き》)とも呼ばれる。銘文の内容は、祭祀対象や青銅器を所有した族集団の紋章などを記した一〜三文字程度のものが多いが、このほかに三、四〇字程度の文章や、少数ではあるが数百字に及ぶ長文を記した銘文もある。例えば、一九七六年に扶風県荘白村の窖蔵から出土した「墻《しょう》盤《ばん》」(墻は青銅器の製作者の名。盤は食物を盛る平たい鉢状の青銅器)は、西周中期の恭王の時代に製作されたもので、二八四字に及ぶ長文銘が鋳込まれている〈図2〉。銘文では、まず、文王・武王による周王朝の創業が語られ、次いで、成王・康王・昭王・穆王、および墻が仕えた恭王にいたる歴代の周王の事績が述べられている。さらにその後文には、高祖・烈祖・乙祖・亜祖・乙公・墻にいたる墻一族六代の事績が語られている。銘文から、墻の一族は、烈祖のときに武王に朝見して周に帰属し、そのさい周原に居所を与えられ、代々史官として周王朝に仕えてきたことが知られる。

このほか、周原遺跡から出土した重要な遺物に甲骨(周原甲骨)がある。→1-2 これまでに一万七〇〇〇点余りが出土しており、このうち三〇〇点近くに文字が刻まれていた。これらは周族が関わった占いの記録で、その年代は殷末期から西周前期頃とされる。卜辞の内容は祭祀にかんするものが比較的多く、殷の宗廟で行われた湯王の祭祀にかんするものや、周の文王とみられる人物が殷の祭祀に参与していたことを示すものなどがある。このほかにも、楚が周に来朝したこと、周が蜀・巣といった周辺国を征伐することにかんするものなどが見られる。これらは、殷末周初の殷と周、周と周辺国との関係を研究する上で重要な史料である。

おかもと・まさのり…**生年**＝一九七四年／**出身校**＝早稲田大学／**現職**＝公益財団法人東洋文庫臨時職員／**主要著書・論文**＝（1）「関中地区における西周王朝の服属氏族について」工藤元男・李成市編『東アジア古代出土文字資料の研究』雄山閣、二〇〇九年　（2）「洛陽地区における西周時代の服属氏族について」『史滴』第三一号、二〇〇九年

図2…墻盤器影と銘文の拓本
（〔器影〕中国青銅器全集編輯委員会編『中国青銅器』第五巻西周（一）文物出版社、一九九六年、
〔銘文拓本〕中国社会科学院考古研究所編『殷周金文集成釈文』第六巻、香港中文大学中国文化研究所、二〇〇一年）

2 10 張家山（湖北省）

椎名一雄

張家山は、荊州《けいしゅう》博物館がある荊州城から西に約一・五キロメートル地点の地名である。山とは言っても、発掘当時は小高い丘で、今では平地となり面影はない。一九八〇年代、同地にあったレンガ工場が材料を採取していた場所から、五つの墓（二四七・二四九・二五八・三二七・三三六号墓）が発見された。いずれの墓にも遺体は残っていなかったが、遺体と共に埋められた品々（副葬品）から埋葬時期が前漢時代（前二〇二～後八）の初期と推定され、五つの墓は場所と時代を併せて張家山漢墓と総称されている。

注目される理由は、すべての墓から文字の残る竹簡が発見されたことによる。とりわけ、二四七・三三六号墓の竹簡には、漢代の〝律令〟が含まれており、一般の人々にも興味を抱かせた。張家山漢墓の発見以前、まとまった形での法律文書の発見は、一九七五年出土の睡虎地《すいこち》秦簡 →2-6 のみで、漢代のモノは初めてだったことも大きい。本項目では、とくに注目を集めている二四七・三三六号墓を中心に取上げてみたい。

なお、張家山漢墓から出土した竹簡は張家山漢簡と総称されている。

◈二四七号墓の発見と竹簡

一九八三年一二月二日午後、張家山から墓が発見され、荊州地区博物館に連絡が入る。専門チームの到着時はすでに、槨《かく》（棺を収納する外箱）のフタは開けられていた。連日連夜にわたり泥の除去と調査を行い、ついに椁内から竹簡の塊《かたまり》〈図1〉を発見した。その後、洗浄・整理番号付け・撮影作業などを行い、化学処理を施して試験管に保存された（『湖北日報』一九八五年一月一七日第二版・『荊州重要考古発現』文物出版社、二〇〇九年）。発掘の速報（『文物』一九八五年第一期）によれば、二四七号墓の竹簡は、泥が充満した竹籠《たけかご》の中に縦状に入っていた。竹簡は本来ヒモで結ばれ巻物状にされるが、経年と泥や水によるヒモの腐食と消失の後、浸水によって竹簡一本一本が浮遊したことで、書物としての順番がバラバラになったと推測されている。そのため復原作業に時間を要したのか、竹簡の発見から全容が公開されるまで約一九年の歳月がかかった。

二〇〇一年一一月、待望の『張家山漢墓竹簡〔二四七号墓〕』（文物出版社、二〇〇一年）が出版された。内容は、二四七号墓で発見された竹簡すべての写真と現在使われている漢字に起こされた竹簡の全文章であった。以下、目次項目別に簡単な説明をする。なお、①と⑧以外の項目は竹簡に記載されていた題名である。

①暦譜《れきふ》……前二〇二年または前二〇三年（前漢初代皇帝の高祖五年または四年）から前一八六年（呂太后《りょたいこう》二年）まで

図1…二四七号墓の棺椁（上）と出土した竹簡の塊（下）（荊州博物館編著『荊州重要考古発現』文物出版社、二〇〇九年）

の各月一日《ついたち》の干支を記す。暦の最後が呂太后二年であることから、墓の主が死亡したのは大体同じ時期だと考えられている。呂太后とは高祖の妻。前漢第二代皇帝（恵帝）没後に太后として政務を行う。

②二年律令……二七の律・一の令に分類された法律。〝二年〟の解釈には諸説あるが、①や律令の内容から呂太后二年とする意見が多い。

③奏讞書《そうげんしょ》……春秋時代から前漢時代までの裁判の内容や流れを記す。→1-4 ドイツ語の翻訳書もある。なお「讞」字の読みは、研究者によって「ゲン・ケン・ゲツ」がある（池田雄一編『奏讞書——中国古代の裁判記録』刀水書房、二〇〇二年）。

④脈　書《みゃくしょ》……医学の書。身体の脈と病気の関係を説明する。現代にもある健康法の頭寒足熱も紹介する。

⑤算数書……冒頭部分で整数や分数を加減乗除《＋－×÷》する計算の基礎を説明する。応用として、織物・漆《うるし》・狐皮・塩の分量と価格の比率、田地の面積などを題材に単位換算や複雑な計算方法を解説する。

⑥蓋廬《こうろ》……闔廬《こうろ》（臥薪嘗胆《がしんしょうたん》の故事で知られる呉王夫差《ふさ》の父）と伍子胥《ごししょ》の問答形式で展開する政治教訓と兵法の書。

⑦引書《いんしょ》……太極拳の原型書。呼吸法やマッサージを取り入れた健康体操を解説する。→1-17

⑧遣策《けんさく》……副葬品の目録。衣類・調味料・文房具・書物一箱（おそらく①〜⑦のこと）などが書かれている。①〜⑦とは違い、椁内の別位置から発見されている。

これら竹簡や他の副葬品から、墓の主は当時の比較的下級の役人だったと考えられている。

◈三三六号墓の発見と竹簡

一九八五年秋と一九八八年初（『文物』一九九二年第九期の速報に従う）、二つの墓が発見された。その一つが三三六号墓である。調査前の椁のフタは未開封だったが、泥が内部に満ちていた。漆器や陶器の副葬品と一緒に出土した竹籠の中から、麻布に包まれた竹簡が発見された。保存状態は良好で、文字も鮮明に残っていたと報告されている。全容は未公開だが、速報による分類と内容を紹介すると、次のとおりである。

A功令……律令の〝令〟の形式を持っている。功績を挙げて得られる報酬に関する規定。

B書名なし……健康法の書。

C盗跖《とうせき》……現在も残る『荘子《そうじ》』雑篇盗跖（孔子が盗跖との問答に苦しむ話など三部構成）とおおよそ同じ内容。

D書名なし……宴会や食器について書かれているが、欠簡が多く不明な点が多い。

E七年質日……前一七三年の暦譜と墓の主の活動記録。呂太后の死後に即位した文帝の前元七年に該当する。簡の配列や書式は、銀雀山漢簡→2-4の暦譜に似ている。

F書名なし……一五種類の律。欠簡が多く不完全な状態だが、二四七号墓から出土した二年律令とほぼ同じ律文がみえる。ただし、二年律令には無い儀礼の規定を書いた〝朝律〟が含まれている。

G書名なし……二四七号墓で説明した⑧遣策という副葬品の目録。A～Fとは別位置から発見された。

以上の竹簡（とくにE）と、他の副葬品から埋葬時期を文帝時代の前期（前一七三年～前一六七年）と推定し、墓の主は二四七号墓と同じような役人だったと考えられている。

◈法律からみる人々の生活

法律や規則からは、人々の生活や社会状況を知ることができる。二四七号墓から出土した二年律令の雑律にある「ゲーム中に金銭を賭けてはいけない」との内容からは、当時の人々がゲーム→1-24で賭け事をしていたことが想像できる。二年律令には、禁則事項の他にも現代の行政法のような規定もあり、民から税金を取る方法、高齢者の優遇方法、当時の家族のカタチ、役人の配置と給料など内容は多岐にわたる。特徴的なのは、文献史料では得られない当時の一般民衆の具体的なイメージを描写できる点である。

とりわけ、民衆の生活に直結する規定が序列制度である。漢代の序列は、爵位と刑罰によってカタチ造られることが張家山漢簡から解釈されている。当時の民は、軍隊に入り功績を挙げると爵位が与えられ、逆に罪を犯すと爵位を奪われ犯罪者特有の呼称が与えられる。→1-3 爵位と犯罪者呼称は人々の上下関係を表わし、土地支給の量・居住場所・労働内容の軽重などを確定する基準として、日常生活に深く関係する。

二年律令の傅律《ふりつ》には、高齢者へ特別な杖〈図2〉を支給する規定があり、無爵の者は七五歳、第五級の爵位の者は七〇歳で支給される。また現代の年金のような食料支給でも、無爵の者は九五歳、第五級の爵位の者は九〇歳からの支給で、高い爵位の者は五年も早く支給される。ちなみに、張家山漢簡から約一七〇年後の記録である尹湾漢簡→2-15には、東海郡の人口約一四〇万に対して九〇歳以上人口一万一六七〇人の記述がある。九〇歳以上の人口比率約八パーセントは、日本の二〇〇五年統計と同じ比率である。

◈解かれた謎&新たな謎

次の①は序列に応じた土地支給の量を表わし、②は序列に応じた子供への序列継承を表わしている。実は、①と②には一つだけ大きな違いがあるが、発見できるだろうか(ヒント、②には欠如する序列呼称がある)。

①不更は四、簪裹は三、上造は二、公士は一・五、公卒と士伍と庶人は一、司寇・隠官は〇・五。

②不更・簪裹・上造の子供は公卒とする。公士・公卒・士伍・司寇・隠官の子供は士伍とする。

そう〇〇である。このことから、〇〇は他の序列呼称を持つ人々とは異なる特殊な存在として説明されている。二年律令の出土が可能にした解釈であり、張家山漢簡が漢代史研究に与えた重要性の一つでもある。しかし同時に、〇〇とは具体的にどのような人々を指すのか、新たな謎として研究者たちを悩ませている。

張家山漢簡の発見は歴史の謎を解く鍵となる一方、新たな謎を提起する。漢の律令は唐の律令の原点である。日本の養老律令は唐の影響を受けていることを考えると、張家山漢簡は日本の法律の原点とも言える。さあ、張家山漢簡という名の鍵を手にして一緒に歴史の謎を解いてみよう。

しいな・かずお…生年＝一九七六年／**出身校**＝大正大学／**現職**＝大正大学非常勤講師／**主要論文**＝（1）「張家山漢簡二年律令にみえる爵制―「庶人」の理解を中心として―」『鴨台史学』二〇〇六年第六号、大正大学史学会　（2）「二年律令にみる民の生活形態について」東洋文庫中国古代史研究編『張家山漢簡『二年律令』の研究』東洋文庫、二〇一四年

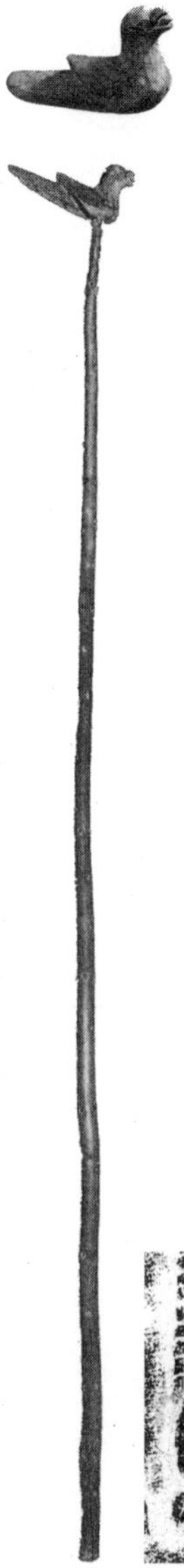

図2…鳩杖（きゅうじょう・甘粛省武威市韓佐郷紅花村漢墓出土）。長さ二一〇センチ。右下は四川成都市曾家包漢墓出土の画像。張家山漢墓二四七号墓からも鳩杖の出土が報告されている。（鳩杖）大阪府立近つ飛鳥博物館編『シルクロードのまもり―その埋もれた記録―』大阪府立近つ飛鳥博物館、一九九四年　（画像）信立祥主編『中国美術全集』画像石画像磚二、黄山書社、二〇一〇年）

11 天水（甘粛省）

海老根 量介

◈天水地域の地理と歴史

天水は甘粛省の南東部にあり、黄土高原の西端に位置している。北側を渭河が流れ、すぐ東は陝西省と接し、関中平原と結ばれているほか、南に山を越えれば四川方面へ行くこともできる、まさに交通の要衝である。天水の地は、かつては邽《けい》と呼ばれていた。『史記』秦本紀には「（武公）十年、邽・冀《き》戎《じゅう》を伐ち、初めて之を県とす」という記述があり、これによれば、邽は春秋前期、武公の時代に早くも秦の支配下に入ったという。このことより、天水一帯は春秋期以来、秦の影響下におかれた地域であると考えることができる。

考古発掘もこのことを裏付ける。天水の南、甘粛省礼県（行政区分上は天水市に隣接する隴南市に属す）にある大《だい》堡子《ほうし》山《ざん》秦公墓が一九九〇年代初めに盗掘を受け、副葬品が中国国内外に流出した。その副葬品の中に秦公壺・鼎・簋《き》などが含まれていた。これらの青銅器には「秦公」の銘文が刻まれており、現在のところ「秦公」の文字を確認できる最古のものである。その年代については、研究者の間で意見の一致を見ていないものの、大体のところ、周の東遷の後、秦が西垂《せいすい》を拠点とした頃のものであると考えられている。また一九九八年に発掘された秦公墓に近接する円頂山春秋秦墓は、同時期の秦国貴族墓と考えられている。これらのことから、秦公墓周辺がまさにその西垂に当たるという意見が研究者から提出されている。

このように、天水およびその周辺の地域は早くに秦の影響下に入り、その根拠地として重要な役割を果たしていた。

◈天水放馬灘秦簡について

こうした秦の伝統を受け継ぐ天水の地であるが、当地における出土文字資料の中で最も有名なのは、天水放馬灘《ほうばたん》秦簡である。

一九八六年、天水市北道区党川郷の放馬灘秦漢墓群が発掘され、その中の一号秦墓から大量の竹簡が出土した。放馬灘は天水市の東南七〇キロ、秦嶺山脈の山中に位置しており、東四〇キロには陝西省と甘粛省の境、また西二〇キロには六朝~宋代にわたって彫られた石窟や磨崖仏《まがいぶつ》で著名な麦積山石窟がある。

出土した竹簡は全部で四六一枚、内訳は『日書』甲種(七三枚)・乙種(三八一枚)と『志怪故事』(七枚)である。『日書』甲種は竹簡の長さ二七・五センチ、幅〇・七センチ、厚さ〇・二センチ。『日書』乙種と『志怪故事』は形制が同じで、長さ二三センチ、幅〇・六センチ、厚さ〇・二センチ。編縄《へんじょう》(竹簡を綴じる紐)はすでに失われているが、全て三箇所で編綴《へんてつ》されていたようだ。これらの竹簡は、出土時には一緒に巻かれて一束にされた状態で、外側に『志怪故事』と『日書』乙種、内側に『日書』甲種が位置しており、右から左に巻かれていた。『日書』甲種は、大部分の竹簡の上下端の両面に織物の残片が貼り付いており、竹簡を紐で綴じ合わせ、書物の形にした後に織物で表装したものと見られる。整理者によれば、『日書』甲種の書体は篆書が主で、戦国古文の遺風を残している。『日書』乙種と『志怪故事』は同筆で、その書体は睡虎地秦簡『日書』と類似し、秦隷の跡が多く見られるが、筆法は拙劣で、文化水準の高くない者の手になったものであるという。また、『日書』甲種の大部分が『日書』乙種の一部と完全に同じ内容であり、『日書』甲種は墓主が収集したものか他人から借りたもので、『日書』乙種は墓主が『日書』甲種を書き写したものと見なされるという。

放馬灘秦簡について、特筆すべきはその内容であろう。「日書」とは、戦国時代から秦漢時代にかけて流行した占いの書で、さまざまな占いを集めて一篇にまとめたものである。この「日書」は、主に湖北省や湖南省など、かつての楚国の勢力圏を中心に出土しており、放馬灘秦簡のように、秦の故地で発見されるというのは大変に珍しい。従って、放馬灘秦簡は秦の「日書」について知ることのできる貴重な資料ということになる。

また放馬灘秦簡『日書』は、湖北省で発掘された睡虎地秦簡『日書』→2-6と共通する内容を多く含んでいるが、そこには出てこない内容も見えている。その一方で、睡虎地秦簡『日書』の内容のうち、放馬灘秦簡『日書』と共通しない内容の中には、戦国時代の楚の「日書」である九店楚簡『日書』の内容と共通するものが見られる。すなわち、睡虎地秦簡『日書』は九店楚簡『日書』と放馬灘秦簡『日書』の両方と共通した内容を含むのである。睡虎地秦簡は南郡、すなわち秦の支配下に組み込まれた楚地において書かれたものであることを考慮すれば、睡虎地秦簡が楚と秦の両方の「日書」の内容を受け継いでいると考えることができるだろう。このように、放馬灘秦簡『日書』と他の「日書」との比較を通じて、当時の「日書」の伝播・継承の過程をうかがい知ることができるのである。

『志怪故事』については、当初は墓主の個人的経歴を記したものと考えられていたが、その内容が死者の復活を述べた特異なものであることから、のちに『志怪故事』と改名され、後世の志怪小説（六朝時代に、怪異に関する話を記した小説）の鼻祖と見なす研究者もいる。その一方で、本篇は死者に対する墓祭の方法を示すマニュアルであり、『日書』乙種の一部であると考えるべきだという意見もある。また最近、北京大学が収蔵した秦簡牘の中に『泰原有死者』という一篇があり、当該篇がそれと内容が近似していることも注目されている。さらにもう一点、興味深いのは、当該篇が、地方官吏が中央へ上奏した文書の形式をとっていることである。この点は、やはり擬制公文書の形式をとることの多い漢代の告地策（地上の官吏が地下世界の官吏に、死者が随行する人や馬、物品などを報告する文書）とやや類似している。

放馬灘秦簡がいつ記されたものかについては議論がある。従来は、『志怪故事』に見える紀年「八年八月己巳」を秦王政八年（前二三九）に同定し、それに基づいて、当該竹簡を戦国時代の秦のものと考えるのが一般的であった。ところが、『志怪故事』が上述のように墓祭の方法を示すマニュアルであるとすれば、この紀年を墓葬年代の下限＝竹簡の書写年代の下限と考える必然性はないことになる。さらに、放馬灘秦簡に見える文字づかいには、統一秦代に書かれたものであると考えられる要素が確認できることが指摘されている。例えば、『説文解字』によれば、秦の皇帝が「皇」の字と似ていることを嫌って「辠」を「罪」に改めたというが、『日書』甲種には「罪」字が確認できる。また、『史記』秦始皇本紀には、秦が全国統一を機に「民」の呼び名を「黔首」に改めたという記事が見えるが、放馬灘秦簡には「黔首」の語がいくつも確認できる。

戦国秦が天下を統一し、全国的な中央集権体制を敷いていくにあたっては、制度面ばかりでなく、文書行政の基本となる文字や用字法の面でもさまざまな改革を行ったことが指摘されている。→1-15 放馬灘秦簡はこの時期の文字の使われ方や、俗に言う「文字統一」の実態を知ることのできる貴重な資料であると言えるだろう。

◈放馬灘出土の地図について

放馬灘一号秦墓からは、竹簡のほかに、最古の地図と言われる放馬灘木板地図↓1-8が出土している。この地図は、全部で四枚あり、そのうち三枚は表裏ともに書かれているから、合計七面に記されていることになる。その内容は、水系を中心に、分水嶺・交通路・地名などを記したもので、産出する木材の名が書き込まれていることから、木材の切り出しルートを書き記したものではないかと言われている。地名や地形を手がかりにすれば、それぞれの地図は独立したものでなく、相互に関係があると思われる。また「邽丘」という地名が見えており、これが邽県の所在地だとすると、秦国の邽県の一部の政区地理図ということになるが、これらの地図全体に描かれているのが現在のどこに当たるのかは、地名の同定が困難なこと、地図の縮尺が不明であることなどから、未だ定説を見ていない。

なお、こういった極めて貴重な資料を所持していた一号秦墓の墓主がいかなる人物であったかについては、残念ながら詳しいことは分かっていない。墓葬の規模、地図や毛筆の出土をもとに、県の基層官吏の可能性が高いとも言われているが、今後の研究が待たれる。

このほか、放馬灘秦漢墓群のうち、放馬灘五号漢墓からは、「放馬灘紙」と呼ばれる目下最古の紙が見つかっている。この紙の上には細い線を用いて山・川・道路などの地形が描かれている。その描き方は長沙馬王堆漢墓出土の帛図と似ていて、放馬灘木板地図とは明らかに異なっているが、これもやはり地図であると考えられている。この紙は、長さ五・六センチ、幅二・六センチの残片に過ぎないが、実用品として使われた当時の紙の例として極めて貴重である。科学的な測定の結果、前漢の文帝・景帝(前一八〇～一四一)の頃のもので、紙質は麻類の植物の繊維であると推定されている。

◈甘谷漢簡

天水地域における漢代の出土資料としては、他に甘谷漢簡《かんこく》を挙げることができる。一九七一年、甘粛省天水市甘谷県渭陽《いよう》漢墓中より、多くの木牘《もくとく》の断片が見つかった。その後の整理を経て、これらは二三簡に復原された。これらの木牘のうち多くは松材によって作られており、裏面には「弟(第)一」「弟(第)二」などの編号が記されているのが特徴である。完全な形を留めている「第一」簡は簡長二三センチ、幅二・六センチ、厚さ〇・三センチ。編縄は二本で、先に編んでから記されたものと見られる。その内容については、後漢末期、桓帝延熹元年(一五八)に宗正(皇帝の一族を管轄する官職)が行った上奏と、それを受けて下された詔書を記したものとされるが、残欠が多く文意もはっきりしないため、異説もある。ただ、断片的ではあるが、宗室(皇帝の一族)の特権を記した文書が多く含まれていることが判明している。同墓からは「劉氏之泉」「劉氏之冢」と朱書された陶罐《とうかん》が出土しており、劉氏一族の墓であったことが判明している。木牘の内容が宗室の特権について記していることは、このことと関係があると考えられる。

えびね・りょうすけ…生年＝一九八四年／**現職**＝学習院大学東洋文化研究所助教／**主要論文**＝(1)「戦国『日書』に反映された地域性と階層性―九店楚簡『日書』・放馬灘秦簡『日書』の比較を通して―」『中国出土資料研究』第一四号、二〇一〇年(2)「放馬灘秦簡鈔写年代蠡測」武漢大学簡帛研究中心主辦『簡帛』第七輯、二〇一二年

12 2

包山（湖北省）

廣瀬 薫雄

包山《ほうざん》とは、湖北省荊門《けいもん》市十里《じゅうり》鋪《ほ》鎮《ちん》王場村の包山崗地のことである。ここに戦国時代から前漢時代にかけての墓があり、この墓地を包山墓地という。この墓地より南におよそ一六キロメートルのところに紀南城（戦国時代の楚の首都・郢《えい》とされる）があり、この紀南城の周囲に楚人の墓地が密集している。包山墓地はそうした墓地の一つである。

包山崗地の尾根には南北方向に五つの墓がならび、南から順番に一号墓〜五号墓と名付けられた。また尾根の西にも三つの墓が発見され、発見順に六号墓〜八号墓と名付けられた。この八つの墓のうち、三号墓・七号墓・八号墓が前漢時代の墓で、その他の五つは戦国時代の楚人の墓である〈図1〉。そのうち最大の墓が二号墓→1-1であり、現地の人々はこの墓を包山大塚（山を包む大きな墓）と呼んでいた。包山崗地という地名はこの包山大塚にちなむものである。

包山墓地は、一九八六年一一月から一九八七年一月にかけて、荊門市と沙市《さし》を結ぶ線路（荊沙鉄路）の敷設工事を行うのに先だって、湖北省荊沙鉄路考古隊により発掘調査が行われた。その結果大量の副葬品が発見されたのだが、その中でもとりわけ研究者から注目され、学界に大きな影響を与えたのが二号墓から出土した竹簡である。これを包山楚簡《そかん》という。ここでは紙幅の都合上、包山楚簡についてのみ紹介する。

包山楚簡は全部で四四八枚、そのうち文字が記されていたのは二七八枚で、総字数一万二四七二字である。

最初に包山楚簡の記載内容から知られる包山二号墓の墓主についての情報を記しておこう。墓主の名は卲《しょう》𣃘《た》。卲は楚の昭王（前五一五～四八九年在位）の子孫が名乗る氏で（つまり卲は昭王の昭の意味である）、卲𣃘は昭王の六代目の子孫である。官職は左尹《さいん》、すなわち楚の宰相にあたる令尹《れいいん》を補佐する役職であり、楚王を除いて国内第二位に相当する地位であると考えられている。墓葬日時については、「大司馬の悼滑《とうかつ》が郙（巴？）を救った歳の享月丁亥の日、左尹が葬られた」〈図2〉①という記録がある。これは紀元前三一六年、楚暦で六月二五日

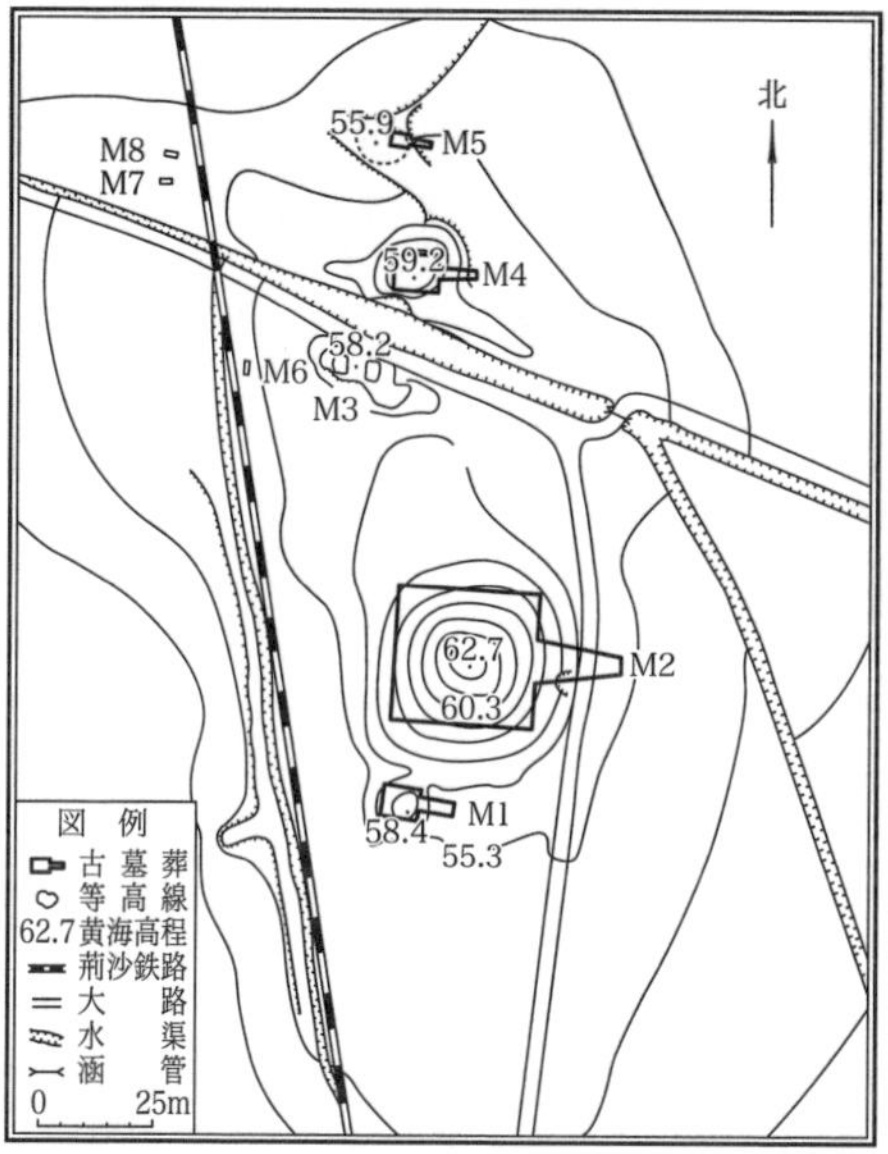

図1…包山墓地墓葬分布図（湖北省荊沙鉄路考古隊編『包山楚墓』上下、文物出版社、一九九一年）

に比定されている。ちなみに説明しておくと、「〜が……した歳」という記録方法は、前年に起こった大事件を用いてその次の年を示す方法であり、一般に以事紀年《いじきねん》（事を以て年を紀すという意）と呼ばれる。

次に包山楚簡の内容を見てみよう。包山楚簡は大きく文書簡、卜筮《ぼくぜい》簡、遣策《けんさく》と賵書《ふうしょ》の三種類に分けられる。

文書簡（一九六枚）は、訴訟に関する記録が大部分を占めている。例えば、個々の事案に関する雑多な文書のほか、左尹卲𬀩が下した命令の内容とその執行期日を記録した『受幾《じゅき》』（官吏が期日の指定を受けるという意味、〈図2〉③）、訴訟の紛争内容とその初期処理についての要約を記した『疋獄《しょごく》』（〈図2〉④）、左尹卲𬀩がいつ誰にどの事案の処理を任せたかを記録した『所詎《しょぞく》（属）』などがある。またそれ以外にも戸籍に関する記録や貸金に関する記録なども含まれている。発掘当時、文書簡の上には「廷等《ていし》（志）」と記された竹簽牌《ちくせんはい》（付け札、タグ）が置かれていた（〈図2〉②）。「廷」とは政務を執り行う場所のこと、「志」とは記録の意味、つまり「廷志」とは政務記録といった意味である。そうすると、いわゆる文書簡は当時「廷志」と呼ばれていたと考えられる。文書簡は、現時点では包山楚簡以外にはあと一種（江陵《こうりょう》磚瓦廠《せんがしょう》楚簡、全六枚、そのうち文字が書かれていたのは四枚）しか発見されておらず、楚の官制・戸籍制度・訴訟制度など、楚国の社会・国家を研究する上で最も基礎となる資料である。

卜筮簡（五四枚）は、墓主卲𬀩に関する占いの記録であり、全部で二六組あるが、それらは歳貞《さいてい》と疾病貞《しっぺいてい》の二種類に分けられる（〈図2〉⑤）。歳貞とは一年の吉凶を占うもので、「宮廷に出入りして王に仕え、この一年間、わが身に咎がありませんように」と占う。歳貞は楚の年度初めの月とされる刑夷の月（楚暦の四月）に行われるのが一般的で、その形式は極めて定型的である。疾病貞は墓主卲𬀩の病状を占うもので、例えば「心腹が病気になり、息がむせ、食事が喉を通らず、いつまでたっても治りません。早く治って何事もありません

図2…包山楚簡（湖北省荊沙鉄路考古隊編『包山楚簡』文物出版社、一九九一年）

①遺策（二六七号簡）の一部。

大司馬の悼滑が鄗を救った歳の享月丁亥の日、左尹が葬られた。その際に用いられた車（は以下のとおり）。……

②「廷志」と書かれた竹簽牌（四四〇—一号簡）。

③文書簡『受幾』（三六号簡）の一部。

八月丙戌の日、宰痾が期日を受ける。九月乙巳の日に蔡（？）君を廷に連れて来なければ、審問（？）が失敗するだろう。

④文書簡『疋獄』（八四号簡）の一部。

刑夷の月己丑の日、盧人の州（行政単位）の人である陳徳が声夫人（楚の声王の夫人）の人である郘漸と郘未を訴えて、彼（陳徳）の兄である臣を殺したと言った。

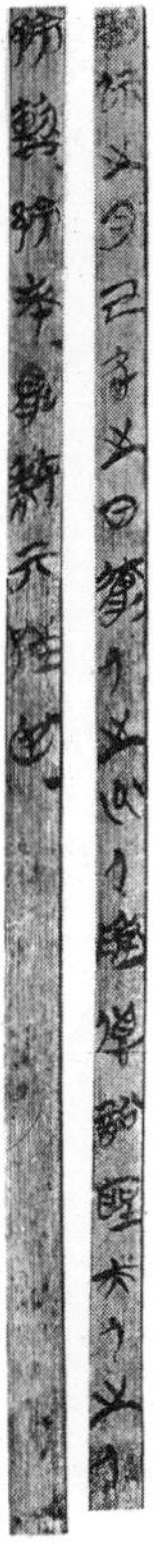

⑤卜筮簡（二〇七号簡）の一部。

東周の客許盈が祭肉を戚郢に送ってきた歳の遠夕の月癸卯の日、苛光が長惻（占具）によって右尹（左尹の書き誤り）卲尬のために問う。腹の病気を病み、……

ように」と占う。疾病貞は病状にあわせて行うので、不定期に実施され、文章の内容も様々である。以上の占う事項を述べることを貞問という。貞問のあと、筮竹や亀などの道具を使って占いが行われ、占断が下される。その結果、わざわいやたたりのあることが告げられ、それを祭祀によって祓うことを述べる。そして最後に具体的な祭祀の方法を占いによって決定する。卜筮簡にはこれらの占いのプロセスが記録されている。卜筮簡は、これまでにいくつかの楚墓から発見されているが、包山楚簡の卜筮簡はその中で最も保存状態がよく、当時の卜筮の仕方がよく分かる。なおかつ、包山楚簡に見える卜筮祭禱《ぼくぜいさいとう》儀礼は他の楚簡と比べて最も整ったものであると指摘する研究があり（工藤元男「平夜君成楚簡「卜筮祭禱簡」初探」、お薦め文献参照）、楚地の卜筮祭禱儀礼の一つのモデルとすることができる。→1-16

遣策（二六枚）は死者と一緒に埋葬する副葬品の目録で、賵書（一行書きの竹簡一枚、三行書きの竹牘一枚）は葬礼参加者から喪主への贈り物の記録である。実は遣策と賵書の違いはそれまで明確に認識されておらず、すべて遣策と呼ばれていたのだが、包山楚簡出土後、複数の研究者によってこれまで遣策と呼ばれていたものの中に賵書が存在することが明らかにされた。それゆえ包山楚簡は遣策・賵書研究、ひいては喪葬《そうそう》儀礼研究において重要な意義を有している。

包山二号墓は、墓主の名前・官職のみならず、埋葬年代まで特定することができるという稀有の墓である。郭徳維『楚系墓葬研究』（お薦め文献参照）には、それまでに全国で発掘された楚墓は八五〇〇基にのぼると書かれており、それから約二〇年を経た今日ではさらに多くの楚墓が発掘されているが、墓主の素性と墓葬年代がこれほどまで正確に判明している楚墓は筆者の知るかぎりない。ゆえに包山二号墓とそこから出土した副葬品は、他の楚墓・出土遺物の年代を考える際の重要な指標となる。

特に楚簡について言うと、近年学界で注目されている楚簡として郭店楚簡・上海博物館蔵楚簡・清華大学蔵楚簡が挙げられるが、郭店楚簡が出土した郭店一号墓は墓主の身分や埋葬年代について学界で争いがあり→2-16、その他の二種に至っては盗掘によって発見され、骨董市場で売りに出されていたものであって、どこのどのような墓に埋められていたのかすら定かではない。→2-コラム またこれら三種の楚簡は『老子』『周易』といった典籍であり、楚の文字で書かれているけれども、その書物が楚で作られたとはかぎらない。包山楚簡はそれとは異なり、作成年代・資料的性格をほぼ確定することができるという点で史料的価値が非常に高い。しかも楚人が楚人のために書いた純粋な楚の文字資料であるので、楚の言語状況を知ることのできる非常に貴重な資料でもある。以上のような様々な要因が重なり合って、包山楚簡はこの他にも少なからず発見されている楚簡の中で特別な意義を有している。

ひろせ・くにお…生年＝一九七五年／**出身校**＝東京大学大学院人文社会系研究科アジア文化研究専攻博士／**現職**＝復旦大学出土文献与古文字研究中心副研究員／**主要著書・論文**＝（1）『秦漢律令研究』汲古書院、二〇一〇年　（2）「《五十二病方》的重新整理与研究」『文史』二〇一二年第二輯、中華書局

2

13 龍崗（湖北省）

馬彪

◈龍崗秦簡の発見と保存状態

龍崗《りゅうこう》秦簡は一九八九年末、中国湖北省文物考古研究所・雲夢県博物館が湖北省雲夢県県城の南東郊外（北緯三一度、東経一一三度四五分）の龍崗で発掘したM６号古墓において発見されたものである。龍崗秦簡の実物は湖北省博物館（武漢市）に所蔵し、全部で一〇箱の竹簡と一枚の木牘である。

当該竹簡について紹介・解釈・研究する著書は劉信芳・梁柱『雲夢龍崗秦簡』（科学出版社、一九九七年。以下「科学」版と略）と中国文物研究所・湖北省文物考古研究所『龍崗秦簡』（中華書局、二〇〇一年。以下「中華」版と略）がある。これまでの研究でわかったことを以下にまとめる。

竹簡の年代……上限は簡文に「皇帝」「黔首《けんしゅ》」「馳道」などの名詞が見えているので、秦の始皇帝が統一したあとの時代だとわかる。下限は副葬された木牘の「九月丙申」という日付から秦末か前漢初期とも考えられる。

竹簡の発掘……発掘者の報告によると竹簡は棺内の死体の足もとのところで散乱した状態で発見された。現場で発掘したときに作った「出土登録号」は1番～283番の簡と1～10番の残簡であり、ほか木牘が一枚ある。発掘者は散乱している竹簡はもともと一冊のものであっただろうと推測した（「科学」版、一一頁）。

竹簡の形式……無傷の竹簡で測ると長さ二八センチ、幅〇・五～〇・七センチ、厚さ〇・一センチである。つまり、簡の長さは当時の度量衡制としては一尺二寸（秦制の一尺＝約二三・一センチ。丘光明等『中国科学技術史』度量衡巻、科学出版社、二〇〇一年、一七九頁を参照）である。

竹簡の文字……該竹簡の文字は、筆で竹簡の「蔑黄」（竹の裏面）に書かれた「秦隷」であり、文字が全体的に右下がりになっているという特徴から同じ人物が書いたものだろうといえる（「中華」版、四頁）。

さらに詳しい情報がないかという思いから、筆者は発掘現場に調査へ行った。その結果を以下簡単に述べる。

竹簡の損害……龍崗秦簡についての疑問の一つは、約三〇〇枚の竹簡が、地下保存状態がよくないと報告されたことを踏まえても、現物の写真および発掘時の竹簡の配置図にはっきり見られるように、なぜ全てすっぱり切断されているのか理解し難いことである〈図1〉。実情調査によって、竹簡を発見したのが夕方から深夜にかけてであり、あわてていて竹簡を切るというミスを犯したことがわかった。

実物の保存……湖北省博物館で保存している龍崗秦簡の実物を全て見せて頂いた。写真より文字がはっきり見えることは間違いない。また、専門家に尋ねたとき、本簡の整理にも一つのミスがあったことが分かっ

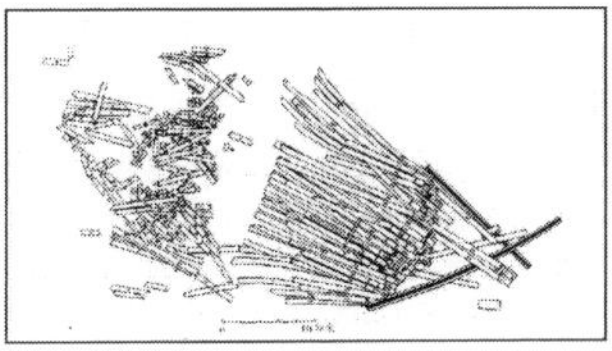

図1…M6棺内竹簡の配置図（「科学」版、一一二頁）

た。それは、本来なら竹簡の整理は先ず撮影して、その後脱水するという手順であり、そうすれば、写真には竹簡の表面に凸凹が少ないはずだ。本簡を整理した時、一部の竹簡では脱水と撮影の手順が逆になってしまっていた。一部の写真の鮮明度が乏しいのは、竹簡の表面に凸凹も撮影されたからである。

◈龍崗秦簡の内容と整理

龍崗秦簡に書かれた内容は、「與同罪」「與同灋」「毋罪」「律論之」などの法律用語から秦朝の律令であることは間違いないが、律名はない(竹簡の破損が激しいので、律名が見つからない可能性も否定出来ないが)。これまでその内容、またほかの秦簡・漢簡との比較によって龍崗秦律を「5種」「3種」「10種」とする三つの分類法が提示されている。

劉信芳・梁柱氏は「原簡には律名無し」により、内容的に龍崗秦律を、『禁苑』六一枚簡・『馳道』一六枚簡・『馬牛羊』二四枚簡・『田贏』六八枚簡・『其他』六五枚簡などの五種に分類した(「科学」版、二七〜四四頁)。また、龍崗秦律の性格は禁苑事務に関する律令であろうという胡平生氏説がある。彼は「龍崗秦簡の内容は一つの主題しかなく、即ち禁苑の事務に関する法律である。我々はそれによって竹簡の持ち主、即ち六号墓の墓主は一人の禁苑を管理する官吏であり、彼がよく禁苑に関する法律を使い、故にこれらの法律を写して、編集したと推測した」としたうえで龍崗秦律を三種類に分けた。すなわち(1)禁苑管理に直接関係する律文、(2)禁苑管理に間接的に関係する律文、(3)禁苑事務に関係する律文である(「中華」版、五頁)。

しかし、「5種」説は五つの分類が当時の律名と合わず、持ち主はなぜそれらの律文を揃えたのか分らないという欠点がある。「3種」説は内容の分類の原則だけで、具体的な律名まで分類していないので、未完成の研究であるともいえる。

そこで、筆者は『晋書』刑法志や『唐律疏義』など古典文献や漢律研究の集大成といわれる（清）沈家本『漢律摭遺』や（民）程樹徳『九朝律考』などを参照し、睡虎地秦律や張家山漢律などの出土文字資料と比較して龍崗秦簡における律令名を復元し、1「盗律」、2「賊律」、3「囚律」、4「捕律」、5「雑律」、6「具律」、7「傜律」と「傳令」「關令」、8「廏律」、9「金布律」、10「田律」（「田租税律」「田令」）という「10種」説を提示した（拙著『秦帝国の領土経営――雲夢龍崗秦簡と始皇帝の禁苑』京都大学学術出版会、二〇一三年、二三九～二七一頁）。

◈龍崗秦簡の研究状況と成果

一九九〇年以降の龍崗秦簡に関する研究成果には三冊の著書と三五本の論文がある。三冊の著書とは既出のA劉信芳・梁柱『雲夢龍崗秦簡』（科学出版社、一九九七年）、B中国文物研究所・湖北省文物考古研究所『龍崗秦簡』（中華書局、二〇〇一年）、C馬彪『秦帝国の領土経営――雲夢龍崗秦簡と始皇帝の禁苑』（京都大学学術出版会、二〇一三年）で、いずれも簡文を注釈するが、Aは龍崗秦簡の発掘報告を収録し、B・Cはともに研究論文を収録している。三五本の論文（馬彪二〇一三、四七七～四七九頁を参照）は、本稿の文字数の限りで一一に載せないが、それらの研究による主な成果は以下のようにまとめられよう。

［①「禁苑」「禁中」の新発見］

秦朝における「上林苑」「離宮別館」という言葉は典籍にもよく見られるが、当時の律令には一律に「禁苑」と表現されていたことが明らかになった。例えば龍崗秦簡に「諸禁苑」（簡二七号）、「禁苑中」（簡三八号）、「盗禁苑」（簡四九号）とある。「禁苑」とは従来考えられていた「宮中の苑」や「宮中の園」という意味だけではなく、離宮の意味もある。これは未曾有の発見である。

「禁中」という法律用語もしばしば見られ、例えば「雲夢禁中」(簡一号)や「盗禁中」(簡二七号)や「居禁中」(簡一七号)などがある。それらの法律的概念は従来の「宮中」という解釈と違う意味であることがわかった。つまり、「動(外出)」でも「静(宿泊)」でも、皇帝が居る場所は必ず立入禁止となり、その警戒線で囲まれる範囲内がすべて「禁中」と考えられる。

[②禁苑の構造とその出入りに関する律]

禁苑は「禁苑中」(簡七七号)、「垣」(簡三九号)、「堧《ぜん》」(簡二八号)という三部構造であることもわかった。このような三重の警戒線で囲まれる禁苑が登場したのは、始皇帝の暗殺未遂事件が多発したことも理由のひとつに挙げられるだろう。

禁苑に出入りできる人間に関する史料は簡文にも多数みられた。「皇帝」(簡一五号の「皇帝」という表現は簡牘文字として最も時代が古い資料といえる)とその従者(簡一五号)、また「禁苑嗇夫」(簡三九号)、「禁苑吏」、「苑人」、「黔首」(簡六号)などの職につく者であることは、龍崗秦簡により初めて確認できた。

また、皇帝が「馳道」を使って禁苑に入ることが初めて明らかになった。さらに、秦朝の禁苑に出入する時に必要な符傳《ふでん》について、龍崗秦簡には「符傳」(簡二号・四号)、「合符」(簡五号)、「傳書」(簡五号・七号)、「取傳書」(簡一〇号)、「傳」(簡一四号)など多くの律文があり、黔首は徭役に服すため、禁苑に出入していたことが判明したという点でも大変貴重な史料である。

[③禁苑の地方政治拠点としての性格]

龍崗秦簡によって、秦朝の禁苑は決して皇室の遊園だけではなく、全国各地方に設置された中央朝廷の派出した政治拠点であると判断できた。古典にみる始皇帝が左丞相の李斯《りし》をはじめとする大臣をつれて地方に巡行したときの現場オフィスは、郡県治ではなく、禁苑にあたるところであることがわかった。禁苑は近畿に当る上林苑のみならず、帝国各地に多く散在していたのである。このような「禁苑ネットワーク」はそののち二〇〇〇年、中国の各時代では消えたため、文献に殆どその姿を見ることができない。

［④動物管理律にみる秦帝国像］

龍崗秦簡に牧畜・狩猟に関する動物管理律があり、禁苑内の動物のみならず、禁苑外壖に設けた馬牛羊牧場についての新史料が数多く見られる。それらの動物律令には、たびたび、どの動物を捕ってはいけないか、どの動物なら捕っても罪にならないかという内容が出てくる。例えば、「勿敢擅殺」「毋敢毎(冒)殺」「欲弋射耎獣者勿禁」「取禁中豺狼者、毋(無)罪」などの法律用語を見れば、人間に対する敬意に劣らず、動物を人格化して尊重するという当時の観念がよく感じられる。その観点から言えば、始皇帝の巡幸は、歴代の批判に反して、始皇帝が人間と自然の間にある未分化的な古代文明の原理にしたがって、周天子の巡狩ルートを継承し、周朝も秦朝も動物人格化という伝統を重んじ、また、辺境遊牧地域と東方農耕地域、双方の神を祭ることを示したもので、全国統一を果たした重要な政治成果と高く評価するべきだと考えられる。

ま・ひょう…**生年**＝一九五五年／**出身校**＝北京師範大学歴史学部大学院卒業、歴史学博士／**現職**＝山口大学人文学部教授／**主要著書・論文**＝（1）『秦漢豪族社会研究』中国書店、二〇〇二年　（2）『秦帝国の領土経営――雲夢龍崗秦簡と始皇帝の禁苑』京都大学学術出版会、二〇一三年

2
14 敦煌懸泉置(甘粛省)

藤田 勝久

◈懸泉置の発掘——シルクロードの開通

前漢王朝の武帝の時代に、匈奴《きょうど》を攻撃し、シルクロードが開通した。これを維持するために、河西回廊《かせいかいろう》には四つの郡が設置された。西の境界となるのは、敦煌郡《とんこう》で、東に酒泉郡、張掖郡《ちょうえき》、武威郡と続いている。この東西の交通は、前漢の首都の長安に連なり、後漢時代に西域を放棄するまで機能していた。

これらの辺郡には、漢王朝の内地と同じように行政機構が設置された。たとえば敦煌郡では六つの県を統括し、交通の要衝には文書伝達と宿泊の基点となる郵駅の施設が設けられた。その一つが效穀県《こうこく》に所属する懸泉置《けんせんち》である。懸泉置の遺跡は、一九九〇年一〇月～一九九二年一二月にかけて発掘調査された。その位置は、甘粛省の敦煌市から東に約六四キロのところである。

懸泉置には、壁に囲まれた塢院《ういん》(五〇メートル四方の土塀に囲まれた施設)と、その付属施設がある。塢院の内部には、官吏の執務室や、客室、文書庫の部屋があり、西北隅の部屋には厠(トイレ)がある。東北部に烽台が設けられた。塢院の南にある丘陵には、付属の馬厩区があり、そのほか東南に付属の建物と、倉庫などで構成されている。塢院の西側には廃棄場所がある。

この遺跡から、文字のある漢簡が約二万三〇〇〇点、帛書一〇件、紙文書一〇件、壁書「四時月令」(月令詔條)、文具類、生活用品、鉄器などの生産工具、印章、封泥《ふうでい》などが発見された。この懸泉置は、現代の言葉でいえば、郵便局とホテルの機能を兼ね備えた公の施設(キー・ステーション)である。

◈懸泉漢簡の内容——長安からの命令の伝達

懸泉漢簡の年代は、前漢時代の武帝期にはじまり、後漢時代の安帝期に終わるといわれる。この漢簡は、まだ約一五〇〇〇点の釈文と一部の写真が公開されているにすぎないが、それでも貴重な資料を提供している。いくつかの例を紹介してみよう。

まず注目されるのは、東西を往来する文書の伝達が、具体的にわかることである。たとえば「康居《こうきょ》王使者冊」(II 0216②：877～883)という冊書は、西域に位置する康居王の使者などが献上した駱駝(ラクダ)の不正をめぐる命令文書である。その大意は、つぎの通りである。

a．康居王の使者である楊伯刀と、副の扁闐、蘇䪍王使者の姑墨、副の沙囷、貴人の爲匿などが皆な叩頭して自ら言う、「前に数しば王のために駱駝を奉献して敦煌の関所に入りました。それぞれの県の順次に食事を支給され、酒泉に至りました。酒泉太守は楊伯刀たちと一緒に駱駝が肥えているか痩せているかを評価しました。今、楊伯刀たちは再び王のために駱駝を奉献して関所に入り、行きて直ちに順次をもって食事をし、酒泉に至りました。酒泉太守は一人で官吏と家畜を評価し、楊伯刀たちは駱駝を奉献するところを見ませんでした。姑墨は王のために白い牡の駱駝一匹と牝二匹を献上したのに、それらが黄色とされ、楊伯刀たちが献上した駱駝は皆な肥えていたのに、痩せていると評価されました。それは事実ではなく、無実の罪であります」と。 (②：877～880)

b．(元帝)永光五年(前三九)六月癸酉朔の癸酉(一日)、使主客部大夫が侍郎に謂う、「当に敦煌太守に文書を下し、この書が到れば、調査して実情を報告せよ。事実を奏聞し、留めてはいけない。律令の如くせよ」と。　(②：881)

c．七月庚申(二八日)、敦煌太守の弘、長史の章、守部候の脩仁は丞の事を行い、県に謂う、「書写して伝達し、この書が到れば、具《つぶ》さに康居・蘇䪥王の使者である楊伯刀たちが献上した駱駝の食用とした穀物の数量を伝達せよ。期限は二五日までとする。律令の如くせよ」と。／掾の登、属の建、書佐の政光(太守府の書記)　(②：882)

d．七月壬戌(二〇日)、效穀(県)守長の合宗、守丞、敦煌左尉の忠が置に謂う、「書写して伝達し、この書が到れば、具さに(穀物の数量を)書写して提出せよ。詔書の報告は、二三日までとする。律令の如くせよ」と。／掾の宗、嗇夫の輔(県の書記)　(②：883)

a．これによると漢王朝に献上された白いラクダは、酒泉郡で黄色や痩せたラクダに取り換えられたらしい。b．長安から送られた命令の文書は、一度は懸泉置を通過して、敦煌郡に到達した。c．そこで敦煌郡では、所属の県にラクダの食糧の調査を要求している。d．しかしその内容は、交通上の懸泉置に関連するため、ふたたび東にある效穀県に戻って、懸泉置に伝達されている。このとき敦煌郡は、七月二五日までの返信を要求しており、效穀県は片道の二日分をのぞいて、懸泉置から県への返信を二三日としている。

この報告は、懸泉置から效穀県に返信し、敦煌郡から長安に送られる。このとき、ふたたび懸泉置を通過することになる。だから「康居王使者冊」は、漢王朝と西域諸国の関係とともに、中央から郡と県の官府に文書を伝達する様子がわかる珍しい資料である。その後、ラクダ事件がどのような結果になったかは、残念ながら不明である。

◈漢王朝と西域諸国——烏孫公主の帰国

つぎに懸泉漢簡では、中央や地方の役人が出張する様子や、シルクロードを往来する使者の実情を知ることができる。このとき通行証(伝、伝信)を持っていれば、関所を通過して、この懸泉置に宿泊し、乗物が提供され、食事の接待を受けることができた。もう一つ、漢王朝の使者が往来する例をみておこう。

『漢書』巻九六西域伝下に、宣帝の甘露三年(前五一)に烏孫《うそん》公主が帰国する記事がある。その経過は、烏孫に嫁いだ公主が年老いて漢への帰郷を願い、皇帝に上書を送った。そこで上書を見た宣帝は、憐れんで公主を迎えに行かせ、公主は帰国することができた。『漢書』では詳しい事情はわからないが、懸泉漢簡にはこれを知る資料がある。

> 上書が二封。その内訳は、一封が長羅侯、一封が烏孫公主の上書。甘露二年二月辛未の日、夕時に(西方の)平望駅騎の当富から受け取る。懸泉駅騎の朱定が(東方の)万年駅騎に手渡した。
>
> (II0113③：65)

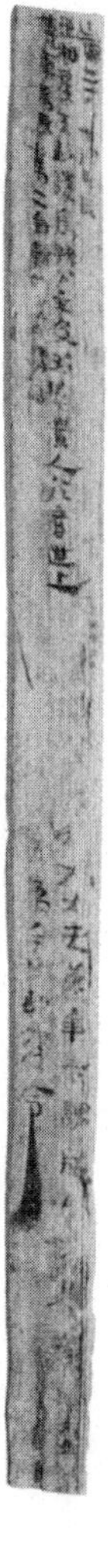

図1…懸泉漢簡 VI412③：100

これは郵便物を配送する郵書記録である。この記録にみえる上書の一通は、烏孫公主のもので、甘露二年(前五二)二月辛未(二二日)に懸泉置を通過している。この上書が長安に到達し、宣帝が使者を派遣して迎えさせることになる。この使者を出発させた資料が、V1412③：100の通行証である〈図1〉。

甘露三年七月辛亥の日、丞相の属の王彭が、烏孫公主と将軍・貴人・従者を護衛する。その交通では、伝車馬を使い二封の軺伝《ようでん》を利用する。……御史大夫の万年が発給して渭城県に下すので、順次に車馬を用意し、伝舎に宿泊させることは、律令のようにせよ。

これは通行証の実物ではなく、通過する懸泉置で複写した記録である。ここでは甘露三年七月辛亥(三〇日)に、長安の御史大夫が通行証を発給している。つまり漢王朝では、上書が届いた翌年になって丞相の官吏である王彭を派遣し、烏孫公主と将軍・貴人・従者たちを迎えて護衛させようとしたのである。王彭たちが長安を出発して懸泉置を通過するのは、当時の交通事情からみて、その一ヶ月半(九月中旬)より後のことであろう。その後、使者が烏孫公主を迎えて、懸泉置を通過するときの資料がある。

甘露三年十月辛亥の朔日、淵泉丞の賀が広至・魚離・縣泉・遮要・龍勒に文書を伝達する。廄嗇夫の昌が伝馬によって公主以下の通過を送るが、その食糧の穬・麥は、それぞれ牒の如くである。今、墨書した文書を送るので、到達したら帳簿によって支給し、十一月に報告することは律令のようにせよ。

(II0114③：522)

ここでは甘露三年十月辛亥(一日)に、敦煌郡の東端に位置する淵泉《えんせん》県の丞が、西側にある広至、魚離、懸泉、遮要、龍勒の置に命令を伝達している。その内容は、廏嗇夫の昌が、公主以下を送るために通過するが、そのとき「牒《ちょう》」(添付文書)の規定に従って、穬麦(食料)を提供し、帳簿に記入して一一月に報告せよというものである。とすれば公主たちは、一〇月以降に懸泉置を通過して、甘露三年の年末に帰国したことになる。『漢書』では、このとき烏孫公主は七〇歳で、その二年後に亡くなったという。『漢書』西域伝にみえる話は、こうした実情だったのである。

このように懸泉漢簡は、一方で文書を伝達する役割があり、もう一方で人びとの往来が具体的にわかる資料である。また漢王朝と西域諸国の情勢についても興味深い内容がある。今後の公表によって、さらに郵駅研究の進展が期待される。

ふじた・かつひさ…**生年**=一九五〇年/**出身校**=大阪市立大学大学院文学研究科後期博士課程単位取得退学/**現職**=愛媛大学名誉教授/**主要著書・論文**=(1)『中国古代国家と郡県社会』汲古書院、二〇〇五年　(2)『中国古代国家と社会システム——長江流域出土資料の研究』汲古書院、二〇〇九年

15 2 尹湾(江蘇省)

渡邉将智

普段わたしたちは、日常に起きた出来事を日記帳やインターネットのブログに記すことがある。そのような日記という文化は、たとえば平安時代の藤原道長の日記『御堂関白記《みどうかんぱくき》』に代表されるように、人類の生活のなかに古くから定着していた。前漢時代(前二〇六〜後八)の出土文字資料のなかにも、当時の官吏の「日記」とされる文書《もんじょ》が存在する。それが発見された場所が尹湾《いんわん》である。

尹湾とは、江蘇省連雲港市東海県温泉鎮《ちん》尹湾村のことである。連雲港市は黄海《こうかい》に面し、水晶の産地や温泉地として知られている。かつてこの地は、前漢時代の東海郡の一部であった。当時は全国各地を郡と王国という行政区画に分け、それらをさらに県や侯国《こうこく》と呼ばれる行政区画に区分けしていた。東海郡はそのような郡の一つである。

一九九三年、尹湾村で六つの墓が発見された。それらのうち二号墓は中年の女性の墓で、王莽《おうもう》(前四五〜後二三)が建てた新王朝(九〜二三)の時代から後漢時代(二五〜二二〇)初期にかけてのものと考えられている。この墓からは、新王朝の貨幣「大泉五十《だいせんごじゅう》」や梳《そ》(くし)・骨簪《こつしん》(骨製のかんざし)などと一緒に、一枚の木牘《もくとく》(縦幅一八センチ、横幅七センチ)が出土した。それは「衣物疏《いぶつそ》」と呼ばれる文書で、遣策《けんさく》(副葬品のリスト)の一種である。

また、六号墓は、前漢時代後期の成帝(在位前三三〜前七)の時期のもので、東海郡の功曹史《こうそうし》(郡の人事や勤務評定をつかさどる地方官吏)を務めた師饒《しじょう》という人物の墓である。この墓からは、鉄剣や毛筆とともに、二三枚の木牘（縦幅一八センチ、横幅七センチ）と一三三枚の竹簡《ちくかん》（縦幅二二・五〜二三センチ。横幅は〇・八〜一センチのものと、〇・三〜〇・四センチのものがある）が出土した。それらの木牘と竹簡は、二号墓から出土した木牘とあわせて、尹湾漢墓簡牘（尹湾簡牘・尹湾漢簡）と呼ばれている。

六号墓から出土した木牘と竹簡には、以下のような文書が含まれている。

①東海郡の行政に関わる文書……「集簿」「東海郡吏員簿」「東海郡下轄長吏名籍」「東海郡下轄長吏不在署・未到官者名籍」「東海郡属吏設置簿」「武庫永始四年兵車器集簿」
②師饒の「日記」とされる文書……「元延二年日記」
③官吏の名刺……「名謁《めいえつ》」
④銭を贈った人物の名とその金額を記した帳簿……「贈銭名籍」
⑤占いの書物……「神亀占《しんきせん》」「六甲占雨《りくこうせんう》」「博局占」→1-25「刑徳行時《けいとくこうじ》」「行道吉凶《こうどうきちきょう》」
⑥暦譜《れきふ》（カレンダー）……「元延元年暦譜」「元延三年五月暦譜」
⑦賦《ふ》（文学作品）……「神烏賦《しんうふ》」
⑧遺策……「君兄《くんけい》衣物疏」「君兄繒方緹《しょうほうてい》中物疏」「君兄節司小物疏」

②の「元延二年日記」、⑤の「刑徳行時」「行道吉凶」、⑦の「神烏賦」は竹簡に記され、その他は木牘に記されている。実に様々な種類の文書が含まれているが、これらのうち当時の地方官吏の日常生活を知ることのできる史料として特に注目を集めているのが、「元延二年日記」である〈図1〉。

「元延二年日記」は「日記」と呼ばれてはいるが、その形式は現代のわたしたちが思い浮かべる日記の形式とは大きく異なっている。前漢時代には、官吏が暦譜の日づけ部分の余白に、その日に行った職務の内容を記録する「質日《しつじつ》」という文書が存在していた。「元延二年日記」は、そうした「質日」の一種であると考えられており、元延二年（前一一）の暦譜の日づけ部分の余白に、その日の出来事を記す形式をとっている。普段わたしたちは、壁掛けのカレンダーやスケジュール帳の日づけ部分の余白に、その日の予定を書き込むことがある。記録する内容がすでに起きた出来事なのか、それともこれから行う予定なのか、という点に違いはあるが、このような形式のものをイメージすると理解しやすいかもしれない。

「元延二年日記」には、「（三月）庚辰《こうしん》、家に宿泊した。病に罹った」（三月庚辰条）とあるように、師饒のプライベートな事柄も記されている。しかし、そこに記録された事柄の多くは、師饒が普段担っていた職務に関わるものである。たとえば、「（正月）壬辰《じんしん》、日暮れに府《ふ》に行き、太守に謁見した」（正月壬辰条）とあるのは、師饒が東海郡の太守《たいしゅ》（郡の長官）の役所（「府」）で太守に謁見したことを示している。

「元延二年日記」のなかで特に目を引くのは、出張の記録である。師饒は、元延二年の一年間を通じて、東海郡内の各地と、東海郡に隣接する郡や王国にたびたび出張した。一例を挙げれば、四月壬寅《じんいん》～辛亥《しんがい》の一〇日間について「彭城《ほうじょう》の伝舎《でんしゃ》に宿泊した」（四月壬寅条～四月辛亥条）とある。「彭城」は楚国（王国の一つ）に所属する県であり、「伝舎」とは公務のため旅行する者が使用した宿泊施設である。師饒は、この期間中に公務のため楚国に出張し、彭城県にある伝舎に宿泊していたわけである。その出張中の出来事について、師饒は「（四月）丁《てい》未《み》、朝に雨が降った。病に罹った」（四月丁未条）と記している。

このように、「元延二年日記」には、師饒が出張中に宿泊した月日、宿泊地と宿泊施設、出張先での天候や出来事などが記されており、当時の出張の様子を詳しく知ることができる。これに関連して注目されているのが、⑤の占いの書物である。これらの書物は、旅立ちの日の吉凶を占う「行道吉凶」をはじめとして、師饒の出張に深く関係するものと考えられている。それらを「元延二年日記」と照らし合わせることによって、前漢時代における官吏の出張の様子を習俗の面からも知ることができるのである。

さらに、「元延二年日記」からは、師饒と他の官吏たちの交流の様子もうかがい知ることができる。「(十月)戊《ぼ》戌《じゅつ》、朝に出発し、陳少平《ちんしょうへい》の家に宿泊した」(十月戊戌条)とあるのは、その一例である。また、師饒は「(四月)辛亥、彭城の伝舎に宿泊した。主簿《しゅぼ》の蔡卿《さいけい》が訪ねて来た」(四月辛亥条)とあるように、出張先で現地の官吏と交流することもあった。これに関連する文書として、③の「名謁」がある。この文書は、師饒が各地の官吏から受け取った名刺である。そこには、師饒の出張先である楚国で相《しょう》(王国の官吏を統率する長官)を務めていた延《えん》(姓は不明)という人物の名刺も含まれており、「元延二年日記」とともに前漢時代の官吏どうしの交流の様子を今に伝えている。

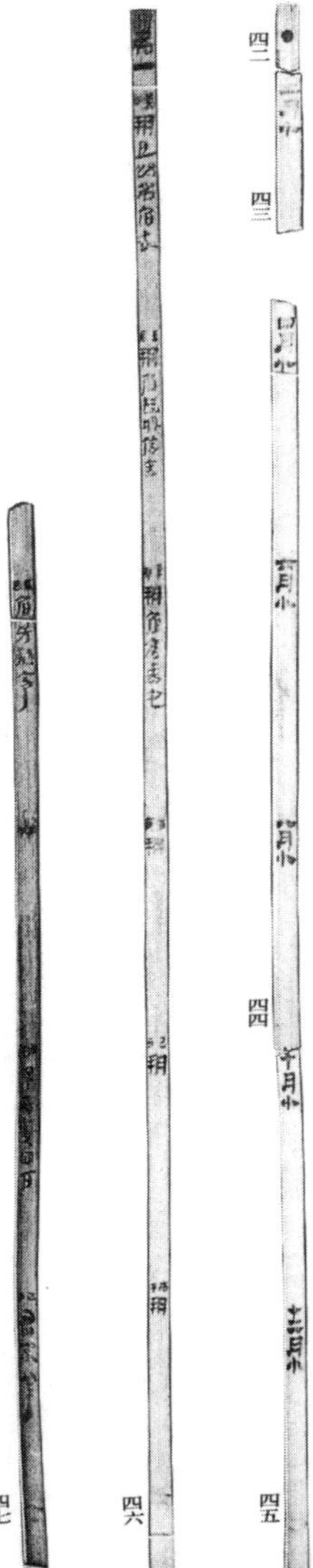

図1…元延二年日記

「元延二年日記」とならんで注目されている文書として、①の「集簿」がある。「集簿」には、東海郡のある一年間における総人口、総面積、耕地の面積、収入・支出、官吏の人数などが記されている。たとえば、「一年間に収入として得た銭は二億六六六四万二五〇六銭である」(第一号木牘背面)とあるのは、一年間の収入の総額を記録したものである。また、「領域は東西が五五一里、南北が四八八里である。前年と同じである」(第一号木牘正面)とあり、東海郡の領域の広さが前年と同じであったことが記されている。

「集簿」は、上計《じょうけい》制度に関係する文書と考えられている。前漢時代では、毎年年末になると、県がその年の政務の結果を郡に報告していた。郡は、県の報告に基づいて一年間の政務の報告書を作成し、中央政府に提出した。中央政府は、この報告書を参照して太守の勤務成績を評定し、彼らの昇進や降格を判断していた。この制度を上計制度といい、報告書を上計簿と呼ぶ。「集簿」は、東海郡が作成した上計簿の写し、または上計簿の基になった資料と考えられている。このような前漢時代の地方行政に関するナマの史料が含まれている点も、尹湾漢墓簡牘の大きな特色である。

もとより官吏の日常生活の様子と地方行政の具体的な内容は、当時の人々にとってあまりにも日常的な事柄であるためか、史料に書き残されにくい性質のものである。前漢時代について言えば、居延《きょえん》など西北辺境地域の官吏の職務や、辺境の防衛にあたる兵士の生活に関しては、居延漢簡などを用いて研究が進められ、すでに多くの事柄が明らかにされている。しかし、辺境以外の地域に関しては、これまでは関連する史料がほとんど知られていなかった。

尹湾漢墓簡牘には東海郡の官吏や行政に関する文書が豊富に含まれており、辺境以外の地域における官吏の生活や行政の内容を知ることのできる貴重な史料となっている。これらの文書の発見によって、前漢時代の地方官吏と地方行政の研究は飛躍的な発展を見せている。尹湾は、中国古代の政治と社会を地方の視点から理解するために欠かすことのできない、きわめて重要な文字資料が出土した地域なのである。

わたなべ・まさとも…生年＝一九七八年／**出身校**＝早稲田大学大学院文学研究科博士後期課程修了／**現職**＝早稲田大学長江流域文化研究所招聘研究員、大東文化大学文学部非常勤講師／**主要著書・論文**＝（1）『後漢政治制度の研究』早稲田大学出版部、二〇一四年（2）『全譯後漢書　第九冊　志（七）百官』共編著、汲古書院、二〇一三年

2 16 郭店(湖北省)と〈上博楚簡〉

谷中信一

◈はじめに

両者には比較的共通点が多い。すなわち、抄写年代はともに戦国時代中晩期から後期にかけて、出土地点は現在の湖北省荊門《けいもん》市、かつての楚の紀南城付近である(但し、上博楚簡は盗掘簡であるために、正確には発掘地点は不明。おおよその付近であろうとされる)。思想文献が多く含まれており、先秦思想史研究者にとって、これまでの通説を見直し、あるいは全く新しい視点が提供されるなどの、多くの可能性を持った極めて貴重な新資料である。

◈郭店楚簡

筆者が竹簡『老子』が出土したとの〝うわさ〟に接したのは一九九五年のことであったが、この時は半信半疑であった。ところがその二年前の一九九三年、現在の湖北省荊門市郭店で数次の盗掘を受けてはいたものの、幸いにも大きな被害を免れた八百数十枚の竹簡が発見され、本当にその中に『老子』が含まれていたのだった。それが後に「郭店楚墓竹簡」と名付けられることになる、まさに第一級資料だった。

このことが正式に公表されたのは、一九九六年夏北京で開催された道家文化国際学術研討会においてであった。陳松長氏(岳麓書院副館長、当時湖南省博物館副研究員)が荊門市博物館研究員彭浩氏のペーパーを代読したのである（拙稿「北京管見録」『中国出土資料研究会会報』第四号、一九九六年）。しかしその詳細を知るには、発見から五年後、公表から二年後の一九九八年、荊門市博物館編『郭店楚墓竹簡』（文物出版社）が刊行されるのを待たねばならなかった。

この中にいわゆる「郭店『老子』」があったのである。ところがそれはひとまとまりの文献としてではなく、筆跡や竹簡の形制から見て三種のテキストから構成されており、しかしそれらをすべて足し合わせても二〇〇〇字余にしかならず、伝世本『老子』の五分の二ほどにしかならなかった。そしてこれらは老子甲本（三九枚）・同乙本（一八枚）・同丙本（一四枚）と命名された。

さらに、『太一生水』と名付けられた道家系文献も同時に発掘されたのであるが、この一四枚からなる竹簡群は、『老子』丙篇と筆跡も形制も全く同一であることから、筆者などはむしろ丙篇と一体的に扱うべきであると考えるのであるが、『太一生水』として独立して扱われている。それは文体も『老子』に酷似し、しかもその内容も、「太一」から「水」が生じ、その「水」から万物が生じたという、まさしく伝世本『老子』の宇宙生成論と類似の発想を見ることができる。

以上二種四篇は道家系文献に分類されるが、一方儒家系文献として『緇衣《しい》』『魯穆公問子思《ろぼくこうもんしし》』『窮達以時《きゅうたついじ》』『五行』『唐虞之道《とうぐしどう》』『忠信之道《ちゅうしんしどう》』『成之聞之《せいしぶんし》』『尊徳義』『性自命出《せいじめいしゅつ》』『六徳《りくとく》』『語叢《ごそう》』（四篇）など一四篇、合計一八篇を数える。

先秦時代の儒家と道家は氷炭相容れない関係にあるとの〝常識〟を裏切って、被葬者は共に享受していたことが窺われる。たったこれだけのことでも思想史研究者には大きな反省を迫られることとなったのである。

次いで問題となったのが、それら文献資料の成立年代である。これははなはだやっかいな問題で、竹簡に抄写された年代が判明したとしても、それはその文献の成立年代を必ずしも意味するものではなく、少なくともその成立の下限を知りうるに過ぎない。

郭店一号楚墓は典型的な楚の貴族墓であること、また副葬品の考古編年に基づき、その下葬年代は「戦国中期偏晩（戦国中期の終わり頃）」であろうとされ、しかもその下限はいわゆる「白起抜郢」（前二七八）とされた。この「白起抜郢」とは、秦の将軍白起が楚の都郢《えい》を陥落させ（これを「抜郢」という）楚国を滅ぼし、ここに南郡を設置して、秦の領土に組み込んでいった結果、以後の楚の制度や文化は秦のそれに取って代わられてしまったとする歴史的大事件のことである。つまり、この事実を前提に置くと、「白起抜郢」以後は楚の貴族は従来のような埋葬方法を採ることは認められなくなったはずであるから、楚の伝統的貴族墓の形態を濃厚に持つ郭店楚墓の造営はそれ以後ではあり得ないということになる。しかし、このような年代推定方法は、考古学者が考古学的編年に依らず歴史記録（『史記』楚世家に「白起抜郢」の記事がある）に基づいて年代推定をしているわけで、直ちに承認するわけにはいかないという反論がなされた。そうしてある思想史研究者は、「白起抜郢」以後も楚の習俗などの文化伝統が一定程度保存されていた可能性も一概に否定できないことを前提として、思想史編年に基づいて、郭店楚簡を分析考察した結果、むしろ戦国末期の思想の反映が見られることから、その下葬年代は「白起抜郢」以後の可能性が高いことを主張した。

考古学、思想史学の他に楚簡研究にとって欠かせないのは、文字学、音韻学の知識である。秦始皇帝による文字統一がなされるまでは、戦国時代の各地域はそれぞれの風格と特色のある文字を使っており、後世の隷書や楷書のような慣れ親しんだ字体で綴られているわけではなく、郭店楚簡も独特の書体を持ったいわゆる楚文字で書かれており、このことがこれら文献の正確な解釈を困難にさせている。→I-15 更に解釈を難しくしているのが、それらの文字がしばしば表音文字としての役割を持って使われていることである。ここでは「漢字は表意文字」という常識が全く通用しない。「音通による仮借《かしゃ》」(現在の当て字のようなもの)ということはざらであるから、字面から意味を読み取ろうとすると却って読み誤るリスクがいつも伴う。なぜこのようなことになっているのかといえば、当時は暗誦が主で、読誦は従であったからであろうと思われる。これらの楚簡は暗誦したテキストをそのまま竹簡に書き記していたもので、音さえ間違えなければ文字面にはそれほど拘らなかったのであろう。一種の仮名のような役割を持っていたと考えられる。

◈上博楚簡

非発掘簡である。一二〇〇枚余。総三万五〇〇〇字。香港の骨董商の手に渡った後に、一九九四年、張光裕氏(当時、香港中文大学教授)の仲介を経て当時馬承源氏が館長をしていた上海博物館が入手した。更に同年四九七枚の竹簡がこれに加わった。すべて正規の考古発掘を経ていない盗掘簡と言ってよい。しかも郭店楚簡の出現とほぼ同時期であることから、それの発掘と何らかの関連があるのではないかとされているが、その真相は全く不明である。盗掘簡である以上、先ず真偽の判定が為されなければならないが、現在では偽造簡ではないとして研究が進められている。

正確な出土地点は不明。副葬品に基づく下葬年代の推定も不可能。竹簡それ自体は炭素14による年代測定の結果、「戦国晩期」であるとされた。すなわち郭店楚簡とほぼ同時代の文献資料である(なお、郭店楚簡ではこの測定はなされていない。もっとも、この測定法は誤差が大きいので、信頼性には疑問符が付けられることが多い)。

現在まで整理刊行されたのが九冊に上るが、未だ完結していないので全貌を知るにはなお暫く待たねばならない。

そこに収められた文献を紹介すると、(一)に『孔子詩論』『紂《し》(緇)衣《い》』『性情論』の三篇。(二)に『民之父母《みんしふぼ》』『子《し》羔《ごう》』『魯邦大旱《ろほうたいかん》』『従政』(甲篇・乙篇)『昔者君老《せきしゃくんろう》』『容成氏《ようせいし》』の、のべ六篇。(三)に『周易』『中弓《ちゅうきゅう》』『恒先《こうせん》』『彭祖《ほうそ》』の四篇。(四)に『采風曲目』『逸詩』『昭王毀室《しょうおうきしつ》　昭王与龔《しょうおうよきょう》　之脽《しじゅん》』『柬大王泊旱《かんだいおうはくかん》』『内豊《ないれい》』『相邦之道《そうほうしどう》』『曹沫之陳《そうばつしじん》』の七篇。(五)に『競建内之《きょうけんないし》』『鮑叔　牙与隰　朋之諫《ほうしゅくがよしゅうほうしかん》』『季庚子問於孔子《きこうしもんおこうし》』『姑成家父《こせいかほ》』『君子為礼《くんしいれい》』『弟子問《ていしもん》』『三徳』『鬼神之明《きしんしめい》』『融師有成氏《ゆうしゆうせいし》』の九篇。(六)に『競公瘧《けいこうぎゃく》』『孔子見季趄《こうしけんきかん》(桓)子《し》』『荘王既成《そうおうきせい》　申公臣霊王《しんこうしんれいおう》』『平王問鄭寿《へいおうもんていじゅ》』『平王与王子《へいおうよおうし》木《ぼく》』『慎子曰恭　倹《しんしえつきょうけん》』『用曰《ようえつ》』『天子建州』(甲本)同(乙本)の、のべ九篇。(七)に『武王践祚《ぶおうせんそ》』『鄭子家喪《ていしかそう》』(甲本)同(乙本)『君人者何必安哉《くんじんしゃかひつあんさい》』(甲本)同(乙本)『凡物流　形《はんぶつりゅうけい》』(甲本)同(乙本)『呉命《ごめい》』の、のべ八篇。(八)に『子道餓《しどうが》』『顔淵問於孔《がんえんもんおこう》子《し》』『成王既邦《せいおうきほう》』『命』『王居』『志書乃言《ししょないげん》』『李頌《りしょう》』『蘭賦《らんぷ》』『有皇将　起《ゆうこうしょうき》』『鶹鷅《りゅうりつ》』の一〇篇。(九)に『成王為城　濮之行《せいおういじょうぼくしこう》』(甲本)同(乙本)『霊王遂申《れいおうすいしん》』『陳公治兵』『挙治王天下《きょちおうてんか》(五篇)』『邦人不称』『史蒥　問於夫子《しりゅうもんおふうし》』『卜書《ぼくしょ》』の、のべ八篇。そのうち『緇衣』は郭店楚簡にも含まれ、『性情論』は郭店楚簡『性自命出』と同一文献である。なおこれら篇名は一部を除いて整理者による命名である。いずれ劣らず先秦思想史研究にとっては極めて重要な文献群である。

一見して、孔子やその弟子が登場する儒家系文献が目立つことから、楚地にも儒家思想が相当に浸透していたことが窺える。その一方、楚王を主人公とする故事も少なくなく、ここからは楚地という地域色を色濃く見ることができる。また『恒先』『凡物流形』などは、道家系に分類でき、これは郭店『老子』研究と並行して先秦道家を研究する上で極めて有益な示唆を与えてくれる。

◈まとめ

これら新出土資料の発見は、従来の中国古代思想史の再構築、再検討を迫る世紀の大発見であることは間違いないのだが、これまで広く受け入れられてきたいわゆる疑古の立場（古代の伝承や伝世の文献は〝真〟であると実証されない限りはひとまず〝偽〟として疑うべきであるという立場。従来の〝信古〟の立場を批判して、二〇世紀初頭から有力になっ

図1…郭店楚簡。現在は、荊門市博物館で厳重に保管されている。二〇〇六年六月筆者撮影

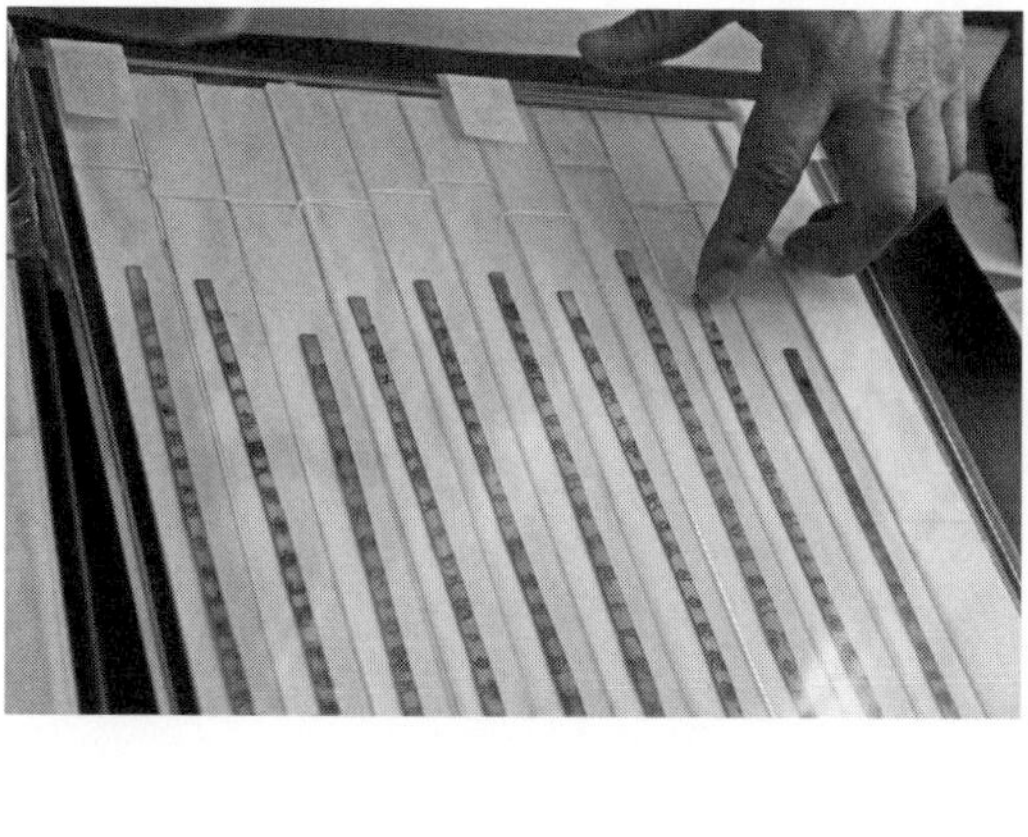

図2…上海博楚簡。現在は、上海博物館で厳重に保管されている。この時は、紫外線を遮断した蛍光灯の下でのみ見学が認められた。二〇〇八年九月筆者撮影

た近代的かつ科学的な歴史研究法。中国では顧頡剛らが中心となって推進した)がこれですっかり覆ったと考えるのは早計である。今後は、伝世文献のみでなされてきた先行研究の成果も尊重しつつ、新たに出土した文献資料と相互補完的に活用することによって更なる思想史研究の発展を目指していくべきであろう。

伝世文献には、長い伝世過程での誤写や故意の書き換え、あるいは偽作などのリスクが常につきまとい、十分なテキストクリティックを経なければ利用できないことが多く、またそれをしてさえリスクをゼロにすることは困難である。ところが、出土文献は、そうした手続きを経ることなく思想史資料として活用できるために、思想史研究の精度が格段に向上すると期待できるからであるが、偽造簡だけは別である。今後も出てくるであろう非発掘簡(主に盗掘による)については最も注意深く取り扱わなければならない。

また、楚地という地域にも目を向ける必要がある。『太一生水』『恒先』『凡物流形』などの文献によって、道家思想の発展展開を考える上では楚地という地域を視野に入れなければならないことがいよいよ明らかになってきた。特に筆者は、『恒先』に独特の宇宙論が見られ、しかもそれが『楚辞』の宇宙論とも重なり合うところから、楚地に形成発展した宇宙論が、後には『老子』にも取り込まれて、あの深奥を極めた道の哲学が形成されていったのではないかと考えている。

従来、楚地は中原から遠く離れ、文化的には低く劣った地域と見なされてきていた。→1-16 例えば、『孟子』滕《とう》文公上篇では、楚人を「南蛮鴃舌《なんばんげきぜつ》の人」(南の野蛮人でモズがさえずるようにしゃべる人)と蔑視し、また『史記』項羽本紀では、楚人項羽が一時天下を手中に収めた後、意気揚々と故郷の楚に凱旋しようとした時、「楚人は沐猴《もくこう》にして冠す」と言って項羽を猿に譬えて嘲った者がいたことなど、南の楚地に対する偏見は実に根強いものがあった。今日でも古代の楚地について不当に低い評価をしている研究者がいるが、そうした認識は改められねばならないだろう。
これまで中国古代思想史研究は、もっぱら時間軸の上に載せて思想の展開を跡付けてきたのであるが、郭店楚簡をはじめとして、古くは馬王堆帛書や銀雀山漢簡など、伝世文献からでは読み取り難かった、地域性を濃厚に持った新資料が当時のままの姿で発見されていることから、これらの資料を時間軸の上に載せて研究するだけではなく、斉地や楚地という地域の特色にも注意を払いつつ研究することの重要性が一層明らかとなってきたのである。すなわちここに紹介した戦国時代の楚地から出土した竹簡は、始皇帝による統一以前の中国が、統一への胎動を各地で見せながらも、その一方で独自性のある文化を豊かに花開かせていたことを実証してくれたのである。

やなか・しんいち…生年＝一九四八年／**出身校**＝早稲田大学大学院／**現職**＝日本女子大学教授／**主要著書・論文**＝（1）『晏子春秋』上・下、明治書院、二〇〇〇年、二〇〇一年　（2）『齊地の思想文化の展開と古代中国の形成』汲古書院、二〇〇八年

17 2 長沙（湖南省）

伊藤 敏雄

◈膨大な簡牘の出土と長沙呉簡の整理状況

湖南省長沙市は、馬王堆漢墓の発掘で世界的に著名であるが、一九九六年に市街地中心部の走馬楼《そうまろう》で膨大な三国呉簡（長沙呉簡）が出土した。ついで、翌九七年にその西北の九如斎《きゅうじょさい》で後漢簡牘《かんとく》二百余枚、二〇〇三年に走馬楼で前漢簡牘二千余枚、二〇〇四年に走馬楼南の東牌楼《とうはいろう》で後漢簡牘四百余枚が出土し、さらに二〇一〇年には走馬楼北の五一広場で後漢簡牘一万枚前後が出土した。

以下、長沙呉簡について概観する。長沙呉簡は、一九九六年一〇月に平和堂ビル建設現場で多数発掘された井戸状の遺構のうち第二二号井から出土し、早くも一九九七年にその簡単な概要が紹介され（胡平生・宋少華「長沙走馬楼簡牘概述」『伝統文化与現代化』一九九七年第三期。同、門田明訳『中国出土資料研究会会報』第六号、一九九七年）、一九九九年には発掘報告が竹簡の初歩的研究とともに『文物』一九九九年第五期誌上で紹介された。その後の報告によれば、総数約一四万枚で、その内訳は、竹簡一三万六七二九枚、木簡六〇枚、大木簡二五四八枚、幅広の木牘一六五枚、書信や袋などに封印するための封検《ふうけん》八枚、見出しのように内容を示す簽牌《せんぱい》六八枚という。

このうち、大木簡の写真版と釈文が一九九九年九月に『長沙走馬楼三国呉簡・嘉禾《かか》吏民田家莂《べつ》』（文物出版社）として刊行された。竹簡は、二〇〇三年一〇月に約一万枚が『長沙走馬楼三国呉簡　竹簡〔壱〕』（文物出版社）として刊行されたのをはじめ、『竹簡〔弐〕』〜『竹簡〔肆《し》〕』『竹簡〔柒《しち》〕』が、二〇一三年一二月までに刊行され、合計約四万点が公表されている（『竹簡〔伍〕』『竹簡〔陸《ろく》〕』と『竹簡〔捌《はち》〕』以降は未刊）。

木簡・木牘・封検・簽牌については、前掲の『文物』や『長沙走馬楼三国呉簡・嘉禾吏民田家莂』のほか、サントリー美術館展示図録『湖南省出土古代文物展　古代中国の文字と至宝』（毎日新聞社・毎日書道会、二〇〇四年）、『簡牘名蹟選二　湖南篇二　虎渓《こけい》山前漢簡・東牌楼後漢簡・走馬楼呉簡他』（二玄社、二〇〇九年）、『湖南長沙三国呉簡（一）〜（六）』（重慶出版社、二〇一〇年）、『湖湘簡牘書法選集』（湖南美術出版社、二〇一二年）などで一部紹介されている。

これら長沙呉簡は、長沙郡の郡治である臨湘侯国（県）の名が散見することから、臨湘侯国の行政に関わる文書と考えられているが、郡府の文書が含まれている可能性もある。

簡牘中に見える最も古い紀年は、後漢の中平二年（一八五）であるが、黄龍・嘉禾年間（二二九〜二三七）に集中し、嘉禾六年（二三七）まで確認できる。二五年で終わった建安（一九六〜二二〇）年号が二七年まで用いられており、当初、呉は後漢の建安年号を奉じ続けたと強調されたが、建安二五〜二七年簡は米の納入や整理に関わるものなので、後から付けられた可能性が高い。

◈大木簡

嘉禾吏民田家莂と命名された大木簡は、長さ約五〇センチ前後という大きさと、上端に割り符のしるしに用いる「同」字やその変形の符号（以下、「同文符号」と略称）が記されていることが、特徴的である。そして、同文符号の下に、おおむね上下四段にわたって、納税者所属の「丘」名、納税者の身分、姓名、農地の数と合計面積、田種、旱（日照りなどで収穫なし）・熟（収穫あり）などの状況と、それに基づく米・布・銭の納入額、納入日、納入先が記され、最後にこの記録を校閲した日と校閲者名(署名)が記され、末尾に校閲したことを示す「校」字が記されている。左右に同内容を記した後に裁断された莂(割り符)の片方で(三分割されたものもあるという)、郷から県に提出された納税者台帳と考えられている。

この大木簡をめぐっては、「常限田」「余力田」「火種田」という田種等をはじめ、種々論議されているが、竹簡も含め、最も関心を集めたのが、納税者の所属を示す「丘」についてである。このような「丘」の用例は初めてであった上、竹簡で「里」が名籍関係の竹簡、「丘」が賦税納入関係の竹簡に使用され、「丘」と「里」が併用されているので、地方行政制度との関係で物議をかもすことになった。しかし、その後、後漢霊帝期(一六八～一八九)の紀年を含む東牌楼後漢簡でも「里」と「丘」が併用されていることが判明し、長沙呉簡中に「居在阿丘」(壱―八一三六)、「居在劉里丘」(参―六二九六)等の記載も散見するので、漢制を継承した行政区画の「里」に対し、「丘」は居住地(農地の所在地の可能性も含む)を指すと考えられるようになった。

また、この大木簡は帳簿であるにも関わらず、意外にも計算ミスが多い。大木簡には嘉禾四年(二三五)と嘉禾五年(二三六)分があるが、特に嘉禾四年分は計算ミスが多く、七八二件中約五五パーセントにミスが見られる(嘉禾五年は一二六九件中約一四パーセント)。嘉禾四年の熟田の場合、一畝当たり米一斛二斗、布二尺、銭七〇銭、旱田の場合、一畝当たり布六寸六分、銭三七銭を納入することになっているが、その畝数と納入量との計算などが合わないのである。多くは徴税を担当した郷の吏のミスと考えられ、帳簿上で間違っただけでなく、間違えたまま吏民から徴税されていた実情を示している。

◈竹簡と木牘

竹簡には、官府間の文書類も含まれているが、賦税や名籍などに関する帳簿類の簡が数多く散見される。米や布・銭・皮などの賦税納入簡は、冒頭が「入」で始まり、中央部に同文符号が記されているのが特徴的で、同内容を左右に記載した後に裁断した莂の左側である(右側の莂の冒頭は「出」で始まる)。穀物は郷から三州倉または州中倉に納入されているが、三州倉・州中倉への穀物納入や、三州倉から州中倉への転送、軍糧の支給などに邸閣が関与している。邸閣は、『魏志』東夷伝倭人条(『魏志』倭人伝と通称)など文献史料では軍用倉庫を指し、呉簡でも当初同様に理解されたが、今では「邸閣郎中」「邸閣左・右郎中」の略称で官職名を指し、穀物の出入・移動を監督していたことが明らかになっている。軍糧については右節度府の指示で搬出されていたことも判明している。

このほか、賦税に関連して、表題簡・集計簡などを含む帳簿の対応関係や帳簿の種類なども明らかにされつつあり、『竹簡〔肆〕』以降、竹簡の出土状況が分かるので、帳簿の復元や研究の進展に期待が高まっている。名籍についても、書式の検討や復元が様々に試みられているが、名籍と家族構成について、以下のようなことが判明している。

呉簡の名籍は、上中下三段に分けて記され、各戸の最初の簡に「戸人」(戸主に相当)の名が上段から記され、そのあとの簡では、中段から記され、妻や最初に記載された子や奴婢を除くと、「戸人」との続柄ではなく、その直前の簡に記された人物との関係が記されている。その書式は、敦煌発見の残紙「西涼建初十二年(四一六)正月敦煌郡敦煌県西宕《せいとう》郷高昌里籍」(S.113)と同形式である。

戸の中に奴婢が含まれており、当時、戸は同居と観念されていたことが分かるが、各戸の口数は、奴婢を除くと、三〜五人の場合が多く、平均すると五人以下になる。戸の構成は、単純家族世帯のほかに、拡大家族世帯や多核家族世帯、非家族世帯（戸人の兄弟や他の親族を含む）が比較的多く見られる。

また、「算」に関する記載も見られ、漢代の人頭税の算賦に代わって魏では戸調制が施行されたが、呉では口算が設定されていたことが判明し、一五歳から六〇歳までがその対象となっていて、漢制を継承しつつ、五七歳以上にも及んでいたことが分かる。

木牘には、前掲『文物』などで紹介された戸籍・官府文書関係の木牘や賦税関係の木牘（後に賦税総帳木牘と呼ばれる）などがある。戸籍関係とされた木牘は、上端に同文符号が記され、郷勧農掾が郷内の州吏の父兄の人名と状況・年齢などを取り調べて帳簿を作成し、その内容に誤りが無いことを保証する証書（割り符）であると同時に送り状を兼ねたものと推測されている。

司法関係とされた木牘は、官塩を売買して得た米の一部を私物化した事件を取り調べた報告や、隷属民を指す「私学」であるかどうかを取り調べた報告であるが、冒頭が官職名・姓名に続いて「叩頭《こうとう》死罪白（謹しんで申し上げます）」で始まり、報告内容を記した後、「誠惶《せいこう》誠恐、叩頭死罪死罪（以上、恐れ多くも申し上げます）」の文言で終わり、最後の行の下部に日付と「白（申し上げます）」が記されている点に文言上の特色がある。

『竹簡（肆）』には、同様の文言を有する木牘が四点掲載されていて、奴隷売買と「估《こ》銭」（交易税）徴収に関する木牘があり、この木牘には二条の編綴《へんてつ》用空格（木簡などを綴《つづ》るひもをかけるために空《あ》けた部分）があり、一緒に出土したとされる竹簡の中に、内容的に合致する竹簡が見られる。したがって、この木牘は、右側に竹簡の帳簿を編綴し、報告者の業務内容や帳簿の概要を報告するとともに帳簿の送り状を兼ねていたと考えられる。同様の文言の木牘は、いずれも編綴用空格や編綴痕《こん》（編綴したひもの痕《あと》）が確認できるので、同様の使用法であったと想定できる。
以上のように、長沙呉簡は、三国呉のみならず、秦漢時代から魏晋南北朝時代の歴史的展開や文書行政の展開を考える上でも貴重である。今後の資料の整理・公表と研究の進展が期待される。

いとう・としお…**生年**＝一九五四年／**出身校**＝筑波大学大学院博士課程歴史・人類学研究科単位取得退学／**現職**＝大阪教育大学教授／**主要著書・論文**＝（1）「長沙呉簡中の邸閣・倉吏とその関係」『歴史研究』第四九号、二〇一二年（2）「長沙呉簡中の生口売買と『估銭』徴収をめぐって—『白』文書木牘の一例として—」『歴史研究』第五〇号、二〇一三年

18 2 里耶（湖南省）

青木俊介

一九九六年、湖南省西部、酉水《ゆうすい》中流の盆地に位置する龍山県里耶《りや》鎮で古代の都市遺跡が発見された。これが里耶古城である。二〇〇二年より開始された発掘調査の報告によると、城壁は土を突き固めた版築《はんちく》工法で作られており、隣接する酉水によって東側が浸食されているものの、南北二一〇・四メートル、東西一〇三〜一〇七メートルが現存している。南・北・西には濠が確認され、水門から城内へ水を引き込んでいた。

発掘者は里耶古城の年代について、第一期―戦国中期から末期、第二期―秦代、第三期―前漢代に区分している。第二期と第三期の間で大規模な改修が行われているが、これは秦の滅亡時に破壊され、漢になって再建されたためと考えられている。ところが、第三期に何らかの理由で突然崩壊し、城は廃棄されてしまったという。→I-1

城内は損傷が激しく、建築物の構造ははっきりしないが、それでも柱穴《ちゅうけつ》の位置関係などから二〇棟が確認されている。道路は一二条見つかっており、一部は舗装されていたことがわかっている。そして七つの井戸の遺構のうち、一号井戸から大量の簡牘《かんとく》が出土した。

そのほか遺物としては、建築資材である瓦、碗などの磁器、矛や矢じりなどの青銅製武器、斧や錐《きり》などの鉄製工具といったものがある。貨幣はすべて半両銭（戦国秦から前漢にかけて使用された円形の銅銭）で、一九一枚発見された。陶器は様々な器形、陶質、陶色のものが存在する。戦国時代の里耶地域は楚《そ》に属したが、第一期の陶器については、楚の都城遺跡である紀南城《きなんじょう》の出土品との類似性が指摘されている。

一号井戸から出土した簡牘は三万六〇〇〇点余りにおよぶ。明記されている年代は、秦の始皇二五年（前二二二）から二世二年（前二〇八）の間。竹簡も含まれているがそのほとんどは木簡で、濠から出土した戸籍簡とともに里耶秦簡と呼ばれている。宛名書きに「遷陵《せんりょう》」や「廷」とあるので、里耶古城が秦の遷陵県城であり、里耶秦簡が県城内の県廷（市役所に相当）で扱われた文書《もんじょ》であることがわかる。

井戸から大量の文書簡牘が出土したと聞けば不思議に思うかもしれないが、長沙《ちょうさ》東牌楼《とうはいろう》漢簡や走馬楼《そうばろう》三国呉簡→2-17など、同様の事例は少なくない。これは役所などにおいて不要となった書類を古井戸に投棄したためで、その証拠に、瓦や陶器の破片、木くずなどがともに出土している。当時の人々からすれば「ゴミ」であった里耶秦簡だが、その内容は戸籍や中央政府からの命令書、裁判文書や刑徒の作業簿、郵便記録や食糧支給の証書、はたまた九九表など多岐にわたり、現代の私達に貴重な情報を提供してくれる。

里耶秦簡最大の特徴は、初めて発見された秦代地方行政機関の文書群という点にある。これまで秦漢時代の地方行政についての研究は、『史記』や『漢書』といった正史を主な史料として進められてきた。しかし、正史は王朝の記録であるために中央からの視点で書かれており、地方行政にかんする記述は断片的である。とくに、秦とそれに続く前漢前期の記事は少なく、この時期の状況についてはほとんど謎であった。睡虎地《すいこち》秦簡→2-6や張家山《ちょうかざん》漢簡→2-10の発見により研究は格段に進展したが、これらの大部分は法律文書、つまりはルールであるため、行政機関における実際の仕事の様子まではよくわからない。

一方、里耶秦簡は、秦の遷陵県廷が取り扱った生の文書であり、そこからは地方行政の場で活動する人やモノの姿を見て取ることができる。そして、今まで知られていなかった多くの事実が明らかとなった。

具体例をあげてみよう。次の木簡には、県廷と下級行政機関である郷《きょう》、県の穀物管理部門である倉《そう》の三者で処理をした業務について記されている。

始皇三四年（前二一三年）七月一〇日、啓陵《けいりょう》郷《きょう》守《しゅ》（郷の責任者）の意が申し上げます。県廷は倉守《そうしゅ》（倉の責任者）の慶の文書を下達し、倉佐《そうさ》（倉の役人）の贛《かん》に穀物を啓陵郷で積み込ませるようおっしゃいました。すでに穀物六二石を積み込みましたので、付券《ふけん》を一枚作成し提出いたします。倉守にお命じください。以上申し上げます。●七月一二日、遷陵守丞《しゅじょう》（県の次官）の匜《い》が倉の担当者に通告する。券を下達する。律令にもとづいて処理せよ。／壬《じん》が取り扱った。／七月一二日旦、守府《しゅふ》（県廷の職員）の卬《ごう》が持って行った。

（J1⑧1525簡正面）

七月一二日旦、□□が持って来た。／壬が開封した。　恬《てん》が取り扱った。

（J1⑧1525簡背面）

『漢書』に、「税は郷の責任者が徴収する」とあるので、この木簡の「穀物」も税として郷に納められた可能性が高い。いずれにせよ、穀物を郷から県に回収する過程がこれによって明らかとなったのである。すなわち、「倉から郷への通達」→「倉の役人による搬送」→「郷の役人による付券の作成」という流れである。ちなみに、「付券（「付」は「わたす」の意味）」の「券」とは、穀物や金銭の授受を証明する割り符で、里耶秦簡の中に多く含まれている。

ところで、穀物の回収にあたり、郷の役人は倉佐の贛と顔を合わせたはずである。それにもかかわらず、付券は贛にわたされることなく郷からいったん県廷へ送られ、その後に倉へ転送されている。さらに、「倉守の慶の文書」も倉から県廷を経由したうえで啓陵郷へ送達されているのである。県廷は倉と郷に文書や券を提出させ、逐一状況をチェックすることで業務を統括していたのだろう。これはほかの案件においても同様で、チェックの結果、郷から県尉《けんい》(軍事や人員の配属を司る機関)に宛てた郵便配達人の増員要請を県廷が却下して転送せず、郷へ差し戻した例(J1⑧157簡)もある。

前掲の木簡は文字の形や太さが部分によって異なっているが、これは、「郷の役人である恬が県廷への要請を記入」→「県廷の役人である壬が受信・開封記録を記入(斜体部分)」→「壬が倉への通達を記入(太字部分)」という具合に、業務の各段階が一枚の簡に順次追記されていったためである。このように、記されている文字そのものからも、文書作成の手順を読み取ることができる。

里耶秦簡には当時の地方行政制度だけでなく、戦国から統一秦への移行期という時代性や、里耶の地域性も反映されている。

紀元前二二一年、中国全土を統一した秦王政は王号に代わる新しい称号「皇帝」を創設し、自ら「始皇帝」と名乗った。同時に、様々な物事の名称を変更したことも『史記』に記されている。そうなると、役所ではその変更に従って公文書を作成しなければならなくなる。里耶秦簡の中には各種名称変更の一覧表(J1⑧461簡)があるが、大型の木簡で、おそらくは遷陵県廷の壁に掲示されていたものと思われる。役人たちはこれを参照しながら文書を作成したのだろう。

「『王犬』を『皇帝犬』と曰《い》う」といった「王」から「皇帝」への言い換えはもちろんのこと、「泰上《たいじょう》」「天帝《てんてい》」「帝子《ていし》」なども同じくあらためるよう指示されており、多様に存在した君主の称号を「皇帝」に一元化した様子がうかがえる。また、「『王の令を以《もっ》て』を『皇帝の詔《しょう》を以て』と曰う」「『命を承《う》く』を『制を承く』と曰う」「荘王《そうおう》(始皇帝の父）を泰上皇と為す」などは、『史記』の記述と合致する。

さらに、『徹侯《てっこう》』を『列侯《れっこう》』と曰う」という一文は興味深い。「徹侯」は秦漢時代最上級の爵位であり、漢の武帝劉徹《りゅうてつ》の諱《いみな》を避けて「列侯」にあらためられたとされている。ところがこの記述によれば、どういうわけか秦の時点において、すでに「列侯」と改称されていたことになる。ただ、里耶秦簡と武帝期の間の年代に位置する張家山漢簡では「徹侯」と表記されているので、繰り返し変更されたようだ。

変更一覧の中に、「故《もと》の『皇』は今更《あらた》めて此《か》くの『皇』の如《ごと》くす」「故の『旦』は今更めて此くの『旦』の如くす」という記載がある。一見、何を変更したのかわからないが、簡に書かれた文字をよく見ると、「皇」「旦」の字形が前後で異なっている。文字の統一は始皇帝の改革の中でもとくに重要な事業の一つであり、「皇」「旦」の字形変更の指示もその表われなのである。→I-15

戦国時代、里耶は楚の領域であった。この地に遷陵県が置かれたのは始皇二五年（前二二二）のことで（J1⑧757簡）、里耶秦簡の年代からすれば、秦にとっては新領土であったことになる。そのため、習俗も秦とは違っていた。例えば次のように記された簡がある。

> 民衆は農業を好んで商業を好まない。その習俗は槎《さ》田《でん》して毎年耕地を変えるというもので、内地の県と異なっている。（J1⑧355簡）

「槎田」については定かでないが、楚の地域で焼《や》き畑《はた》が行われていたかと思われる記述（「火耕水耨《かこうすいどう》」）が『史記』にあるので、そのことかもしれない。いずれにせよ、当時の里耶では秦と異なる農法が用いられていたのであり、それをまのあたりにした役人のとまどいが感じられる。

とまどっているからには、これを書いた役人は里耶の習俗に不慣れな秦人に違いない。秦漢時代は原則として、地方の下級役人には現地人が採用されたと考えられている。しかし、遷陵県の役人の中には県外から赴任してきたことが確かな者もいる（J1⑧269簡）。加えて、先に紹介したJ1⑧1525簡に見える「守丞」などの「守」は仮任用や兼任を意味するが、同様の例が非常に多い。こうした特殊な人事の背景には、政情の安定していない占領地ならではの事情があるのだろう。

里耶古城の外には渓口《けいこう》遺跡と呼ばれる集落遺跡や、酉水の対岸に位置する魏家寨《ぎかさい》前漢城址がある。さらにそれらの周囲には、住人たちの墓地である麦茶《ばくさ》戦国墓地や清水坪《せいすいへい》前漢墓地などが分布している。このように、里耶には古代の役所や住環境の跡が残されており、これに文字を持った里耶秦簡が加わるのである。遺跡と簡牘の総合的な分析によって、当時における地方社会の姿を明らかにすることができるだろう。

あおき・しゅんすけ…**生年**＝一九七九年／**出身校**＝学習院大学大学院人文科学研究科単位所得退学／**現職**＝学習院大学国際研究教育機構ＰＤ共同研究員／**主要著書・論文**＝（1）「秦から漢初における都官と県官—睡虎地秦簡「法律答問」九五簡の解釈を通じて—」『中国出土資料研究』第一五号、二〇一一年　（2）「候官における簿籍の保存と廃棄」佐藤信・籾山明編『文献と遺物の境界』六一書房、二〇一一年

2

19 郴州(湖南省)と南京(江蘇省)

永田拓治

邪馬台国と同時期にあたる三国や西晋時代の人びとは、いったいどんな暮らしをしていたのだろうか。このような、知りたくても知りえない事がらを垣間見られる材料が、突然土のなかから出てきたとしたら。

簡牘研究の魅力は、文献史料で明らかとなっている事がらについてはより鮮明に、文献史料では明らかにしえないような事がらについては、明らかにしうる可能性を秘めている点にある。多くの研究者は新たに出土した簡牘をまえに、高鳴る鼓動を感じながら、まずは文献史料との照合をおこなうだろう。もし、そこに文献史料の記述との関連を見出したとすれば。研究者ならずともこの興奮を感じてもらえるのではないだろうか。そして、この興奮を感じさせてくれたものこそ、湖南省郴州《ちんしゅう》市から出土した呉簡・西晋簡、および南京出土の呉簡・西晋簡である。

◈郴州呉簡・晋簡の発見

二〇〇三年から二〇〇四年にかけて、湖南省郴州市蘇《そ》仙橋《せんきょう》遺跡(漢〜宋時期の古井戸一一基)で、複数の簡牘が発見された。三国呉の赤烏二・五・六年(二三九・二四二・二四三)、西晋恵帝の元康(二九一〜三〇〇)、永康(三〇〇〜三〇一)、大安(三〇二〜三〇四)といった紀年が確認できることから、三国呉簡、西晋簡であることが明らかとなった。現在、呉簡一四〇枚(残簡を含む)、晋簡九〇九枚(残簡、および無文字五点を含む)のうち、呉簡全一

四〇点（「湖南郴州蘇仙橋J4三国呉簡」）、一六三点の晋簡釈文と写真版四九点が紹介されている（湖南省文物考古研究所・郴州市文物処「湖南郴州蘇仙遺址発掘簡報」湖南省文物考古研究所編『湖南考古輯刊』第八集、岳麓書社、二〇〇九年）。

◈上計簡――中央になにが報告されていたのか

その内容をみてみると、呉簡では、簿籍類・文書書信・記事・紀年・習字簡など。晋簡では、桂陽郡管轄下の各県の概況・県城の規模や吏員数・地理（桂陽郡管轄下の山河渓流）・道路郵駅（駅・郵亭の設置・距離・存廃）・政府建築物・詔書政令・上奏文・人口・土地・物産（動植物の名を列挙）・賦税・鉱産資源・祭祀・改火（四季ごとに火をおこす木材を変える）・人文掌故（先賢墓の記録）、と幅広い内容におよぶ。たとえば、〈図1〉には、文献史料ではなかなか知り得ない県城の規模、郡からの距離、都からの距離、吏員数などが記されている。

この郴州晋簡で特筆すべきは、上計に関わる内容を多く含む点である。上計とは、年に一度、郡・国から政府にさまざまな報告をおこなうことであり、その報告事項は多岐にわたる。郴州晋簡の上計にかかわる簡には、「桂陽郡上城邑戸口田租綿絹賈布計階上書」（1―68）、「城邑戸口田租郷亭郵駅米穀綿絹賈布」（1―71）とあ

図1…「湖南郴州蘇仙遺址発掘簡報」

り、城邑・戸口・田祖・郷亭などが上計の報告対象であったことがうかがえ、当時の上計制度を知るうえで貴重な材料を提供してくれる。

そのほかにも、上計簡とおぼしき簡のなかに当該地域の優れた先人の墓(先賢墓)や山川などの記録が残されている。これらの記録のなかには後漢末から両晋期に流行していた「耆旧伝」「先賢伝」といった郡国ごとの先賢の記録や「地理書」とも類似する内容が見受けられ、文献史料と出土資料とを併用し研究するうえで有益である。また、これらの記録が上計制度とかかわっていたとするならば、正史の編纂過程を考えるうえでも重要な材料となる。

◈詔書簡――郴州晋簡から明らかになった詔書

郴州晋簡には、武帝太康九年(二八八)春正月壬申朔に下された詔勅の一部とみられる簡が確認できる。出土資料の内容が文献史料の内容と一致することはきわめてまれであり、このことは郴州晋簡のユニークな特徴の一つである。

しかし、郴州晋簡と文献史料との一致はこれだけにとどまらない。郴州晋簡には、『隋書』巻九礼儀志に引かれている北斉の五条詔書の内容とほぼ一致する簡(四簡)が存在する。五条詔書とは地方の役人が守るべき職務規範を規定したもので、郴州晋簡の発見以前より渡辺信一郎氏(『天空の玉座』柏書房、一九九六年)は、北斉の五条詔書の源流を西晋の五条詔書であると指摘していた。この四簡は、泰始四年(二六八)に郡国へ班布された五条詔書であると考えられ、かつその内容は北斉の五条詔書と合致することから、文献から導き出された渡辺説に実証的根拠を与えるものとなった。

現在、郴州晋簡については、全体のわずか一八パーセントが公開されたにすぎない。にもかかわらず、すでにかくも豊富な内容を知りうることができる。残りの簡にはいったいどのような内容が記されているのか。一日も早い全貌の公開が待たれる。

◈南京簡の発見——都城簡という特異性

南京では、二〇〇四年に重要な発掘があった。それは三国呉の都であった建康、現在の南京で簡牘が多数発見されたことである。南京城南秦淮河南岸船板巷旁の工事現場では呉簡・晋簡が四〇枚あまり発掘され、孫呉赤烏元年（二三八）、赤烏一三年（二五〇）と永安四年（二六一）、西晋建興三年（三一五）の紀年が確認された。簡牘の種類は、名刺・簽牌《せんぱい》・符券《ふけん》（割符）・封検《ふうけん》（封緘する板）などで、名刺簡のなかには、廬江郡松滋県の陳永という名がみえる。彼は『三国志』巻五五に立伝されている陳武の孫で、当伝中に呉の将軍であったことが記されている。また各簡の内容は、名刺以外では米糧の納付、道教の符祝などがあげられる（賈維勇・胡舜慶・王志高「読南京新近出土的孫呉簡牘書法札記」『書法叢刊』第三期、文物出版社、二〇〇五年）。

おなじく同年一二月に南京市大光路の建設現場で発掘された呉墓（薛秋墓）からは木刺五枚（三枚は男棺から、二枚は墓室から）が発見された（南京市博物館「南京大光路孫呉薛秋墓発掘簡報」『文物』第三期、二〇〇八年）。

南京出土の簡牘は、数こそ多くないが、これまで発掘された多くの魏晋簡が長沙や郴州といった地方から出土したものであったのに対し、呉・東晋の都である南京から出土した都城簡であった点に特徴がある。日本では都城からの出土例が多いが、中国では、都城簡の出土は（意外なことではあるが）多くの簡牘が報告されている秦漢期を含めても、南京簡が唯一の事例である。

◈名刺簡――その用途とは？

南京出土簡牘のなかでも、人びとの交流の中心であった都建康で出土した名刺簡に、研究者の注目が集まっている。

名刺については、『後漢書』列伝七〇下禰衡《でいこう》伝に、禰衡が名刺を懐に入れ、潁川《えいせん》の権貴のもとをたずね歩いていたことが記されており、現代と同様に当時の士人にとって重要な役割を果たしていたことをうかがい知ることができる。ただ、名刺といってもいまのようにコンパクトなものではない。薛秋墓出土の名刺簡を例にとってみると、縦二四・八センチ、横幅三・四センチと、なかなかにかさばるものであり、当時の人々の苦労が偲ばれる。

ところで現在は、氏名・所属・役職・住所等が記されている名刺であるが、当時はどのような内容が記載されていたのだろうか。南京出土の名刺簡をみてみると、「本貫＋姓名（諱）＋『再拝』＋『問起居』」（零陵楊付再拝「已」問起居　湘郷字文義〈南京城南秦淮河南岸出土〉）という記載内容のものと、「官職＋本貫＋爵＋姓名＋年齢＋字」（折鋒校尉沛国竹邑東郷安平里公乗薛秋年六十六字子春〈薛秋墓出土〈図2〉〉）という記載内容の名刺簡があったことがわかる。

当時の名刺は、通常型（敬意を示す「再拝」・ご機嫌伺いの意である「問起居」という言葉を伴う）と名籍型（「再拝」「問起居」を伴わない）とに分類される（關尾史郎「魏晋「名刺簡」ノート」――長沙呉簡研究のために」『新潟史学』六〇、二〇〇八年）。さきにみた禰衡が懐に入れていた名刺は再拝からはじまる通常簡で、いまと同じく人と人とをつなぐ役割を果していたと推測される。

では、年齢までもが記された名籍簡はどのような役割を果たしていたのであろうか。もし日常、人との交流のさいに使用するとするならば、毎年作り直さなければならず、実用的とはいいがたい。これについては、被葬者の墓中から出土していることや、被葬者の姓名・本貫・年齢(没年齢?)・官職などが記されていることから、墓誌としての機能を果たしていた可能性が指摘されており(前出闞尾)、墓誌が生まれた経緯を考えるうえでもおもしろい材料であるといえる。

くわえてこの名刺簡のおもしろいところは、校尉(折鋒校尉については不明であるが)でありながら民爵の最高位である公乗であった、という点である。公乗簡については、孫呉期の長沙走馬楼呉簡でも確認できる。ただ、最高位の公乗以外については、いまのところ確認できず、その実態についてはあきらかではない。当時、公乗が在地社会においてどのような身分指標であったのか、興味は尽きない。

ながた・たくじ…**生年**＝一九七八年／**出身校**＝大阪市立大学大学院文学研究科哲学歴史学東洋史博士課程修了／**現職**＝阪南大学国際コミュニケーション学部准教授／**主要著書・論文**＝(1)「漢晋期における「家伝」の流行と先賢」『東洋学報』九四―三、二〇一二年 (2)「上計制度与「耆旧伝」「先賢伝」的編纂――郴州晋簡与『襄陽耆旧記』」『古代長江中游社会研究』上海古籍出版社、二〇一三年

図2…「南京大光路孫呉薛秋墓発掘簡報」

20 2 長安（陝西省）と固原（寧夏回族自治区）

小林岳

長安（陝西省西安市）は前漢から唐末までの一一〇〇年間に十余の王朝の首都が置かれた。寧夏《ねいか》回族《かいぞく》自治区の固原は西安市街（唐長安城）から一般道や高速道を西北にたどって乾陵《けんりょう》・甘粛《かんしゅく》省平涼《へいりょう》市を経て四二〇キロあまり、六盤山の東麓に広がる標高一七〇〇メートルを越える黄土高原上の町で、古来より長安と西域方面とをむすぶ幹線上の要地として繁栄をほこった。現在、この二つの都市と周辺地域からは歴代王朝のさまざまな文物が発掘されているが、本節はそのうち北朝および隋唐時代の出土品について紹介することにする。

◈長安の出土資料

墓誌石……二〇〇〇年代に西安市北郊の古墓から発掘されたソグド人墓誌である康業《こうぎょう》墓誌（五七一年作製。以下年次のみを記す）、安伽《あんか》墓誌（五七九）、史君《しくん》墓誌（五八〇）は、後掲の固原史氏一族墓誌や一九九九年に太原市で発掘された虞弘《ぐこう》墓誌（五九二）などとともに華北各地に形成されたソグド人植民集落の首領が配下のソグド郷兵を率いて北朝および隋唐に出仕し、高位高官となって軍事や外交に活躍したことを伝えている。

百済遺民祢氏《でいし》一族墓誌は祢寔進《でいしょくしん》墓誌（六七二）、祢軍《でいぐん》墓誌（六七八）、祢素士《でいそし》墓誌（七〇八）、祢仁秀《でいじんしゅう》墓誌（七二七）の四墓誌が知られる。そのうち祢素士と祢仁秀の二墓誌は二〇一〇年に西安市長安区の祢氏家族墓から発掘されたが、祢寔進と祢軍の二墓誌はその調査以前に同墓域から盗掘されたもので、その出土情況は明らかでなく、とくに祢軍墓誌については墓誌石の所在地(収蔵先)すら不明である。しかしこれらはいずれも七世紀における唐、朝鮮、日本をめぐる東アジアの国際情勢に新たな視点を提供するものとして注目されている。

井真成《せいしんせい》墓誌(七三四)は西安市東郊の建築現場で掘り出され、二〇〇四年に西北大学歴史博物館に収蔵された。その冒頭には「公、姓は井、字は真成、国は日本と号す」と刻まれ、また七三四(開元二二)年正月、長安において三六歳で没したとあることから、墓主の井真成は第九次遣唐使(七一七)の一行に加わって一九歳で渡唐した留学生《るがくしょう》または唐土で還俗した留学僧と考えられる。なお「井」は井上氏あるいは葛井《ふじい》氏とする日本名の一字をもって唐風に改めたと推測されている。

「大唐故雍王《ようおう》墓誌」(七〇六)および「大唐故章懐太子《しょうかいたいし》并妃清河房氏墓誌」(七一二)は、一九七二年に後掲の章懐太子李賢《りけん》墓から発掘された。その誌面には李賢が生母の則天武后によって巴州《はしゅう》に謫徙《たくし》(流刑にされること)され、自殺に追いこまれた事情や、その死から四半世紀を経て同母弟の中宗・睿《えい》宗によってなされた名誉回復と乾陵(唐高宗と則天武后の合葬墓)陪葬《ばいそう》および章懐太子追諡《ついし》の事情が刻まれ、高宗朝から武周革命を経て玄宗朝にいたる宮廷史の生々しい一面を伝えている。

何家村出土宝物類……一九七〇年、西安市何家村《かかそん》の窖蔵《こうぞう》(穴倉)遺址から二つの陶製《とうせい》の甕《かめ》(高さ六五センチ、胴回り六〇センチ)と銀製の罐《かん》(高さ三〇センチ、胴回り二五センチ)が発見された。その甕からは二七〇点余の金銀器とガラス碗、瑪瑙《めのう》杯など精緻《せいち》な意匠をこらした品々に加えて丹砂《たんさ》や琥珀《こはく》などの薬材、また東ローマ、ササン朝の金銀貨および日本の和同開珎《わどうかいちん》銀貨などをふくむ一〇〇〇点をこえる宝物類が発見された。その所有者は唐朝の高位者であることは間違いなく、現在考えられるところでは、その出土地点が長安城興化坊《こうかぼう》の一画であることから、そこに王府を開いた邠《ひん》王李守礼《りしゅれい》(章懐太子李賢の第二子で、玄宗の従兄)あるいは私邸を置いた劉震《りゅうしん》とする説が有力で、その埋蔵時は七五六年（天宝一五載）の安史の乱または七八三年（建中四）の朱泚《しゅせい》の乱によって長安が混乱した折と推定されている。

章懐太子李賢墓の壁画……章懐太子李賢墓は、長安の西北八〇キロ余に位置する乾陵の陪葬墓の一つで、その墓道および墓室の壁面には「狩猟出行図」「騎馬打球図」「客使図」など鬚髯《しゅぜん》（あごひげとほおひげ）を蓄えた男性群像および「托盆景侍女図《たくぼんけいじじょず》」「観鳥 捕蝉図《かんちょうほぜんず》」「游園図《ゆうえんず》」など妃嬪《ひひん》や侍女の群像が画かれている。これらは輝ける儲《ちょ》君《くん》（皇太子）として宮中内外の期待を集めた李賢の日常生活を活写したものである〈図1〉。また同じく陪葬墓に数えられる懿徳《いとく》太子墓（中宗の長子）や永泰公主《えいたいこうしゅ》墓（同第六女）に画かれた壁画群も極盛期にある唐朝の宮廷生活を伝えるものとして見逃せない。

◈固原の出土資料

一九八〇年代以降、固原市の南郊地区で発掘された七点の史《し》氏一族墓誌は、その誌文から史射勿《しゃぶつ》墓誌（六一〇）、史道洛《どうらく》夫妻墓誌（六五八）、史訶耽《かたん》夫妻墓誌（六七〇）、史鉄棒《てつぼう》墓誌（六七〇）と史索巌《さくげん》墓誌（六五八）、安娘《あんじょう》墓誌（六六四）、史道徳《どうとく》墓誌（六七八）の二系統に分けられる。これらの墓誌は中央アジアのケッシュから中国に移住したソグド人を祖とする固原の史氏一族およびそれと通婚関係にある同系のブハラ出身の安氏一族やサマルカンド出身の康氏一族が北周・隋から唐初にかけてソグド人郷兵を率いる武官として重用されたこと、またソグド人集落の社会情勢などを伝える貴重な資料である。

また固原市の古墓からは西方のササン朝やトハリスタン（バクトリア）などの特徴を示す副葬品が見られる。北周の官人である李賢夫婦墓（五六九）からはギリシア系と見られる男女の意匠を施した鍍《と》金銀瓶《きんぎんへい》や黒い貴石印章が嵌《は》め込まれた金製指輪など、また史訶耽夫妻墓からは獅子の上に三叉に分かれた植物と「世界寛容」と読めるパフレヴィー文字（おもにササン朝ペルシアなどで用いられた文字）を刻んだ有銘貴石印章などが出土した。この獅子と三叉の植物についてはゾロアスター教の諸神との関連性が指摘されている。

こばやし・たかし…生年＝一九五五年／**出身校**＝早稲田大学大学院文学研究科博士後期課程／**現職**＝早稲田大学高等学院教諭／**主要著書・論文**＝（1）『後漢書劉昭注李賢注の研究』汲古書院、二〇一三年　（2）「唐宋における『後漢書』の合綴と合刻について——李賢『後漢書注』に劉昭『集注後漢』八志を補うこと——」榎本淳一編『古代中国・日本における学術と支配』同成社、二〇一三年

図1…李賢墓後室壁画（周天游編『章懐太子墓壁画』文物出版社、七九頁）この、庭園で憩うふくよかな坐像の貴婦人は章懐太子李賢の妃で、邠《ひん》王李守礼の生母である南陽張氏と推定される。その後方に侍立する二人は男装をした女官である。詳細は、拙著『後漢書劉昭注李賢注の研究』二三一頁を参照。

コラム 2

「骨董簡」とよばれるモノ

冨谷 至

◈先学が抱いたもどかしさ――中国簡牘研究を回顧して

二〇世紀の初頭、具体的には一九〇一年にオーレル・スタインがタリム盆地ニヤ遺跡から晋簡約五〇枚を発見し、その一ヶ月の後、スウェン・ヘディンがロプノール湖畔の楼蘭遺跡から同じく晋簡約一二〇枚を発見したことを嚆矢として、中国の簡牘研究が始まった。

最初の発見は、すでに紙木両用の時代の晋簡だったが、漢簡に関しては、一九〇七年発見の敦煌簡、そして西北科学考査団による一九三〇年の居延漢簡の発見へとつづき、簡牘(木簡)の研究がここに本格化する。

簡牘研究は、その萌芽期から極めて優れた研究者にめぐまれた。王国維、シャバンヌ、コンラディ、労《ろう》榦《かん》、陳夢家《ちんぼうか》、そして我が国の森鹿三、藤枝晃、大庭脩、永田英正、まさに綺羅、星の如き碩学がこの新出の資料にとりくみ、紆余曲折を経ることなく、短期に実に確実な方向へと研究を導いてきたのであった。いまもって先学の成果は色あせることなく研究者に利用されている。高山のごとくそびえ立つ簡牘研究の先達をまえに、私はただ仰止するばかりである。

その先学が研究の当初に遭遇した困難、阻碍要因が二つあった。

一つは、実物はおろか、図版も見ることができなかったこと、今ひとつは、木簡がどこからどの様な状況のもとで出土したのか、その出土地が分からなかったことである。確かに、スタイン発見の敦煌漢簡は、図版も出土地も当初から分かっていた。しかし、数のうえではそれをはるかに凌ぐ居延漢簡についていえば、発見以後のさまざまな情勢が影響して、図版が公開されたときには、すでに二十数年の歳月が経っていた。その間は、労榦の釈読のみを頼りに研究を進めざるを得なかったのである。労榦釈読は確かに優れたものであるが、簡の実際の形が分からないということは、簡文がどこにどの様に書かれているのか、それが断簡なのか、他の同筆簡との関係が全く分からないということであり、それでは、十全の研究など望めない。

さらに困ったことは、木簡の出土地が部分的にしか分からなかったことであった。行政文書、帳簿がおもな内容である居延漢簡は、書かれている内容を理解する以上に、移動という視座でもって分析せねばならない。これはどこからどこに送られたものか、出土地で記録され保管されたものか、もしくは文書の控えか、それとも習書なのか、そういったことを念頭に行政制度の実態を解明する、それが行政・軍事遺跡から出土した簡牘の基本的な扱い方である。そこからは、書籍、暦、法律なども出土する、そういった書物簡もなぜそこから出てくるのかを無視することは許されない。

かかる研究の根幹にかかわる出土地の判明は、なんと発見から半世紀を経た一九八〇年であった。先学はこの間、何とか出土地をわずかな手がかりから解明しようとし、あらゆる努力を重ねてきた。それは、出土地点が分からなければ、この貴重な出土資料の価値は半減する、いなそれ以下に落ちてしまうということを、発見当初からはっきりと認識していたからに他ならない。

◈古墓出土の簡牘――問わねばならない副葬の状況

簡牘の出現は、西北辺境地帯が最初であったが、やがて内地の古墓から副葬品として収められた簡牘が陸続として発見されるようになった。

一九五九年の武威磨咀子《ぶいまそし》六号墓から発見された木簡・竹簡の両種の『儀礼』、一九七四年、山東省銀雀山一号墓から出土した竹簡の『孫子兵法』、一九七五年湖北省雲夢睡虎地の秦代古墓から出土した秦律、いわゆる「雲夢睡虎地秦簡」、および占いの書である「日書」、そして一九八三年から八八年にかけて湖北省江陵張家山二四七号漢墓から出土した漢律他の法律関係竹簡など、それらは、法律書もふくめた書物、典籍の類であるが、いままで知られなかった内容をもつがゆえに、センセーショナルな話題を提供してきた。

ただ、その場合も念頭におき、考えねばならないのは、辺境の木簡と同じく、なぜそこに存在するのか、つまりどうしてそのような書物を副葬したのか、どの様な状態でそれは収納されていたのかということ、つまり出土地と出土状況である。

例をあげよう。武威『儀礼』の書写年代は、他の副葬品等の分析から前漢後期成帝期と推定される。経書の正式なテキストとしての長さ二尺四寸をもっていた。出土の『儀礼』は竹簡のテキストも発見されたが、武威地方は竹の生息地ではない。そういった出土の状況からして、この武威『儀礼』は、前漢末経書が権威をもった時期の、正式なテキストであるということになろう。

雲夢睡虎地秦律、法律答問は棺の中に遺体を被うように、ぎっしりと収納されていた。

江陵張家山二四七号墓出土の竹簡は、椁《かく》と棺を備える竪穴式土坑墓から出土したが、出土の竹簡は二箇所に分かれておかれていた。一所は椁側の板に接した底に、一所は竹製の箱(竹笥)の中に収納されていた。前者は副葬品のリストである遣策である。後者竹笥に入れられたのは、漢律などの法律書、算数書などであった。遣策の一枚には「●嚢一　書一笥」とあり、これが書物をいれた竹製の箱を意味すると考えられるが、同じ簡牘でもなぜ置き場所が違うのか、なぜ遺策は竹笥のなかに含まれなかったのか、それは両種の簡牘が収納された目的、役割を異にするからではないのか。

さらにもう一点付け加えておこう、これは簡牘ではなく布に書かれたものであるが、二〇〇三年甘粛省玉門花海郷から四世紀西涼もしくは北涼の古墓が発見された。そこから布のうえに書かれた晋律の条文が発見された。出土の状況は、晋律を記した布が棺の蓋板に貼り付けられていたのであり、棺の中に収納されていたわけではない。雲夢秦律は遺体に「着せられ」、張家山漢律は竹笥に入れられ、玉門晋律は棺の蓋を被っていた。なぜ法律書を副葬するのか。その理由はこういった出土の状況から考えねばならないし、さらに重要なことは、そこからこの典籍の公共性つまり汎用性を考えていかねばならないのである。事柄は、他の副葬書籍も同じい。

◈驚愕と戸惑い——それでは先学に顔向けできないのでは？

一九七〇年代あたりまで、簡牘の発見は出土例、出土数はそれほど多くはなかった。出土の数について言えば、一桁の数まで数えられ、簡牘研究に関わる者は、どこからどういった木簡、竹簡が数にして何本でてきたのかがはっきりと頭の中に入っていた。

それが一九八〇年以降、ちょうど張家山漢簡あたりからであろうか、出土の簡牘数、種類が激増した。某地から何万、否何十万といった数にのぼる簡が出土したという報告が年を追って増えてきた。簡牘研究者は、全てを掌握できなくなってきたのである。

二一世紀に入ってからのことだったか、私自身あまり覚えていないのだが、かかる簡牘出現の状況のなかで、考古発見ではない簡牘が次々と登場した。その来歴ははっきりせず、某地の骨董商から入手したとかいうものもあれば、またそれも分からないものもある。そういった簡牘は、主として書籍であり、行政文書はあまり無いようだが、中国の各大学、博物館、研究機関がそれらを入手し某大学簡、某博物館所蔵簡などと称されている。その数は半端なものではなく、私は正確な数字を掌握してはいないが、すくなくとも万をもって数える量であろう。

こういった簡牘はどう呼べばいいのだろうか。「伝世簡」、しかしそれらは、古くからその存在が知られ代々伝わってきた青銅器、石刻のような資料とはちがう。「骨董簡」、本書では、それを『骨董簡』とよばれるモノ」と称する。なるほど、古物商から入手したのもかもしれないが、それを「骨董」(希少価値あるいは美術的価値のある古道具―岩波『広辞苑』)というのも、私にはしっくり来ない。そこにどういった「資料的価値」「資料的有用性」があるのか、分からないからである。

そもそも、なぜ二一世紀になり、簡牘の出現が激増してからこのようなモノが出現してきたのか? なぜそれ以前、簡牘がいまだ希少価値であったころには、その片鱗さえもなかったのか戸惑うばかりである。

それらのモノの真贋は私には分からないし、またそれを識別するに私は熱心ではない。真物か贋物、私にはどちらでもいい。むしろ考えたいのは、これらにどれほどの資料的価値があるのかということである。

1……どこから出土したのか。

2……どこにどの様に副葬・埋没していたのか、その詳細。

3……出土の状況、他の出土品などから判断して、いつの時代のものと判断するのか。

これらは、この拙文のはじめ、居延漢簡、古墓出土簡の研究史を簡単に説明したときに、先学が最も気にし、何とかそれを究明しようとしたことであった。それが分からなければ、

4……書写の目的はなにか。

5……典籍、書籍が公用性をもつのか、あくまで個人の記録か。覚え書き、書写物か。それとも一般に通行した書物なのか。

そういったことが、わからないのだ。そこから

6……歴史資料として、はたして価値があるのか。

ということになりはしないか。

かつて歴史・考古学者は、出土資料を取り扱うにあたり、それが科学的考古発掘を経たかどうかを厳しく問うてきた。かの二〇世紀の探検家スタイン、ヘディンの発見も一時は、それが科学的でなく、単に落ちているものを拾っただけ、との批判もうけた。実は彼ら探検家の蒐集と、その記録、発掘地の作図は極めて精緻で科学的であったのだが。

私自身、こいうった素性の不明な、つまり出土状況が不明な簡牘は、どのように扱ってよいのか分からな

いし、また得るところの学術情報を確定することができない。したがって、「歴史考古資料」として、私は認めることに躊躇せざるを得なく、それゆえ魅力はなく、これを利用して歴史を考えようとは思わない。

とみや・いたる…生年＝一九五二年／**出身校**＝京都大学文学部／**現職**＝京都大学人文科学研究所教授／**主要著書・論文**＝（1）『文書行政の漢帝国』名古屋大学出版会、二〇一〇年（〔中文版〕蘇州人民出版社、二〇一〇年）　（2）『木簡竹簡の語る中国古代』岩波書店、二〇〇二年（〔中文版〕人文出版社、二〇〇七年、〔増補新版〕二〇一四年）

おわりに

刊行委員会委員長　小澤正人

本書も最後までできました。読み終わっての感想はいかがでしょうか？　中国の出土資料とその研究が「面白い！」と思ってもらえたら、これにまさる喜びはありません。以下、本書の成り立ちについて、簡単に記しておきたいと思います。

本書は中国出土資料学会により制作されました。聞き慣れない学会名かと思いますが、一九九五年に中国の出土資料を扱う研究者の集まりとして発足した、まだ若い学会です。現在の会員数は二五〇名弱で、とてもこぢんまりとしています。ただしこの学会には出土資料に興味をもつ文学、哲学、歴史学、宗教学、古文字学、考古学などの分野を超えた研究者が集まっており、専門分化が著しい近年の中国研究界のなかでは、非常にユニークな存在だと自負しています。

この中国出土資料学会で、研究の様子を紹介する書籍を刊行しようという計画が持ち上がったのは、二〇二〇一二年春のことでした。出土資料を扱う研究の歴史が長いことは本書の中でも触れられているとおりですが、近年資料が次々発見されたことで、出土資料研究は日本に限らず、中国をはじめとした世界中で活気を帯びています。そして出土資料を使った研究により、これまでわからなかった中国の近代以前の実像が徐々に明らかになってきています。このような新しい研究状況を広く知ってもらいたい、それが本書を学会として編集するに到った理由です。また近年、中国の古い時代に興味を持つ若い世代の人が少なくなる傾向があります。現代の社会が大きく変化している中で、他国の歴史、それも古い時代に興味を持つことが難しくなっていることが背景にあると思いますが、そのなかでも少しでも多くの人に近代以前の中国の面白さを知ってもらい、興味を持ってもらいたい……、そう考えたことも本書を作る契機になりました。このような目的から、出土資料による研究成果を、専門研究者に向けてだけではなく、一般の読者や大学生の方を対象に、なるべく平易な文章で伝えるようにする、ということが編集方針として定められました。

刊行を決めた後、学会内に刊行委員会を組織し、編集がスタートしました。幸い東方書店さんが、出版を引き受けてくれました。執筆者にはそれぞれの分野を専門とする方を選び、その数はのべ五〇人に上ります。各執筆者には編集方針に基づき、わかりやすい表現をとるようにお願いをしました。そして二年余りの歳月をかけできあがったのが、皆さんが手に取っているこの本になります。中国出土資料研究の成果をわかりやすく紹介するという本書の試みが成功したかどうかは、この本を読んでいただいた読者の皆さんの判断にお任せすることになります。しかし中国の新出土資料に関する書籍として、これまでにない一冊となったことは、刊行委員会として自信を持ってお伝えすることができます。

本書の出版にあたっては、多くの方々にお世話になりました。まず出版事情が厳しい中、刊行を引き受けて下さった東方書店さんとコンテンツ事業部の川崎道雄部長に御礼申しあげます。また編集を担当してくださった同部の家本奈都さんにも感謝致します。家本さんの手際の良い進行がなければ、このように順調な刊行はできなかったはずです。また忙しい中、各項目の担当を引き受けていただいた執筆者の皆様にも、刊行委員会として感謝申しあげます。

本書の刊行委員会は、阿部幸信、池澤優、井ノ口哲也、小澤正人、小寺敦、高津純也、富田美智江、原宗子、森和（五十音順）で構成されています。内実について記すことをお許しいただくなら、本書の編集の中心となったのは、初代の委員長であった原宗子委員でした。原委員の献身的な活動がなければ、本書の刊行はできなかったと思います。この点は刊行の経緯として、特に記させていただきます。なお、当初予定した執筆陣で、諸般の事情により数名の方に御執筆いただけなかったケースもあります。特に序文を本学会の池田知久名誉会長に御寄稿いただけなかったのは残念でしたが、原委員による「はじめに」の基調と、「お薦め文献」中に森委員執筆の「主に出土資料を扱う研究機関・学会などの刊行物」欄を設けたこととは、池田名誉会長の構想を下敷きに刊行委員会で議論したものです。また巻頭の「用語の説明」は井ノ口委員・原委員と小澤が執筆しました。

最後に本書を読んでいただいた読者の皆さんに感謝を捧げさせていただきます。そして、出土資料研究がさらに進展し、将来本書の続編が刊行される、という個人的な願望を記して、筆をおくことにします。

お薦め文献

《主に出土資料を扱う研究機関・学会などの刊行物》

［日本］

愛媛大学「資料学」研究会

藤田勝久・松原弘宣編『古代東アジアの情報伝達』汲古書院、二〇〇八年

藤田勝久・松原弘宣編『東アジア出土資料と情報伝達』汲古書院、二〇一一年

藤田勝久編『東アジアの資料学と情報伝達』汲古書院、二〇一三年

郭店楚簡研究会

『楚地出土資料と中国古代文化』汲古書院、二〇〇二年 →2-16

京都大学人文科学研究所

山田慶児編『新発現中国科学史資料の研究』（論考篇・訳注篇）、京都大学人文科学研究所、一九八五年

冨谷至編『辺境出土木簡の研究』（京都大学人文科学研究所研究報告）、朋友書店、二〇〇三年

冨谷至編『江陵張家山二四七号漢墓出土漢律令の研究』（論考篇・訳注篇）、京都大学人文科学研究所、二〇〇六年 →2-10

出土資料と漢字文化研究会

『出土資料と秦楚文化』二〇〇四年〜

専修大学『二年律令』研究会

「『二年律令』訳注」（一〜一四）『専修史学』三五〜四八号、二〇〇三年〜二〇一〇年 →2-10

大東文化大学郭店楚簡研究班

池田知久監修『郭店楚簡の研究』一九九九年〜

大東文化大学上海博楚簡研究班

池田知久監修『上海博楚簡の研究』二〇〇七年〜

中国出土資料学会

『中国出土資料研究』一九九七年〜

中国出土文献研究会

『新出土資料と中国思想史』大阪大学中国哲学研究室編輯『中国研究集刊』別冊、二〇〇三年

『戦国楚簡と中国思想史研究』『中国研究集刊』第三六号〈別冊特集号〉、二〇〇四年

『戦国楚簡研究二〇〇五』『中国研究集刊』第三八号〈別冊特集号〉、二〇〇五年

『戦国楚簡研究二〇〇六』『中国研究集刊』第四一号〈別冊特集号〉、二〇〇六年

『戦国楚簡研究二〇〇七』『中国研究集刊』第四五号〈別冊特集号〉、二〇〇七年

『中国出土文献研究二〇一〇』『中国研究集刊』第五二号〈別冊特集号〉、二〇一一年

『中国研究集刊』第五三号、「清華簡特集」、二〇一一年

『中国研究集刊』第五六号、特集二「中国出土文献研究」、二〇一三年

『中国研究集刊』第五七号、小特集「出土文献学の展開」、二〇一三年

浅野裕一・湯浅邦弘編『諸子百家〈再発見〉』岩波書店、二〇〇四年

浅野裕一編『古代思想史と郭店楚簡』汲古書院、二〇〇五年

浅野裕一編『竹簡が語る古代中国思想—上博楚簡研究—』汲古書院、二〇〇五年 →2-16

浅野裕一編『竹簡が語る中国古代思想(二)—上博楚簡研究—』汲古書院、二〇〇八年

浅野裕一編『竹簡が語る中国古代思想(三)—上博楚簡研究—』汲古書院、二〇一〇年

湯浅邦弘編著『上博楚簡研究』汲古書院、二〇〇七年

張家山漢簡『算数書』研究会

大阪産業大学産業研究所『張家山漢簡『算数書』の総合的研究―プロジェクト共同研究―』同研究所、二〇〇七年

『漢簡『算数書』―中国最古の数学書―』朋友書店、二〇〇六年

長沙呉簡研究会

『長沙呉簡研究報告』二〇〇一年〜

東京大学郭店楚簡研究会

『郭店楚簡の思想史的研究』一九九九年〜

東洋文庫

東洋文庫古代地域史研究編『張家山漢簡『二年律令』の研究』東洋文庫、二〇一四年 →2-10

早稲田大学長江流域文化研究所

『早稲田大学長江流域文化研究所年報』創刊号〜第五号、二〇〇二年〜二〇〇七年

工藤元男・李成市編『東アジア古代出土文字資料の研究』雄山閣、二〇〇九年

〔中国〕

甘粛省文物考古研究所・西北師範大学文学院歴史系編『簡牘学研究』甘粛人民出版社、一九九七年〜

清華大学出土文献研究与保護中心編『出土文献』中西書局、二〇一〇年〜

中国社会科学院簡帛研究中心編『簡帛研究』広西師範大学出版社、一九九三年〜

中国文化遺産研究院編『出土文献研究』中西書局、一九八五年六月〜

武漢大学簡帛研究中心『簡帛』上海古籍出版社、二〇〇六年〜

復旦大学出土文献与古文字研究中心編『出土文献与古文字研究』上海古籍出版社、二〇〇六年〜

※編者・出版社などは二〇一四年五月現在における最新号のもの。

日本語文献

『諸子百家』（漢文シリーズ一三）尚学図書、一九八三年 →1-11

『シルクロードのまもり――その埋もれた記録』大阪府立近つ飛鳥博物館、一九九四年 →2-14

『古シルクロードの軍事・行政システム――河西回廊を中心として』（シルクロード学研究二二）シルクロード学研究センター、二〇〇五年 →2-14

『中国法書選1　甲骨文・金文　殷・周・列国』二玄社、一九九〇年 →1-2

赤塚忠他編「思想概論」『中国文化叢書2　思想概論』大修館書店、一九六八年 →1-13

赤塚忠他編『中国文化叢書3　思想史』大修館書店、一九六七年 →1-11

阿部幸信「嘉禾吏民田家莂「丘」再攷」『東洋史研究』六二―四、二〇〇四年 →1-26

飯尾秀幸「中国古代の法と社会」『岩波講座　世界歴史』第五巻、岩波書店、一九九八年 →2-6

飯尾秀幸「中国古代における個と共同性の展開」『歴史学研究』七二九、一九九九年 →1-24

飯尾秀幸『中国史のなかの家族』（世界史リブレット八七）山川出版社、二〇〇八年 →1-6

飯島武次『中国考古学概論』同成社、二〇〇三年 →1-1

猪飼祥夫「江陵張家山漢簡『引書』訳注と研究」（一～六）『医譚』九〇～九五号、二〇〇九年～二〇一二年 →1-18

池澤優「甘粛省天水放馬灘一号秦墓「志怪故事」註記」谷中信一編『出土資料と漢字文化圏』汲古書院、二〇一一年 →2-11

池田温「西安南郊何家村発見の唐代埋蔵文化財」『史学雑誌』八一―九、一九七二年 →2-20

池田知久『老荘思想』放送大学教育振興会、二〇〇〇年 →1-11

池田知久編『郭店楚簡儒教研究』汲古書院、二〇〇三年 →2-16

池田知久『馬王堆文献訳注叢書　老子』東方書店、二〇〇六年 →2-3

池田雄一「銀雀山漢墓出土『守法等十三篇』について」唐代史研究会編『東アジア古文書の史的研究』刀水書房、一九九〇年 →2-4

池田雄一編『奏讞書――中国古代の裁判記録』刀水書房、二〇〇二年 →1-4

石岡浩・川村康・七野敏光・中村正人『史料からみる中国法史』法律文化社、二〇一二年　→1-3
石川三佐男『楚辞新研究』汲古書院、二〇〇二年　→1-22
石川忠久『詩経』(上中下)(『新釈漢文大系』一一〇、一一一、一一二)明治書院、一九九七年、一九九八年、二〇〇〇年　→1-21
伊藤敏雄「新発見三国呉簡に見る三国時代」『アジア遊学』九六、二〇〇七年　→1-26
伊藤敏雄・永田拓治「郴州晋簡初探—上計及び西晋武帝郡国吏勅戒等との関係を中心に—」『長沙呉簡研究報告』二〇一〇年度特刊、二〇一一年　→2-19
内山俊彦『荀子』講談社学術文庫、一九九九年　→1-11
宇都木章『中国古代の貴族社会と文化』(宇都木章著作集第一巻)名著刊行会、二〇一一年　→1-6
宇都木章『春秋戦国時代の貴族と政治』(宇都木章著作集第二巻)名著刊行会、二〇一二年　→1-6
宇都木章『春秋時代の貴族政治と戦乱』(宇都木章著作集第三巻)比較文化研究所、二〇一三年　→1-6　→1-20
栄新江／西村陽子訳／高田時雄監訳『敦煌の民族と東西交流』(敦煌歴史文化叢書)東方書店、二〇一二年　→2-1
M・グラネ／内田智雄訳『中国古代の祭礼と歌謡』(東洋文庫五〇〇)平凡社、一九八九年　→1-21
江村治樹『春秋戦国秦漢時代出土文字資料の研究』汲古書院、二〇〇〇年　→1-20　→2-6
江村治樹『春秋戦国時代青銅貨幣の生成と展開』汲古書院、二〇一一年　→1-9
袁珂／鈴木博訳『中国神話・伝説大事典』大修館書店、一九九九年　→1-22
袁清林／久保卓哉訳『中国の環境保護とその歴史』研文出版、二〇〇四年　→1-8
王仁湘／鈴木博訳『図説　中国食の文化誌』原書房、二〇〇七年　→1-7
王素／市来弘志訳「中日における長沙呉簡研究の現段階」『長沙呉簡研究報告』三、二〇〇七年　→2-17
黄石林・朱乃誠／高木智見訳『中国考古の重要発見』(中国文化史ライブラリー3)日本エディタースクール出版部、二〇〇三年　→2-9
太田幸男「戦国末期の秦の倉庫」『中国古代国家形成史論』汲古書院、二〇〇七年　→2-6

大庭脩『秦漢法制史の研究』創文社、一九八二年　→2-2
大庭脩『木簡学入門』講談社学術文庫、一九八四年　→1-15
岡田功「戦国秦漢時代の約と律令について」一九八四年度歴史学研究会大会報告特集『都市民衆の生活と変革意識』青木書店、一九八四年　→1-24
岡村秀典『中国文明農業と礼制の考古学』京都大学学術出版会、二〇〇八年　→1-1
小澤正人・西江清高・谷豊信『中国の考古学』同成社、二〇〇〇年　→1-1
柿沼陽平『中国古代貨幣経済史研究』汲古書院、二〇一一年　→2-5
柿沼陽平『中国古代の貨幣　お金をめぐる人びとと暮らし』吉川弘文館、二〇一五年　→2-5
郝春文／山口正晃訳／高田時雄監訳『よみがえる古文書─敦煌遺書』（敦煌歴史文化絵巻）東方書店、二〇一三年　→2-1
川村潮「阜陽漢簡「周易」の史料的性格について」『史滴』第三二号、二〇一〇年　→2-8
学習院大学漢簡研究会「江陵張家山漢簡『奏讞書』を読む」『学習院史学』第三八～四〇号、二〇〇〇年～二〇〇二年、『中国出土資料研究』第四～七号、二〇〇〇年～二〇〇三年　→1-4
岳南／加藤優子訳『孫子兵法発掘物語』岩波書店、二〇〇六年　→2-4
金谷治『淮南子の思想─老荘的思想─』講談社、一九九二年（初出『老荘的世界─淮南子の思想─』平楽寺書店、一九五九年）　→1-14
金谷治訳注『孫臏兵法──もうひとつの「孫子」』ちくま学芸文庫、二〇〇八年　→2-4
紙屋正和『漢時代における郡県制の展開』朋友書店、二〇〇九年　→2-15
菅野恵美『中国漢代墓葬装飾の地域的研究』勉誠出版、二〇一二年　→1-23
吉川良和『中国音楽と芸能──非文字文化の探究』（中国学芸叢書）創文社、二〇〇四年　→1-21
串田久治『王朝滅亡の予言歌──古代中国の童謡』大修館書店、二〇〇九年　→1-21
工藤元男『睡虎地秦漢よりみた秦代の国家と社会』創文社、一九九八年　→1-10

工藤元男「平夜君成楚簡「卜筮祭禱簡」初探」『長江流域文化研究所年報』第三号、二〇〇五年 →2-12

工藤元男『占いと中国古代の社会　発掘された古文献が語る』東方書店、二〇一一年 →1-12 →1-16 →2-6 →2-11 →2-12 →2-15

厳善炤「馬王堆漢墓の房中養生の竹簡についての研究――古代の房中導引を中心に」『中国出土資料研究』第八号、二〇〇四年 →1-18

高啓安／山本孝子訳／高田時雄監訳『敦煌の飲食文化』(敦煌歴史文化絵巻)東方書店、二〇一三年 →1-7

古代東アジア史ゼミナール「祢軍墓誌訳注」『史滴』第三四号、二〇一二年 →2-20

小曽戸洋・長谷部英一・町泉寿郎『馬王堆文献訳注叢書　五十二病方』東方書店、二〇〇七年 →1-17 →1-18 →2-3

小南一郎「六博の宇宙論」上下、『月刊百科』二九七、二九八号、一九八七年 →1-25

小南一郎『中国の神話と物語り』岩波書店、一九八四年 →1-22

小南一郎『古代中国　天命と青銅器』京都大学学術出版会、二〇〇六年 →1-1

後藤健「古代中国の文字」菊池徹夫編『文字の考古学II』同成社、二〇〇四年 →1-2

齋木哲郎『馬王堆出土文献訳注叢書　五行・九主・明君・徳聖』東方書店、二〇〇七年 →2-3

坂出祥伸『中国思想研究　医薬養生・科学思想篇』関西大学出版部、一九九九年 →1-18

佐藤武敏『中国古代書簡集』講談社学術文庫、二〇〇六年 →1-12

篠田統『中国食物史』柴田書店、一九七四年 →1-7

篠田統『中国食物史の研究』八坂書房、一九七八年 →1-7

下田誠『中国古代国家の形成と青銅兵器』汲古書院、二〇〇八年 →1-20

白川静『中国の神話』中央公論社、一九七五年 →1-22

白川静「金文通釈　補釈篇一六　秦公鐘」『白鶴美術館誌』五〇、一九七九年 →2-7

白杉悦雄・坂内栄夫『馬王堆文献訳注叢書　却穀食気・導引図・養生方・雑療方』東方書店、二〇一一年 →1-17 →1-18 →2-3

信立祥『中国漢代画像石の研究』同成社、一九九六年 →1-23

杉原たく哉『中華図像遊覧』大修館書店、二〇〇〇年 →1-19
關尾史郎『西域文書からみた中国史』(世界史リブレット)山川出版社、一九九八年 →2-1
關尾史郎「魏晋「名刺簡」ノート——長沙呉簡研究のために」『新潟史学』六〇、二〇〇八年 →2-19
關尾史郎『もうひとつの敦煌』高志書院、二〇一一年 →1-10
関口順『儒学のかたち』東京大学出版会、二〇〇三年 →1-13
関野雄『中国考古学論攷』同成社、二〇〇五年 →1-9
専修大学・西北大学共同プロジェクト編『遣唐使の見た中国と日本』朝日出版社、二〇〇五年 →2-20
ソグド人墓誌研究ゼミナール「ソグド人漢文墓誌訳注」(一～九)『史滴』第二六号～第三四号、二〇〇四年～二〇一二年 →2-20
曾布川寛「漢代画像石における昇仙図の系譜」『中国美術の図像と様式』中央公論美術出版社、二〇〇六年 →1-23
高村武幸『漢代の地方官吏と地域社会』汲古書院、二〇〇八年 →2-15
谷口建速「長沙走馬楼呉簡よりみる孫呉政権の穀物搬出システム」『中国出土資料研究』第一〇号、二〇〇六年 →1-26
張俊民／廣瀬薫雄訳「漢代郵駅システムにおける駅の接待方式——懸泉漢簡の二つの残冊書を中心とする考察」藤田勝久編『東アジアの資料学と情報伝達』汲古書院、二〇一三年 →2-14
長江流域文化研究所編『長江流域と巴蜀、楚の地域文化』雄山閣、二〇〇六年 →1-15
鶴間和幸『始皇帝の地下帝国』講談社、二〇〇一年(『始皇帝陵と兵馬俑』講談社学術文庫、二〇〇四年) →1-20
鶴間和幸『秦帝国の形成と地域』汲古書院、二〇一三年 →1-14
戸川芳郎・蜂谷邦夫・溝口雄三『儒教史』山川出版社、一九八七年 →1-13
富田美智江「漢代における詩歌の文字化と異文についての一試論」『日本秦漢史研究』第一三号、二〇一三年 →2-8
永田英正『居延漢簡の研究』同朋舎、一九八九年 →2-2 →2-5
永田英正編『漢代石刻集成』同朋舎、一九九四年 →1-24
長広敏雄『漢代画象の研究』中央公論美術出版、一九六五年 →1-19

名和敏光「馬王堆漢墓帛書関係文献目録」『出土文献と秦楚文化』第四号、二〇〇九年 →2-3
西川利文「地下からの贈り物——簡牘資料の価値と研究状況（七）下級官吏の見た漢代の地方行政（江陵鳳凰山漢簡・尹湾漢簡）」『東方』二八一、二〇〇四年 →2-15
西澤治彦『中国食事文化の研究　食をめぐる家族と社会の歴史人類学』風響社、二〇〇九年 →1-7
西林昭一『書の文化史』（全三冊）二玄社、一九九一年～一九九九年 →1-15
野間文史『馬王堆文献訳注叢書　春秋事語』東方書店、二〇〇七年 →2-3
馬場理恵子「「主四時」と月令」『日本秦漢史学会報』第七号、二〇〇六年 →1-14
馬場理恵子「時の法令——前漢月令攷——」『史窓』第六四号、二〇〇七年 →1-14
林巳奈夫『中国殷周時代の武器』京都大学人文科学研究所、一九七二年 →1-20
林巳奈夫『石に刻まれた世界　画像石が語る古代中国の生活と思想』東方書店、一九九二年 →1-19 →1-22 →1-23
林巳奈夫『中国古代の生活史』（歴史文化セレクション）吉川弘文館、二〇〇九年 →1-7 →1-25
原宗子『環境から解く古代中国』大修館書店、二〇〇九年 →1-8 →1-12
平勢隆郎『中国古代紀年の研究——天文と暦の検討から』汲古書院、一九九六年 →1-5
平勢隆郎「戦国中期から漢武帝にいたるまでの暦」『史料批判研究』三、一九九九年 →1-5
平勢隆郎「戦国中期より遡上した暦と『春秋』三伝」『史料批判研究』四、二〇〇〇年 →1-5
平勢隆郎『都市国家から中華へ』（中国の歴史　二）講談社、二〇〇五年 →2-7
平勢隆郎『「八紘」とは何か』汲古書院、二〇一二年 →1-5
廣瀬薫雄／名和敏光訳「『五十二病方』の新たな整理と研究」『中国出土資料研究』第一七号、二〇一三年 →1-17
福井重雅『漢代儒教の史的研究——儒教の官学化をめぐる定説の再検討——』汲古書院、二〇〇五年 →1-14
藤枝晃／大阪府「なにわ塾」編『敦煌学とその周辺』ブレーンセンター、一九九九年 →2-1
藤枝晃『文字の文化史』講談社学術文庫、一九九九年（初出は岩波書店、一九七一年） →2-1

藤田勝久「漢代の交通と伝信の機能——敦煌懸泉漢簡を中心として」『愛媛大学法文学部論集』人文学科編二六、二〇〇九年 →2-14
星川清孝『楚辞』（『新釈漢文大系』三四）明治書院、一九七〇年 →1-21
堀敏一「中国古代の家と戸」『中国古代の家と集落』汲古書院、一九九六年 →2-6
増川宏一『遊戯——その歴史と研究の歩み』（ものと人間の文化史一三四）法政大学出版局、二〇〇六年 →1-25
馬彪『秦帝国の領土経営——雲夢龍崗秦簡と始皇帝の禁苑』京都大学学術出版会、二〇一三年 →2-13
松崎つね子『睡虎地秦簡』明徳出版社、二〇〇〇年 →1-3
松丸道雄『甲骨文字』奎星会出版部、一九五九年 →1-2
松丸道雄編『西周青銅器とその国家』東京大学出版会、一九八〇年 →1-2
宮本一夫『神話から歴史へ』（中国の歴史　一）講談社、二〇〇五年 →2-9
村松弘一「黄土高原西部の環境と秦文化の形成—礼県大堡子山秦公墓の発見—」『学習院史学』第四二号、二〇〇四年 →2-11
籾山明「漢代結僤習俗考—石刻史料と郷里の秩序（1）—」『島根大学法文学部紀要』文学科九—一、一九八六年 →1-24
籾山明『中国古代訴訟制度の研究』京都大学学術出版会、二〇〇六年 →1-4
森和「子弾庫楚帛書の天人相関論について」『中国出土資料研究』第一一号、二〇〇七年 →1-10
森安孝夫編『ソグドからウイグルへ』汲古書院、二〇一一年 →2-20
谷中信一「銀雀山漢簡研究の現状と課題」『出土文献と秦楚文化』第四号、二〇〇九年 →2-4
湯浅邦弘『諸子百家』中公新書、二〇〇九年 →1-11
横田恭三『中国古代簡牘のすべて』二玄社、二〇一二年 →1-15 →2-19
里耶秦簡講読会「里耶秦簡研究ノート」『中国出土資料研究』第九号、二〇〇五年 →2-18
里耶秦簡講読会「里耶秦簡訳注」『中国出土資料研究』第八号、二〇〇四年 →2-18
劉孟嘉『漢代導引術に関する研究』木耳社、二〇〇七年 →1-18

鷲尾祐子「長沙走馬楼呉簡にみえる「限佃」名籍について」『立命館文学』六一九、二〇一〇年 →1-26

早稲田大学簡帛研究会「尹湾漢墓出土簡牘訳注」（一～三）『中国出土資料研究』第一三～一五号、二〇〇九年～二〇一一年 →2-15

渡部武『画像が語る中国の古代』（イメージリーディング叢書）平凡社、一九九一年 →1-7 →1-23 →1-25

渡邉義浩『後漢国家の支配と儒教』第三章　支配、雄山閣出版、一九九五年 →1-24

中国語文献

「阜陽双古堆西漢汝陰侯墓発掘報告」『文物』一九七八年第八期 →2-8

海老根量介「放馬灘秦簡鈔写年代蠡測」武漢大学簡帛研究中心主弁『簡帛』第七輯、上海古籍出版社、二〇一二年 →2-11

王宇信・魏建震『甲骨学導論』中国社会科学出版社、二〇一〇年 →1-2

王暉・謝偉峰「韓城芮国考——従梁帯村発現談起」『文博』二〇〇七年三期 →2-7

王毓詮『我国古代貨幣的起源和発展』科学出版社、一九五七年 →1-9

黄錫全『先秦貨幣通論』紫禁城出版社、二〇〇一年 →1-9

賈維勇・胡舜慶・王志高「読南京新近出土的孫呉簡牘書法札記」『書法叢刊』二〇〇五年第三期 →2-19

郭徳維『楚系墓葬研究』湖北教育出版社、一九九五年 →2-12

韓自強『阜陽漢簡《周易》研究』上海古籍出版社、二〇〇四年 →2-8

甘粛省文物考古研究所編『天水放馬灘秦簡』中華書局、二〇〇九年 →2-11

湖南省博物館・湖南省文物考古研究所編『長沙馬王堆二、三号漢墓（一）田野考古発掘報告』文物出版社、二〇〇四年 →2-3

湖南省文物考古研究所・郴州市文物処「湖南郴州蘇仙遺址発掘簡報」『湖南考古輯刊』第八集、二〇〇九年 →2-19

湖北省文物考古研究所編『江陵鳳凰山西漢簡牘』中華書局、二〇一二年 →2-5

湖南省文物考古研究所編『里耶秦簡』（一）文物出版社、二〇一二年 →2-18

湖南省文物考古研究所編『里耶発掘報告』岳麓書社、二〇〇七年 →2-18
胡平生・韓自強『阜陽漢簡詩経研究』上海古籍出版社、一九八八年 →2-8
睡虎地秦墓竹簡整理小組編『睡虎地秦墓竹簡』文物出版社、一九九〇年 →1-3
中国文物研究所・湖北省文物考古研究所『龍崗秦簡』中華書局、二〇〇一年 →2-13
中国社会科学院簡帛研究中心編『張家山漢簡《二年律令》研究文集』広西師範大学出版社、二〇〇七年 →2-10
張家山二四七号漢墓竹簡整理小組編『張家山漢墓竹簡〔二四七号墓〕』文物出版社、二〇〇一年 →1-3
張天恩「芮国史事与考古発現的局部整合」『文物』二〇一〇年第六期 →2-7
長沙呉簡研究会編『嘉禾吏民田家莂研究　長沙呉簡研究報告第1集』長沙呉簡研究会、二〇〇一年 →1-26
長沙呉簡研究会編『長沙呉簡研究報告第2集』長沙呉簡研究会、二〇〇四年 →1-26
長沙市文物局編『長沙重大考古発現』第五章　長沙走馬楼三国呉簡的発現与研究、岳麓書社、二〇一三年 →2-17
長沙馬王堆漢墓簡帛集成編纂小組編『長沙馬王堆漢墓簡帛集成編纂』中華書局、二〇一四年出版予定 →2-3
陳偉『包山楚簡初探』武漢大学出版社、一九九六年 →2-12
陳偉主編『里耶秦簡牘校釈』第一巻、文物出版社、二〇一二年 →2-18
陳松長編著『馬王堆簡帛文字編』文物出版社、二〇〇一年 →2-3
鄭傑文・傅永軍主編『経学十講』中華書局、二〇〇七年 →1-13
南京市博物館「南京大光路孫呉薛秋墓発掘簡報」『文物』二〇〇八年第三期 →2-19
駢宇騫・段書安編著『二十世紀出土簡帛綜述』文物出版社、二〇〇六年 →1-13
李守奎・賈連翔・馬楠『包山楚墓文字全編』上海古籍出版社、二〇一二年 →2-12
李力『張家山二四七号墓漢簡法律文献研究及其述評（一九八五・一―二〇〇八・一二）』東京外国語大学アジア・アフリカ言語文化研究所、二〇〇九年 →2-10
劉信芳・梁柱『雲夢龍崗秦簡』科学出版社、一九九七年 →2-13

地下からの贈り物

新出土資料が語るいにしえの中国

東方選書 46

二〇一四年六月三〇日　初版第一刷発行
二〇一六年一月三一日　初版第二刷発行

編　者……中国出土資料学会
発行者……山田真史
発行所……株式会社東方書店
東京都千代田区神田神保町一-三　〒一〇一-〇〇五一
電話（〇三）三二九四-一〇〇一
営業電話（〇三）三九三七-〇三〇〇
ブックデザイン……鈴木一誌＋桜井雄一郎
印刷・製本……シナノパブリッシングプレス

定価はカバーに表示してあります

ISBN978-4-497-21411-9　C0322

東方選書

http://www.toho-shoten.co.jp/